新能源汽车关键技术研发系列

# 燃料电池汽车测试评价技术

Fuel Cell Vehicle
Test and Evaluation Technology

郝冬　张妍懿　吴志新　著

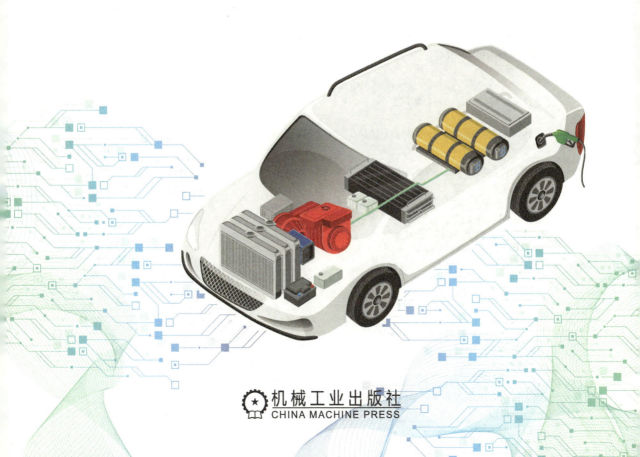

机械工业出版社
CHINA MACHINE PRESS

燃料电池汽车的测试评价技术在产品研发、优化设计、检测认证等环节具有不可替代的作用，是助力燃料电池汽车技术快速发展、支撑燃料电池汽车产品品质提升的关键。本书从燃料电池和燃料电池汽车概述、燃料电池实验室的安全要求、燃料电池材料及组件测试评价、燃料电池膜电极及单电池测试评价、燃料电池堆测试评价、燃料电池发动机测试评价、燃料电池发动机关键零部件测试评价、车载氢系统及其关键零部件测试评价、燃料电池汽车整车性能测试评价、氢能与燃料电池汽车相关标准等10个方面展开，分层分级地系统介绍了燃料电池汽车测试评价技术，并给出了大量实用的试验验证案例。

本书适用于燃料电池汽车及关键系统部件的产品研发、检验检测等相关技术人员学习参考，也可作为汽车相关专业师生的参考用书。

## 图书在版编目（CIP）数据

燃料电池汽车测试评价技术 / 郝冬等著. —北京：机械工业出版社，2024.5

（新能源汽车关键技术研发系列）

ISBN 978-7-111-75581-4

Ⅰ. ①燃… Ⅱ. ①郝… Ⅲ. ①燃料电池–电传动汽车–测试②燃料电池–电传动汽车–评价 Ⅳ. ① U469.72

中国国家版本馆CIP数据核字（2024）第072748号

机械工业出版社（北京市百万庄大街22号 邮政编码100037）
策划编辑：王 婕　　　　　责任编辑：王 婕
责任校对：杨 霞 李 杉　　封面设计：张 静
责任印制：常天培
固安县铭成印刷有限公司印刷
2024年7月第1版第1次印刷
184mm×260mm · 23印张 · 553千字
标准书号：ISBN 978-7-111-75581-4
定价：199.00元

电话服务　　　　　　　　　网络服务
客服电话：010-88361066　　机 工 官 网：www.cmpbook.com
　　　　　010-88379833　　机 工 官 博：weibo.com/cmp1952
　　　　　010-68326294　　金 书 网：www.golden-book.com
封底无防伪标均为盗版　　　机工教育服务网：www.cmpedu.com

# 前　言

随着全球能源短缺和环境污染问题的日益突出，大力发展新能源汽车产业已成为有效缓解能源和环境压力、推动汽车产业可持续发展的紧迫任务。燃料电池汽车因其具有零排放、高效率、快速补能等优势被公认为是汽车工业可持续发展的重要方向之一，是一种解决全球能源问题和气候变化的理想方案。从"十五"计划开始，国家就明确了新能源汽车"三纵三横"的技术发展路线；在20余年的发展过程中，燃料电池汽车始终是我国"纯电驱动"战略的重要组成部分。目前，燃料电池汽车正处在技术迭代不断加速、产业规模持续扩大的过程中，提高测试评价技术对推动相关技术发展、促进产品提质升级、助力标准体系完善、支撑产业政策制定等方面都具有重要意义。

本书旨在系统总结燃料电池汽车及其关键系统部件的基本理论、测评体系、试验方法，并结合大量试验验证案例，力求使读者深入了解燃料电池汽车测试评价过程的全貌。按照"基本概念 - 试验安全 - 关键材料 - 关键组件 - 单电池 - 燃料电池堆 - 燃料电池发动机及其关键零部件 - 车载氢系统及其关键零部件 - 燃料电池汽车 - 标准法规"的思路，全书分为10章：第1章主要介绍燃料电池和燃料电池汽车的基本概念；第2章旨在建立涉氢试验安全的概念，并介绍涉氢燃料电池实验室的相关安全要求；第3章介绍质子交换膜、电催化剂、炭纸、双极板四项材料或组件的测试评价技术；第4章介绍膜电极、单电池层面的测试评价技术；第5章介绍燃料电池堆的测试评价技术；第6章介绍燃料电池发动机的测试评价技术；第7章介绍燃料电池发动机关键零部件的测试评价技术；第8章介绍车载氢系统及其关键零部件的测试评价技术；第9章介绍燃料电池汽车整车的测试评价技术；第10章介绍国内外氢能与燃料电池汽车相关标准情况。

全书分工如下：第1、2章由郝冬、王仁广、马明辉、张妍懿著写；第3章由焦道宽、赵鑫、王睿迪、郝冬著写；第4章由王睿迪、杨子荣、郝冬著写；第5章由王晓兵、冀雪峰、郝冬、罗锡锋著写；第6章由郝冬、马明辉、陈光、杨子荣、马继成著写；第7章由马明辉、郝冬、张妍懿、吴志新著写；第8章由陈向阳、郝冬、杨沄芃、张妍懿著写；第

9章由郝冬、吴志新、王仁广、兰昊、孙田著写；第10章由王仁广、兰昊、何云堂、张妍懿、郝冬著写。非常感谢作者所在单位中国汽车技术研究中心有限公司和中汽研新能源汽车检验中心（天津）有限公司对本书编撰工作的大力支持，同时衷心感谢书中所引文献作者对燃料电池汽车技术发展的贡献！

  燃料电池汽车技术发展日新月异，书中难免存在疏漏和不当之处，望广大读者批评指正！

著 者

# 目 录

前言

## 第 1 章　概述 ··········1
### 1.1　燃料电池概述 ··········2
### 1.2　燃料电池基础理论 ··········3
### 1.3　燃料电池汽车概述 ··········7
### 1.4　典型燃料电池汽车介绍 ··········10
### 1.5　本章小结 ··········16
参考文献 ··········16

## 第 2 章　燃料电池实验室的安全要求 ··········17
### 2.1　氢气相关特征 ··········17
### 2.2　氢的危险因素 ··········20
### 2.3　燃料电池实验室安全要求 ··········21
### 2.4　NREL 氢技术安全指南的相关要求 ··········26
### 2.5　NFPA 氢气技术法规的相关要求 ··········30
### 2.6　氢燃料电池实验室供气安全设计分析与应用 ··········32
### 2.7　本章小结 ··········38
参考文献 ··········39

## 第 3 章　燃料电池材料及组件测试评价 ··········40
### 3.1　质子交换膜测试评价 ··········40
### 3.2　电催化剂测试评价 ··········52
### 3.3　炭纸测试评价 ··········62
### 3.4　双极板测试评价 ··········73
### 3.5　本章小结 ··········82
参考文献 ··········82

## 第 4 章　燃料电池膜电极及单电池测试评价 ··········83
### 4.1　概述 ··········83

4.2 试验设备和试验要求 ········································· 85
4.3 膜电极基本参数测试评价 ····································· 87
4.4 单电池测试评价 ············································· 89
4.5 基于单电池的材料组件测试评价 ······························ 102
4.6 燃料电池分布特性测试评价 ·································· 113
4.7 本章小结 ·················································· 117
参考文献 ······················································ 117

## 第 5 章 燃料电池堆测试评价 — 118

5.1 概述 ····················································· 118
5.2 试验设备和试验要求 ········································ 119
5.3 安全性能测试评价 ·········································· 121
5.4 关键性能测试评价 ·········································· 130
5.5 环境适应性测试评价 ········································ 141
5.6 耐久性测试评价 ············································ 151
5.7 本章小结 ·················································· 157
参考文献 ······················································ 157

## 第 6 章 燃料电池发动机测试评价 — 158

6.1 概述 ····················································· 158
6.2 试验设备和试验要求 ········································ 159
6.3 安全性能测试评价 ·········································· 161
6.4 起停性能测试评价 ·········································· 165
6.5 稳态性能测试评价 ·········································· 168
6.6 动态性能测试评价 ·········································· 174
6.7 环境适应性测试评价 ········································ 176
6.8 燃料电池发动机综合性能评价 ································ 178
6.9 硬件在环测试技术 ·········································· 187
6.10 本章小结 ················································· 193
参考文献 ······················································ 193

## 第 7 章 燃料电池发动机关键零部件测试评价 — 194

7.1 概述 ····················································· 194
7.2 燃料电池发动机辅助系统组成 ································ 195
7.3 空气子系统测试评价 ········································ 195
7.4 氢气子系统测试评价 ········································ 209
7.5 热管理子系统测试评价 ······································ 215
7.6 本章小结 ·················································· 219

参考文献 ·········································································································· 219

# 第 8 章 车载氢系统及其关键零部件测试评价 ·································· 220

8.1 概述 ······································································································· 220
8.2 车载氢系统测试评价 ················································································· 220
8.3 加氢通信协议测试评价 ············································································· 230
8.4 加氢口测试评价 ······················································································· 240
8.5 储氢罐测试评价 ······················································································· 248
8.6 温度驱动安全泄压装置测试评价 ································································· 256
8.7 单向阀和截止阀测试评价 ·········································································· 261
8.8 本章小结 ································································································· 265
参考文献 ·········································································································· 266

# 第 9 章 燃料电池汽车整车性能测试评价 ········································· 267

9.1 安全性测试评价 ······················································································· 267
9.2 经济性测试评价 ······················································································· 285
9.3 环境适应性测试评价 ················································································· 293
9.4 动力性测试评价 ······················································································· 297
9.5 NVH 测试评价 ························································································· 300
9.6 实际道路测试评价 ···················································································· 311
9.7 本章小结 ································································································· 318
参考文献 ·········································································································· 318

# 第 10 章 氢能与燃料电池汽车相关标准 ··········································· 319

10.1 GTR 13 简介 ·························································································· 320
10.2 ISO 相关标准体系 ··················································································· 331
10.3 SAE 相关标准体系 ·················································································· 338
10.4 IEC 相关标准体系 ··················································································· 346
10.5 中国氢能与燃料电池标准体系 ··································································· 348
10.6 本章小结 ································································································ 355
参考文献 ·········································································································· 355

附录 常用缩写词 ······························································································ 357

# Chapter 01

# 第 1 章
# 概　　述

　　随着全球能源短缺和环境污染问题的日益突出，不少国家陆续把发展氢能提升到关系国家经济、低碳能源战略的重要位置，全球氢经济发展趋势逐渐明朗。从技术发展程度、市场规模和基础设施建设等综合来看，燃料电池汽车被公认为是实现氢能愿景的关键突破口，抓住燃料电池汽车产业发展契机是引领全球氢能产业发展的重中之重。

　　近年来，多国政府相继颁布了氢能利用的技术路线，不断探索氢能利用形式。美国是最早布局氢能经济发展蓝图的国家之一，其在技术研发、市场准备、基础建设等方面进行了一系列探索，得到了产业界、能源部门等的协同参与，共同推进。日本在《能源基本计划》中把氢能利用与燃料电池技术发展列入其国家经济、能源方面的战略领域。我国于 2022 年发布《氢能产业发展中长期规划（2021—2035 年）》。随着我国"双碳"目标的确定，发展氢能经济、推动燃料电池汽车发展也愈发变得重要。

　　燃料电池汽车是我国"三纵三横"新能源汽车技术路线中继纯电动汽车之后面向未来的重要发展方向。相比传统的内燃机汽车，燃料电池汽车的排放物——水是无污染的，具有环保优势；相比于纯电动汽车，燃料电池汽车的氢燃料加注时间短、续驶里程长，具有明显的应用优势。我国的燃料电池汽车产业化进程于 2017 年拉开了快速发展的序幕，国内燃料电池汽车商业化进程正在有条不紊地推进中。我国的《节能与新能源汽车技术路线图 2.0》《氢能产业发展中长期规划（2021—2035 年）》等规划都将燃料电池汽车作为重点的发展领域。财政部、工业和信息化部等五部门于 2020 年 9 月 16 日正式发布了《关于开展燃料电池汽车示范应用的通知》（财建〔2020〕394 号），对符合条件的城市群开展燃料电池汽车关键核心技术产业化攻关和示范应用给予奖励，支撑燃料电池汽车关键核心技术产业化、人才引进及团队建设，以及新车型、新技术的示范应用，为燃料电池汽车产业化发展注入了强大动力。

　　随着燃料电池汽车技术的快速发展，其测试评价也面临着一系列新要求和新挑战，传统燃油汽车和纯电动汽车的测评技术不能满足燃料电池汽车的需要。本章首先介绍燃料电池和燃料电池汽车的一些基本知识，为本书后面章节的测试评价技术的分析提供必要的知识支撑。

## 1.1 燃料电池概述

燃料电池的基本工作原理是通过电化学反应方式将燃料与氧化剂中的化学能直接转化为电能，是一种典型的不经过燃烧的发电装置。其具有能量转化效率高、噪声低以及零排放等优点，可广泛应用于汽车、船舶、航空航天、有轨列车以及固定电站等多种场景。作为真正意义上实现"零排放"的清洁能源技术，燃料电池技术在当前全球建设清洁低碳社会的背景下得到了广泛关注。随着能源结构的快速变革，清洁能源正对传统化石能源进行逐步替代，且占比也呈现逐年上升的态势。由于风、光、水等可再生能源发电的间歇性特点，导致其发电并网存在较多问题，而氢可以作为重要的储能载体起到调节作用。在氢的"制-储-运-加-用"整个产业链中，燃料电池作为氢能应用的关键技术形式，具有不可替代的价值。

燃料电池发电不受卡诺循环的限制，车用场景下燃料电池的效率最高可超过60%，高于传统内燃机的效率（40%左右）。目前，燃料电池在车辆应用层面所面临的难点是其辅助系统和控制比较复杂，燃料电池对反应气体的压力、温度、湿度、纯度等方面的要求更高。同时，车用燃料电池的成本和耐久性同燃油发动机相比差距较大，仍然是阻碍其大规模商业化的关键因素。

### 1.1.1 燃料电池的分类及应用

燃料电池根据工作温度可分为低温型（<200℃）、中温型（200～750℃）和高温型（>750℃）三种。按照电解质不同，一般可分为碱性燃料电池（AFC）、磷酸盐燃料电池（PAFC）、固体氧化物燃料电池（SOFC）、熔融碳酸盐燃料电池（MCFC）、聚合物电解质膜（又称质子交换膜）燃料电池（PEMFC）五大类型。由于PEMFC在汽车上的应用最为广泛，因此本书主要围绕质子交换膜燃料电池汽车及其系统部件介绍相关内容。如无特别说明，本书以下部分介绍的燃料电池都是指质子交换膜燃料电池，燃料电池汽车都是指使用氢气的质子交换膜燃料电池汽车。

### 1.1.2 燃料电池与动力电池和内燃机的区别

燃料电池由于名称带有"电池"，非常容易与动力电池造成混淆。燃料电池与纯电动汽车上使用的动力电池存在着本质区别。动力电池是一种电能储存装置，其工作时只是将储存的电能再释放出来。燃料电池本质上是一种发电装置，它提供了一个发生电化学反应的场所，通过反应将储存在燃料中的化学能转化为电能，如图1-1所示。对于氢燃料电池发动机来说，其氢气供给系统可类比传统燃油内燃机的供油系统，空气供给系统可类比传统内燃机的空气进气系统。

传统的内燃机是将储存在燃料中的化学能通过燃烧做功转化为有用的机械能。从对外做功的角度看，燃料电池输出的是电能，内燃机输出的是机械能。正是由于燃料电池同传统的内燃机都属于能量发生装置，车用燃料电池系统也被称为燃料电池发动机（Fuel Cell Engine，FCE）。

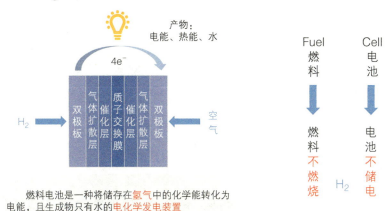

图 1-1 燃料电池示意图

## 1.2 燃料电池基础理论

### 1.2.1 基本反应

燃料电池通过燃料（例如，氢气）和氧化剂（例如，氧气）的持续供给，可持续输出电能和热能并生成水，氢燃料电池的基本结构和工作原理如图 1-2 所示。

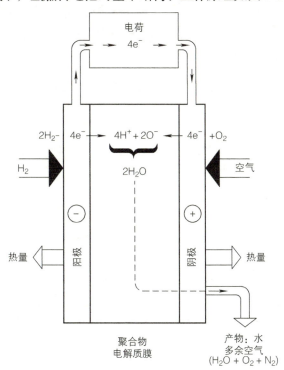

图 1-2 氢燃料电池基本结构和工作原理示意图

燃料电池中的反应可以分成两部分，以质子交换膜燃料电池为例，反应同时发生在质子交换膜（电解质）两侧的阳极和阴极，整体反应见式（1-3）。

阳极：
$$H_2 \longrightarrow 2H^+ + 2e^- \tag{1-1}$$

阴极：
$$\frac{1}{2}O_2 + 2H^+ + 2e^- \longrightarrow H_2O \tag{1-2}$$

整体：
$$H_2 + \frac{1}{2}O_2 \longrightarrow H_2O \tag{1-3}$$

### 1.2.2 反应热

从燃料电池的整体反应式（1-3）可见，燃料电池的化学反应式与氢气在氧气中燃烧的反应式相同，其在反应过程中也会释放热量，即：

$$H_2 + \frac{1}{2}O_2 \longrightarrow H_2O + 热 \tag{1-4}$$

在标准状态（25℃、一个标准大气压）下，式（1-4）可以写成：

$$H_2 + \frac{1}{2}O_2 \longrightarrow H_2O(液态水) + 286 kJ/mol \tag{1-5}$$

式（1-5）中的 286kJ/mol（焓）称为氢的热值，就是 1mol 氢气完全燃烧产生的热量，热值可以在量热器中进行测量。如果 1mol 氢气和 1/2mol 氧气在密闭的量热器中充分燃烧，在标准大气压下冷却到 25℃，在量热器中仅剩液态水，测量得到释放了约 286.02kJ 的热量，即为氢的高热值。如果 1mol 氢在足量氧气或者空气燃烧并冷却到 25℃，产生的水以水蒸气的形式存在并混合在未燃烧的氧气（或空气）中，测量的热量释放量约 242kJ，即为氢的低热值，即：

$$H_2 + \frac{1}{2}O_2 \longrightarrow H_2O(水蒸气) + 242 kJ/mol \tag{1-6}$$

### 1.2.3 燃料电池的理论电势

一般情况下，电功是电荷与电势的乘积：

$$W_{el} = qE \tag{1-7}$$

式中，$W_{el}$ 为电功（J/mol）；$q$ 为电荷（C/mol）；$E$ 为电势（V）。

每消耗 1mol 的氢，可按照式（1-8）计算燃料电池反应中转移的总电荷量。

$$q = nN_{Avg}q_{el} \tag{1-8}$$

式中，$n$ 为每个氢分子的电子数，为 2；$N_{Avg}$ 为每摩尔的分子数（阿伏加德罗常数），为 $6.022 \times 10^{23}$/mol；$q_{el}$ 为 1 个电子的电荷量，$q_{el} = 1.602 \times 10^{-19}$C。

阿伏加德罗常数与一个电子电荷量的乘积称为法拉第常数（$F = 96485$C/mol），因此电功式（1-7）可以改写为

$$W_{el} = nFE \tag{1-9}$$

燃料电池中产生的最大电能对应于吉布斯自由能（$\Delta G$）：

$$W_{el} = -\Delta G \quad (1\text{-}10)$$

那么，根据式（1-9）和式（1-10），可得燃料电池的理论电势：

$$E = -\frac{\Delta G}{nF} \quad (1\text{-}11)$$

根据已知的 $\Delta G$、$n$、$F$，根据式（1-12）可以计算出氢氧燃料电池的理论电势：

$$E = -\frac{\Delta G}{nF} = \frac{237.3\text{kJ/mol}}{2 \times 96485\text{C/mol}} = 1.23\text{V} \quad (1\text{-}12)$$

在25℃和标准大气压下，氢氧燃料电池的理论电势为1.23V。

## 1.2.4 燃料电池的理论效率

任何能量转换装置的效率可定义为有用输出能量与输入能量之比。对于燃料电池，有用输出能量是指所产生的电能，而输入能量为氢的焓，即氢的高热值。假定所有的吉布斯自由能均能转换为电能，则燃料电池的理论最高效率见式（1-13）：

$$\eta = \frac{\Delta G}{\Delta H} = \frac{237.3}{286.0} \times 100\% = 83\% \quad (1\text{-}13)$$

在计算能量转换装置的效率时，利用低热值和高热值均合理；若采用低热值，燃料电池的理论最高效率根据式（1-14）计算：

$$\eta = \frac{\Delta G}{\Delta H_{LHV}} = \frac{228.7}{242.0} \times 100\% = 94.5\% \quad (1\text{-}14)$$

如果式（1-13）中的 $\Delta G$ 和 $\Delta H$ 同除以 $nF$，则燃料电池的理论效率可定义为两个电势之比：

$$\eta = \frac{\Delta G/(nF)}{\Delta H/(nF)} = \frac{1.23}{1.482} \times 100\% = 83\% \quad (1\text{-}15)$$

式中，1.23V为燃料电池的理论电势；1.482V为对应氢气高热值的电势。

可见，燃料电池的效率与燃料电池的电势成正比，并且可用燃料电池的电势与对应于氢的高热值或低热值时的电势之比来计算其效率。

## 1.2.5 燃料电池的实际效率

在实际运行过程中，氢燃料电池中并非所有供给燃料电池的氢气都会参与电化学反应。针对这一情况，氢燃料电池的实际效率还应考虑"氢气利用率"。氢气利用率可按照式（1-16）计算：

$$\mu_f = \frac{i/nF}{V_{fuel}} \quad (1\text{-}16)$$

式中，$i$ 为燃料电池产生的电流；$V_{fuel}$ 为燃料电池提供燃料的速率（mol/s）。

因此，燃料电池的实际效率可以表示为

以高热值计算：

$$\eta_{FC} = \frac{\mu_f V}{1.482} \times 100\% \quad (1\text{-}17)$$

以低热值计算：
$$\eta_{FC} = \frac{\mu_f V}{1.254} \times 100\% \quad (1\text{-}18)$$

式中，$V$ 为燃料电池的电压（V）。

### 1.2.6 燃料电池的极化曲线

燃料电池的输出特性通常用燃料电池的输出电压随输出电流（或电流密度）的变化来描述，燃料电池的电压与电流（或电流密度）的关系曲线即为极化曲线，如图1-3所示。这里介绍一下极化曲线的简化理论模型。

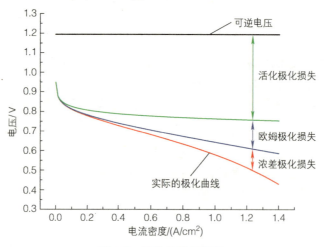

图 1-3 极化曲线示意图

燃料电池的输出电压可以由式（1-19）表示：
$$E_{cell} = E_{rev} - \Delta V_{act} - \Delta V_{ohmic} - \Delta V_{conc} \quad (1\text{-}19)$$

式中，$E_{rev}$ 为燃料电池的可逆电压（V）；$\Delta V_{act}$ 为活化极化损失；$\Delta V_{ohmic}$ 为欧姆极化损失；$\Delta V_{conc}$ 为浓差极化损失。

活化极化损失 $\Delta V_{act}$ 与电极动力学有关，可通过Bulter-Volmer公式来描述，简化的Bulter-Volmer公式即为式（1-20）所示的Tafel公式：
$$\Delta V_{act} = a + b \log(i) \quad (1\text{-}20)$$

其中，
$$a = -2.303 \frac{R_g T}{\alpha F} \log(i_o) \quad (1\text{-}21)$$

$$b = 2.303 \frac{R_g T}{\alpha F} \quad (1\text{-}22)$$

式中，$i$ 为燃料电池输出电流密度（A/cm²）；$i_o$ 为燃料电池损失电流密度（A/cm²）；$R_g$ 为理想气体常数（8.314J/mol·K）；$F$ 为法拉第常数（96485.3C/mol）；$b$ 为Tafel斜率；$\alpha$ 为电荷传输系数。

因此，燃料电池的活化极化损失可以表示为

$$\Delta V_{\text{act}} = b\log\left(\frac{i}{i_{\text{o}}}\right) \tag{1-23}$$

欧姆极化损失 $\Delta V_{\text{ohmic}}$ 是由离子通过电解质时受到的阻力与电子通过燃料电池导电组件时受到的阻力导致的电压损耗，遵循式（1-24）所示的欧姆定律：

$$\Delta V_{\text{ohmic}} = iR \tag{1-24}$$

式中，$R$ 为燃料电池的欧姆内阻（$\Omega/\text{cm}^2$）。

浓差极化损失（也称质量传输损失）$\Delta V_{\text{conc}}$ 是在电化学反应进行时，电极表面的反应物快速消耗，从而在电极内形成浓度梯度导致的。$\Delta V_{\text{conc}}$ 的大小受质量传输极限的影响，计算公式如下：

$$\Delta V_{\text{conc}} = \frac{R_{\text{g}}T}{n_{\text{e}}F}\ln\left(\frac{i_{\text{lim}}}{i_{\text{lim}}-i}\right) \tag{1-25}$$

式中，$i_{\text{lim}}$ 为燃料电池输出电流密度（$\text{A}/\text{cm}^2$）；其他参数同上。

除了活化极化、欧姆极化和浓差极化损失外，在燃料电池内部还存在由于氢气分子和电子穿透质子交换膜造成的内部电流损失。忽略内部电流损失对欧姆损失和质量传输损失造成的影响，一个简化版本的包含多参数的理论燃料电池极化曲线模型可以表示为

$$E_{\text{cell}} = E_{\text{rev}} - b\log\left(\frac{i+i_{\text{loss}}}{i_{\text{o}}}\right) - Ri - \frac{R_{\text{g}}T}{n_{\text{e}}F}\ln\left(\frac{i_{\text{lim}}}{i_{\text{lim}}-i}\right) \tag{1-26}$$

## 1.3 燃料电池汽车概述

### 1.3.1 燃料电池汽车的基本组成

与内燃机汽车、纯电动汽车和混合动力电动汽车相比，燃料电池汽车与它们的主要区别体现在动力系统和燃料系统上，如图 1-4 所示。燃料电池汽车的动力系统主要由燃料电池发动机、可充电储能系统（Rechargeable Energy Storage System，RESS）、驱动电机及其控制器、DC/DC 变换器等组成。燃料系统主要是车载氢系统，目前主要有 70MPa 和 35MPa 两个公称工作压力等级，另外车载液态储氢系统也在开发试用中。

图 1-4　燃料电池汽车基本组成示意图

### 1.3.2 燃料电池汽车的特点

1）绿色环保：燃料电池发动机没有类似于内燃机的燃烧过程，使用纯氢作为燃料，反应生成物只有水，属于零碳排放。

2）发电效率高：燃料电池的工作过程是将化学能转化为电能的过程，其不受卡诺循环的限制，能量转换效率较高，最高可达60%以上。

3）续驶里程长：采用高压气态氢气（或液态氢）作为能量源，使用燃料电池发动机作为能量转换装置，其续驶里程接近于传统内燃机汽车。

4）能量补充时间短：在能量补充方面，由于燃料电池汽车的加氢时间短，一辆燃料电池乘用车在3~5min内即可完成氢气加注，所以无需改变用户已经形成的用车习惯。

为了加快燃料电池汽车的商业化进程，各主要汽车集团和相关研究机构在燃料电池技术基础研究方面投入巨资，旨在解决燃料电池在商业化进程中所遇到的一些关键技术难题和挑战。目前，阻碍燃料电池大规模商业化的三个重要因素仍然是成本高、寿命短与基础设施不足。

### 1.3.3 燃料电池汽车的基本分类

按照动力系统的构型不同，燃料电池电动汽车可以分为纯燃料电池电动汽车和混合动力燃料电池电动汽车。目前的燃料电池电动汽车基本都属于混合动力燃料电池电动汽车，也就是电-电混合（动力电池+燃料电池）的燃料电池电动汽车。按照车辆是否可以进行外接充电，混合动力燃料电池电动汽车又可以分为可外接充电式和不可外接充电式。另外，还有部分车型采用"超级电容+燃料电池"等不同组合形式，由于实际产品较少，这里不再列出。如果没有特别说明和需要，本书以下部分将燃料电池电动汽车简称为燃料电池汽车。

### 1.3.4 燃料电池汽车的发展历程

**1. 我国燃料电池汽车发展历程**

我国的燃料电池汽车技术，从"九五"末期的第一台燃料电池中型客车问世，到2008年北京奥运会和2010年上海世博会的燃料电池汽车示范运行，再到目前的较大范围示范运行，已经取得了较大进步。在2008年北京奥运会期间，燃料电池轿车成为"绿色车队"中的重要成员。20辆帕萨特领驭燃料电池轿车为北京奥运会提供了交通服务，实现了单车无故障行驶里程5200km。在2010年上海世博会期间，包括100辆观光车、90辆轿车和6辆大型客车，总计196辆燃料电池汽车完成了历时6个月的示范运行。其中，100辆观光车由国内研制，搭载5kW燃料电池系统；70辆轿车搭载的是国内研发的燃料电池系统，分别采用55kW和33kW两种类型的燃料电池发动机，前者是普通的电-电混合模式，后者是插电模式，平均单车运行里程4500~5000km，最长的单车运行累积里程达到10191km。另外还有3辆大型客车搭载的是科技部"863"计划"节能与新能源汽车"重大项目资助研发的80kW燃料电池发动机，累积运行了15674km，最长单车行驶里程为6600km。它们还参加了北京公交车示范运行以及国际上的一些示范运行或赛事服务，包括国际清洁能源Bibendum大赛、美国加州示范运行及新加坡世青赛等，充分展示了中国燃料电池汽车技术。

在发展过程中，国内具有代表性的轿车产品有同济大学和上燃动力自主研发的"超越系列"燃料电池轿车、搭载新一代燃料电池轿车动力平台的上汽自主品牌"上海牌"燃料电池轿车和上海大众帕萨特领驭燃料电池轿车。其中"超越系列"燃料电池轿车采取电-电混合动力系统平台和35MPa高压储氢的技术路线。在2006年巴黎举行的第八届国际新能源汽车"必比登"挑战赛上，"超越三号"燃料电池轿车的燃料效率、车外噪声成绩名列榜首。与"超越三号"相比，上汽自主品牌"上海牌"燃料电池轿车的性能指标有进一步提高，最高车速从123km/h增加到150km/h，百公里加速时间由19s提升到15.7s，续驶里程提高到300km以上。这说明我国的燃料电池汽车技术在某些性能指标上正在快速追赶国际先进水平。

近10多年来，国内不少车企也一直在推动燃料电池汽车技术的商业化。2014年9月举办的"创新征程——新能源汽车万里行"活动中，上汽集团自主研发的燃料电池汽车荣威750经历沿海潮湿、高原极寒、南方湿热、北方干燥等气候环境，其环境适应性得到充分的检验，但离真正商业化并成功进入市场仍有一定的差距。2016年5月，宇通公司发布了第三代燃料电池客车，其氢气加注时间仅需10min，工况续驶里程超过600km。同年5月，北汽福田公司获得了100辆欧辉氢燃料电池电动客车的订单，率先实现燃料电池客车产业化。2017年，上汽大通FCV80成为国内最早且唯一商业化的燃料电池宽体轻客车型，在国内多地开展示范运营。这些进展均大幅推动了国内燃料电池汽车的市场化进程。

为了促进我国新能源汽车发展，国务院在2015年出台的"十三五"规划中明确指出，将继续实施新能源汽车推广计划，提高电动车产业化水平。国务院于2015年5月印发的《中国制造2025》规划纲要中明确指出，将节能与新能源汽车作为重点发展领域，我国政府将继续支持电动汽车、燃料电池汽车的发展。

2016年10月我国发布了《节能与新能源汽车技术路线图》，2021年1月发布《节能与新能源汽车技术路线图2.0》，明确了我国燃料电池汽车面向2035年的发展愿景和目标，即到2035年实现百万辆的燃料电池汽车推广应用目标。

2020年9月，财政部、工业和信息化部等五部门正式发布了《关于开展燃料电池汽车示范应用的通知》(财建〔2020〕394号)，对符合条件的城市群开展燃料电池汽车关键核心技术产业化攻关和示范应用给予奖励，支撑燃料电池汽车关键核心技术产业化、人才引进及团队建设，以及新车型、新技术的示范应用，为燃料电池汽车的产业化发展注入了新动能。

**2. 国外燃料电池汽车发展历程**

1994年，德国戴姆勒公司推出了其第一辆燃料电池汽车NECAR1，从此拉开了燃料电池汽车快速发展的序幕。NECAR1是基于梅赛德斯-奔驰180厢式货车改装而成的，搭载了50kW的质子交换膜燃料电池堆，采用高压储氢技术。1997年，戴姆勒、丰田、雷诺、马自达分别展示了燃料电池乘用车型NECAR3、FCHV-2、Fever和Demio，搭载的燃料电池堆功率均处于20~50kW之间。1998年，通用公司在巴黎车展展出了一辆以甲醇为燃料的50kW燃料电池汽车Opel Zafira，它搭载两个25kW的质子交换膜燃料电池堆，所需氢气通过甲醇重整得到。此后，戴姆勒、本田、日产、福特、大众、宝马、标致和现代等主要汽车集团相继展示出采用不同燃料（甲醇、液氢、压缩氢气）和储氢技术的燃料电池汽车，但这些车型均处于研发或概念阶段，仍然无法达到商业化要求。直到2005—2006年，戴姆勒和本田分别推出了F-CELL B-Class车型和FCX Clarity概念车型，这两款车对燃料电池汽车商业化发展产生了积极影响。

本田FCX Clarity是一款完全正向开发的燃料电池汽车。早在2008年，本田公司就开始在美国加利福尼亚州以每月600美元的价格将FCX Clarity出租给指定用户，首次实现燃料电池汽车的商业化应用。此外，本田公司积极参与日本国内加氢基础设施的研发和建设，并已在2012年3月开始示范其太阳能加氢站。2015年10月底，本田公司发布了全新一代的燃料电池汽车——CLARITY FUEL CELL。相比于2008年推出的FCX Clarity，新车所搭载的燃料电池堆尺寸减小了33%，而性能提升了约60%，最大输出功率超过100kW，体积功率密度达到3.1kW/L，续驶里程超过700km。

2013年1月，现代汽车公司开始批量生产现代ix35燃料电池汽车。该车型赢得了2013年布鲁塞尔车展Future Auto荣誉，它搭载100kW的燃料电池堆和24kW的锂离子电池组，最高车速为160km/h，单次加氢时间约为3min，续驶里程可达594km。当时该车型以租赁的方式在欧美等地进行市场推广。

2014年11月18日，丰田汽车公司发布了其第一款量产燃料电池汽车MIRAI（日语意为"未来"），被称为第一代MIRAI。该车于2014年12月开始在日本销售，并陆续进入美国、欧洲和澳大利亚等市场。第一代MIRAI所搭载的燃料电池堆包含370片单电池，最大输出功率达到114kW，体积功率密度达到3.1kW/L。车辆单次加氢时间约为3min，JC08工况试验续驶里程近700km，综合性能与传统内燃机汽车相当。

2014年，奥迪汽车公司也展示了燃料电池汽车A7 Sportback H-Tron，该车型续驶里程超过500km，最大输出功率为170kW。

2017年底，现代汽车发布了名为"NEXO"的下一代FCV，NEDC市区工况下的续驶里程超过800km。

2019年，梅赛德斯-奔驰发布燃料电池SUV车型GLC F-CELL，这是一款插电式燃料电池汽车，其NEDC工况续驶里程超过400km。

2020年12月，丰田汽车公司宣布第二代MIRAI正式上市，该车的WLTC工况续驶里程达到了850km。

近年来，国外燃料电池汽车技术发展比较迅速，并在可靠性、耐久性、环境适应性等方面都取得了较大进步，多家汽车集团相继发布了燃料电池汽车的商业化计划。

## 1.4 典型燃料电池汽车介绍

### 1.4.1 丰田第一代和第二代MIRAI燃料电池汽车

丰田第一代MIRAI燃料电池汽车采用"大功率燃料电池+小容量镍氢电池"的动力系统构型和分散式的布置方式，功率分配单元布置于前舱，燃料电池堆布置于中部底盘下，使用了两个额定压力为70MPa的Ⅳ型储氢罐，百公里加速时间达到9.6s，最高车速达到175km/h，JC08工况续驶里程超过650km。

丰田第二代 MIRAI 燃料电池汽车动力系统性能和功率密度进一步提升，优化了整车布置，燃料电池发动机由分散式布置改为一体化集成布置于汽车前舱，续驶里程提升。第二代 MIRAI 的储氢罐增加为三个，并且采用 T 形布置形式；储氢罐容积从原来的 122.4L 增加为 142L；三个 70MPa 的Ⅳ型瓶的水容积分别为 65L、52L 和 25L；储氢质量为 5.6kg，储氢质量分数为 6.0%。动力电池由镍氢电池更换成锂电池，布置位置没有改变。驱动电机的最大功率为 134kW，最大转矩 300N·m，车辆的最高车速为 175km/h，续驶里程 850km（WLTC 工况）。驱动电机功率由 113kW 提升至 134kW，燃料电池堆最高输出功率由 114kW 提升至 128kW，燃料电池堆体积功率密度由 3.1kW/L 提升至 4.4kW/L。第一代和第二代 MIRAI 的主要参数对比见表 1-1。

表 1-1　第一代和第二代 MIRAI 的主要参数对比

| 主要参数 | 第一代 | 第二代 |
| --- | --- | --- |
| 续驶里程 /km | 650（JC08） | 850（WLTC） |
| 储氢罐个数 /个 | 2 | 3 |
| 储氢罐容积 /L | 122.4 | 142 |
| 储氢质量 /kg | 4.6 | 5.6 |
| 储氢质量分数（%） | 5.7 | 6.0 |
| 驱动电机功率 /kW | 113 | 134 |
| 燃料电池堆功率 /kW | 114 | 128 |
| 燃料电池堆功率密度 /（kW/L） | 3.1 | 4.4 |

### 1.4.2　现代 ix35 FC 和 NEXO

韩国现代汽车在 2013 年推出第一代量产燃料电池汽车 ix35 FC（Tucson Fuel Cell），2018 年推出第二代燃料电池汽车 NEXO。NEXO 基于全新定制化平台设计开发，搭载第二代氢燃料电池系统，燃料电池系统一体化集成布置于前舱。NEXO 与 ix35 FC 相比，燃料电池系统功率提升 20%；系统效率提升 5.1%，达到 60.4%；燃料电池堆的功率密度提升 50%，达到 3.1kW/L。NEXO 与 ix35 FC 的主要参数对比见表 1-2。

表 1-2　NEXO 与 ix35 FC 的主要参数对比

| 参数 | NEXO | ix35（Tucson FC） |
| --- | --- | --- |
| 动力系统输出功率 /kW | 135 | 124 |
| 燃料电池堆电压 /V | 440（255～440） | 440（255～440） |
| 燃料电池堆功率 /kW | 95 | 100 |
| 电机功率 /kW | 120 | 100 |
| 电机转矩 /N·m | 395 | 300 |
| 动力电池功率 /kW | 40 | 24 |
| 动力电池电压 /V | 240 | 180 |
| 动力电池容量 /kW·h | 1.56 | 0.95 |

（续）

| 参数 | NEXO | ix35（Tucson FC） |
| --- | --- | --- |
| 储氢系统容积 /L | 156.6 | 144 |
| 最高车速 /（km/h） | 179 | 160 |
| 百公里加速时间 /s | 9.7 | 12.5 |
| 续驶里程（NEDC）/km | 754 | 594 |

### 1.4.3 本田 Clarity FCV

本田 Clarity FCV（2017 款）搭载了"Clarity FUEL CELL"第二代燃料电池动力总成。Clarity FCV 的燃料电池发动机功率 103kW，驱动电机功率 130kW，转矩 335N·m，储氢质量 5.46kg，续驶里程达到 750km。该车型采用两个Ⅲ型的 70MPa 储氢罐，分别布置在后排座椅下方和行李舱内部，如图 1-5 所示。储氢罐的总容积达到 141L，充满氢气仅需 3min。Clarity FCV 是第一款将燃料电池堆集成进发动机舱的车型，整个动力系统的体积与本田 V6 内燃机尺寸相近。

### 1.4.4 奔驰 GLC F-CELL

GLC F-CELL 燃料电池汽车是奔驰公司的第一款量产燃料电池汽车，在 2017 年的法兰克福车展时发布。GLC F-CELL 燃料电池汽车搭载了氢燃料电池和锂离子电池组成的插电式混动系统，属于典型的电-电混合动力车型，如图 1-6 所示。GLC F-CELL 采用 400 片燃料电池单体组成的金属极板燃料电池堆，峰值功率为 75kW；搭载 2 个Ⅳ型 70MPa 储氢罐，分别位于底盘和后排座椅下方，储氢容量达到 4.4kg；NEDC 循环工况续驶里程达到 487km，其中纯电续驶里程 50km，纯氢续驶里程 437km。

图 1-5 本田 Clarity FCV 动力系统布置图

图 1-6 奔驰 GLC F-CELL 燃料电池汽车动力系统布置图

### 1.4.5　宝马 iX5 Hydrogen

宝马开发的燃料电池发动机搭载到 iX5 Hydrogen 车型上，其动力系统布置如图 1-7 所示，最大驱动功率为 275kW。在车辆中后部布置了两个 70MPa 的 IV 型储氢罐，可存储氢 6kg，加满氢需 3~4min。iX5 Hydrogen 的 WLTP 循环工况续驶里程为 504km，该车搭载的燃料电池发动机持续输出功率为 125kW。图 1-8 所示为 iX5 Hydrogen 所用燃料电池发动机的分解图。

图 1-7　iX5 Hydrogen 的动力系统布置

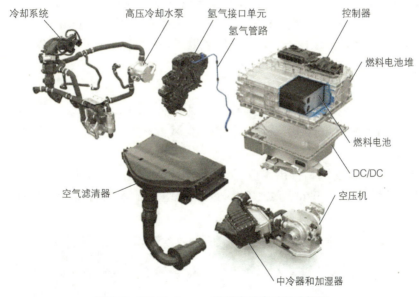

图 1-8　iX5 Hydrogen 燃料电池发动机分解图

### 1.4.6　上汽大通 EUNIQ7

2014 年，上汽集团推出了国内首款氢燃料电池轿车荣威 750。2016 年上汽集团推出的荣威 950 氢燃料电池轿车，是国内首款搭载 70MPa 储氢系统的乘用车，也是首款完成公告、上牌和销售的氢燃料乘用车。2020 年上市的上汽大通 EUNIQ7 是全球首款氢燃料电池MPV。

　　EUNIQ7采用70MPa储氢系统（由三个大小相同的储氢罐组成），其动力系统布置情况如图1-9所示。EUNIQ7的燃料电池系统最大功率为130kW，电机最大功率150kW，配以13kW的三元锂电池。EUNIQ7采用中置储氢罐、全平地板、双回路冗余设计，更加安全可靠；采用三合一高性能电驱动系统，NEDC工况续驶里程为605km，氢耗为1.18kg/100km，具备-30℃低温冷起动能力。

图1-9　EUNIQ7动力系统布置

　　2022年9月，上汽大通推出的首款高端氢燃料电池MPV——MAXUS MIFA，动力系统配置与EUNIQ7基本形同。该车采用130kW燃料电池堆和70MPa储氢系统，续驶里程可达605km，氢耗约1.18kg/100km，储氢量6.4kg，加满氢需要3～5min。

### 1.4.7　国内其他车型

　　目前，国内燃料电池汽车的产品重点大多集中在公交车、物流车、重型货车等方面。在燃料电池乘用车方面，上汽、长城、长安、东风、一汽、广汽、海马等整车厂也在积极开发自主车型。

　　2022年7月，长安汽车推出深蓝SL03燃料电池乘用车，如图1-10所示。该车在NEDC工况下续驶里程730km，氢耗0.65kg/100km，加满氢仅需3min，同时具备-35℃低温冷起动能力。

图1-10　长安深蓝SL03燃料电池汽车

2020年7月,广汽发布旗下首款氢燃料电池乘用车 Aion LX Fuel Cell,如图 1-11 所示。这是一款基于广汽 GEP 2.0 平台开发的氢燃料电池汽车,搭载自主集成开发的氢燃料电池系统,可实现 650km 的续驶里程,整车最大输出功率超过 150kW,电机的峰值转矩达 350N·m。燃料电池系统最高效率达 62.2%,同时还可实现在 -30℃环境中一键冷启动。

2022年8月,东风汽车开发的首款全功率燃料电池乘用车东风氢舟 H2·e 开始示范运营,如图 1-12 所示,该车搭载 80kW 燃料电池发动机,能够实现 -30℃低温冷起动,续驶里程 500km,氢耗为 0.751kg/100km。

图 1-11　广汽氢燃料电池乘用车 Aion LX Fuel Cell　　图 1-12　东风氢舟 H2·e 燃料电池汽车

2021年6月,红旗 H5-FCEV 首次亮相,如图 1-13 所示。该车搭载一汽自主开发的燃料电池发动机,采用金属双极板单堆技术,搭载 70MPa 储氢罐,储氢量大于 4kg,NEDC 工况续驶里程约 450km,耗氢小于 1kg/100km。2022年7月,全新红旗 H5 燃料电池汽车在研发总院试制完成,搭载一汽红旗自主研发的第二代燃料电池发动机,其燃料电池堆的体积功率密度较上一代提升 40%,能够实现 -30℃的快速冷起动。

海马汽车宣称其 7X-H 氢燃料电池汽车将很快开始模拟示范运行,该车为海马第三代燃料电池汽车,如图 1-14 所示。该车是海马"光伏发电 - 电解水制氢 - 高压加氢 - 氢燃料电池汽车运营"全产业链的关键组成部分。

图 1-13　一汽红旗 H5 燃料电池汽车　　图 1-14　海马 7X-H 氢燃料电池汽

## 1.5　本章小结

本章从燃料电池基本原理和燃料电池汽车的发展历程入手，对燃料电池的特点、分类、应用等几个方面进行了介绍，接着介绍了燃料电池汽车的组成、特点、分类等，并对国内外典型燃料电池乘用车进行了简单介绍。

## 参考文献

[1] GURBINDER K. PEM Fuel Cells：Fundamentals, Advanced Technologies，and Practical Application [M]. New York: Elsevier，2021.

[2] VISNIC B. 深度剖析本田 Clarity 燃料电池汽车的创新技术与架构 [EB/OL]. (2017-07-10) [2024-02-15]. https：//www.sae.org.cn/articles/15332.

[3] EDT 电驱时代. 现代燃料电池汽车 NEXO 技术解析 [EB/OL]. (2021-02-01) [2024-02-15]. https://baijiahao.baidu.com/s?id = 1690482264537731025&wfr = spider&for = pc.

[4] 啦咖非. 燃料电池汽车动力系统技术解析 [EB/OL]. (2023-04-25) [2024-02-15]. https：//www.dongchedi.com/article/7225161085182280250.

[5] INNOVATION. BMW GROUP PRODUCES FUEL CELL SYSTEMS[EB/OL]. (2022-8-31) [2024-02-15]. https://www.bmwgroup.com/en/news/general/2022/FuelCell.html.

[6] 上汽大通. 引领级氢燃料电池 MPV[EB/OL]. (2023-10-11) [2024-02-15]. https：//www.saicmaxus.com/car/mifaq.shtml.

[7] 神力科技. 国内首款量产氢燃料电池轿车长安深蓝 SL03 搭载神力电堆 [EB/OL]. (2023-12-15)[2024-02-15]. https：//h2.in-en.com/html/h2-2431830.shtml.

[8] 蓝鲸财经. 广汽集团推 ADiGO 升级，首款氢燃料电池车年内示范运行 [EB/OL]. (2020-7-29) [2024-02-15]. https://www.gac.com.cn/cn/news/detail?baseid = 18055.

[9] 湖北日报. 零下 30℃快速启动 百公里成本仅为燃油车一半 东风氢燃料电池技术取得新突破 [EB/OL]. (2022-05-07) [2024-02-15]. https：//www.sohu.com/a/544726433_121123760.

[10] 宋路芳菲. 国氢科技进军氢能乘用车，燃料电池产品将首搭一汽红旗 H5[EB/OL]. (2023-5-11) [2024-02-15]. https：//auto.net.cn/vLnv4YwD1EaAGToLHCGglg.html.

[11] 海南日报. 海马汽车"放大招"这款备受关注的清洁能源车亮相消博会 [EB/OL]. (2022-07-26) [2024-02-15]. https：//www.haima.com/frmnewsdetail2. aspx?no = m6ZNv2#:~:text.

# Chapter 02

# 第 2 章
# 燃料电池实验室的安全要求

燃料电池技术及燃料电池汽车的发展，都离不开相关的测试和评价工作，其中实验室测试工作是测试评价的必要组成部分。由于氢气具有密度小、易渗透、易泄漏、易燃、易爆等特点，使得涉氢方面的测试安全问题受到格外重视。针对涉氢安全方面，不少国家和机构都制定了具体的法规、标准等要求，但专门针对涉氢实验室安全方面的还相对较少。本章主要对国内外一些相关法规，以及一些著名机构和实验室制定的涉氢试验安全规定进行简要分析，以期为实验室的设计、建造和使用提供必要的基础知识。下面在初步分析氢气相关的氢脆、材料相容性和环境影响等因素的基础上，从涉氢实验室的基本要求、供氢安全要求、安全监测及应急措施、氢气管路材料要求、氢气管路密封要求、火灾监测和控制系统、安全互锁功能等几个方面介绍涉氢实验室的安全要求。

## 2.1 氢气相关特征

氢气由于其自身的物理和化学特性，给实际应用带来不少问题。这里从基本特征、氢脆现象、材料相容性、环境对材料的影响等方面介绍氢气的相关特性。

### 2.1.1 基本特征

氢气的基本特征见表 2-1。

表 2-1 氢气的基本特征

| 项目 | 描述 |
| --- | --- |
| 化学式 | $H_2$ |
| 分子量 | 2.01588 |
| 熔点 | −259.2℃（14.01K） |

（续）

| 项目 | 描述 |
| --- | --- |
| 沸点 | -252.77℃（20.28K） |
| 燃点 | 574℃ |
| 水溶性 | 难溶于水 |
| 密度 | 0.0899g/L（0℃，标准大气压） |
| 外观 | 无色 |
| 气味 | 无味 |
| 毒性 | 无毒 |
| 危险性 | 易燃、易爆 |
| 高热值/低热值（HHV/LHV） | 286/242kJ/mol |
| 可燃极限（体积分数） | 4%~75% |
| 火焰颜色 | 淡蓝色 |

### 2.1.2 氢脆现象

氢脆是由于氢原子的溶解和扩散造成金属强度和延展性下降的过程，氢脆一般分成两类。

第一种，内部氢脆。当氢原子扩散进入金属内部使金属结构形成超饱和的情况下发生；在应力作用下，扩散的氢气降低了金属的抗断裂性能。

第二种，环境氢脆。由氢气暴露和应力共同作用引起的，这种情况下氢原子扩散到金属外表面，会加剧表面缺陷的发展。

在以上两种情况下，氢脆都与氢气的扩散过程相关。对于内部氢脆，金属内的氢气浓度会随时间增加而增长。对于环境氢脆，表面缺陷扩展与时间相关，裂纹增长率受到氢扩散影响。氢原子扩散进入金属内部并同金属内部的原有缺陷和应力区域相互作用，通常会增加裂纹传播敏感性并损害金属的延展性和断裂强度等基本性能。另外，一些材料和环境变量对氢气引起的金属断裂有促进作用。

影响氢引起断裂的环境因素包括氢气压力、温度、化学环境和应变率等。通常随着氢气压力增加，氢引起断裂的敏感性上升。但温度的作用不是系统性的，一些金属如奥氏体不锈钢表现出氢引起的断裂敏感性是温度的函数。其他气体同氢气混合也可能加快氢引起的断裂。比如潮湿环境可能危害铝合金，因为在湿润环境下氧化会产生不稳定的氢。但在一些钢材中潮湿能够提高抗氢断裂能力，主要是通过表面产生薄膜形成阻挡氢气吸收的运动屏障。氢气存在的情况下通常出现逆应变率效应，换言之，在高应变率下金属对氢引起断裂的敏感性降低。

美国测试材料学会（American Society for Testing Materials，ASTM）关于氢脆方面的专业书籍——《氢脆的防护与控制》给出了不同试验方法，可用于评价金属对氢气危害的敏感性，这里不再介绍。

### 2.1.3　材料相容性

由于材料相容性和氢脆的重要性，必须对所用材料进行符合性认证，以保证制造商使用的材料进行过储氢使用验证并且满足制造商设计规范。

在材料选择方面，对于管路、阀体、密封等制造用材料，必须仔细选择以考虑它们在预计的使用环境下的性能退化情况。钢、铝及铝合金、钛及钛合金、镍及镍合金等金属的力学性能都会受到氢的不利影响。如果这些金属暴露在氢气下，会产生氢脆、开裂、抗拉强度下降等现象，从而会导致承载部件提前发生失效。另外由于氢分子很小，能够通过很多材料扩散，从而导致氢气的渗透泄漏。因此推荐使用奥氏体不锈钢、铜和铜合金来制作涉氢材料。

### 2.1.4　使用环境的影响

#### 1. 压力和应力

循环压力和稳定压力联合作用是比较恶劣的应力情况。在一些系统中，压力/应力循环能够促进裂纹增长，裂纹增长在稳态应力下也会加速。在氢气加满的情况下，氢气容易进入裂纹而加速氢气的扩散和渗透。

氢气因其所特有的温度波动、材料扩散和渗透差异的敏感性，是材料应用过程中产生应力的一个重要因素。例如高压储氢罐在使用过程中，在持续高温和压力作用下，因极端温度生成微小裂纹的速度加快。在放氢情况下，当内部氢气排出时，瓶体缠绕材料中的饱和氢气会在内衬中产生背压，从而迫使内衬脱离缠绕物并造成内衬失效。有研究资料表明，已经观测到由于氢气背压引起内衬脱落的极端情况。

极端环境温度也是重要的应力源。高环境温度能够加剧材料中氢气的扩散和渗透，有研究报告称在较高的环境温度下使用氢气进行压力循环时观测到了泄漏情况。在极低环境温度下，加氢/放氢的压力冲击和温度波动可使得高压储氢罐内表面和接头处产生严重应力变化，而这些都是发生泄漏的关键部件。

#### 2. 温度影响

研究发现在低温时（-40℃及以下）可能发生氢气敏感性增强的情况，这种低温情况在70MPa的储氢罐内部可能出现。相关试验数据表明在低温甚至低压下一些钢合金材料会发生氢脆，奥氏体不锈钢合金在低温（-40℃及以下）下对低压氢气表现出氢脆敏感性增强。试验表明在较高温度下氢脆影响普遍较小，而在低温情况下变得严重，这是因为在较低温度下氢气吸收和结合现象发生在材料缺陷位置处的概率较大。在低温情况（约-50℃）和低氢气压力情况下，氢脆的敏感性增强。研究发现低温不仅不能充分阻止氢气吸收，反而导致氢脆敏感性提高，主要是因为低温作用增强了氢和材料间的相互作用从而导致了氢脆出现。

#### 3. 焊接限制

研究已经发现焊接对氢脆具有潜在敏感性，高浓度的氢气对体积分数为2%～7%的铁素体的危害作用较强。

#### 4. 氢气纯度限制

可以确定氢气中适当浓度的氧气、水、CO、$SO_2$等杂质具有抑制氢脆的作用。有研究发现，在氧气体积分数小于 1ppm[⊖] 和水体积分数小于 10ppm 时氢气对裂纹的传播作用明显增强。其他影响氢脆的已知气体杂质（如 CO、$SO_2$）在空气和高纯度氢气中很少会出现，但可能通过试验过程中容器内其他组成材料的释放而引入，因此在试验结束时应该确认排出气体的纯度。

较低含氧量也会对氢脆产生重要影响，因为氧气吸附在金属表面能够减轻金属对氢气的吸收从而降低脆变敏感性，如果氢气中的氧气含量太低，这个保护作用就会大大降低。

## 2.2 氢的危险因素

### 2.2.1 氢气的危险因素分析

氢气存在以下危险因素：

1）可觉察性：在大气条件下，氢气是无色、无味的，在任何浓度下都不能被人的感官检测到。氢气虽然本身没有毒性，但会稀释空气中的氧气，如果氧气体积分数低于 19.5%，则会导致窒息。

2）泄漏性：随着氢气作为能源载体而被大规模引入，其从容器和管道中泄漏的量预计将是气态甲烷泄漏量的 1.3~2.8 倍，是同等条件下空气泄漏量的 4 倍左右。另一方面，任何释放的氢都有可能通过快速扩散、湍流对流和浮力迅速扩散，因此在很大程度上降低了泄漏引发的风险。

3）浮力：在常温和一个大气压下，氢气比空气轻约 14 倍，这就是为什么氢气泄漏后都会迅速向上移动，从而减少点燃风险。然而还应注意一个事实，氢的饱和蒸气比空气重，在温度上升之前会一直靠近地面。由于浮力速度取决于空气和氢饱和蒸气密度的差异，常温常压下，氢气在空气中的浮力速度范围为 1.2~9m/s。因此，液氢泄漏产生的低温氢气在水蒸气的作用下最初会保持在接近地面的位置，比在标准温度和压力下的氢气气体上升得更慢。

4）火焰能见度：氢气在氧气中燃烧时，会产生淡蓝色火焰，但在白天肉眼几乎看不见。任何火焰的可见性都是由空气中的水分或颗粒等杂质引起的，通过火焰上空的气流波动和对皮肤的热辐射可以检测到较强的氢气燃烧火焰。该特性造成的一个明显危险就是如果泄漏的氢气被点燃，但是人看不到而导致人员严重烧伤。

5）火焰温度：氢气在空气中当量燃烧时火焰温度为 1430℃，在氧气中当量燃烧时火焰温度为 2830℃。

6）燃烧速度：燃烧速度的快慢，取决于可燃物与氧气的化学反应速度，以及氧气和可燃物的接触混合速度。对于氢气，这个速度范围为 2.65~3.46m/s，具体取决于压力、温度和混合物成分。氢气的燃烧速度比甲烷高一个数量级（甲烷在标准温度压力的空气中的最大燃烧速度为 0.45m/s），表明其具有较高的爆炸潜力。

7）火焰的热辐射：暴露在氢气火焰中会导致严重的热辐射损害，热辐射强度在很大程度上取决于大气中的水蒸气含量。大气中的水蒸气能够吸收火焰辐射的热能，并能显

---

[⊖] ppm 为百万分率，$1ppm = 10^{-6}$。

著减少热量。确定距离处氢气燃烧火焰的辐射强度取决于火焰初始强度、大气中水蒸气含量和辐射距离。

8）极限氧指数：极限氧指数是指在规定的条件下，材料在氧氮混合气流中进行有焰燃烧所需的最低氧浓度，以氧所占的体积分数的数值来表示。对于氢气，如果混合物含氧量小于5%，则在常温和一个大气压的条件下不会有火焰传播。

9）焦耳-汤姆逊效应：一般气体在高压低温液态的容器中释放时都会吸热，这就是焦耳-汤姆逊效应。但氢气和其他大多气体相反，其在这样的情况下是放热，称为焦耳-汤姆逊负效应。在安全性方面，氢气的焦耳-汤姆逊负效应导致的温度升高通常不足以点燃氢气-空气混合物。

### 2.2.2 液氢的危险因素分析

液氢很容易蒸发，伴随氢气的所有危害也同样存在。同时在处理或储存液氢时，因为液氢容易蒸发，还应充分考虑到其他危险情况。

1）低沸点：氢在一个标准大气压下的沸点为20.28K。任何液氢溅到皮肤或眼睛上都可能导致冻伤。吸入蒸气或冷气体最初会产生呼吸不适，进一步会导致窒息。

2）结冰：储存容器的安全阀口和阀门可能会因空气中水分结冰而堵塞，使得容器内液氢蒸发产生过高的压力而不能进行安全泄压。这种高压可能导致机械故障（容器或部件破裂），喷射释放氢气，并可能导致沸腾液体膨胀汽化爆炸。

3）连续蒸发：液氢储存在容器中会持续蒸发，使其状态变为气态氢气。为了平衡压力，氢气必须排放到安全的地方或暂时安全收集。储存容器应保持在正压力下，以防止空气进入而产生可燃混合物。液氢在减压和加压过程中可能受到周围环境空气的污染，也可能受到氢气液化过程中积累的微量空气的污染。储存容器在反复减压和加压过程中，其中混入空气的数量会增加，会产生与氢气的爆炸性混合物。

4）压力升高：在两个阀门之间的管道中，液氢最终将升温至环境温度，导致压力显著升高。标准的存储系统设计通常假定正常工作下每天的泄漏量为液体含量的0.5%。

5）高蒸气密度：大量液氢从液氢储存容器泄漏释放后，会产生高密度饱和蒸气，形成的可燃蒸气云会水平或向下移动一段时间。

6）电荷积聚：由于液氢的电阻率在25V时约为$10^{19}\Omega\cdot cm$，其载流能力很小，因此在液态氢中电荷积聚并不是一个大问题。但液氢在输送和加注过程中极易产生剧烈的静电起电现象，危害性大。因此，液氢的静电防护显得尤为重要，必须进行监测和有效管控。

## 2.3 燃料电池实验室安全要求

具体描述氢燃料电池汽车测试的实验室安全方面的资料相对较少，美国环境保护署在这方面有一些研究成果。其公开的文献资料主要从实验室供氢安全要求、安全监测及应急措施、氢气管路材料要求、氢气管路密封要求、火灾监测和控制系统、安全互锁六个方面讨论了涉氢实验室的安全问题。燃料电池实验室的安全要求基本上与燃料电池汽车实验室没有太大差别，这里进行统一介绍，供相关技术人员参考。

### 2.3.1 基本安全要求

实验室的基本安全要求包括应急预案及培训、通风、用电安全、氢气紧急切断和设备互锁等方面，具体如下：

1）实验室应具有应急程序和撤离方案，紧急情况清单必须张贴在实验室内外，人员必须进行建筑物安全、实验室危险、检测设备、紧急程序方面的培训。

2）实验室必须提供足够的通风，室内无电弧和火花设备、无明火；所有电气设备在涉氢环境中必须是无电弧、电火花和防爆的，满足安全技术法规要求。

3）实验室内所有电气和旋转设备的防护盖罩等装置必须安装到位。

4）实验室控制系统应在起火情况下或氢气浓度聚集达到可燃下限情况下能够迅速切断氢气供应。

5）实验室所有安全系统必须具备失效安全模式，即在失效情况下能够关闭所有氢气供应电磁阀。

6）实验室应具有安全报警与实验室测试设备互锁功能，在紧急情况下可及时关闭正在进行测试的试验台架。

### 2.3.2 实验室供氢安全要求

实验室供氢安全要求，主要分为供氢方案和供氢管路两个方面的要求。

1）供氢方案要求。如果车辆试验所需的氢气量不大于 400 SCF（约 11.327$m^3$），用于供氢的高压氢气瓶可以位于实验室外的专门区域，该区域顶部必须有换气装置。存放气瓶区域的换气能力推荐值为 20ACH（每小时的换气次数）及以上；在正常测试过程中，气瓶和供氢管道上方建筑物顶盖处必须安装防爆风机进行通风，通风量要求至少为 20ACH。

如果车辆试验所需的氢气量大于 400 SCF，则要求更高的防爆能力和换气等级，并且严禁在与实验室相连的房间内进行试验供氢。

2）供氢管路要求。实验室应该安装无缝、厚壁不锈钢管的氢气管路系统，以输送氢气到实验室的防爆区域。供氢管路应该位于 4in（1in = 0.0254m）的方形密封管道内，并且管道还要连接防爆风机以排出管路中可能泄漏出的氢气。这些不是特定的消防安全规范要求的，但美国环境保护署（EPA）担心管路接头处的密封情况不好会导致氢气泄漏造成安全隐患。现在实验室供氢管路一般采取焊接方式将无缝管路连接到一起，只要管路采用符合要求的材料并严格按照管路安装要求，其安全性是有保障的。

### 2.3.3 安全监测及应急措施

实验室安全监测及应急措施，主要分为氢安全监测系统和氢气浓度超标时的应急措施两个方面。

**1. 氢安全监测系统**

EPA 采用的氢安全监测系统是在存放氢气瓶的特定区域顶部安装一个氢气浓度传感器（氢气报警传感器），用于监测试验过程中该区域的氢气浓度，这个传感器检测范围应该覆盖车辆测试过程中供氢管路位置。还有一个氢气传感器位于其相连区域的顶盖处，并根据需要启动通风装置。另外在实验室内还需安装两个氢气传感器，直接位于试验车辆的上方，要保障实验室内的氢气监测无盲区。涉氢实验室的安全监控系统一般除了氢气浓度传感器外，还安装有火焰探测器，综合监控系统可以实时显示各传感器的测量结果，以提高安全保障能力。

**2. 氢气浓度超标时的应急措施**

实验室安全设施必须配备合适的气体泄漏探测器、火焰探测器、烟雾探测器，在测试样品和试验设备上方安装一个或多个氢气浓度检测探头。这些检测装置必须同实验室安全设施互锁，以满足：

1）当检测到 20% LFL（相当于空气中氢气的体积分数 0.8%）浓度的氢气泄漏时：需要发出声音报警，并提高通风等级；一般当检测到氢气浓度达到 20% LFL 时，通风换气装置对区域内的换气需要从 20ACH 提高到 30ACH。

2）在检测到烟雾、起火或者达到 40% LFL 氢气浓度时：必须断开除防爆设备（应急设备、灯光、信号）外的所有实验室电源；关闭所有氢气供应；提高通风等级；发送警报到监控站。当氢气浓度达到 40% LFL 时，氢气供应装置应立即关断氢气管路以停止供氢，并排空供氢管路中的氢气，同时断开除防爆风机外的实验室电源。

### 2.3.4 实验室换气要求

涉氢试验必须装备换气通风系统，要求在供氢试验前，通风系统必须先开始工作，并且根据实验室内泄漏氢气的浓度设有不同等级的换气能力。

1）实验室设施必须提供足够的换气量以应对潜在的氢气泄漏情况，并根据氢气浓度设定不同等级的换气能力。

2）换气系统应该同测试设备实现互锁，以保证换气系统在氢气供给系统打开前开始工作，即先通风再供氢，然后再开始试验。

3）当氢气浓度传感器报警时，换气能力应该提高；一般正常情况下，至少提供 6ACH 的换气能力；紧急情况下，提供 12ACH 的换气能力；当然也可以提供更高的换气能力，以提高安全性。

### 2.3.5 氢气管路材料要求

在设计实验室供氢系统时，材料的相容性是一个必须考虑的因素。奥氏体不锈钢、铜及铜合金通常满足氢气的使用场景，接触潮湿氢气的部件及管路材质不能使用灰铁、球铁、铸铁。

EPA 推荐使用不锈钢，尽量少使用特氟龙（Teflon），推荐使用氟橡胶（Viton）替代。虽然 Teflon 可以用于密封和包装材料，但在内衬材料中不推荐使用 Teflon，因为在该材质下会有比较大的氢气渗透。另外，需要注意液氢和气态氢具有不同的材料相容性。

需要特别注意实验室中氢气管路的接头连接部分。由于不锈钢在加工螺纹时变形较难，密封问题增大。EPA 推荐尽量使用非熔化极惰性气体保护电弧焊（Tungsten Inert Gas，TIG）或者熔化极惰性气体保护电弧焊（Metal Inert Gas，MIG）进行接头焊接，不可以使用 NPT 螺纹连接方式。高压螺纹密封可能满足连接要求，而普通螺纹密封则满足不了氢气密封要求。

实验室设施所使用的材料必须满足氢气相关的使用要求，具体如下：

1）接触潮湿、干燥流体/气体部件允许使用的材料有：316不锈钢（不推荐用于潮湿氢气）、特氟龙（Teflon）、聚偏氟乙烯（PVDF）、氯丁橡胶（Neoprene）、玻璃、三元乙丙橡胶（EPDM）、氟橡胶（Viton）。

2）接触干燥气体的部件允许使用的材料有：黄铜、铜、碳钢、锌、丁腈橡胶。

注意，上述材料不能用于与燃料电池接触的液体管路，或湿气管路、接头及连接件。

燃料电池不能接触污染物，尤其是机油、灰尘、沙子、铁锈、含硫管路涂料、金属箔片以及其他颗粒物。

### 2.3.6 氢气管路密封要求

氢气供应管路用于把氢气安全地供给到燃料电池试验车辆或者用氢试验装置。EPA给出了专门的气路设计图，如图2-1所示。管路使用外径为0.5in的316不锈钢，连接处使用表面密封金属衬垫接头。连接部分要能承受2200psi（约15MPa）的标称氢气压力，并可能上升到5000psi（约35MPa）。表面密封金属衬垫接头满足气泡法的密封测试要求，并且在连接断开时螺母上的通气孔能够释放管路内的压缩气体。

每个试验间安装一个关断阀，用于控制输出管路连接到车辆供氢管路之间氢气的通断。在供氢系统末端使用了一个快换接头，用于匹配不同车辆的供氢连接形式。在管路安装完毕后，使用氦气加压至2000psi（约13.6MPa），测量2h的压力下降量作为供气系统的初始泄漏检查结果。应用氦检仪对泄漏源和接头处进行检查，主要泄漏点位于阀以及管路接头处。安装完毕后，在试验间和压缩氢气瓶储存间，对供气管路需要进行反复泄漏检查。对于环缝焊接氢气管路，也要进行氮气保压测试。

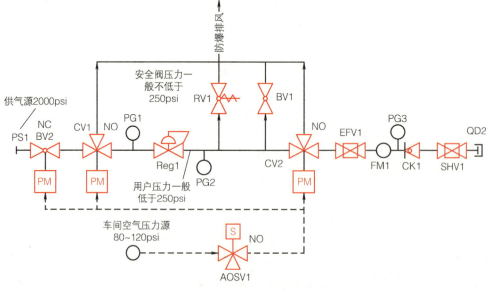

图2-1 实验室供气管路示意图

BV1—手阀　CV1、CV2—三通阀　Reg1—压力调节阀　PG1、PG2、PG3—压力传感器　RV1—安全泄放阀　EFV1—过流阀　FM1—流量计　BV2—电磁阀　SHV1—关断阀　AOSV1—气动三通阀　NC—常关　NO—常开　CK1—单向阀　S—电磁阀　PM—气动控制　QD2—快换接头　PS1—供压端

### 2.3.7 火灾监测和控制系统

氢气起火时的第一个响应步骤应该是关断氢气供给管路。在关闭氢气供应之前，不要试图先进行灭火。虽然有些情况下即使不关闭供气管路也可能熄灭氢气火焰，但由于氢气的可燃范围较宽，如果不先关断氢气供应管路，氢气就可能会迅速复燃。对于氢气起火，通常推荐的灭火方式是喷水。虽然喷水并非一定会熄灭氢气火焰，但有助于冷却高压储氢罐，同时还可防止氢气火焰点燃周围的可燃物。

EPA在汽车实验室使用了FM200灭火系统，具体位于房顶通气出口处。FM200本身是无毒气体，释放出来后能够熄灭火焰；当监控系统探测到出现着火或者拉响火警时，系统能够释放FM200进行灭火。FM200气体灭火剂化学名称七氟丙烷，是符合美国消防协会制定洁净药剂灭火系统NFPA-2001规范要求的清洁气体灭火剂，特点是不导电的、挥发性的或气态的灭火剂，在使用过程中不留残余物。同时，FM200气体灭火剂对环境无害，在自然中的存留期短，灭火效率高并无毒。

氢气火焰探测方面，通常使用氢气火焰探测器来识别和探测氢气泄漏出现的火焰。虽然红外火焰探测器不能有效探测到氢气火焰（氢气火焰不能辐射很强的红外光谱），但它能够探测到氢气火焰点燃其他材料产生的火焰。氢气火焰能辐射紫外线，这样理论上可以使用紫外线火焰探测器来探测氢气火焰，但紫外线火焰探测器存在容易误报的问题。氢气火焰探测器应根据实际情况选择安装位置。首先，应选择距离热源较远的地方，避免产生误操作和误报；其次，应考虑氢气泄漏的可能性和泄漏位置，安装探测器应尽可能靠近氢泄漏源。

### 2.3.8 安全互锁

涉氢实验室的安全互锁功能主要有以下三个方面：

1）通风方面：当不满足安全条件的时候，通过安装传感器和开关来关闭或者阻断供氢系统的氢气供给。在防爆风机电机上安装有光学传感器，如果风机没有工作，就不能启动氢气供应，从而保证试验开始前风机已经开始正常运转。

2）急停开关：应该在汽车司机助[⊖]、试验间控制室、储氢罐储存间的氢气安全管道附近安装急停开关，这些开关能够控制关闭氢气供应和排空管道内的氢气。

3）灭火系统：在启动氢气供应安全互锁前，不应直接触发FM200灭火系统。如前面所述，在切断氢气供应前不应先熄灭火焰。因此，氢气探测系统要保证FM200系统启动前，应该先停止氢气供应和排空安全管道内的氢气。

### 2.3.9 实验室急停要求

在实验室的汽车司机助、试验间控制室、储氢罐储存间等外部储氢区域安装急停开关，并且具备安全设施互锁的功能，以满足：

1）触发声音报警。
2）断开除防爆设备外（应急设备、灯光、信号）的所有实验室电源。
3）关闭所有氢气供应。

---

⊖ 司机助是行业内的一个通用说法，是用于在整车测试时提醒驾驶员操作的设备。

4）提高室内通风排风等级。

## 2.4 NREL 氢技术安全指南的相关要求

2015年1月，美国可再生能源实验室发布了《氢技术安全指南》（Hydrogen Technologies Safety Guide）。该指南的目的在于为氢气技术提供基础背景知识，为项目开发、法规制定和其他相关机构提供必要的背景信息，能够把氢安全信息作为基本内容加以引用。比如管理部门在评审及批准实施涉氢项目时，需要对制氢和用氢的工业历史、基本安全考虑和安全要求有基本的理解。本节就该指南中供气系统的相关内容进行简要介绍。

氢气供给系统是氢气以气态方式输送、储存和供给到用户管路中的系列解决方案，主要包括固定和移动的氢气储存容器、压力调节器、安全泄放阀、管路、管路连接件及控制装置。供氢系统的边界定到氢气以工作压力进入用户的气体分配管路处为止。

该指南适用于实验室建筑物安装的气态供氢系统，且其氢气来源是通过移动运输设备输送至该供氢系统；指南适用于总氢气量大于 400 SCF 的氢气供应系统。

### 2.4.1 实验室供氢系统的设计要求

**1. 储氢罐要求**

储氢罐应该满足下列要求：

设计、制造和试验应该符合美国机械工程师协会（ASME）《锅炉和压力容器规范》中的第Ⅷ部分"不可燃的压力容器"的相应要求。设计、制造、试验和维护应按照美国交通部的规范和法规，永久安装的容器应稳固安装在不可燃烧的支撑结构上。

每个可移动容器应该清晰标明"氢气"字样，每个供氢单元应该清楚标明"氢气"或者具有"本部件含氢"的标签。

**2. 安全泄放装置**

储氢罐应该安装符合 ASME《锅炉和压力容器规范》或者美国交通部（DOT）容器制造的规范和法规的安全泄放阀。安全泄放阀的布置位置应该使得排放气体朝上且无阻挡地排到开放空间中，要防止排放的气体朝向储氢罐及相连结构或人体。安全泄放阀或排气管路的设计和位置应保障在湿气聚集和结冰情况下不会对装置的正常操作造成干涉。

**3. 管路、管道和接头**

管路、管道和接头应该适于氢气使用且满足其压力和温度要求，且管路和接头不允许使用铸铁。

管路、管道应该符合 ANSI B31.1—1967 第二部分《工业气体和空气管路》压力管路法规要求。

接头可以使用焊接、铜焊、法兰、螺纹、插头或压力配合，垫圈和螺纹密封应适于氢气使用。

**4. 设备总成**

阀、表、调压器和其他附件应该适合氢气使用；氢气供给系统的安装应该在熟悉其结构和使用规范的人员监督下进行；储氢罐、管路、阀门、调节设备和其他附件应该位于人员容易接近的位置，同时采取防护以防止外部物理损坏和发生干涉；安装氢气控制或操作设备的柜子和空间应该有充足的通风。

作为氢气供给系统的一部分，可移动储氢装置应该进行固定以防发生意外移动；可移动储氢装置在开始输送氢气前，与氢气供给系统之间应该采取可靠的电气连接并有良好的接地。

**5. 标志**

储氢区域应该使用具有下列内容的永久性铭牌标明：氢、可燃气体、严禁吸烟、严禁明火或者其他类似内容的标语。

**6. 验收**

供氢系统安装完成后，所有管路、管道、接头应该在最大工作压力下进行测试，以证明整个系统无氢气泄漏情况出现。

### 2.4.2 实验室供氢系统的位置要求

**1. 总则**

供氢系统应该位于氢气运输设备容易连接且有资质操作人员容易接触到的位置。

供氢系统应该位于地上（非地下），不应该位于供电线路下方，不应该位于靠近可燃液体或其他可燃气体的管路附近。

供氢系统的位置如果靠近地上储存的可燃液体，则其地基应该高于可燃液体储存装置。供氢系统下方使用排液沟、分流路缘、缓坡或实体隔离墙来防止出现可燃液体在其下面聚集的情况。

**2. 具体要求**

1）根据最大氢气储量，储氢系统存放位置处应该使用表 2-2 中给出的罗马数字进行对应标识。

表 2-2 储氢系统容积对应的罗马数字标识

| 位置属性 | 供氢系统容积 /m³ | | |
|---|---|---|---|
| | <85 | 85～425 | >425 |
| 室外 | Ⅰ | Ⅲ | — |
| 独立建筑物 | Ⅱ | Ⅱ | Ⅱ |
| 专用房间 | Ⅲ | Ⅲ | 不允许 |
| 建筑物内非专用房间，且暴露在其他物体下 | Ⅳ | 不允许 | 不允许 |

2）位于室外、单独建筑物内或者专用房间内且标识出容积的储氢系统，其存放位置距离任何室外物体之间的最小距离应符合表 2-3 的规定。

表 2-3 中的第 1 项和第 3～10 项的距离对有防护结构的情况不适用，比如在储氢系统和室外物体之间具有防火墙的情况。

表 2-3 储氢系统最小安全距离　　　　　　　　　　（单位：ft）

| 室外物体类型 | | 储氢系统容积 /m³ | | |
| --- | --- | --- | --- | --- |
| | | <85 | 85~425 | >425 |
| 1.建筑物或者结构 | 木质框架结构 | 10 | 25 | 50 |
| | 大块木材、不可燃或普通结构 | 0 | 10 | 25 |
| | 防火结构 | 0 | 0 | 0 |
| 2.墙上开口 | 不高于储氢系统的任何部位 | 10 | 10 | 10 |
| | 高于储氢系统的任何部位 | 25 | 25 | 25 |
| 3.地上可燃液体 | 0~1000USgal① | 10 | 25 | 25 |
| | >1000USgal | 25 | 50 | 50 |
| 4.地下可燃液体（0~1000USgal） | 罐体 | 10 | 10 | 10 |
| | 通风口或者罐体充装口 | 25 | 25 | 25 |
| 5.地下可燃液体（大于1000USgal） | 罐体 | 20 | 20 | 20 |
| | 通风口或者罐体加装口 | 25 | 25 | 25 |
| 6.可燃气体储存（含高压和低压） | 0~15000CF | 10 | 25 | 25 |
| | >15000CF | 25 | 50 | 50 |
| 7.氧气储存 | ≤12000CF | — | — | — |
| | >12000CF | — | — | — |
| 8.固态快燃物品（普通木材、细刨花、纸张） | | 50 | 50 | 50 |
| 9.固态慢燃物品（大块木材、煤） | | 25 | 25 | 25 |
| 10.明火或者其他点火源 | | 25 | 25 | 25 |
| 11.空气压缩机、通风设备或空调设备的进气口 | | 50 | 50 | 50 |
| 12.人员密集区 | | 25 | 50 | 50 |

注：1. 1ft = 0.3048m。
① 1USgal = 3.78541dm³。

3) 对于位于建筑物内且储量小于 85m³ 并且暴露在其他室内物体的情况下，则应该满足下列要求：

① 室内的通风量足够大。

② 距离室内存储的可燃材料或氧化气体之间的距离至少 20ft。

③ 距离明火、一般电气设备或其他点火源之间的距离至少 25ft。

④ 距离人员聚集区域至少 25ft。

⑤ 距离通风、空调设备和空压机的入口至少 50ft。

⑥ 距离存储的其他可燃气体至少 50ft。

⑦ 储氢系统的区域内要有防护，以防坠物或其他原因造成破坏或损坏。

⑧ 如果在同一个房间内，储量不大于 85m³ 的储氢系统多于一套，且各系统之间的间隔在 50ft 以上的，每套系统都应满足以上要求。

### 2.4.3 室内外的设计要求

**1. 室外要求**

1）对于防火墙或者屋顶，应该使用不可燃材料建造。

2）对于相互连接的封闭区域，应该保证通风良好。

3）位于建筑物 15ft 内的电气设备应该满足相关电气安全要求。

**2. 独立建筑物要求**

1）独立建筑物应该使用不可燃材料建造。门窗应该位于紧急情况下容易接近的位置，且使用玻璃或者金属框加塑料制造。

2）应有充分的通风换气功能。新风入口应位于墙上靠近地面的位置，出口位于墙的高处或房顶。进出风口面积应该满足：屋内容积每 1000m³ 的房间的通风进出口面积应至少为 1m²。出口排放出的气体应该朝向或导向安全位置。

3）外墙或者屋顶处应该采用泄爆设计。泄爆面积应该满足对应每 30m³ 室内容积不小于 1m² 的要求，并且可以是下列情况的组合：轻质墙、不可燃材料、单厚度和强度的玻璃；轻度固定的舱盖；轻度固定的朝外开的转门；满足最大泄爆压力为 25lbf/ft²（1lbf/ft² = 47.8803Pa）的轻度固定的墙或者房顶。

4）应该没有明火、电气设备、加热设备等点火源。

5）电气设备应该满足相应的防爆要求。

6）如果需要加热（采暖）功能的话，应该采用蒸汽、热水或者其他间接方法。

**3. 具体房间要求**

1）地面、墙体、屋顶应该满足至少 2h 的防火等级；墙体或者隔断从地面到房顶应该是连续的，并牢靠固定；房间至少有一面墙应该是外墙；建筑物的其他部分不允许有开口；门窗应该位于在紧急情况下容易接近的位置，且使用玻璃或者金属框加塑料制造。

2）通风要求与本部分独立建筑物要求一致。

3）泄爆要求与本部分独立建筑物要求一致。

4）应该没有明火、电气设备、加热设备等点火源。

5）电气设备应该满足相应的防爆要求。

6）如果需要加热（采暖）功能的话，应该采用蒸汽、热水或者其他间接方法。

### 2.4.4 操作说明

对于需要用户对设备进行操作的情况，在操作位置应有清晰可识读的说明。

### 2.4.5 维护

充有氢气的系统在进行调试或使用时，均应确保满足本部分的安全操作条件。储氢罐周围 15ft 范围内不应有任何干燥植被和可燃材料。

## 2.5 NFPA 氢气技术法规的相关要求

2015年5月26日,美国国家消防协会(National Fire Protection Association,NFPA)发布了《氢技术法规》。这里主要对其有关涉氢设备空间的一些规定进行简要介绍,以供技术人员参考。

### 2.5.1 基本安全要求

储氢装置应该位于建筑外部,同建筑结构、通风进气、道路保持足够的安全距离,可通过焊接连接的管路连接到室内用氢设备。在室内使用大量氢气的情况下,需要考虑下面的安全因素:

1)建筑物使用不可燃材料建造。
2)机械通风系统入口贴近地面,排气口则位于房间外墙或者屋顶的最高点;并应该对正常和紧急情况下的通风功能进行实际验证。
3)氢气浓度传感器应该安装在房间内的出风口处。
4)如果正在使用的供氢设施内检测到氢气泄漏或者火灾,则应自动切断氢气供应。
5)氢气储存区域应避免出现点火源。
6)在储氢装置附近应该使用专用防爆电气设备。
7)气态氢气系统应该良好接地。

### 2.5.2 通风要求

**1. 自然通风**

氢气存放和试验区域,良好的通风可降低因氢气泄漏引发的安全风险,区域内换气率要满足在所有操作和紧急事故情况下泄漏氢气的体积分数能够被稀释到1%(25%LFL)以下。

屋顶通风口等自然通风位置应该能够防止氢气泄漏造成的氢气集聚。在设计自然通风时,应该对屋顶形状进行全面评估以保证泄漏的氢气能够安全扩散出去。通风循环的入口应该位于外墙靠近地面处,出口应该位于外墙或者屋顶的最高点处。

**2. 主动通风**

如果自然通风满足不了安全要求,则应采用主动通风(强制通风)来防止可燃气体的聚集。主动通风装置如风扇电机、阀类及启动开关等,都应使用防爆电气件,并且适用于氢气。

如果主动通风系统主要通过降低危险气体聚集来降低危险,那么当存在氢气或者意外泄漏时,控制程序和操作规程应该保证系统在所有时间都可以正常运行。

如果通风系统不正常而导致氢气集聚浓度达到LFL(4%VOL),则用氢设备和系统应该及时关闭。如果风险较大,最好使用氢气供应自动关断功能。

标准状态下,通风(自然和主动)系统的换气率,对应整个使用或储存区域的地面面积应该不低于1scf/min/ft$^2$(约0.3048m$^3$/min/m$^2$)。但应该注意,当出现高压储氢罐大量释放氢气或者氢气管路发生爆裂时,目前还没有可行的室内通风措施能够快速把室内氢气扩散出去。

### 2.5.3 氢气泄漏监测要求

作为一种提高运行安全性的重要方法，实验室内要具有氢气泄漏监测系统，具体可以通过以下方法实现：

1）在房间或空间内安装氢气浓度探测器。
2）通过监测管路内部压力和/或流量变化情况，判断系统是否可能存在泄漏。
3）在靠近外部管路处安装氢气浓度探测器。

不管使用什么方法，当监测到氢气浓度超标时，泄漏监测系统应与氢气气源处的自动关断阀联动。对于设计用于监测室内或区域内氢气浓度的监测系统，当监测到环境有危险时，还应该能够对人员通过声、光两种方式发出警报，同时还要考虑远程通知功能（如给相关人员手机上发送报警短信）。

区域内的氢气泄漏监测系统应该包括以下功能：

1）具有氢气源供氢自动关断功能。
2）关闭氢气供给系统至安全模式。
3）控制主动通风。
4）触发声、光报警。

对于氢气监测系统，还有一些特殊要求如下：

1）氢气浓度探测器的灵敏度为 ±0.25%（体积分数）。
2）对于体积分数为 1% 氢气的响应时间不超过 1s。
3）监测系统的设计必须保证室内任何泄漏的氢气都能从氢气探测器附近通过。
4）在选择探测器时，应该考虑探测器对其他气体或水蒸气的灵敏度。
5）推荐设置氢气体积分数为 1%（即 25%LFL）时报警，如果使用了自动关断功能，应该要求具有手动恢复功能来重启系统。
6）对于局部泄漏的情况，可使用小型氢气探测器。在进入房间或者重新进入发生报警的房间时，应该使用小型气体探测器进行探测来保证氢气已扩散出去。
7）氢气浓度探测器应每 3~6 月维护和校正一次，并进行详细记录。

### 2.5.4 火灾监测要求

由于氢气火焰为浅蓝色，在白天几乎不可见，并且火焰发出的辐射热很低，导致人体可能感受不到附近的热量。因此火灾监测推荐方案包括：

1）尽可能使用小型火焰探测器。
2）通过观察氢气火焰造成的空气波动。
3）使用燃烧探测器。
4）如果有多种气体共存的话，通常监测最危险的气体。

### 2.5.5 电气设备特殊考虑

1）主动通风系统的风扇应该使用非钢制部件或者防火花结构。
2）设备或者装置应适合在氢气环境下使用。
3）氢气系统应该进行良好的接地。

4)不符合要求的设备必须位于危险区域以外。

### 2.5.6 室外的安全距离

氢气瓶或储氢罐应该距离建筑结构、通风入口、机动车道路具有足够的安全距离。对于容积大于5000SCF（标准立方英尺）的储氢系统的室外安全距离要求见表2-4。

表2-4 容积大于5000SCF储氢系统的室外距离要求 （单位：m）

| | 压力/psig① | 15~250 | 250~3000 | 3000~7500 | 7500~15000 |
|---|---|---|---|---|---|
| | 管路内径/mm | 52.5 | 18.97 | 7.31 | 7.16 |
| 第1组 | 地界线<br>空调或空气压缩机入口<br>建筑物可开启入口<br>点火源 | 12 | 14 | 9 | 10 |
| 第2组 | 非操作人员<br>停放的车辆 | 6 | 7 | 4 | 5 |
| 第3组 | 不可燃建筑物<br>可燃建筑物<br>地上地下的可燃气体储存系统<br>地上地下的危险品储存系统<br>木材、煤炭、其他慢燃材料<br>一般可燃物<br>建筑物不可开启入口<br>距离垂直上方架空的电线等 | 5 | 6 | 4 | 4 |

① 1MPa = 145psig。

## 2.6 氢燃料电池实验室供气安全设计分析与应用

前面讨论了一些国外标准法规方面的要求，这一部分主要讨论氢燃料电池实验室的供气设计原则和实际应用情况。具体分析结合燃料电池单电池、燃料电池堆和燃料电池发动机的实验室运行需求，主要总结涉氢实验室在供气系统和安全监控系统方面的设计要求。以下主要从管路管件选型和布置方式、供气盘面、安全监控系统等方面进行具体描述和分析。

### 2.6.1 管路管件选型

氢气从供氢站（储氢罐等）输出后，需要减压至一定的压力输送至用氢系统，该压力与氢气流量、氢气流速、管道内外径、管道壁厚、管道材质、管道洁净度、用氢量等因素有关。管路供氢压力的选择，需要综合考虑以上因素，如果输送管路比较长的话，可考虑在用氢端添加小型储氢罐加以缓冲，以防止大流量用氢情况下出现供气不足。氢气管道一般为压力管道，安装完成后需要进行探伤检测和泄漏检测，合格后方可使用。

管道和管件材质一般选用316不锈钢。管道和管件的洁净度等级分为电解抛光（Electrolytic Polished，EP）级、光辉退火（Bright Annealed，BA）级和酸洗钝化（Annealed and Pickled，AP）级。氢燃料电池对所用氢气的品质要求较高，管道和管件的洁净度应至少选择BA级。

管道的连接应尽量采用焊接方式，考虑到维修和更换的方便性，根据具体情况也可以采用双卡套连接方式。

### 2.6.2 管路管件布置方式

氢燃料电池及其零部件对氢气品质有较高要求，最终进入燃料电池阳极的氢气要符合相关标准要求。氢气长时间在管道中快速流动，会与管道内壁摩擦产生微小粉尘。另外氢气分子的渗透性强，容易对管道产生氢脆侵蚀。

在合理选择管道材质和管道洁净度的同时，供气管路中还可设置过滤器除去氢气中的颗粒物等杂质。对于较大的实验室通常都会有多个用氢点，供氢管道通过支路进入每个试验间后都应设置一个常闭式气动截止阀。安全控制系统根据监测到的室内氢气浓度、温度等情况，在紧急情况下首先切断本试验间的氢气供应。另外每个支路的气动截止阀前还应设置一个手动截止阀，如果气动截止阀长期使用出现漏气等故障时，可关闭手动截止阀断开供气支路供气便于进行维修更换等，这样可以避免出现氢气泄漏和关闭总管路阀门而对其他试验间的用氢造成不利影响。

### 2.6.3 供气盘面

实验室供气盘面是实验室供气系统硬件部分的核心，供气系统的管阀件基本布置在供气盘面上，如图 2-2 所示。大量的管阀件可以专门布置在铝合金、304 不锈钢等材质的面板上，面板固定在实验室墙面上，整体美观大方且便于操作。一般供气盘面应具备以下主要功能：手动截止、过滤保护、单向保护、调压功能、过压保护、排空功能、氮气吹扫和压力监测等。功能更加丰富的供氢盘面还可包括氢气流量监测和氢气浓度监测等。下面对供气盘面的功能进行简单介绍。

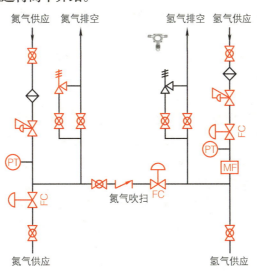

图 2-2　供气盘面的管阀件布置示意图

 压力传感器　 调压阀　 安全阀　 单向阀

 气动阀　 质量流量计　 截止阀　 氢浓度探头

### 1. 手动截止

供气盘面应具备手动截止功能,用于:①手动关断气体供应;②盘面管阀件维修时,可通过手动截止以免影响其余用气点。

在盘面入口和出口处均可设置手动截止阀,盘面入口手动截止阀平时保持常开,每次用气时只需开启出口手动截止阀,当出口手动截止阀频繁开关受损时,可关闭入口手动截止阀进行维修。盘面入口和出口均设置手动截止阀以便于对供气盘面进行气密性检测。

### 2. 过滤保护

供气盘面应具备过滤保护功能,用于:①除去氢气中可能存在的杂质;②除去氢气长时间在管道中冲刷和侵蚀产生的微小粉尘颗粒,保护下游管阀件和燃料电池。

供气盘面的过滤保护功能一般采用过滤器。过滤器有一定的过滤等级,当等级较高时容易产生较大阻力,从而影响下游的供气流量,可选择合适的过滤精度以满足供气流量。

### 3. 单向保护

供气盘面应设置单向保护功能,以防气体回流对管阀件造成损坏。为供气盘面设置单向保护功能一般采用单向阀,单向阀都具有一定的开启压力,应选择较小的开启压力,以免产生较大压损而影响供气。

### 4. 调压功能

不同的氢燃料电池在测试过程中所需的氢气压力通常不同,因此供气盘面需要设置气体调压功能,测试时可根据需要调节供氢压力。

一般供氢管路中的氢气压力约为几兆帕,远高于燃料电池氢气的工作压力(一般不超过 3bar,$1bar = 10^5Pa$),不能直接供应给燃料电池,需要先降压。供气盘面上设置调压功能一般采用调压阀(减压阀),调压阀入口压力高,出口压力低,出口压力在一定范围内可调。调压阀是供气盘面的核心零部件,其结构较为精细,对杂质十分敏感,因此设计上一般要求在调压阀前加装过滤器。调压阀出口氢气压力的稳定调节决定了测试过程中气体的供应稳定性。

### 5. 过压保护

氢燃料电池在测试过程中对压力大小有一定要求,若系统供气压力过高,可能对测试对象造成损坏。因此,供气盘面需设置过压保护功能。当压力超过设定值时,可自动开启泄压阀,当压力下降后,可自动恢复,不影响测试用氢。

供气盘面设置过压保护功能一般采用安全泄压阀。安全泄压阀具有一定的开启和回座压力,其开启压力比最大用气压力略高,可根据使用情况提前设定好。安全泄压阀的开启压力设定需要参考减压阀的出口压力值,一般应比减压阀设定的出口压力小。

### 6. 排空功能

供气盘面应具备排空功能。当测试结束后,可开启排空阀将盘面与设备之间管路中的氢气排空,达到保护设备和安全目的。当调压阀超调时,也可开启排空阀进行泄压。

### 7. 氮气吹扫

氢燃料电池在测试过程中需使用氮气,用以完成氮气吹扫、氮气保压、控制气动截止阀等需要。氮气吹扫管路和氢气供应管路之间应设置单向阀,防止氢气流入氮气管路。

设计要求满足氮气在吹扫时可以进入氢气管路，而氢气不能进入氮气管路，以保障试验安全性。

**8. 压力监测**

供气盘面的压力监测功能主要有：①监测管路中气体压力；②配合安全监控系统实现超压切断气体供应；③配合安全监控系统实现低压报警；④配合调压阀调节气体供应压力。

**9. 流量监测**

在供气盘面中设置流量计，可实现流量监测功能。使用流量计监测试验过程中的氢气实时流量、统计每次测试用氢量，用以分析不同试验和不同时间段的用氢情况。

**10. 氢气浓度监测**

氢气是易燃易爆气体，在供气过程中的安全保障至关重要。在供气盘面上方设置氢气浓度监测探头，实时监测供气盘面附近的氢气浓度，并与安全监控系统联动，对不同浓度氢气实现分级报警功能。

### 2.6.4　安全监控系统

**1. 排风系统**

实验室排风系统十分重要，一旦出现氢气泄漏，需要及时检测到并通过排风系统及时将泄漏的氢气排到室外。在实际运行中，即使没有发生氢气泄漏，实验室排风系统也要在试验过程中处于工作状态。安全策略设计要求实验室在氢气开始供应之前要先开启排风系统，通过在排风风机上安装传感器，若检测到排风系统未启动，则不应开启氢气供应，具体通过关闭供氢管路上的气动截止阀来实现互锁功能。

一般当氢气泄漏监控系统检测到实验室内氢气浓度达到20% LFL时，室内排风量应加大；当实验室内氢气浓度达到40%LFL时，应立即切断氢气气源供应，并排空管道内的氢气，关闭除排风系统之外的所有电源。

**2. 氢气泄漏监控报警系统**

氢气泄漏报警系统应能根据探测到的氢气浓度进行分级，通过声、光方式进行报警，并能够通过短信等无线通信方式发送报警信息；当泄漏造成氢气浓度较高达到设定值时，除了报警外还要具备自动切断氢气气源的供氢功能。

实验室的氢气浓度监测一般采用多个氢气浓度探头，具体布置在供气盘面上部、实验室顶部和通风口处位置。

供气盘面上氢气浓度探头的安装位置应保证盘面任何位置泄漏的氢气都能从探头附近通过，这样能够被氢气探头及时检测到。

当实验室出现氢气泄漏报警后，人员要及时撤离。当人员再次进入实验室时，应首先采用小型氢气探测器进行探测，确保泄漏的氢气已完全排出室外后方可进入。

**3. 火焰探测系统**

实验室应安装火焰探测器，并且与氢气供应气动阀实现互锁控制。当探测到起火时，控制系统自动切断氢气气源供应。

由于氢气在空气中燃烧的火焰为浅蓝色，白天肉眼几乎不可见，且辐射的热量很低，很难用红外火焰探测器探测到。理论上可采用紫外火焰探测器探测，但由于紫外火焰探测器存在误报的问题，因此实验室可安装红外/紫外火焰探测器或使用燃烧探测器。

**4. 安全监控系统**

实验室安全监控系统的核心是主控制系统，一般包括可编程逻辑控制器（PLC）和显示器。主控制系统接收压力传感器、温度传感器、火焰探测器、氢气浓度探头、流量计流量等输入信号，根据控制逻辑发出指令控制电源、气动截止阀、排风风机和门禁等，实现实验室各功能之间的联动控制，同时可以在显示屏上实时显示各传感器采集的信号值以便于观察。因实验室涉氢，电气元件包括传感器、氢气浓度探头等，均应满足防爆要求。图2-3所示为实验室安全监控系统功能示意图。

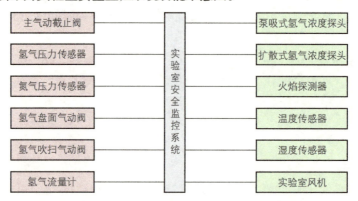

图2-3　实验室安全监控系统功能组成示意图

主截止阀为实验室的总进气阀门，为安全起见采用氢电隔离的原则，主截止阀宜采用气动方式控制。当泵吸式或扩散式氢气浓度探头探测到氢气浓度达到设定值时，根据控制逻辑主截止阀将关闭，切断氢气供应以免氢气大量泄漏造成严重危害。

氢气压力传感器安装在供气盘面上，一般设置在调压阀之后，监测减压后进入设备的氢气压力。当监测到氢气压力过高时，主控制系统将根据安全等级进行分析，必要时切断氢气供应，保护下游零部件、测试设备和测试样品。当监测到氢气压力过低时，主控制系统将控制声光警告灯，通过视觉和听觉等方式提醒试验人员。氮气压力传感器主要监测氮气压力，一般设置在调压阀之后。如有必要可在氮气管路中设置气动阀，进一步实现超压切断氮气供应和低压报警功能。

氢气盘面气动阀一般设置在调压阀之后。当氢气浓度探头监测到氢气泄漏时，主控制系统将根据安全等级进行分析，采取对应措施来保障试验的安全性。氢气盘面气动阀可由主控制系统控制，也可与测试设备软件联动，由测试设备软件自动控制。氮气吹扫气动阀实现试验过程中氮气的自动吹扫，可控制吹扫通断、吹扫时长。氮气吹扫气动阀可由主控制系统控制，也可与测试设备软件联动，由测试设备软件自动控制。

氢气流量计用于试验过程中氢气流量的监测，具备流量清零和累计流量输出的功能，输出氢气流量的单位可以根据需要设置，比如g/s或者L/min，便于试验人员了解不同时期氢气的用量，还可以计算每次试验的氢气成本。

实验室使用的氢气浓度探头一般有泵吸式和扩散式两种。一般情况下在供气盘面上安装泵吸式氢气浓度探头，在实验室室内顶部和排风口处安装扩散式氢气浓度探头。当探测到氢气浓度超标后，主控制系统将控制发出声光报警，调整实验室排风机的通风量或者控制气动阀切断氢气气源供应,以免造成严重危害。氢气浓度探头与实验室排风风机联动,当出现氢气泄漏时,实验室风机应自动加大排风量,及时排出泄漏的氢气。温度计可实时监测实验室内温度并在显示器上显示。试验管理人员可以通过监视系统的总显示屏显示信息了解各实验室的安全状态。

### 2.6.5 实验室设备防爆要求

涉氢实验室还涉及电气设备的防爆问题,在设备选型方面要充分考虑使用场景的氢安全问题。除了实验室自身的供电、电机、排风扇、照明、摄像头、警告灯装置设备外,在测试过程中使用到的设备也应尽可能满足防爆需要。对于实验室涉氢区域,根据 GB 50058—2014《爆炸危险环境电力装置设计规范》规定,涉氢实验室区域划分为两区。根据设备保护级别定义,应选择的设备防护等级为 Ga、Gb、Gc。由于氢气属于 ⅡC 类气体,因此对应的涉氢区所用设备也要满足 ⅡC 要求。由于氢气的燃点为 574℃,涉氢设备允许的最高表面温度选择 450℃的 T1 组,因此涉氢设备的适用温度级别选择 T1~T6 均可。对于温度级别要求来说,虽然在实验室使用的电气设备最低也要符合 ⅡC T1 的防爆要求,但是为了安全起见,一般需要适当提高温度的安全等级。

按照国家相关标准规定,防爆电气设备上都会有 Ex 标志,并且每个防爆电气设备都会有一个特有的防爆标志符号,下面通过图 2-4 示例说明设备防爆标志不同符号的具体含义。

1)Ex 是中国及国际电工委员会的防爆标志,表明电气设备符合 GB/T 3836《爆炸性环境》规定的一个或多个防爆型式。

2)d 为防爆型式符号。常见的防爆型式符号有:d—隔爆型、e—增安型、i—本安型、m—浇封型、p—正压型、o—充油型、q—充砂型、n—无火花型;ia—本安型(对应 EPL Ga 或 Ma)、id—本安型(对应 EPL Gb 或 Mb)、ic—本安型(对应 EPL Gc)等。

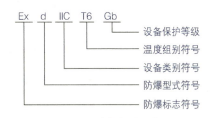

图 2-4 防爆标志示例

3)ⅡC 为设备类别符号。Ⅰ类为易产生瓦斯的煤矿用电气设备,ⅡA、ⅡB、ⅡC 类为除Ⅰ类外的其他爆炸性气体环境用电气设备,防爆级别ⅡC>ⅡB>ⅡA,涉氢实验室电气设备为ⅡC 类。

4)T6 为温度符号。Ⅱ类电气设备的最高表面温度分组见表 2-5。

表 2-5 Ⅱ类电气设备的最高表面温度分组

| 温度组别 | 最高表面温度/℃ |
| --- | --- |
| T1 | 450 |
| T2 | 300 |
| T3 | 200 |
| T4 | 135 |
| T5 | 100 |
| T6 | 85 |

5) Gb 为设备保护等级。设备保护等级（EPL）有 Ga、Gb、Gc、Ma、Mb，是根据设备成为点燃源的可能性和爆炸性气体环境、爆炸性粉尘环境及煤矿甲烷爆炸性环境所具有的不同特征而对设备设定的保护级别。

① Ma 级（EPL Ma）：安装在煤矿甲烷爆炸性环境中的设备，具有"很高"的保护级别，该级别具有足够的安全性，使设备在正常运行、出现预期故障或罕见故障，甚至在气体突然出现设备仍带电的情况下均不可能成为点燃源。

② Mb 级（EPL Mb）：安装在煤矿甲烷爆炸性环境中的设备，具有"高"的保护级别，该级别具有足够的安全性，使设备在正常运行中或在气体突然出现和设备断电之间的时间内出现预期故障条件下不可能成为点燃源。

③ Ga 级（EPL Ga）：爆炸性气体环境用设备，具有"很高"的保护级别，在正常运行、出现预期故障或罕见故障时不是点燃源。

④ Gb 级（EPL Gb）：爆炸性气体环境用设备，具有"高"的保护级别，在正常运行或预期故障条件下不是点燃源。

根据设备工作和使用情况的差别，实验室常用电气设备的防爆等级要求也有所差别，表 2-6 所列为某实验室给出的部分常用设备的防爆等级情况。

表 2-6 部分涉氢设备防爆等级要求

| 序号 | 涉氢设备名称 | 防爆等级 |
| --- | --- | --- |
| 1 | 供氢管路温度传感器 | Ex ia ⅡC T1-T6 Gb |
| 2 | 供氢管路压力传感器 | Ex ia ⅡC T6 Gb |
| 3 | 供氢管路流量计 | Ex ia ⅡC T4 Gc |
| 4 | 氢气浓度传感器 | Ex d ⅡC T6 Gb |
| 5 | 氧气浓度传感器 | Ex d ⅡC T6 Gb |
| 6 | 防爆空调 | Ex d ib mb ⅡC T4 Gb |
| 7 | 风机电机 | Ex d ⅡC T4 Gb |
| 8 | 防爆摄像头 | Ex d ⅡC T6 Gb |
| 9 | 供气系统电磁阀 | Ex d ⅡC T4 Gb |
| 10 | 供气系统压力传感器 | Ex d ⅡC T6 Gb |
| 11 | 烟雾/温度报警器 | Ex d ib ⅡC T6 Gb |
| 12 | 温湿度传感器 | Ex ia ⅡC T4 Ga |

## 2.7 本章小结

本章对氢的基本特征、氢脆、材料相容性、涉氢实验室基本要求、供氢安全要求、安全监测及应急措施、氢气管路材料要求、氢气管路密封要求、火灾监测和控制系统、安全互锁功能、涉氢实验室防爆要求等几个方面进行了简要介绍，有利于提高相关技术人员对于氢气和涉氢实验室的安全认识，促进安全措施的落实和应用。

## 参考文献

[1] National Fire Protection Association.Hydrogen Technologies Code:NFPA 2: 2016[S/OL]. [2023-1-10]. https://www.nfpa.org/en/codes-and-standards/2/2.

[2] National Renewable Energy Laboratory.Hydrogen Technologies Safety Guide: NREL/TP-5400-60948: 2015 [S/OL]. [2023-01-10]. https://www.nrel.gov/docs/fy15osti/60948.

[3] 郭帅帅，张妍懿，郝冬，等 . 氢燃料电池试验室设计原则与应用 [J]. 汽车文摘，2022(3): 7-11.

# Chapter 03

# 第 3 章
# 燃料电池材料及组件测试评价

当前燃料电池仍存在价格贵（关键核心材料）、寿命短等难题，因此开发高性能、低成本、耐蚀、长寿命等新型基础材料，是推动燃料电池技术大规模商业化应用的关键路径。本章从影响燃料电池材料及组件的关键性能指标出发，重点分析燃料电池材料及组件关键性能指标确定以及测评方法，为关键材料的产品研发、技术创新、质量提升等提供必要的技术支撑。

## 3.1 质子交换膜测试评价

目前行业内缺少完善的燃料电池质子交换膜综合性能测试评价和量化评估技术，在一定程度上影响了国内燃料电池质子交换膜的产品化进程。厚度及厚度均匀性、拉伸性能是评价燃料电池质子交换膜物理特性的重要指标；质子传导率、离子交换当量、透气率、溶胀率、吸水率、透氢电流密度是评价燃料电池质子交换膜工作特性的重要指标；机械稳定性、化学稳定性是评价燃料电池质子交换膜耐久性的重要指标。这里从搭建涵盖质子交换膜物理特性、工作特性与耐久性的综合性能测试评价体系出发，主要介绍质子交换膜产品的综合性能测试方法，并对测试结果进行简要分析。

### 3.1.1 质子交换膜概述

质子交换膜（PEM）是质子交换膜燃料电池（PEMFC）的核心部件。在燃料电池内部，质子交换膜为质子的迁移和输送提供通道，并与外电路电子转移构成回路；同时还具有阻隔电子，防止电极阴、阳极气体直接接触的作用。因此，质子交换膜材料需满足以下要求：质子传导率高、透气率小、电化学稳定性和尺寸稳定性好、干湿转换性能好、具有一定的机械强度、可加工性好、价格适当。目前常用的全氟磺酸质子交换膜由碳氟主链和带有磺酸基团的醚支链构成，凭其出色的质子传导率及稳定性，在质子交换膜燃料电池中应用最广。

全氟磺酸质子交换膜的制备技术路线主要分为两大类：一类是熔融成膜法，将树脂熔融后通过挤出流延或压延成膜，经过转型处理后得到最终产品；另一类是溶液成膜法，其可细分为以下三种：

1）直接将聚合物溶液浇铸在平整模具中，在一定温度下使溶剂挥发后成膜的溶液浇铸法。

2）通过卷对卷工艺实现连续产业化生产，主要包括树脂溶解转型、溶液流延、干燥成膜等多道程序的溶液流延法。

3）将预先制备好的聚合物均质膜溶胀后浸泡在溶解有醇盐（Si、Ti、Zr 等）的小分子溶剂中，通过溶胶-凝胶过程将无机氟化物原位掺杂到膜中得到复合膜的溶胶凝胶法。

制备流程中的每个环节都会影响质子交换膜产品的性能，因此对质子交换膜产品进行测试评价可以促进产品设计及制造工艺的改善，提升产品力。

基于质子交换膜产品的物理特性、工作特性以及耐久性，建立了质子交换膜综合性能测试评价体系（图3-1），并给出评价影响质子交换膜产品性能的核心指标。其中，厚度及厚度均匀性、拉伸性能属于燃料电池质子交换膜的物理特性，质子传导率、离子交换当量、透气率、溶胀率、吸水率、透氢电流密度属于燃料电池质子交换膜的工作特性，机械稳定性、化学稳定性属于燃料电池质子交换膜的耐久性。其中，关于透氢电流密度、机械稳定性、化学稳定性的测试评价研究主要在膜电极层面开展，将在本书第4章中进行介绍。

图3-1 燃料电池质子交换膜综合性能测试评价体系

## 3.1.2 试验设备和试验要求

燃料电池质子交换膜综合性能测试涉及的主要设备有：测厚仪、游标卡尺、电化学工作站/电化学阻抗分析仪、分析天平、自动电位滴定仪、试验机、压差法气体渗透仪、水浴锅、高低温环境舱等。

透氢电流密度、化学稳定性和机械稳定性的测试样品通常为活性面积 $25cm^2$（$5cm \times 5cm$）的膜电极，并且应明确其催化剂、炭纸等基本信息。其余测试项目的测试样品为质子交换膜，测试样品应无灰尘、油渍、破损、划痕、折皱等。为了保证测试结果的准确性和有效性，每项测试的样品数量一般不少于5个，以保证获得不低于3个的有效测试结果。质子交换膜试验用氢气应符合 GB/T 37244—2018《质子交换膜燃料电池汽车用燃料 氢气》规定的要求，增湿用去离子水的电导率应小于 0.25μS/cm。

### 3.1.3 厚度及厚度均匀性

质子交换膜的厚度及厚度均匀性属于质子交换膜本身的基本参数，对于质子交换膜的整体性能起到了基础影响作用，当前常见的燃料电池质子交换膜产品厚度为 10~50μm。质子交换膜的厚度与燃料电池的安全性和性能密切相关，这是因为质子交换膜的质子传导阻力是燃料电池输出电压压降的主要组成之一。一方面，膜的厚度大，质子传导阻力容易大，膜的厚度小，膜容易被压伤刺穿；另一方面，质子交换膜中的结合水从阴极侧反向扩散到阳极侧主要由两侧之间的含水量梯度驱动，厚度小则含水量梯度大，反向扩散强，从而允许更多的结合水电迁移，提高了活性面积内的电流密度。

厚度均匀性基于厚度的测试结果进行计算处理得到，常以厚度极差、厚度变异系数等参数来评价。厚度极差为厚度测量的最大值与最小值之差，厚度变异系数为厚度测量值的标准差除以厚度平均值。质子交换膜的厚度直接影响产品的透气率等参数，而质子交换膜的厚度均匀性则直接反应产品生产工艺的一致性等。

对于非成卷膜，测试样品推荐为有效面积不小于 100cm² 的正方形膜；对于成卷膜，测试样品推荐为在距成卷膜纵向端部大于 1m 处，沿横向整个宽度连续截取宽度为 100mm 的膜。测试前，样品应在温度为 23℃±2℃、相对湿度为 50%±5% 的条件下放置 24h。厚度及厚度均匀性测试应在上述温度和湿度条件下进行。每次应先校准测厚仪零点，且每次测试后应重新检查其零点。测试时测量头平缓放下，测量头与样品的接触面积推荐为 50mm²，施加在样品表面的测试压强建议为 1.75N/cm²，以免样品发生形变。测试过程中应尽量保证测量点分布的均匀性，可以按等分试样长度的方法选取测试位置点。根据试样长度的不同，测试点数应满足：长度 ≤300mm 时，建议测试点数不少于 30 个；300mm< 长度 <1500mm 时，建议测试点数不少于 40 个；长度 ≥1500mm 时，建议测试点数不少于 50 个，测量结果取平均值作为最终测试结果。

平均厚度根据式（3-1）进行计算：

$$\bar{d} = \sum_{i=1}^{n} \frac{d_i}{n} \quad (3-1)$$

式中，$\bar{d}$ 为样品的平均厚度（μm）；$d_i$ 为样品厚度测试点的测量值（μm）；$n$ 为测量数据点数。

厚度极差根据式（3-2）进行计算：

$$R_m = d_{max} - d_{min} \quad (3-2)$$

式中，$R_m$ 为样品的厚度极差（μm）；$d_{max}$ 为样品测量区域内厚度测量最大值（μm）；$d_{min}$ 为样品测量区域内厚度测量最小值（μm）。

厚度变异系数根据式（3-3）进行计算：

$$C_d = \frac{\sqrt{\dfrac{1}{n-1}\sum_{i=1}^{n}(d_i - \bar{d})^2}}{\bar{d}} \times 100\% \quad (3-3)$$

式中，$C_d$ 为样品的厚度变异系数；$\bar{d}$ 为样品的平均厚度（μm）；$d_i$ 为样品厚度测试点的测量值（μm）；$n$ 为测量数据点数。

质子交换膜厚度及厚度均匀性测试如图 3-2 所示。选取两款商业化的质子交换膜进行测试，样品 1 测得的平均厚度为 10.3μm，样品 2 测得的平均厚度为 12.0μm。图 3-3 给出了相应的厚度均匀性测试结果，图 3-4 给出了厚度极差测试结果，图 3-5 给出了厚度变异系数测试结果。可见，不同测试点的结果均在平均值附近分布，根据厚度极差与厚度变异系数结果分析，样品 2 的厚度均匀性较好。

图 3-2　厚度及厚度均匀性测试

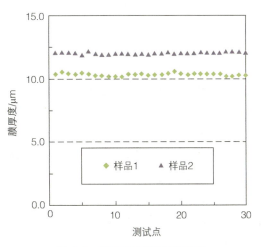

图 3-3　厚度均匀性测试结果

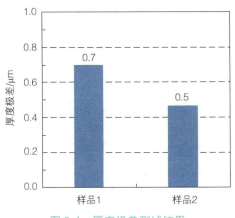

图 3-4　厚度极差测试结果

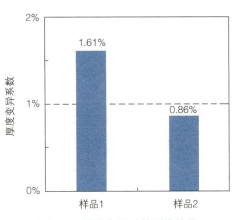

图 3-5　厚度变异系数测试结果

### 3.1.4　质子传导率

质子传导率属于质子交换膜的工作特性，为电阻率的倒数，是衡量膜的质子传导能力的一项电化学指标。由于质子交换膜具有迁移输送质子的作用，因此质子传导率是评价质子交换膜工作性能的重要指标之一。质子传导率的大小反映了质子在膜内的迁移能力，质子传导率越大，膜传导质子的能力越好，内电阻越小，燃料电池的效率越高。

质子交换膜的质子传导率测试主要通过质子传导率测试系统进行，如图3-6所示。测试系统由恒温恒湿环境舱、电化学阻抗测试仪/电化学工作站、质子传导率测试装置（图3-7、图3-8）等部分组成。

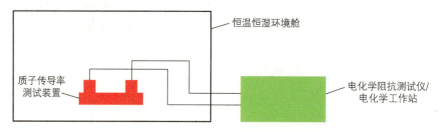

图3-6 质子传导率测试系统示意图

图3-7所示为一种面向质子传导率测试装置示意图。质子交换膜样品两侧各放置一个聚砜绝缘框作为端板，端板上开有一个方孔（2cm×2cm）作为样品的有效测试面积，并使置于其中的样品与环境温度、湿度保持一致；在一侧端板内侧放置一块相同尺寸的不导电塑料薄膜，作为样品的支撑物，并在另一侧端板的两侧各镶嵌一个镀金薄片和镀金电极导线，作为导电材料，与电化学阻抗测试仪/电化学工作站连接。

图3-8所示为一种法向质子传导率测试装置示意图。质子交换膜样品两侧各放置一个聚砜绝缘框作为端板，端板内侧放置10组导电片；样品需覆盖所有导电片，其四角位置用螺钉和绝缘片压紧，端板通过定位销进行固定，样品与环境温度、湿度保持一致；测试时两根镀金电极导线一端分别连接在薄膜同一位置的上下两个导电片上，另一端与电化学工作站/电化学阻抗仪连接。

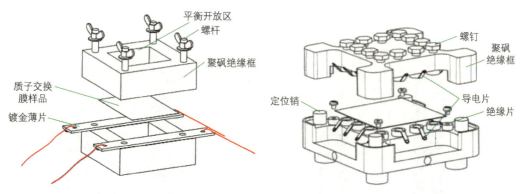

图3-7 面向质子传导率测试装置　　图3-8 法向质子传导率测试装置

根据选择的质子传导率测试装置，截取对应尺寸的质子交换膜作为测试样品。测试样品需在温度为23℃±2℃、相对湿度为50%±5%的条件下放置至少4h。测试时，首先，使用测厚仪测量测试样品的厚度$\bar{d}$。然后，将测试样品固定在所选择的质子传导率测试装置中，将测试装置置于恒温恒湿环境舱中，按照表3-1设置测试温度和相对湿度。待环境舱内温度和相对湿度达到设定值并稳定30min后，在频率范围为1Hz~2MHz（面向）、1Hz~10MHz（法向）、扰动电压为10mV的条件下，用电化学阻抗分析仪/电化学工作站测得样品的阻抗谱图。

表 3-1  质子传导率测试条件

| 温度 /℃ | 相对湿度 |
|---|---|
| 23 ± 2 | 30% ± 5% |
| | 50% ± 5% |
| | 95% ± 5% |
| 80 ± 2 | 30% ± 5% |
| | 50% ± 5% |
| | 95% ± 5% |

在如图 3-9 所示测得的阻抗谱图中，从谱线高频部分与实轴的交点读取样品的阻抗值 $R$。样品的面向质子传导率根据式（3-4）进行计算，计算结果保留小数点后 3 位。

$$\sigma_\tau = \frac{a}{Rb\bar{d}} \tag{3-4}$$

式中，$\sigma_\tau$ 为样品的面向质子传导率（S/cm）；$a$ 为两电极间距离（cm）；$R$ 为样品的测量阻抗值（Ω）；$b$ 为与电极垂直方向的膜的有效长度（cm）；$\bar{d}$ 为样品的厚度（cm）。

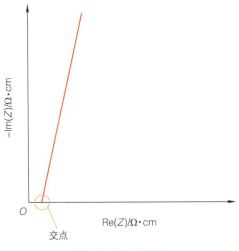

图 3-9  阻抗谱图

样品的法向质子传导率根据式（3-5）进行计算：

$$\sigma_n = \frac{\bar{d}}{RS} \tag{3-5}$$

式中，$\sigma_n$ 为样品的法向质子传导率（S/cm）；$\bar{d}$ 为样品的厚度（cm）；$R$ 为样品的测量阻抗值（Ω）；$S$ 为测试过程中导电片与样品的接触面积（cm$^2$）。

选择膜实物样品 1 和样品 2 作为测试对象，面向质子传导率测试结果如图 3-10 所示，法向质子传导率测试结果如图 3-11 所示。可见，相同温度下，湿度越高，膜的润湿性越好，水合氢质子传导过程越顺利，膜传导质子的能力越好；相同湿度下，温度越高，水合离子簇形成的速率越高，样品的含水率将大幅升高，从而导致质子运输能力增强，膜传导质子的能力越好。样品 2 的质子传导率要高于样品 1，采用样品 2 的燃料电池性能可能更好。

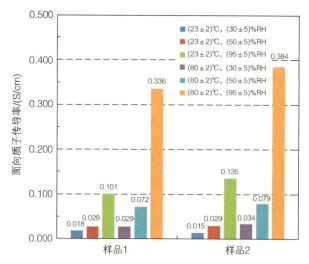

图 3-10　面向质子传导率测试结果

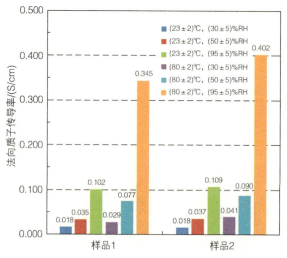

图 3-11　法向质子传导率测试结果

## 3.1.5　离子交换当量

离子交换当量属于质子交换膜的工作特性，与表示离子交换能力大小的离子交换容量成倒数关系。当前常见的燃料电池质子交换膜产品离子交换当量范围为 800～1200g/mol，其数值大小反映了质子交换膜内的酸浓度。离子交换当量越小，质子交换膜内的酸浓度越高，膜的质子传导率越高，内电阻越小，离子交换能力越好。

目前，常用酸碱滴定法测定质子交换膜的离子交换当量。测试前，建议取质量不低于 0.5g 的样品，剪碎后将其烘干至恒重，迅速用分析天平称量干膜质量 $W$。随后，将样品放入饱和氯化钠溶液中搅拌 24h。配置 0.05mol/L 的 NaOH 标准溶液，使用邻苯二甲酸氢钠进行标定，记录 NaOH 标准溶液的浓度 $c_{NaOH}$。利用自动电位滴定仪，用 NaOH 标准溶液将配置的含有样品的饱和氯化钠溶液滴定至中性，滴定过程中保持搅拌，记录消耗的 NaOH 标准溶液的体积 $V_{NaOH}$。

离子交换当量根据式（3-6）进行计算：

$$EW = \frac{W}{V_{NaOH}C_{NaOH}} \tag{3-6}$$

式中，$EW$ 为质子交换膜样品的离子交换当量（g/mol）；$W$ 为干膜质量（g）；$V_{NaOH}$ 为消耗的 NaOH 标准溶液的体积（L）；$C_{NaOH}$ 为 NaOH 标准溶液的摩尔浓度（mol/L）。

质子交换膜的离子交换当量测试如图 3-12 所示，图 3-13 给出了两种常见质子交换膜产品的离子交换当量测试结果。可见，两种不同产品的离子交换当量也有所不同。样品 1 的离子交换当量为 1037.77g/mol，样品 2 的离子交换当量为 1035.08g/mol，样品 1 的离子交换当量相对于样品 2 较高，相同干态膜质量所含质子量较少，质子交换膜内的酸浓度越低，膜的质子传导率越低，说明样品 1 的离子交换能力相对于样品 2 较差。

图 3-12　离子交换当量测试

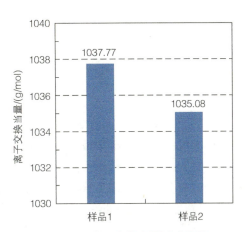

图 3-13　离子交换当量测试结果

## 3.1.6　拉伸性能

拉伸性能主要取决于膜的自身强度，属于质子交换膜的力学特性。由于质子交换膜要求具有一定的机械强度，以保证燃料电池在组装和使用时不会破裂，保障膜的使用安全和使用寿命，因此拉伸性能是其核心性能指标之一。通常以拉伸强度、断裂拉伸应变、弹性模量等参数评价质子交换膜产品的拉伸性能。拉伸强度是指在给定温度、湿度和拉伸速度下，在标准膜试样上施加拉伸力，试样断裂前所承受的最大拉伸力与试样横截面面积的比值，其数值越大表示材料机械强度越高。断裂拉伸应变是指试样发生断裂时，原始标距单位长度的增量，其数值越大表示材料韧性越高。弹性模量是指质子交换膜中，应力 - 应变曲线上初始直线部分的斜率，其数值越大表示材料越不容易变形。从测试角度而言，拉伸强度、断裂拉伸应变、弹性模量均需要借助力学试验机进行，并配备相应的力学传感器和测试夹具。

与均质膜相比，复合增强膜由于增强材料的存在，其拉伸性能表现出各向异性，因此在测试样品制备时，应沿送试材料的横向和纵向分别等间隔裁取，裁取方法可按照

GB/T 1040.3—2006《塑料 拉伸性能的测定 第3部分：薄膜和薄片的试验条件》的要求使用切割或冲切方法裁成哑铃形状（5型，图3-14），保证样品边缘平滑无缺口。样品按每个试验方向为一组，每组样品应满足3次有效试验的要求。测试前，样品需在温度为23℃±2℃、相对湿度为50%±5%的条件下放置至少4h。

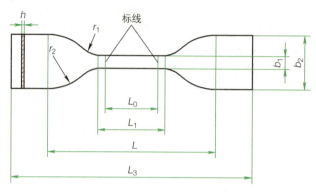

图3-14 哑铃形（5型）试样尺寸

$b_1$ 窄平行部分宽度：6mm±0.4mm；$b_2$ 端部宽度：25mm±1mm；$h$ 厚度：≤1mm；$L_0$ 标距长度：25mm±0.25mm；$L_1$ 窄平行部分的长度：33mm±2mm；$L$ 夹具间的初始距离：80mm±5mm；$L_3$ 总长：≥115mm；$r_1$ 小半径：14mm±1mm；$r_2$ 大半径：25mm±2mm

拉伸性能测试在温度为23℃±2℃、相对湿度为50%±5%的条件下进行。首先，使用游标卡尺测量试样窄平行部分的宽度 $b_1$，使用测厚仪测量试样窄平行部分的厚度 $d$。然后，在0.3~0.7MPa范围内选取气动夹具的压力值，将样品纵轴与上、下夹具中心连线相重合后将其夹紧，避免样品在夹面处断裂或滑脱。拉伸强度和断裂拉伸应变测试的试验速度建议为50mm/min；弹性模量的试验速度建议为每分钟1%±0.1%标距 $L_0$。样品断裂后，读取相应的负荷值。若样品在标线以外部位断裂，则该次试验无效。

拉伸强度根据式（3-7）进行计算：

$$\sigma = \frac{F}{b_1 d} \quad (3\text{-}7)$$

式中，$\sigma$ 为样品的拉伸强度（MPa）；$F$ 为最大负荷（N）；$b_1$ 为样品窄平行部分宽度（mm）；$d$ 为样品厚度（mm）。

断裂拉伸应变根据式（3-8）进行计算：

$$\varepsilon_b = \frac{\Delta L}{L_0} \times 100\% \quad (3\text{-}8)$$

式中，$\varepsilon_b$ 为样品的断裂拉伸应变；$\Delta L$ 为样品标距间长度的增量（mm）；$L_0$ 为样品的标距（mm）。

根据两个规定的应变值，弹性模量根据式（3-9）进行计算：

$$E = \frac{\sigma_2 - \sigma_1}{\varepsilon_2 - \varepsilon_1} \quad (3\text{-}9)$$

式中，$E$ 为弹性模量（MPa）；$\sigma_1$ 为应变值 $\varepsilon_1 = 0.5\%$ 时测量的应力（MPa）；$\sigma_2$ 为应变值

$\varepsilon_2 = 2.5\%$ 时测量的应力（MPa）。

质子交换膜拉伸性能测试如图 3-15 所示。图 3-16 给出了两种常见质子交换膜产品的拉伸强度测试结果，图 3-17 给出了对应的断裂拉伸应变测试结果，图 3-18 给出了对应的弹性模量测试结果。根据测试结果可知，样品 2 的机械强度较好，更不容易发生形变，但是样品 1 的材料韧性更好。

图 3-15　拉伸性能测试

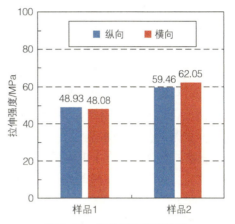

图 3-16　拉伸强度测试结果

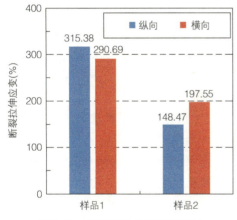

图 3-17　断裂拉伸应变测试结果

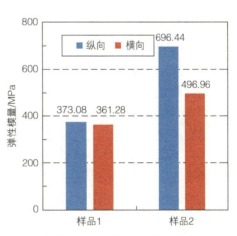

图 3-18　弹性模量测试结果

## 3.1.7　透气率

质子交换膜的透气率定义为在恒定温度和单位压力差下，稳定透过时，单位时间内透过试样单位面积的气体的体积，主要用于考察气体在质子交换膜中的渗透性能。氢气分子极小，具有很强的渗透能力，厚度仅为 10μm 量级的质子交换膜并不能把氢气完全隔离；同时，在质子交换膜制备过程中，由于气泡、粉尘等其他不良因素无法完全避免，可能导致质子交换膜出现微小的穿孔，氢气从阳极侧经微小穿孔窜漏至阴极侧，会发生放热反应。微小穿孔窜漏表现为透气率的显著增大，而窜漏导致发热量超过阈值，导致发生热失控。因此，严格限制质子交换膜透气率上限，避免微小穿孔窜漏过大，是避免热失控危险的重要保障。作为质子交换膜评价的核心指标，质子交换膜的透气率主要与分子结构、排列方式及生产制造工艺等有关。当前，对质子交换膜的透气率一般采用压差法进行测试，即采用定压差测流量的方式进行。压差一般为 $1.0 \times 10^5 \sim 1.1 \times 10^5 \mathrm{Pa}$，测试过程中的压力波动大小不应超过 $\pm 2\mathrm{Pa}$。质子交换膜透气率的评价指标与前述提到的质子传导率、拉伸强度等不同，其差异性较大，因而成为测评的难点。

质子交换膜透气率的测试样品一般为直径不小于 15cm 的圆形，需标明气体的渗透方向。测试前，样品需在温度为 $23℃ \pm 2℃$、相对湿度 $50\% \pm 5\%$ 的条件下放置至少 4h。透气率测试在上述规定的温度和湿度条件下进行。首先，分离压差法气体渗透仪的高压室和低压室，在测试下腔浅凹槽外侧 2mm 以外的区域均匀涂抹适量真空油脂，避免涂抹区域内出现杂物。在浅凹槽区域放上合适尺寸的快速定性滤纸。然后，将试样轻放于测试下腔，将高压室与低压室紧密闭合。开启 23℃ 水浴循环、压差法气体渗透仪、真空泵以及测试设备的软件控制端，将高压室和低压室抽真空至 20Pa 以下，继续脱气 3h，以排除试样吸附的气体和水蒸气。关闭隔断阀，打开氢气气源，向高压室充入试验气体，使得高压室的气体压力在 $1.0 \times 10^5 \sim 1.1 \times 10^5 \mathrm{Pa}$ 范围内。关闭高压室和低压室排气阀，开始透气试验。去除开始试验时的非线性阶段，记录正式透气试验的低压室压力变化值 $\Delta p$ 和试验时间 $t$。

透气率根据式（3-10）进行计算：

$$Q_{\mathrm{g}} = \frac{\Delta p}{\Delta t} \times \frac{V}{S} \times \frac{T_0}{p_0 T} \times \frac{24}{(p_1 - p_2)} \tag{3-10}$$

式中，$Q_{\mathrm{g}}$ 为透气率（$\mathrm{cm^3/m^2 \cdot d \cdot Pa}$）；$\Delta p/\Delta t$ 为单位时间低压室气体压力变化平均值（Pa/h）；$V$ 为低压室体积（$\mathrm{cm^3}$）；$S$ 为样品的有效试验面积（$\mathrm{m^2}$）；$T$ 为试验温度（K）；$p_1$ 为样品高压侧压强（Pa）；$p_2$ 为样品低压侧压强（Pa）；$T_0$ 为标准状态下的温度，数值为 273.15K；$p_0$ 为标准状态下的压力，数值为 $1.0133 \times 10^5 \mathrm{Pa}$。

质子交换膜透气率测试过程如图 3-19 所示。图 3-20 给出了两种常见质子交换膜产品的透气率测试结果。根据测试结果可知，样品 1 的透气率大于样品 2，两款质子交换膜产品的透气率均在正常范围内；透气率越大，防止阴、阳极气体接触的能力越弱，采用该产品的燃料电池在工作过程中越可能出现氢气和氧气接触较多，电池开路电压较低的现象。

图 3-19 透气率测试

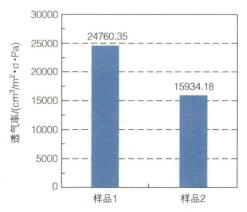

图 3-20 透气率测试结果

### 3.1.8 溶胀率

质子交换膜的溶胀率是指在给定温度和湿度下，相对于干膜在横向、纵向和厚度方向的尺寸变化，反映了质子交换膜的尺寸稳定性。一般来说，质子交换膜中的水可以分为自由水和结合水，两种水对质子的解离和形成传递氢质子的纳米通道来说至关重要。膜的溶胀率对质子传导率和力学性能有一定影响，溶胀过程会影响膜的纳米相分离结构，造成质子的稀释从而降低质子传导率；在水合和脱水时，由于膜的溶胀而造成电极变形和质子交换膜局部应力增大也容易导致燃料电池性能下降。因此，在质子交换膜设计时，要综合考虑其厚度、拉伸强度、吸水率以及溶胀率等，这些因素相互影响。

质子交换膜横向尺寸变化率的测试样条（长边平行于膜卷轴方向），推荐为沿平行于膜卷轴方向截取长为40mm、宽为20mm的样品；纵向尺寸变化率的测试样条（长边垂直于膜卷轴方向），推荐为沿垂直于膜卷轴方向截取长为40mm、宽为20mm的样品；法向尺寸变化率的测试样条，推荐为长为40mm、宽为20mm的样品。测试前，样品需在温度为23℃±2℃、相对湿度为50%±5%的条件下放置至少4h。溶胀率测试在上述温度和湿度条件下进行。首先，用游标卡尺测量样品的初始长度$L_0$，用测厚仪测试样品的初始厚度$d_0$。随后，将样品放入80℃±2℃的恒温水中水浴2h。将样品从水中取出，平铺在测量平台上，迅速测量其长度$L_1$，用测厚仪测试样品厚度$d_1$。

横向溶胀率$\delta_1$、纵向溶胀率$\delta_2$根据式（3-11）分别进行计算：

$$\delta = \frac{L_1 - L_0}{L_0} \times 100\% \qquad (3-11)$$

式中，$\delta$为样品横向/纵向溶胀率；$L_1$为样品水浴后的长度（mm）；$L_0$为样品的初始长度（mm）。

法向溶胀率根据式（3-12）进行计算：

$$\delta_3 = \frac{d_1 - d_0}{d_0} \times 100\% \qquad (3-12)$$

式中，$\delta_3$为样品法向溶胀率；$d_1$为样品水浴后的厚度（μm）；$d_0$为样品的初始厚度（μm）。

图3-21给出了两种常见质子交换膜产品的溶胀率测试结果。无论是横向、纵向、厚度方向，样品1的溶胀率都大于样品2，说明样品1的尺寸稳定性较差，在水合和脱水时更可能出现电极变形和局部应力增大的现象。结合3.1.4节的测试结果，样品1的质子传导率也相对较低，说明溶胀过程影响了膜的纳米相分离结构，造成了质子的稀释。

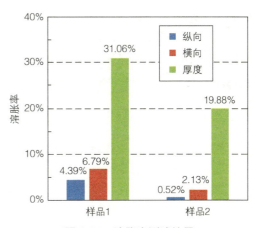

图3-21 溶胀率测试结果

### 3.1.9 吸水率

质子交换膜的吸水率是指在给定温度下单位质量干膜的吸水量。水分子在膜表面要有足够的扩散速度,膜的水合和脱水也要具备较好的可逆性,因此要求质子交换膜具有一定的吸水率。吸水率对质子传导能力有较大影响,吸水率越高,质子扩散和渗透率越大,质子交换膜的内阻值也越小,但是其溶胀率可能升高,进而导致其尺寸稳定性下降。

用于吸水率测试的质子交换膜样品面积一般不小于 100cm²。吸水率测试,需要先将样品放入真空烘箱中干燥 24h,移至干燥器中冷却至室温,用分析天平快速称量样品的初始质量 $W_0$。然后将样品放入 80℃±2℃的恒温水浴中 2h 后,将样品从水浴中取出。若表面有明显水珠,将其用滤纸吸干,迅速称量其质量 $W_1$。

吸水率根据式(3-13)进行计算:

$$\chi = \frac{W_1 - W_0}{W_0} \times 100\% \tag{3-13}$$

式中,$\chi$ 为样品吸水率;$W_1$ 为样品水浴后的质量(mg);$W_0$ 为样品干燥状态下的初始质量(mg)。

图 3-22 给出了两种常见质子交换膜产品的吸水率测试结果。可见,样品 1 的吸水率小于样品 2,说明样品 2 中的基团与水分子的运动能力更强,更容易相互形成水合离子簇,其质子扩散能力和渗透率更好。结合 3.1.8 节的测试结果,样品 2 不仅吸水率较高,而且溶胀率较低,表现出了较好的吸水溶胀性,使得质子交换膜在高吸水率下能够保持较好的尺寸稳定性。

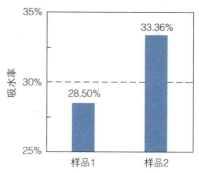

图 3-22 吸水率测试结果

## 3.2 电催化剂测试评价

在燃料电池性能提升的基础上,对燃料电池的耐久性和整体成本关注度逐渐提升。目前氢燃料电池成本约占整车成本的 40%,而燃料电池膜电极成本约占燃料电池堆成本的 60%,燃料电池电催化剂的成本约占燃料电池堆成本的 36%,燃料电池膜电极的成本主要来源于电催化剂。燃料电池运行过程中,电催化剂的团聚和脱落则对燃料电池稳定性提出了挑战,影响燃料电池寿命。因此,对于燃料电池电催化剂测试评价的重点主要包括燃料电池催化剂的性能、稳定性和 Pt 含量。

### 3.2.1 电催化剂概述

质子交换膜燃料电池膜电极催化层与质子交换膜的界面作为化学反应发生的场所,化学能在此处转化为电能。催化剂作为燃料电池的关键材料之一,主要功能为加速电极与电解质界面上的电化学反应动力学过程,是影响燃料电池性能、寿命和成本的重要因素。一直以来,开发性能好、稳定性强、低贵金属载量的催化剂是燃料电池行业关注的重点。

质子交换膜两侧分别为燃料电池的阴极和阳极，阳极侧催化剂与氢气接触发生阳极氢氧化反应（Hydrogen Oxidation Reaction，HOR），阴极催化剂与空气接触发生氧还原反应（Oxygen Reduction Reaction，ORR）。通常情况下，燃料电池阳极催化剂选用高分散的Pt/C催化剂，氢气在Pt上的反应非常迅速，阳极极化较小，对贵金属Pt的需求量较小。受氢气生产工艺的影响，氢气中可能含有的少量CO同样可以被Pt吸附，对催化剂产生毒化作用，从而导致燃料电池性能下降。目前，基于抗CO毒化需求，燃料电池阳极催化剂设计时更多采用二元催化剂PtMe（Me = Ru，Sn，W，Mo，$WO_x$，Bi，Re，Ni，Co，Cr，Fe，Os和Au等），业界目前研究最成熟、应用最多的为PtRu催化剂。

阴极由于ORR为四电子反应，其动力学反应速率相较于HOR慢6个数量级，需要大量的催化剂参与反应，燃料电池贵金属Pt的需求量主要来自于阴极ORR的需求，对燃料电池成本控制提出了挑战。另外，通过质子交换膜渗透到阴极的氢气竞争催化剂的活性位点，导致催化剂性能变差；设计阴极催化剂时，需要多关注阴极催化剂的活性和抗燃料透过性。随着燃料电池商业化进程的推进，燃料电池阴极催化剂显现出低铂、高活性、高稳定性的趋势。燃料电池阴极催化剂按照是否含Pt可分为铂基催化剂和非铂催化剂，非铂催化剂主要以过渡金属元素（如Fe等）N-C基化合物为主，虽已有显著进展，其稳定性还待进一步提高。目前应用最广泛的仍属Pt基催化剂，其中Pt/C催化剂在使用中最为成熟和常见。为了降低Pt的用量，近年来Pt基合金催化剂、核壳结构催化剂、纳米结构催化剂等受到广泛关注。

基于实际使用需求，质子交换膜燃料电池催化剂应具备催化活性高、稳定性好、载体适当和成本低廉的特点。从应用角度而言，催化剂的电化学性质、Pt含量、耐久性以及涂覆在膜电极上的性能表现和稳定性是催化剂的重要指标。根据指标类型的不同建立催化剂的测评指标体系，如图3-23所示。

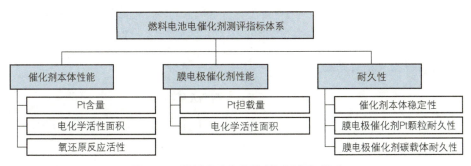

图3-23　燃料电池电催化剂测评指标体系

### 3.2.2　试验设备和试验要求

针对燃料电池催化剂实际应用场景和使用需求，关注的催化剂参数主要有Pt含量、电化学活性面积、氧还原反应活性和稳定性等。按照测试对象，可将测试分为两大类，一是基于催化剂本体的成分测试和电化学性能表征，二是基于膜电极上催化剂反应表现的性能测试。不同测试项目需求的设备主要分为三类：成分测试设备（电感耦合等离子体光谱仪、热重差热分析仪）、电化学性能测试设备（电化学工作站、旋转环盘电极及其他辅助试验设备）、膜电极性能测试设备（单电池测试台架）。

对催化剂本体进行电化学性能测试时，推荐在室温（25℃±2℃）下进行试验，制备工作电极及测试过程中可能需要使用的试剂见表3-2。催化剂本体电化学性能测试需要在三电极体系中进行：使用五口烧瓶作为电解池，必要时可采用水浴控制三电极体系温度；参比电极多见银氯化银电极（Ag/AgCl/饱和KCl溶液）或饱和甘汞电极（Hg/$Hg_2Cl_2$/饱和KCl溶液，SCE）；对电极为大面积Pt片、Pt网、碳棒等；工作电极为旋转圆盘电极（测试电化学活性面积时，圆盘电极无需旋转，可使用普通玻碳电极），圆盘电极的常见尺寸为$\phi3$或$\phi5$。当测试结果需要引入催化剂重量进行计算时，应对催化剂进行烘干处理，并将烘干的催化剂放置在干燥器中，以避免水分对催化剂测试结果的影响。

表3-2 试验所需试剂及气体

| 试剂名称 | 试剂要求 |
| --- | --- |
| 异丙醇 | ≥99.7%，分析纯 |
| 5%Nafion溶液（DE521） | — |
| 硫酸 | 98%，优级纯 |
| 高氯酸 | 70.0%~72.0%，优级纯 |
| 盐酸 | 37%，优级纯 |
| 硝酸 | 68%，优级纯 |
| Pt标准溶液 | 推荐使用1000mg/mL |
| 双氧水 | 30%，分析纯 |
| 氢氧化钾 | ≥85.0%，分析纯 |
| 实验室一级水 | 电阻率≥18.2MΩ·cm（25℃） |
| 高纯氮 | ≥99.999% |
| 高纯氧 | ≥99.995% |

试验所需容器及耗材见表3-3。

表3-3 试验所需容器及耗材

| 名称 | 规格要求 |
| --- | --- |
| 具盖刚玉坩埚/具盖瓷坩埚 | 可耐受不低于1000℃高温，容积不少于100mL |
| 容量瓶 | A级，规格为50mL或100mL |
| 玻璃烧杯 | 规格50mL或100mL |
| 玻璃瓶 | 不小于5mL，带密封盖 |

### 3.2.3 Pt含量

分析催化剂组成元素的方法较多，测试方法主要有热重（Thermogravimetry，TG）法、电感耦合等离子体光谱（Inductively Coupled Plasma Optical Emission Spectrometer，ICP-OES）法、光电子能谱（X-ray Photoelectron Spectroscopy，XPS）法、能谱（Energy

Dispersive Spectroscopy,EDS)法等,其中热重法和电感耦合等离子体光谱法可用作对催化剂组成元素的定量分析方法。

**1. 热重法**

热重法利用不同元素反应成为气体导致物质质量降低的温度差异性,通过两温度平台间质量下降的数值计算某一元素在物质中的占比。测试过程中,采用程序控制温度,采集物质质量与温度关系曲线,即热重曲线(TG 曲线)。该方法能够准确测量物质的质量变化及质量变化速率。在相同的程序温度控制下,多次试验的结果具有良好的重复性,可用于 Pt/C 催化剂中 Pt 含量的测试,Pt 合金催化剂则应慎重使用该方法,该方法在区分不同种类的金属方面具有一定的局限性。在进行热重法测试前,样品应充分干燥,未经充分干燥的样品在前期升温过程时可表现出质量缓慢下降,这是由于样品中的水分脱出,将导致测出的 Pt 含量偏低。装样时,适宜的样品填充方式有利于样品颗粒的热传导和气体产物的扩散和逸出,提升测试结果的准确性和重复性。

采用热重法测试催化剂的 Pt 含量时,首先应将样品烘干并在干燥器中保存测试样品。测试时根据测试坩埚大小,称取合适量样品并记录样品初始质量 $m_0$。过多的样品在吹扫时可能被带离坩埚,过少的样品则不利于测试结果的准确性。通入空气或者空气和惰性气体按一定比例组成的混合气作为工作气体,当样品质量稳定下来后,进行程序升温,一般使用 800℃作为终点温度。升温速度不宜太快,推荐选取 2~20℃/min。测试完成后,记录测试样品最终质量 $m$。当样品进行重复性测试时,应保证每次测试升温速率一致,避免升温速率对结果的影响。催化剂 Pt 含量计算按照式(3-14)进行。

$$W_{Pt} = \frac{m}{m_0} \times 100\% \quad (3\text{-}14)$$

式中,$W_{Pt}$ 为催化剂 Pt 含量(%);$m$ 为此时样品最终质量(g);$m_0$ 为样品初始质量(g)。

典型的热重法测试燃料电池 Pt/C 催化剂 Pt 含量获得的时间-质量百分比如图 3-24 所示,按照式(3-14)计算得到的催化剂 Pt 含量约为 53%。

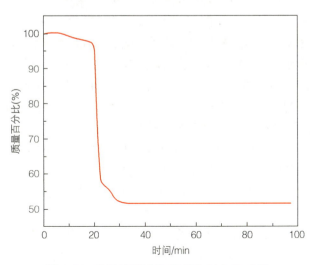

图 3-24 热重法测试 Pt/C 催化剂中 Pt 含量

## 2. 电感耦合等离子体光谱法

电感耦合等离子体光谱法是基于原子发射的光谱来测定物质的化学组分的，测试时通过外界能量将原子转变为气态原子，并使气态原子的外层电子激发至高能态，外层电子从高能态跃迁到低能级时，原子释放出多余能量，反映为特征谱线。将采集到的辐射通过摄谱仪进行色散分光后，按波长顺序记录在感光板上，得到的有规则的谱线条，即为得到的光谱图，依据光谱图可进行进一步的定性、定量分析。

电感耦合等离子体光谱法可以同时进行多元素分析，测试速度快，灵敏度高，精度可以达到 ppm 级别，比较容易建立分析方法。标准曲线的线性范围能够达到 5~6 个数量级甚至 7~8 个数量级，能够满足 10ppm~百分之几十范围的含量进行同时测量。测试设备精密性高、重复性好，该方法在 Pt 含量较低或 Pt 合金催化剂中元素的定量分析中有较广泛的应用。电感耦合等离子体光谱法测试的样本为液体样本，因此需对待测催化剂样品进行较复杂的前处理，不当处理对测试结果的影响较大。

采用电感耦合等离子体光谱法进行 Pt 含量测试，需准备的试验器皿及耗材包括但不限于具盖刚玉坩埚/瓷坩埚、容量瓶和烧杯若干。通过电感耦合等离子体光谱法对催化剂进行 Pt 含量测试主要分为样液制备、标准溶液制备、空白样液制备、仪器测试、绘制标准曲线、样液分析、数据处理七个部分。

制备测试样液的过程主要分为灰化、硝化、溶解和定容三个部分。

测试样品灰化时，为确保灰化时样品中碳元素能够充分与空气接触，坩埚的盖子应略微错开。灰化过程中，先将样品在 400~500℃的空气氛围中氧化碳化 1~2h，然后再升温至 900~950℃灼烧不少于 6h。灰化过程主要是为了去除催化剂中的有机物，使其在高温下与空气反应生成二氧化碳、水及其他物质。灰化不充分可能导致样品中的金属元素难以脱离有机机体，进而导致定量测试结果偏离实际结果。灰化完成的样品冷却至室温后，加入实验室一级水润湿，加入由浓盐酸和浓硝酸按体积比 3:1 配比的混合酸液，置于加热板在 80℃下进行硝化；待酸液浓缩至约一半，继续加入缓和酸液和双氧水，重复至溶液澄清透明无悬浮物，即完成硝化过程。硝酸可用来分解各种金属、合金，能够与很多硫化物反应生成硫化氢，盐酸可用来分解金属氧化物及氧化还原单位低于氢的金属，均具有良好的挥发性。溶解样品时，采用浓盐酸和浓硝酸按体积比 3:1 配置的新鲜王水加入硝化后的样液，在 80℃下加热溶解至酸体积浓缩至约一半，再加入适量新鲜王水，重复该过程至样品溶液透明澄清。王水可用来分解催化剂体系中的金、银、铂、钯等金属。王水处理后的样品溶液全部转移至适量容积的容量瓶中，加入实验室一级水定容，必要时可进一步稀释；至此，完成测试样液的准备过程。

标准溶液主要用于 Pt 元素浓度的线性回归曲线绘制，将 Pt 标准溶液稀释配制成系列标准工作溶液时，配制用介质的酸度应与样液保持一致。

空白样液主要用于基线的去除，在制备时除不引入催化剂样品外，其余操作均需完全按照样液制备的过程进行，保证处理的一致性。

准备好样液、Pt 系列标准溶液和空白样液后，开始仪器测试。开启光谱仪，进行测量前至少预热运行 1h。调节仪器高频发射器的功率、工作气体（冷却气、载气、辅助气）流量、观察方式、预冲洗时间、积分时间等参数，并在仪器上建立分析方法（Pt 参考谱线为 265.945nm、214.423nm）。

绘制标准曲线时，采用浓度由低到高顺序测试系列标准溶液中 Pt 的光谱发射强度。以测试元素的净强度为 $Y$ 轴，以 Pt 元素系列标准溶液的浓度为 $X$ 轴，对结果进行线性回归，计算相关系数，相关系数应大于 0.999。

对样液进行分析前，应先进行空白样液分析，分别记录相应的 Pt 强度信号。

接下来，根据标准曲线上样液的强度信号转化为相应的质量浓度，以 μg/mL 表示。

电催化剂 Pt 含量应根据式（3-15）计算：

$$W_{Pt} = \frac{C_{Pt}Vf}{m_0} \times 100\% \qquad (3-15)$$

式中，$W_{Pt}$ 为催化剂 Pt 含量（%）；$C_{Pt}$ 为样液的 Pt 的质量浓度（mg/mL）；$V$ 为样液初始定容的体积（mL）；$f$ 为样液稀释的倍数；$m_0$ 为催化剂的初始质量（mg）。

对某品牌催化剂（标称含量为 60%Pt/C）样品使用电感耦合等离子体光谱法进行 Pt 含量测试，计算得到催化剂的 Pt 含量为 58.882%。

通常情况下，两种测试方法测得的催化剂 Pt 含量往往低于标称值，这可能与催化剂制备过程中 Pt 的损失、测试过程中 Pt 的少量流失、催化剂中仍含有少量水分等原因相关。

### 3.2.4　电化学活性面积

电化学活性面积（Electrochemical Active Surface Area，ECSA）这一参数通常用来评估催化剂实际参与电化学催化反应的表面积，多采用循环伏安法（Cyclic Voltammetry，CV）进行测试。

循环伏安法在催化剂的性能表征中具有广泛的应用，该方法通过控制电极电势在指定电势范围内以一定速率扫描，采集电流随电压变化的曲线，即得到循环伏安曲线（CV 曲线）。在电势变化过程中，电极上交替发生还原和氧化反应。循环伏安曲线可用来说明电极反应的可逆程度、活性、电极产物、电极动力学参数、电化学-化学偶联等反应，判断反应控制步骤和反应机理，对燃料电池催化剂的活性强弱进行定性分析，但在定量分析方面存在难度。

催化剂电化学活性面积的测试对象为玻碳电极（工作电极）。催化剂测试使用的浆料对催化剂性能的发挥具有一定的影响，一种相对常见的浆料配备方法为：准确称取 5mg±0.05mg 催化剂，向称取的电催化剂中依次加入去离子水 2mL、异丙醇 2mL 及 5% Nafion（D521）溶液 50μL，在超声清洗机中进行超声，使浆液混合均匀，超声过程中保持水浴温度不超过 20℃。将分散好的催化剂浆料使用移液器分多次均匀滴加至光滑干净的圆盘电极表面，使电极表面电催化剂担载量为 50～150μg/cm$^2$，室温下自然干燥，得到工作电极。工作电极表面应平整，不应有团聚颗粒。

使用甘汞电极或氯化银电极作为参比电极，大面积 Pt 片电极作为对电极，$N_2$ 饱和的已知浓度 $H_2SO_4$ 或 $HClO_4$ 等溶液作为电解质（一般多使用 0.5M $H_2SO_4$ 溶液或 0.1M $HClO_4$ 溶液），与工作电极共同置于电解池中组成三电极体系。进行电化学活性面积测试前，可通过快速循环伏安等方法进行活化。完成活化后，以 20mV/s 的扫描速率在 0.00～

1.15V（vs.RHE①）范围内进行循环伏安扫描，直至循环伏安曲线重合，记录循环伏安曲线。

电化学活性面积计算一般取最后一次循环伏安曲线扫描结果，选取电压双电层区域对应的正向电流最小值，经过该点做垂直于纵轴的参考线，并对CV曲线氢吸附峰正向电流曲线与该参考线所围成的区域积分，作为氢脱附峰面积 $S_H$，按照式（3-16）计算电化学活性面积。

$$S_{ECA} = \frac{S_H}{cvM} \times 10^{-2} \tag{3-16}$$

式中，$S_{ECA}$ 为电催化剂的电化学活性面积（$m^2/g$）；$S_H$ 为氢脱附峰的积分面积（$A \cdot V$）；$c$ 为光滑Pt表面吸附氢氧化吸附电量常数，$c = 0.21mC/cm^2$；$v$ 为扫描速率（mV/s）；$M$ 为电极上Pt的质量（g）。

对某品牌某规格催化剂（Pt含量质量分数为60%）进行电化学活性面积测试。称取5.04mg催化剂粉末，将其按照上述方法制备为浆料后，将20μL催化剂浆料涂覆在尺寸为$\phi$5mm的玻碳电极上并自然风干，充分活化后，进行循环伏安曲线扫描，得到图3-25所示的循环伏安曲线，其横轴为电压（vs.RHE）、纵轴为电流。从图3-25可得，当电压为0~0.4V时，电流为正值的区域出现两个明显的峰，该峰为氢脱附峰。图3-25中氢脱附峰的积分面积为 $3.71 \times 10^{-5} A \cdot V$，按照式（3-16）计算得到其电化学活性面积为59.078$m^2/g$。

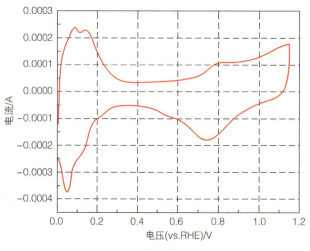

图3-25 循环伏安曲线

### 3.2.5 氧还原反应活性

燃料电池阴极发生ORR反应与阳极HOR反应速率相差极大，这意味着燃料电池阴极催化剂需要具有更高的氧还原催化剂活性，以满足燃料电池性能提升的需求。氧还原反应（ORR）活性的测试主要基于旋转圆盘电极（Rotating Disk Electrode，RDE）或旋转环盘电极（Rotating Ring Disk Electrode，RRDE）。RRDE常见于反应机理的研究，通

---

① vs.RHE 是指相对具体参比电极的电压，是电化学中的用法。

过电极的旋转将盘电极上生成的化学物传输至环电极上,由此可以检测环盘电极上生成的中间产物等。对于商业化催化剂产品,质量活性是评价催化剂性能的关键指标,测试在 RDE 上进行。

测试 ORR 时,工作电极的制备与测试电化学活性面积基本一致。之后,将制备的工作电极、饱和甘汞电极(SCE)或氯化银电极、大面积 Pt 片或 Pt 网放置在一定浓度的 $H_2SO_4$ 或 $HClO_4$ 溶液中(一般多使用 0.1mol/L $HClO_4$),组成三电极体系。ORR 测试前,应将制备的电极在 $N_2$ 饱和的三电极体系中活化,已进行过电化学活性面积测试的样品无需再次活化。ORR 测试时,电解池温度保持在 25℃,在通入 $O_2$ 达到饱和状态并持续 30min 后,控制旋转圆盘电极转速为 1600r/min。扫描时,设置溶液电阻补偿,从高电位扫描至低电位,扫描范围一般在 1.20~0.20V(vs.RHE)范围内,扫描速率为 10mV/s,记录测试曲线。如需进行背景扣除,背景的采集应在 $N_2$ 饱和的与 ORR 测试同一浓度、溶质的溶液中进行。

将样品在 $O_2$ 氛围中测得的测试曲线扣除 $N_2$ 背景,绘制"电流密度 - 扫描电压"图,根据式(3-17)计算催化剂的质量活性,一般使用测试得到的线性伏安曲线在 0.9V(vs.RHE)下的电流计算催化剂的质量活性。

$$MA = \frac{i_{0.9V} i_L}{(i_L - i_{0.9V}) M_{Pt}} \quad (3-17)$$

式中,$MA$ 为质量活性(mA/mg Pt);$i_{0.9V}$ 为表观电流(mA),对应测试曲线上 0.90V(vs.RHE)对应的电流密度;$i_L$ 为极限电流(mA),对应测试曲线上 0.50V(vs.RHE)对应的电流密度;$M_{Pt}$ 为旋转圆盘电极上涂覆的催化剂 Pt 的质量(mg)。

使用饱和甘汞电极作为参比电极,对某品牌某规格催化剂(Pt 含量质量分数为 60%)进行氧还原反应活性测试的结果如图 3-26 所示。制备催化剂浆料使用的催化剂共 10.00mg,配置的浆料中催化剂的浓度为 1.32mg/mL,电极上催化剂浆料为 10μL,由此计算的圆盘电极上涂覆的电催化剂 Pt 的质量 $M_{Pt}$ 为 0.0403mg。图中线性伏安曲线上 0.9V(vs.RHE)时测得的 $I_{0.9}$ 为 -0.000479A,由此计算的催化剂质量活性为 105.17mA/mg。

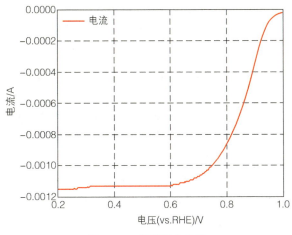

图 3-26 线性伏安曲线

### 3.2.6 电催化剂稳定性

电催化剂的稳定性对燃料电池商业化提出了极大挑战，催化剂的稳定性将极大程度影响燃料电池的整体寿命，因此催化剂的稳定性指标是评价催化剂先进性的重要指标之一。催化剂稳定性测试方法较多，常见的有循环伏安法、计时电流法等。

**1. 电催化剂 Pt 颗粒稳定性**

电催化剂 Pt 颗粒稳定性测试电压扫描范围一般在 0.60～0.95V（vs.RHE），在此区间的方波扫描比三角波扫描具有更明显的加速衰减。测试前，按照电化学活性面积测试制备工作电极的方法制备工作电极，制好的工作电极与饱和甘汞电极（SCE）或氯化银电极、大面积 Pt 片或 Pt 网，放置在一定浓度的 $H_2SO_4$ 或 $HClO_4$ 溶液中，组成三电极体系。电催化剂稳定性多采用电化学活性面积或质量活性指标作为评价标准，电极完成活化后，按照初始电化学活性面积及氧还原反应活性测试、电压循环耐久、耐久后电化学活性面积及氧还原反应活性测试的顺序循环进行。

工作电极活化方法与电化学活性面积测试的活化方法一致，如有需求，可在电压循环耐久前进行初始电化学活性面积的测试。电压循环耐久测试全程，应保证电解液中 $N_2$ 饱和，循环电位在 0.60～0.95V（vs.RHE）间，扫描速度为 50mV/s 或用 0.60V（vs. RHE）维持 3s 切换到 0.95V（vs.RHE）维持 3s 的方式进行。长时间测试耐久的溶液中会有催化剂脱落或出现污染，进行一定次数的循环后应更换溶液，重新标定参比电极，并重新进行 $N_2$ 饱和操作，进行电化学活性面积测试。进行氧还原反应活性测试应更换一份 $O_2$ 饱和的溶液。

电催化剂 Pt 颗粒稳定性测试前后的质量活性变化率按照式（3-18）计算。

$$\delta = \frac{MA' - MA}{MA} \times 100\% \quad （3\text{-}18）$$

式中，$\delta$ 为质量活性变化率；$MA'$ 为电催化剂 Pt 颗粒稳定性测试后的质量活性（mA/mg）；$MA$ 为电催化剂初始质量活性（mA/mg）。

电催化剂 Pt 颗粒稳定性测试前后电化学活性面积衰减率按照式（3-19）计算：

$$\tau = \frac{S_{ECA,0} - S_{ECA,1}}{S_{ECA,0}} \times 100\% \quad （3\text{-}19）$$

式中，$\tau$ 为电化学活性面积衰减率；$S_{ECA,0}$ 和 $S_{ECA,1}$ 分别为电催化剂的耐久前后电化学活性面积（$m^2$/g）。

使用饱和甘汞电极作为参比电极，对某品牌某规格催化剂（Pt 含量质量分数为 60%）进行 Pt 颗粒耐久性测试，试验前后氧还原反应活性测试的结果如图 3-27 所示。制备催化剂浆料，将其滴加在圆盘电极上，涂覆的电催化剂 Pt 的质量为 0.0045mg，耐久前线性伏安曲线上 0.9V（vs. RHE）时测得的 $I_{0.9}$ 为 $-3.398 \times 10^{-4}$A，由此计算的催化剂质量活性为 116.36mA/mg；耐久后线性伏安曲线上 0.9V（vs. RHE）时测得的 $I_{0.9}$ 为 $-2.021 \times 10^{-4}$A，由此计算的催化剂质量活性为 57.58mA/mg。经过 30000 次电位循环测试后，按照式（3-18）计算得到的催化剂质量活性衰减比例为 50.51%。

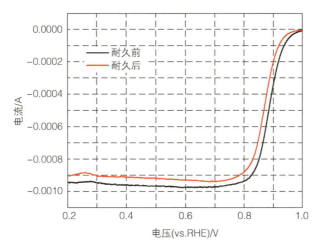

图 3-27 催化剂 Pt 颗粒耐久前后氧还原反应活性测试结果

**2. 催化剂载体稳定性**

电催化剂载体稳定性测试使用 1.0～1.5V（vs.RHE）间三角波电压循环方法进行。完成工作电极制备后，与参比电极、对电极共同放入一定浓度的 $H_2SO_4$ 或 $HClO_4$ 溶液中组成三电极体系。催化剂载体稳定性测试评价指标主要为氧还原反应活性，电化学活性面积为辅，催化剂载体稳定性测试按照活化、初始电化学活性面积、初始氧还原反应活性、三角波电压循环耐久、再活化、耐久后电化学活性面积、耐久后氧还原反应活性测试的顺序进行。

活化和电化学活性面积在 $N_2$ 饱和的溶液体系中进行，氧还原反应活性和三角波电压循环耐久在 $O_2$ 饱和的溶液体系中进行。每个三角波循环电压切换速率为 500mV/s，每完成一个循环时长为 2s，三角波电压循环总次数为 5000 次。

催化剂载体稳定性测试前后的质量活性变化率按照式（3-20）计算：

$$\gamma = \frac{MA'' - MA}{MA} \times 100\% \tag{3-20}$$

式中，$\gamma$ 为质量活性变化率；$MA''$ 为电催化剂载体稳定性测试后的质量活性（mA/mg）；$MA$ 为电催化剂初始质量活性（mA/mg）。

催化剂载体稳定性测试前后电化学活性面积衰减率按照式（3-21）计算：

$$\varepsilon = \frac{S_{ECA,0} - S_{ECA,1}}{S_{ECA,0}} \times 100\% \tag{3-21}$$

式中，$\varepsilon$ 为电化学活性面积衰减率；$S_{ECA,0}$ 和 $S_{ECA,1}$ 分别为电催化剂的耐久前后电化学活性面积（$m^2/g$）。

使用饱和甘汞电极作为参比电极，对某品牌某规格催化剂（Pt 含量质量分数为 60%）进行碳载体稳定性测试，测试前后电化学活性面积测试的结果如图 3-28 所示，氧还原反应活性测试的结果如图 3-29 所示。制备催化剂浆料，将其滴加在圆盘电极上，涂覆的电催化剂 Pt 的质量为 0.0045mg，耐久前电化学活性面积测试的结果为 55.150$m^2/g$，质量活性为 115.98mA/mg，耐久后电化学活性面积测试的结果为 55.150$m^2/g$，质量活性为98.86mA/mg。由此计算的电化学活性面积衰减率为5.88%，质量活性衰减比例为14.76%。

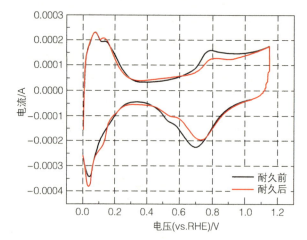

图3-28 催化剂载体耐久前后电化学活性面积测试结果

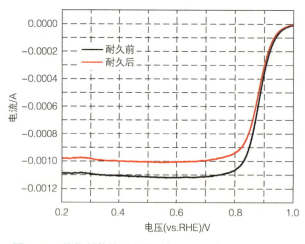

图3-29 催化剂载体耐久前后氧还原反应活性测试结果

## 3.3 炭纸测试评价

炭纸测试的相关指标除了来源于产品本身的应用场景以外，还来自于行业长期积累的经验，如反映工艺水平的粗糙度（毛刺特征）、适用于不同水管理要求的亲疏水性、适用于不同装配条件的压缩特性、抗弯强度性能等。此外，炭纸本体性能中的厚度、电导率、热导率等指标优化同样依赖于大量的应用迭代和数值计算。评价指标会随着技术发展水平的不同而确立新的发展目标，进而催生对测试方法、测试装备等的更迭。

当前，行业的测试方法并未完全达成统一，在部分项目上企业还会采用不同的测试方法。如国标中规定的透气率测试采用压差法进行，但行业还会采用葛尔莱法进行测试。另外，部分标准制订时间较早，许多关键性能指标的测试方法也有待补充或完善。随着设备能力提升，部分测试方法亦可进一步简化。因此，考虑炭纸及炭纸产品的技术发展水平的差异性，测试方法也亟需更新，以满足行业测试研发需求。同时，测试指标的确定也需要综合考虑行业的技术发展水平对测试方法提出的新的要求。

### 3.3.1 炭纸概述

炭纸是由碳纤维制成的一种多孔的炭/炭复合材料。由于其制造工艺成熟、耐腐蚀、孔隙率均匀、强度高、性能稳定等特点，成为气体扩散层（Gas Diffusion Layer，GDL）材料的主流选择。过去单层型的 GDL 以炭纸为主，为了提高其液态水传输能力，还会在其中涂布聚四氟乙烯（Poly Tetra Fluoroethylene，PTFE）以提高疏水能力。现阶段 GDL 产品以双层型为主，即除了炭纸型的基底层外，还会涂布由碳颗粒及聚四氟乙烯组成的微孔层（Microporous Layer，MPL）来改善水热管理性能。整体来看，炭纸型 GDL 的制备技术路线可概括为下述步骤：将干燥的碳纤维材料切碎，与聚合物黏结剂、水混合形成悬浮液，制成厚度均匀的碳纤维纸；将制备好的炭纸经过树脂浸渍干燥后进行石墨化提升导电及导热能力；将石墨化后的炭纸进行憎水处理（如利用 PTFE）；在憎水处理后的炭纸上涂布微孔层进行烧结，每个环节的工艺调控都会影响到 GDL 的性能指标。因此无论是从研发或是产品检测认证角度都需要针对炭纸产品进行不断的测试评价，以改善产品设计及制造工艺，提升产品力。

炭纸测评可以从其在燃料电池工作过程的角色出发进行总结。质子交换膜燃料电池是以氢气、空气（氧气）为反应物，经过电化学反应直接将化学能转化为电能的动力装置。一个典型的 PEMFC 通常由阴/阳极流场板、气体扩散层、催化层（Catalyst Layer，CL）以及质子交换膜组成。在 PEMFC 工作过程中，空气（或氧气）和氢气经分配后分别从阴极和阳极的入口进入流道内部，反应气体通过 GDL 内部的孔隙扩散进入各自的催化层进行氧化还原反应，发电、生成水并同时释放出反应热。电以及生成的水经由 CL、GDL、极板传输出去。因此，GDL 在传热传质方面起到了传输路径的作用，从而实现反应物的有效供给及反应产物的及时排出，使燃料电池工作得以稳定。可以发现，GDL 作为燃料电池核心组件之一，具有支撑电极、扩散反应物、传输电子、散热以及除水等功能。

因此，评价炭纸性能核心指标可以从其厚度及厚度均匀性、密度、力学性能、透气率、粗糙度、电导率、热导率、亲疏水性出发，构建图 3-30 所示的测试评价体系。

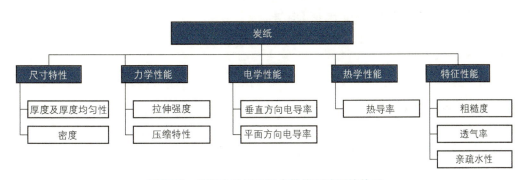

图 3-30  燃料电池炭纸综合性能测试评价体系

### 3.3.2 试验设备和试验要求

炭纸测试样品应无灰尘、无油渍、无破损、无划痕、无折皱等，如有必要，样品需在丙酮溶液里浸泡以去除灰分、油分等，并在烘箱中进行干燥处理。如无特殊说明，每项测试以 3 个有效试验为一组，计算出平均值作为试验结果，保留至小数点后 2 位。

由于需要保证测试过程中的准确性和数据有效性，建议每项测试的样品数量应不少于 5 个，以保证得到不低于 3 个的有效数据。若样品数量不足，常常会导致试验无法按时完成，通常会由以下几种原因造成：送样运输过程中造成的单个或多个样品损坏；测试人员制样过程中误操作造成样品损坏；测试设备在某次测试过程中出现故障，未能完成完整的测试过程；不明原因导致单一样品测试数据严重异常，无法采用。

炭纸测试过程中常用的测试设备包括测厚仪、游标卡尺、分析天平、万能试验机、粗糙度轮廓测试仪、透气率测试仪、四探针低阻测试仪、导热系数测试仪、接触角测试仪等，设备所需的测试精度和分辨率要以能准确解析被测量对象特征决定。

### 3.3.3 厚度及厚度均匀性

当前常见的燃料电池炭纸产品厚度为 160～240μm，炭纸的厚度及厚度均匀性属于炭纸本身的尺寸特性，其对于炭纸的整体性能起到了基础作用。由于炭纸在支撑电极方面的作用，在装配过程中不同厚度的炭纸压缩变形量有所不同，同时也会影响到产品设计中的密度、透气率等参数。

相比于炭纸厚度，将厚度均匀性作为炭纸产品的考核指标更具备实际意义。厚度均匀性直接反应产品的生产工艺等，其会影响到接触电阻的大小。同时，过差的厚度均匀性会造成在装配过程中部分纤维凸入流道而造成流阻过大，严重时还有可能会刺破电极或质子交换膜，造成燃料电池损坏。

测试样品一般为不小于 100cm²（10cm×10cm）的正方形炭纸。在测试过程中应尽量保证测量点分布的均匀性，常规而言，每 25cm² 应不少于 9 个测量点，测量结果以取平均值作为最终结果。为了保证测量点分布的均匀性，可以考虑采用标线划分区域的形式将整体测试区域划分为几个小的分区。需要注意在测量过程中尽量不取靠近边缘处的点进行测量，即需要保证测试点距离边缘处大于 0.5cm，以避免误差过大。

厚度均匀性基于厚度的测试结果进行处理，常以厚度变异系数、厚度极差等用以评价厚度均匀性。其中厚度极差为厚度测量的最大值与最小值之差；厚度变异系数为厚度测量值的标准差除以厚度平均值所得的结果。

平均厚度 $\bar{d}$ 按照式（3-22）计算：

$$\bar{d} = \sum_{i=1}^{n} \frac{d_i}{n} \tag{3-22}$$

式中，$\bar{d}$ 为样品的平均厚度（μm）；$d_i$ 为某一点处的厚度测量值（μm）；$n$ 为测量数据点数。

样品的厚度极差 $R_m$ 按照式（3-23）计算：

$$R_m = d_{max} - d_{min} \tag{3-23}$$

式中，$d_{max}$ 为炭纸的厚度测量最大值（μm）；$d_{min}$ 为炭纸的厚度测量最小值（μm）。

厚度变异系数 $C_d$ 按照式（3-24）计算：

$$C_d = \frac{\sqrt{\frac{1}{n-1}\sum_{i=1}^{n}(d_i-\bar{d})^2}}{\bar{d}} \times 100\% \tag{3-24}$$

图 3-31 所示为常见的几种样品的厚度测量结果。从图中可以看出，几种产品厚度的测量结果在 180～240μm 之间，并在平均值附近波动，同时厚度变异系数也具有差异性。

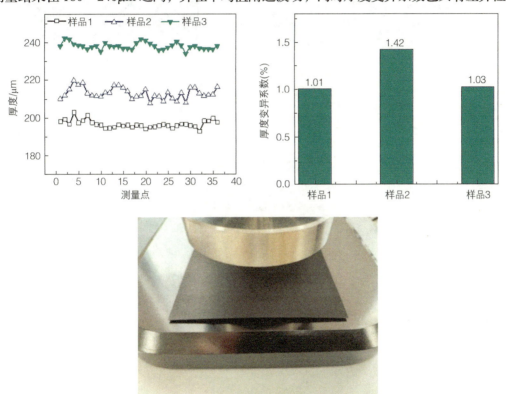

图 3-31 炭纸厚度、厚度均匀性测试结果和测试照片

### 3.3.4 密度

密度与碳纤维的分布情况紧密相关，一定程度上与炭纸的孔隙率、厚度等具有直接联系。从测评角度，常采用炭纸的面密度和表观密度（体密度）来进行衡量；面密度是单位面积样品的质量，而表观密度是单位体积样品的质量。密度测量采用质量除以面积或者体积的方法进行。

具体测试方法为：采用测厚仪测量样品的平均厚度 $\bar{d}$（μm）；采用游标卡尺测量样品的长度 $L$（cm）和宽度 $W$（cm）；采用分析天平测量样品的质量 $M$（g）。在得到测试结果后，进行二次数据处理便可得到样品的表观密度和面密度。为了保证测量精度，样品尺寸不宜小于 25cm²。样品的密度反映了碳纤维的用量，同时作为产品设计的基本指标为整体产品质量奠定了基础。如图 3-32 所示，三种不同产品由于厚度等差异性，表观密度和面密度也具备差异，但总体差异性较小。

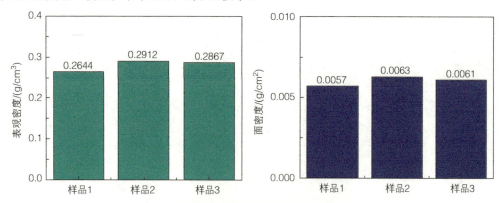

图 3-32 炭纸样品的表观密度、面密度测试结果和测试照片

### 3.3.5 拉伸强度

拉伸强度反映了炭纸生产制造工艺的特点，其性能主要取决于碳纤维自身强度、浸渍粘结剂碳化后的强度，与压缩特性、抗弯强度一同组成了炭纸的典型力学特性。由于炭纸在支撑电极方面的重要作用，其力学特性是核心性能指标之一。从测试角度而言，三者需要借助力学试验机进行，并配备相应的力学传感器和测试夹具。

在样品制备过程中应按照制造商指定的方向，裁成尺寸为 70mm×10mm 的长条形状，并用低倍放大镜检查缺口，舍去边缘有缺陷的样品；若制造商未规定取样方向，则可自主选择。根据经验，推荐采用定制尺寸和形状的裁刀进行裁剪，可以大大提升工作效率，减小裁剪误差。同时将裁剪好的样品平行于样品短边，在距离为 10mm 处画出标线，且标线对样品不应产生损伤。

拉伸强度测试按以下方法进行：使用游标卡尺测量样品的宽度 $W$（mm）；将样品置于试验夹具中，如图 3-33 所示，使样品沿长边方向的中心线与上、下夹具中心连线平行，且在受力过程中保持样品在同一平面。夹具内应衬橡胶等弹性材料，测试过程中，样品不应在夹面处断裂或滑脱；拉伸速度为 10mm/min，样品断裂后，读取相应的负荷值，若样品在标线外 5mm 内或夹具夹持部位某处断裂，则该次试验无效。

按照式（3-25）计算炭纸样品的拉伸强度：

$$T_{\mathrm{s}} = \frac{F_{\mathrm{b}}}{W \times \bar{d}} \times 10^3 \quad (3\text{-}25)$$

式中，$T_{\mathrm{s}}$ 为样品的拉伸强度（MPa）；$F_{\mathrm{b}}$ 为样品断开时记录的负荷值（N）；$W$ 为样品的宽度（mm）；$\bar{d}$ 为炭纸的平均厚度（μm）。

图 3-34 给出了三个典型炭纸样品的拉伸强度测量结果，可以看出样品性能差异较小。在实际测试过程中值得注意的是样品的装配情况会影响到能否得到正确的测试结果。测试人员期望断裂点处于样品的中间位置，但由于装配平行度等，样品常常在标线 5mm 内或夹具夹持的部位发生断裂。因此在使用气动夹具时尽量使得样品装配时做到沿长边方向的中心线与上、下夹具中心连线平行，且在受力过程中保持样品在同一平面。

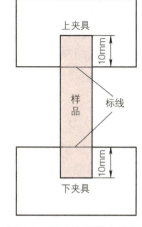

图 3-33　样品在夹具中的位置

 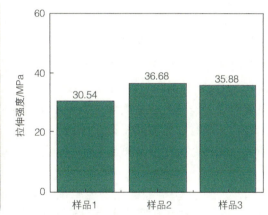

图 3-34　炭纸样品拉伸强度测试和测试结果

## 3.3.6　压缩特性

燃料电池堆在装配过程中的预紧力会造成炭纸发生压缩形变。在压缩状态下，炭纸的孔隙率、孔径、厚度等都会发生变化，进而影响到炭纸整体的水热传输性能。严重时，压缩变形幅度过大会造成炭纸内部发生断裂，使得其传导能力大幅下降。因此压缩特性是炭纸支撑电极的直观表现。在燃料电池装配过程中，由于沟脊结构型的双极板设计，脊下的炭纸变形幅度更大，会影响到脊下的传热传质过程。因此，研究人员的一种设计理念便是通过改善流道、炭纸设计以强化脊下的横向扩散。由此可以看出，压缩特性对于炭纸性能至关重要。

在测试过程中，样品一般为直径不大于 2cm 的圆形炭纸，且与压盘尺寸保持一致。事实上样品制取的形状与测试设备压盘的设计有关，并不具备严格的限制，但需要容易计算面积以便获得实时的压强大小。推荐使用定制化的裁刀快速精确制样。

压缩特性测试按以下方法进行：首先将样品装在两块压盘之间；然后从压盘外侧施加压强，压强每增加 0.01MPa 记录一个夹具位移值和样品厚度 $d_{pi}$，直到相邻两次厚度测量值变化率不大于 5% 或压强超过 4MPa 时，则停止测试。炭纸的压缩率即为初始厚度 $d_0$ 与实时样品厚度 $d_{pi}$ 的差除以初始厚度 $d_0$。

按照式（3-26）计算炭纸样品的拉伸强度：

$$\gamma = \frac{d_0 - d_{pi}}{d_0} \times 100\% \qquad (3\text{-}26)$$

式中，$\gamma$ 为压缩率；$d_0$ 为压强接近零时的厚度（mm）；$d_{pi}$ 为某压强下的厚度（mm）。

在实际测试过程中，压缩特性的测试能否符合理想压强增长率依赖于试验机的实际情况。从应用角度而言，炭纸在装配过程中的压缩幅度在 10%~20% 左右。

### 3.3.7 粗糙度

粗糙度主要考察炭纸表面的光滑程度。表面粗糙度过大会增大炭纸与极板间的接触电阻，甚至会刺穿质子交换膜，造成燃料电池不可逆损伤。因此粗糙度也是考察炭纸工艺水平的一个核心指标。

从测试精度而言，达到 ±0.1μm 即能满足炭纸的测试要求；且由于炭纸样品规整化程度高，形状简单（复杂程度远低于不规则结构凹槽的工业件），主流测试设备均能应用。通常采用平均轮廓算术平均偏差 $\bar{R}_a$ 和平均轮廓的最大高度 $\bar{R}_z$ 来衡量炭纸产品的粗糙度性能。同时考虑合适的取样长度，样品的尺寸不应小于 25cm²（5cm×5cm），避免样品尺寸过小造成测量误差过大。在测试过程中可采用胶带将样品固定在样品台上，以免探针带动样品移动，这时胶带方向平行于探针行进方向，且样品应平整放置，不应有起鼓、拉伸等情况。此外，粗糙度测试设备的探针不应划破样品，造成样品损伤，引入额外的误差因素。

图 3-35 所示为三个典型样品的粗糙度测试结果。GDL 的粗糙度由于两面（底面为微孔层）的特性不同，带有微孔层的底面的粗糙度往往较小。这是因为微孔层更为致密，从直观上而言更为平整光滑。

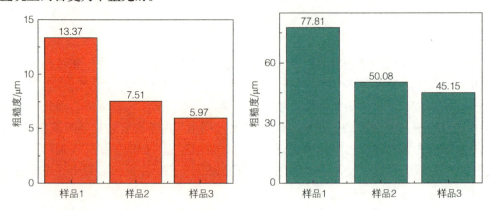

图 3-35　平均轮廓算术平均偏差 $\bar{R}_a$ 和平均轮廓的最大高度 $\bar{R}_z$ 测试结果

## 3.3.8 透气率

炭纸的透气率主要考察炭纸在气体传输层面的性能。前述已经提到，反应气体（氢气或空气）透过炭纸传输到催化层进行电化学反应，因此透气率直接决定了反应气体供给的能力。炭纸的透气率与内部孔隙结构的紧密相关，包括孔隙的分布及孔径的尺寸。一般而言，炭纸的透气率需满足一定的阈值以实现足量的气体供给；在阈值之上，设计重点便不必着眼于透气率，要更为平衡考虑其他性能如电导率、孔径分布等。当前，在过量系数较大时，阈值有可能较小。但考虑燃料电池堆在装车运行时，提高燃料的利用率以及减小空压机的寄生功率等对炭纸的透气率提出了更高的要求。事实上，在高功率密度运行时，对气体供给速率的需求极高，且由于产物水的堵塞，更可能会引起燃料电池堆的缺气"饥饿"。因此透气率性能是炭纸评价的核心指标之一。

当前，炭纸的透气率根据 GB/T 20042.7—2014《质子交换膜燃料电池 第 7 部分：炭纸特性测试方法》里面的压差法测量，即采用定压差测流量的方式进行炭纸透气率测试。压差一般设置为 50Pa，测试常常统计 300s 内稳定的结果进行衡量。在测试过程中，压力的波动大小不能超过 ±2Pa。然而当前对于气体扩散层而言，除了炭纸的基底层以外，还会在底部涂布更为致密的微孔层，这会极大影响到整体透气率大小。以日本东丽公司出产的炭纸 TGP-H-060 为例，由于其不含有微孔层，气体透过性能极佳，甚至建立起稳定的 50Pa 的压差都极为困难。而涂布有微孔层的相关产品则可以轻松建立 50Pa 压差，在同等压差下透气率差距可达百倍甚至数千倍以上。不仅如此，涂布有微孔层的产品之间，在同等压差下透气率差异性也可达数百倍。因此，结合炭纸产品的实际应用场景，探究完全适应燃料电池堆全部工作条件的炭纸透气率指标值是炭纸设计的目标之一。

炭纸透气率的评价指标与前述提到的粗糙度、拉伸强度等不同，且差异性较大，因而成为测评的难点。图 3-36 给出了两种涂布有微孔层的炭纸产品的透气率大小，从中可以发现，两者的透气率也相差一倍左右。但若样品 1 炭纸产品的透气率已经可以完全满足应用的需要，则评价炭纸性能则可从其余指标出发进行综合考虑。

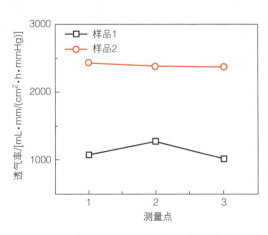

图 3-36 两种炭纸样品的透气率测试结果和透气率测试

### 3.3.9 平面方向电阻率

电阻率是影响炭纸性能的核心指标之一。降低电阻率可以有效减少燃料电池的欧姆损失，提高导电能力。欧姆损失的直观表现是通过产热的途径损耗，这意味着电阻率也会影响燃料电池的热管理性能。平面方向电阻率受产品制备工艺的影响，如碳纤维的分散、碳化、石墨化的效果等。

平面方向电阻率常通过四探针低阻测量仪进行测试。用测量仪分别在样品靠近边缘和中心的至少 5 个部位测量，样品边缘取样位置应满足与探针之间的最近距离大于 4 倍探针间距。测试时将测试仪的测量头轻轻放下，使探针接触到样品表面，记录不同部位的电阻率。值得注意的是四探针的探针形状需根据样品的类型进行选择，部分尖锐的探头会刺破样品造成测量误差。同时为了保证测量结果的准确性，样品的尺寸也不应过小，推荐采用 $100cm^2$（$10cm \times 10cm$）。

图 3-37 给出了几种不同样品的平面方向电阻率测试结果，不同产品之间的差异性较大。这主要与炭纸之间的纤维直径、纤维数量、碳化和石墨化过程以及 PTFE 的分布等有关。但整体而言，平面方向电导率对于炭纸的电学性能衰减的影响较低。欧姆损失的主要来源于垂直方向电阻率及接触电阻。此外，在平面方向电阻率进行比较时需要基于相同的量纲。业内在进行评价时常采用的单位有 $m\Omega$、$m\Omega \cdot cm$、$m\Omega \cdot cm^2$ 等，因此需要基于同样的数据处理方法进行对比分析。

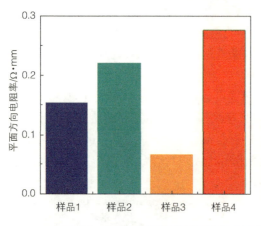

图 3-37　几种不同样品的平面方向电阻率测试结果和平面方向电导率测试

### 3.3.10 垂直方向电阻率

相比于平面方向电阻率，由于电子传输的方向，垂直方向电阻率对燃料电池性能影响更大。在测试过程中，常选用不同压力下的垂直方向电阻率值，也有助于装配预紧力等的确定，如常见的有 0.6MPa 及 1MPa 下的垂直方向电阻率值。

测试时，样品尺寸与设备压盘尺寸以及形状保持一致。然后将样品放入两个镀金铜电极制成的测试压盘中；从压盘外侧施加压强，除了在固定压力下恒压测量结果外，还可采用压强每增加 0.05MPa，用低电阻测试仪测量两个电极之间的电阻值，记录不同压强下的电阻值 $R_m$，直到相邻两次电阻测试值变化率不大于 5% 或压强超过 4MPa 时，停止测试。图 3-38 给出了几种不同样品的垂直方向电阻率测试结果。整体来看,随着压强增加,电阻率呈现出不断下降的趋势,这说明一定程度的压缩有助于降低垂直方向电阻率。但压缩程度过高有可能造成内部结构断裂或破坏传输通道,因此压缩率一般控制在 10%~30% 之间。

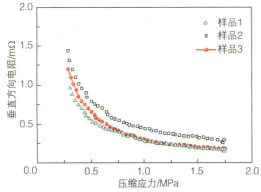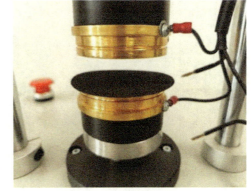

图 3-38 几种不同样品的垂直方向电阻率测试结果和垂直方向电导率测试

## 3.3.11 热导率

水热管理性能是现阶段质子交换膜燃料电池控制的重点和难点之一。为了保证燃料电池正常工作在 60~90℃,热导率起到了至关重要的作用。当前热导率的测试所采用的方法有稳态法和瞬态法等。稳态法采用上下冷/热极形成热流温度梯度进行计算,而瞬态法如激光闪光法使用短能量脉冲照射样品的正面,并使用红外探测器记录样品背面的温度变化情况。两种测试方法各有利弊。从测试标准而言,GB/T 20042.7—2014 所规定的即为稳态测量方法,如图 3-39 所示。

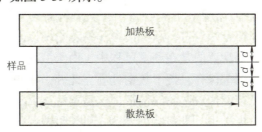

图 3-39 法向热导率测试示意图

一般而言,面内导热系数要比法向导热系数大一个量级,因此法向导热系数显得尤为重要。测试过程中按照导热系数测试仪的加热盘和冷却盘的形状、尺寸裁剪炭纸样品,并用绝热材料封闭样品边缘,从而将边缘热损失降低到可接受水平。首先用测厚仪测量样品的厚度,若单个样品过薄,可将 $n$ 个样品重叠后,放置在导热系数测试仪中,使样品表面与仪器的加热板和散热板紧密接触。为了增强导热性能,需在样品表面均匀地涂上薄薄的导热硅脂。然后操作仪器施加一定的压力,并在样品厚度方向形成温度梯度分布(冷/热极分别通过恒温冷槽和电加热器来实现);等稳定后通过热流及温度梯度进行计算。如图 3-40 所示,几种炭纸样品的法向热导率大致在 0.4W/m·K 左右,而面内的导热系数则常在3.5~20W/m·K范围内。提高法向导热系数，降低接触热阻也是提升燃料电池水热管理性能的有效途径之一。

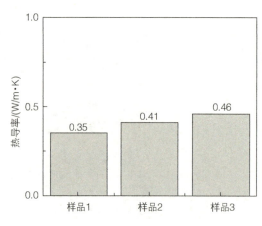

图3-40 三种炭纸样品的法向热导率测试结果和热导率测试

### 3.3.12 亲疏水性

燃料电池反应产物水需要高效排出，以免堵塞气体传输通道造成燃料电池"水淹"，炭纸的亲疏水性处理即为提升排水能力。常见的是采用一定量的聚四氟乙烯（PTFE）来达到炭纸的亲疏水性处理，通常使得接触角为120°~150°。在涂布微孔层设计的气体扩散层产品中，亲疏水性也具备差异性。一般而言，涂布微孔层的表面接触角更大，疏水能力更强，但也与产品的设计紧密相关，部分产品两面的接触角差异性较小。

在测试中，常采用座滴法进行，即将水装入注射器，安装到注射单元上，设置水的体积为2μL或4μL等，注射速度常在0.5μL/s。在炭纸表面静置几秒让液滴在炭纸上铺展，待液滴形态稳定后，保存图像进行静态接触角的测量，以固液相交面为基线，读取液滴左右接触角数值。需要注意的是在测量过程中，由于液滴的体积较小，短时间内易蒸发完全，需要及时进行图像保存，便于数据处理。此外，在测试过程中常会出现难以从注射器针头脱落至炭纸表面形成座滴的情形，这需要测试人员进行反复调整测量台的高度或者调整注射器的针头尺寸。图3-41所示为三种炭纸样品的接触角测量结果和座滴法在炭纸表面形成的液滴的形貌。样品的整体表现为疏水特性，且由于部分样品涂布了MPL（样品2和样品3），样品的接触角大小也不同。此外，从科研角度出发，虽然存在采用激光打孔处理的手段使得炭纸产品的部分区域具备亲水特性，但主流的质子交换膜燃料电池用炭纸产品都倾向于疏水性的。

燃料电池优化的核心之一是水热管理，扩散层疏水处理对燃料电池工作过程中能够顺利排出生成的水，同时又不阻碍反应气体扩散起着很重要的作用，GDL的疏水性要弱于MPL层，形成水力梯度以防止水淹。随着使用时间增长，气体扩散层表面亲水性越来越强，燃料电池工作中反映出的浓差极化明显升高，这与PTFE涂料脱落，亲水杂质累积，孔隙率分布改变都有一定的联系。

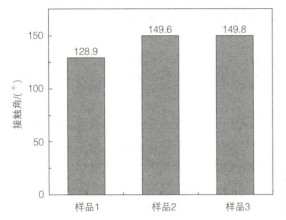

图 3-41 三种炭纸样品的接触角测量结果和液滴的形貌

## 3.4 双极板测试评价

双极板是燃料电池关键核心部件之一，具有支撑膜电极、提供氢气、氧气和冷却液流动通道并分隔氢气和氧气、收集电子、传导热量等作用。这就要求双极板具有优异的导电性和对气体、液体具有良好的阻隔性及分配能力。美国能源部（DOE）制定了交通运输领域燃料电池双极板 2020 年的技术目标值，包括性能、可靠性、工艺性和成本等。该指标在研发和示范应用中被不断地更新，可作为极板及材料开发的评判标准。双极板寿命是车用燃料电池堆耐久性的保障。高制造精度和低表面粗糙度可以严格保证极板良好的导电接触、低流体阻力，从而满足极板的性能要求。

因此，双极板测试的相关指标来源于上述提到的产品应用需求以及行业积累的经验。当前，行业的测试方法并未完全达成统一，在部分项目上企业还会采用不同的测试方法。许多关键性能指标的测试方法也有待完善，如 GB/T 20042.6—2011 腐蚀电流密度测试方法对金属双极板适用性有所降低。因此，考虑双极板的技术路线以及技术发展水平的差异性，测试方法也亟需与时俱进，尤其是针对金属双极板和复合材料双极板的测评方法，以满足行业测试研发需求。同时，测试指标的确定也需要综合考虑行业的技术发展水平对测试方法提出的新的要求。

### 3.4.1 双极板概述

作为燃料电池的重要组件，双极板的重量可占到燃料电池堆的 60%~80%，成本高达 20%~40%。降低双极板的重量和成本成为双极板发展的重要方向。

根据材料不同，双极板可以分为石墨双极板、金属双极板以及复合材料双极板。石墨双极板是燃料电池应用历史最久，也是最常用的双极板材料。石墨双极板性能稳定，在导电、导热方面具备均衡的性能优势，但是其加工性差，质量和体积大，同时由于石墨材质脆性高，难以做到超薄。现阶段一个重要的发展方向是金属双极板和复合双极板的设计开发。金属双极板的基材多为不锈钢材质，力学性能较好，耐振动冲击，加工制造容易，但其耐蚀性差，因此需要在表面进行涂层改性保护。复合双极板同时克服石墨双极板力学性能差、加工难和金属双极板耐蚀性差等难题。碳基复合材料双极板通过树脂及导电填料的配比来调整双极板的导电性能和机械强度，同时也可利用模压或注射成型工艺进行批量化生产，降低制造成本。因此其开发重点是选取合适的填料和树脂，改善碳材料与树脂的均匀混合性，优化制备工艺，获得高导电性和机械强度优良的复合材料双极板。

双极板除了材料层级的要求外，在结构设计上要重点考虑传质性能及与气体扩散层的界面热电传输性能。传质方面包括了通过改善沟脊结构，或开发无脊的多孔结构的流场设计来促进反应物的扩散及产物的排出。常规的沟脊结构流场如直流道形、蛇形、叉指形已经得到了广泛的应用。现阶段，丰田 Mirai 二代燃料电池采用了波浪形和变径流场的组合代替了原来的 3D 流场，而国内现阶段典型燃料电池堆双极板也为波浪形流场。点阵形、螺旋形、圆盘形及多种树叶形状的仿生设计等流场设计，大多未能在实践中得到应用。此外，考虑到接触电阻/热阻，双极板的脊结构也不应过窄，因此从沟脊结构设计层面还存在强化传质与减小界面阻力平衡性的难题。

因此，评价影响双极板核心指标可以从其厚度及厚度均匀性、面积利用率、力学性能、电学性能、热导率、气体致密性出发，构建图 3-42 所示的测试评价体系。

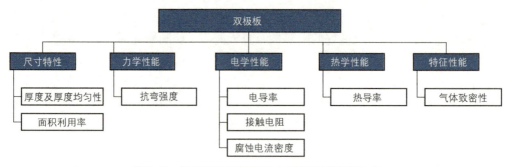

图 3-42　燃料电池双极板综合性能测试评价体系

### 3.4.2　试验设备和试验要求

双极板电导率、热导率、腐蚀电流密度测试采用无流场的平整基材，其他工艺与商品双极板一致；其他测试项目样品采用商品双极板，如无特殊说明，不另做裁切。所需的试验设备包括测厚仪、游标卡尺、求积仪、四探针低阻测量仪、万能试验机、导热系数测试仪、电化学工作站、气密性测试台等，设备所需的测试精度和分辨率要以能准确解析被测量对象特征决定。

每项测试的样品数量建议不少于 5 个，样品应无破损、无划痕、无油污等。基材尺寸应不小于对应的商品双极板尺寸。如无特殊说明，每项测试以 3 个有效试验为一组，计算出平均值作为试验结果。

### 3.4.3　厚度及厚度均匀性

双极板在保证力学性能、气密性等前提下，轻薄化可以使得燃料电池堆更加紧凑，同时电和热的损失也可以大幅减少。以金属双极板为例，基材厚度大约为 0.2mm，而冲压制造后的成品已经小于 1mm。而石墨材质双极板近年来也实现了明显进步，部分产品厚度已经实现不超过 1.3mm。而厚度均匀性则反映了双极板加工制造过程中的工艺水平，极端条件下参差不齐的厚度会导致接触电阻、热阻的大幅提高，同时对于内部流道的气液传输也极为不利。

从测试角度而言，为了保证测试分布点的均匀性以及测试面积的代表性，双极板样品流场区有效面积不宜小于 $100cm^2$（$10cm \times 10cm$）。测试时，首先选择测量区域，将样品放入测量头与测量盘之间时，注意测量头覆盖区域距离测试区域边缘应大于 5mm，测试区域为双极板流场区。取双极板长度方向中线和宽度方向中线的交点作为测量区域中心，以此为中心标记出 $9cm \times 9cm$ 的正方形测试区，并均分为 9 个 $3cm \times 3cm$ 的正方形测量区域；以此保证测量点分布的均匀性。在实际测试时，若不进行标线划分，也可进行更多测量点的测试，以保证测试结果的可代表性。在每测试一个点后手动或利用定制的样品移动装置沿纵向或横向进行均匀的移动，尽量保证测量点分布的均匀性。设备测量头与样品的接触面积为 $200mm^2$，施加在样品表面的测试压强为 $5N/cm^2$。校准测厚仪零点，使测量头依次在 9 个测量区域内缓慢落下，进行测试。

在测试过程中，测量头接触样品时不应对样品表面造成破坏，此外测量头不应接触标线。测量时双极板的流场部分，主要测试双极板脊背部分的厚度，沟槽部分的厚度不考虑在内。对于极板中心点距长边距离超过测厚仪测量头与支撑柱间距离的样品，可对称去除部分非流场区域，使测量中心为重心，裁切时应避免流场区发生形变。

对于石墨双极板而言，采用线切割机进行裁切样品基本可以有效保证流场区等不发生形变。然而对于金属双极板而言，在实际测试过程中基本难以实现。由于金属板很薄，且延展性强、柔韧性好，结构上也为中空冷却水道的设计。考虑当前燃料电池堆用双极板有效面积已经大于 $200cm^2$，在裁切时难免发生形变，影响测试结果的准确性，所以在测试时推荐直接在核心区划分测试面积测量，不做裁剪。

在数据处理时，样品的平均厚度由测量点的平均值确定，平均厚度计算结果应保留小数点后 3 位。样品的厚度均匀性用厚度极差 $R_m$、厚度变异系数 $C_d$ 表示。

样品的厚度极差 $R_m$ 按照式（3-27）计算：

$$R_m = d_{max} - d_{min} \quad (3\text{-}27)$$

式中，$R_m$ 为双极板的厚度极差（mm）；$d_{max}$ 为每个样品测量值 $d_i$ 的最大值（mm）；$d_{min}$ 为每个样品测量值 $d_i$ 的最小值（mm）。

每个双极板样品的厚度变异系数 $C_d$ 按照式（3-28）计算：

$$C_d = \frac{\sqrt{\frac{1}{n-1}\sum_{i=1}^{n}(d_i - \bar{d})^2}}{\bar{d}} \times 100\% \quad (3\text{-}28)$$

式中，$C_d$ 为样品的厚度变异系数；$\bar{d}$ 为样品的平均厚度（mm）；$d_i$ 为样品厚度测试点的测量值（mm）；$n$ 为测量数据点数。

图 3-43 给出了两种典型石墨和金属商品双极板厚度的测量结果，样品中金属双极板厚度要略薄于石墨双极板，但厚度均匀性方面都具备较为优异的性能表现。

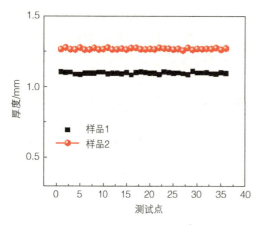
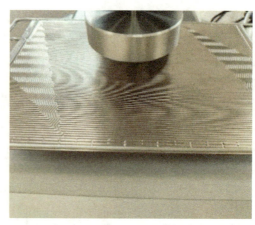

图 3-43　两种典型商品双极板样品的厚度测试结果和厚度测试

### 3.4.4　面积利用率

双极板在设计制造时要考虑反应气体的输送、装配密封等，因此双极板并不是所有部分都参与电化学反应。因而面积利用率所评价的即为双极板流场区核心的有效面积与整体面积的比。理论上，有效面积占比越高，双极板面积利用率也越大，同时对燃料电池堆功率密度的提高具有重要意义。因此面积利用率也是双极板性能参数中的关键指标之一。

面积利用率测试可按以下方法进行：将双极板样品水平放置在台面上，采用拓印法描绘双极板外轮廓以及内部结构；用求积仪测量双极板外轮廓面积和双极板可利用面积（双极板流场区和分配区总面积）。对于阴阳极流道不同的双极板，可利用面积取双极板阴阳极流场区和分配区总面积的较小值。由于当前双极板分配区的设计并不均匀，采用求积仪的方法可以有效解决分配区面积的测试方法。但有些测试中并考虑分配区面积情况，在这种情况下可直接采用游标卡尺进行相关测量。图 3-44 给出了两种典型双极板不包括分配区时的面积利用率大小。

以其中一种为例，其外廓尺寸为 42.5cm×15cm，而流场核心区的尺寸为 26cm×10.5cm，面积利用率约为 43%。通过技术水平的不断提升，燃料电池双极板面积利用率也将会得到进一步提升。

### 3.4.5　电导率

电导率是双极板性能中最为核心的指标之一。双极板导电性能直接影响到输出性能，降低电导率可以有效减少燃料电池的欧姆损失。

电导率测试可以按照以下方法进行：样品一般为无流场区的平整基材，其他工艺与商品双极板一致；用游标卡尺测量样品的长度和宽度；用测厚仪按照厚度测试方法测量样品的厚度。将厚度和尺寸信息输入四探针低阻测试仪，用四探针

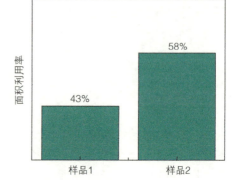

图 3-44　两种典型双极板不包括分配区时面积利用率大小

低阻测量仪分别在样品靠近边缘和中心的至少 5 个部位测量，记录不同部位的体电阻率。

无论石墨还是金属，在材质均匀性方面表现都较好，因此在测试过程中，5 个不同部位的测量结果应较为接近。图 3-45 给出了一款石墨材质体电导率的测试结果，数据分布围绕在平均值上下波动较小，取 5 个测量点数值的平均值作为最终结果。

石墨是热和电的良导体，具有较高的电导率、化学稳定性、热稳定性等优点。与石墨双极板相比，金属双极板具有与之类似的高导电、导热能力，但整体上要弱于石墨双极板。

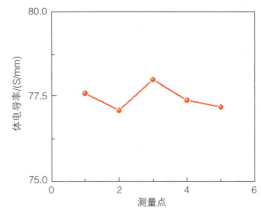

图 3-45　石墨材质双极板体电导率测试结果

### 3.4.6　接触电阻

对材质而言，无论是石墨、复合还是金属双极板，其本身的电导率都较为优异，而在装配过程中由于流道的存在，双极板并不是严格和炭纸紧密接触的，沟脊结构造成的接触电阻是燃料电池堆电阻的主要来源之一，其远大于双极板本身的电阻。在实际测试过程中，既可以选择平板基材也可利用流场区制成的测试样品进行接触电阻测试。

接触电阻的测试原理为：将样品装在上下铜电极制成的测试装置上，用低阻测量仪测量电阻值，测量电极为镀金铜电极。测量时将样品两侧放置炭纸作为支撑物。测试过程中，压力每增加 0.1MPa 记录一次电阻值，直到当前电阻测试值与前一电阻测试值的变化率≤ 5%，则认为达到电阻的最小值，停止测试。不同压力下的电阻值记录为 $R_1$；按照相同方法，将一张炭纸放置在两铜电极间并施加一定压力，记录不同压力下的电阻值 $R_2$。按照式（3-29）计算双极板与炭纸的接触电阻。

$$R = (R_1 - R_2 - R_{BP} - R_{CP}) / 2S \quad (3\text{-}29)$$

式中，$R$ 为单位面积双极板与炭纸间的接触电阻（$m\Omega/cm^2$）；$R_1$ 为双极板材料本体电阻、炭纸本体电阻、两个双极板与炭纸间接触电阻、两个铜电极本体电阻及两个炭纸与铜电极间的接触电阻的总和（$m\Omega$）；$R_2$ 为两个铜电极本体电阻、炭纸本体电阻及两个炭纸与铜电极间的接触电阻总和（$m\Omega$）；$R_{BP}$ 为双极板本体电阻（$m\Omega$）；$R_{CP}$ 为炭纸本体电阻（$m\Omega$）；$S$ 为炭纸和双极板接触区域面积（$cm^2$）。

双极板本体电阻 $R_{BP}$ 和炭纸本体电阻 $R_{CP}$ 相对于 $R_1$ 数值比较小，可以忽略不计。当使用镀金铜电极时，两个铜电极本体电阻及两个炭纸与铜电极间的接触电阻较小，可以忽略不计，因此式（3-28）可简化为 $R = (R_1 - R_2) / 2S$。

在实际测试过程中，一般无需人工进行二次计算，可以直接读数。此外，从企业实际测试而言，并不需要严格按照 0.1MPa 的递增顺序记录数据。企业较为关心在典型压力下接触电阻的数据大小，这对于装配压力的确定具备指导意义。图 3-46 给出了两种样品依据不同测试需求得到的接触电阻大小。接触电阻随着压力的增大而逐步减小。因此合适的装配力除了保证密封性外也有利于改善接触电阻。在实际测试过程中，平板基材与带有流道结构的双极板样品的测试结果又大有不同。由于平板基材在炭纸作为衬层时，接触效果较好，因此接触电阻测试结果远小于带有流道结构的双极板样品。但实际使用过程中，平板基材作为商品双极板（沟脊结构）原材料，不能代表实际的性能。因此这也是现有测量方法中需要进行优化改进的地方。此外，接触电阻的评价方法行业内也不统一，即单位量纲的表达方式。行业也亟需采用统一的评价方法对接触电阻进行表征，如采用统一压缩应力、采用统一量纲表达等，这对行业的健康有序发展具有重要的促进作用。

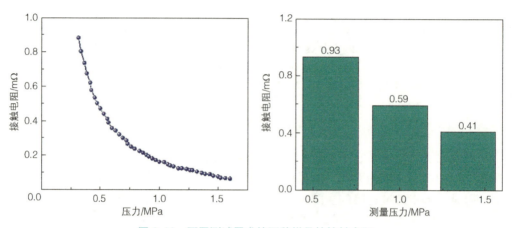

图 3-46　不同测试需求的两种样品的接触电阻

### 3.4.7　抗弯强度

抗弯强度是燃料电池双极板力学性能的典型指标。双极板需要具备较好的力学性能以支撑电极的结构及装配过程。在测试过程中，样品制备应满足以下要求：样品应为石墨材质双极板；分别按照沿流场方向和垂直于流场方向间隔取样，尺寸为长（120mm±0.5mm）× 宽（20mm±0.2mm），样品长度应不小于支座跨距（推荐支座跨距为60mm）。

抗弯强度测试按以下方法进行：用游标卡尺测量样品的宽度，用测厚仪测量样品的厚度；调整支座跨距，将制备好的样品放在支座上，且使试验机压头、支座轴向垂直于试样，采用三点弯曲法对双极板材料抗弯强度进行测试；压头以 1～10mm/min 的加载速度均匀且无冲击地施加负荷，直至试样断裂，读取断裂负荷值。然后按照式（3-30）计算石墨双极板样品的抗弯强度。

$$\sigma = \frac{3PL}{2bd^2} \quad (3\text{-}30)$$

式中，$\sigma$ 为石墨双极板抗弯强度（MPa）；$P$ 为断裂负荷值（N）；$L$ 为支座跨距（mm）；$b$ 为样品宽度（mm）；$d$ 为样品厚度（mm）。

抗弯强度测试过程中最为烦琐的环节即为制样过程，需采用线切割机进行切割，为了保证切割精度，速度不易过快。值得注意的是，若设备制样环境是涉氢实验室，则禁止采用电火花式切割机进行制样，以满足安全性要求。图 3-47 给出了一种典型石墨样品的抗弯强度。

### 3.4.8 热导率

一般而言，热导率直接影响到燃料电池水热管理性能，双极板热导率直接影响到冷却液的冷却能力。较差的导热能力需要依赖更多的冷却液流量保证燃料电池的温度稳定，同时影响整体的响应速度。从测试方法而言，双极板热导率测试方法和炭纸的导热系数测试原理相同，不再赘述。图 3-48 给出了典型样品的热导率测试结果。由于材质的不同，金属和石墨双极板的热导率具有明显的差异性。为了保证燃料电池在工作温度范围内正常运行，使电池温度不超过极限值且足够均匀，大功率燃料电池堆会布置冷却流道，采用液冷方式散热。此外，工程实践中金属和石墨等材质双极板都可满足散热要求。

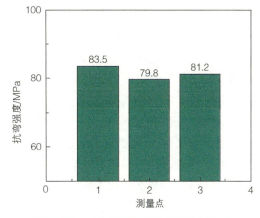

图 3-47 一种典型石墨样品的抗弯强度

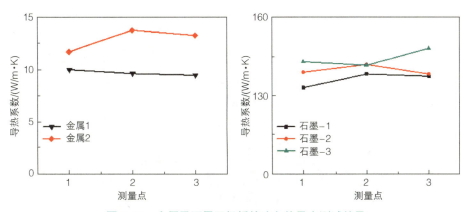

图 3-48 金属及石墨双极板的法向热导率测试结果

### 3.4.9 腐蚀电流密度

腐蚀电流密度是双极板电学性能指标中关键指标之一，其直接决定了双极板的耐久性和使用寿命。在当前，由于金属双极板的应用不断增加，对腐蚀电流密度的测试需求激增，用来衡量其表面涂层耐蚀性的优劣。

腐蚀电流密度测试采用电化学测试池进行。测试采用五口烧瓶，主要用于盛放电解质溶液，电解池材料为玻璃或塑料等耐蚀性材料。五口烧瓶的瓶口分别用于放置和参比电极相连的盐桥、对电极、通气管、测试样品制备的工作电极等。截取有效面积为 $1cm^2$ 的基材作为样品；用乙醇等溶剂清洗样品表面，并在氮气气氛下 80℃干燥 10min；将电极与样品表面连接，除有效测试面积为 $1cm^2$ 的测试表面外，其余表面予以绝缘密封。

腐蚀电流密度测试按以下方法进行：以样品为工作电极，以饱和甘汞电极（SCE）为参比电极，以铂片或铂丝为辅助电极进行测试；向温度为 80℃、含 $5×10^{-6}mol/L\ F^-$ 的

0.5mol/L $H_2SO_4$ 电解质溶液中，以 20mL/min 的流速通入氧气或氢气；持续通气，对样品进行线性电位扫描，扫描速率为 1mV/s，电位扫描范围为 −0.5 ~ 0.9V（vs.SCE），记录对应电流 $I$；试验结束后，记录样品表面是否有明显腐蚀变化。对测得的极化曲线进行塔菲尔（Tafel）拟合，横轴为电流绝对值的对数 $\lg|I|$，纵轴为腐蚀金属电极的极化值 $\Delta E$，腐蚀电流 $I_{corr}$ 除以有效测试面积即为腐蚀电流密度。

从实际测试角度而言，不少研究选择 Ag/AgCl 作为参比电极；同时，依据研发需求、溶液的性质、电位扫描范围、测试温度等，测试方法也有所不同。不仅如此，研究还常进行恒电位的扫描来评判腐蚀电流密度的情况，并采用最后一个时间段（如恒电位扫描 1h，采用最后 5min）测量结果的平均值作为评判依据。然而，所依据的设备以及测评体系具备共同之处，各自测试方法的实际操作区别较小。

图 3-49 给出了按照动电位进行腐蚀电流密度的测量结果和测试设备照片。从中可以发现，双极板腐蚀电流密度几次测试相比于其他类型的测试较易出现差别较大的结果。这与多种因素有关，如铂片电极与工作电极的摆放位置、不同样品自身状态差异（表面划痕，夹具未夹紧等）、通入气体的状态、样品在测试过程中表面气泡的产生与溃灭等都会影响测试结果。因此建议尽可能获得多组有效数据并取其平均值来作为腐蚀电流密度的测试结果。

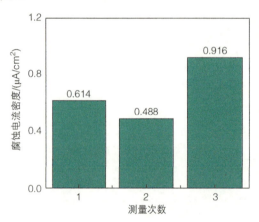

图 3-49　带涂层的金属双极板腐蚀电流密度的测量结果和测试装置

### 3.4.10　气体致密性

气体致密性涉及燃料电池工作过程中的安全问题，由于燃料电池在工作状态中常需要一定的进气压力（如 150kPa），且在正常工作过程中还面临着压力波动，以及阴极、阳极、冷却流道彼此之间的压差等情况，因此气体致密性用于衡量双极板产品在可能的压力工况下会产生的气体渗漏状况。

由于不同厂家的双极板设计和制造具有差异，因此气体致密性的测试需要制造商同时提供商品双极板及与其配套的不锈钢夹具和密封线，并安装为半假燃料电池，如图 3-50 所示。气体致密性测试按以下方法进行：

1）将样品装入具有气体进出口的不锈钢夹具之间，使两侧分别形成阴极和阳极测试腔，采用均匀压力紧固，形成半假燃料电池。

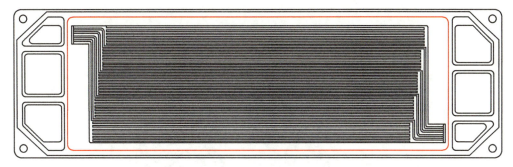

图 3-50 半假燃料电池有效测试面积示意图

2)将半假燃料电池的阴阳极测试腔和冷却液测试腔进出口分别连接测试台各气路对应进出气口,分别通入 0.2MPa 的氦气,使用检漏液检查管路、各连接件和假燃料电池密封处,应无气体泄漏。

3)阳极测试腔致密性:关闭燃料电池阴极入口、冷却液测试腔入口以及阳极出口,向阳极入口通入压力为 0.2MPa 的氦气。采用流量计测量阴极出口和冷却液测试腔出口气体流量,待示数稳定 3min 后,记录后续 1min 的流量变化,分别取平均值。阴极和冷却液测试腔流量计测量值的平均值加和为阳极测试腔的总渗透量。

4)阴极测试腔致密性:关闭燃料电池阳极入口、冷却液测试腔入口以及阴极出口,向阴极入口通入压力为 0.2MPa 的氦气。采用流量计测量阳极出口和冷却液测试腔出口气体流量,待示数稳定 3min 后,记录后续 1min 的流量变化,分别取平均值。阳极和冷却液测试腔流量计测量值的平均值加和为阴极测试腔的总渗透量。

5)冷却液测试腔致密性:关闭燃料电池阴阳极测试腔入口以及冷却液测试腔出口,从入口向冷却液测试腔通入压力为 0.2MPa 的氦气。采用流量计测量阴阳极测试腔出口气体流量,待示数稳定 3min 后,记录后续 1min 的流量变化,分别取平均值。阴阳极测试腔流量计测量值的平均值相加值为冷却液腔的总渗透量。

6)将测试样品同型号的双极板拓印在纸上,使用求积仪量取双极板密封线内区域的面积作为半假燃料电池的有效测试面积,如图 3-50 所示。

测试完成后,参考 GB/T 29838—2013《燃料电池 模块》,按照式(3-31)分别计算单位时间、单位面积双极板阴极测试腔、阳极测试腔和冷却液测试腔向其余两测试腔的气体透过率。

$$C = 1.5 \times 2.23 q/S \tag{3-31}$$

式中,$C$ 为单位时间单位面积的气体透过率($\mu L/cm^2 \cdot min$);$q$ 为单位时间其余两腔流量计测量值的平均值加和($\mu L/min$);$S$ 为半假燃料电池的有效测试面积($cm^2$)。

图 3-51 给出了 200kPa 下气体致密性的测试结果。气体致密性对于燃料电池工作过程的稳定性具有至关重要的作用。双极板在工作过程中,常见的泄漏有氢气路、空气路和冷却液路通过极板的互相渗透,以及质子交换膜损伤时氢气路和空气路的窜气。但在双极板层面衡量的是阴极、阳极及冷却液路的致密性,即冷却液路、阴极、阳极任意两路封闭时,另一路在一定压力下的保压效果。

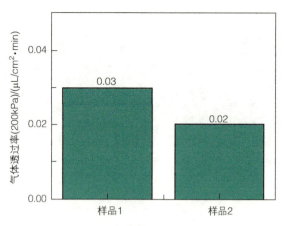

图 3-51 双极板气体致密性的测试结果

## 3.5 本章小结

本章从影响燃料电池材料及组件的关键性能指标出发，重点介绍了质子交换膜、催化剂、炭纸、双极板的相关测试评价技术；分析了涵盖基本性能、工作特性、耐久性等关键性能指标，以数据为支撑阐述了综合指标评价体系内容及测试方法。

### 参考文献

[1] 全国氢能标准化技术委员会. 质子交换膜燃料电池汽车用燃料 氢气：GB/T 37244—2018 [S]. 北京：中国标准出版社，2018.

[2] 全国塑料标准化技术委员会. 塑料拉伸性能的测定 第3部分：薄膜和薄片的试验条件：GB/T 1040.3—2006 [S]. 北京：中国标准出版社，2007.

[3] 全国燃料电池及液流电池标准化技术委员会. 燃料电池 模块：GB/T 29838—2013 [S]. 北京：中国标准出版社，2014.

[4] 全国燃料电池及液流电池标准化技术委员会. 质子交换膜燃料电池 第3部分：质子交换膜测试方法：GB/T 20042.3—2022[S]. 北京：中国标准出版社，2022.

[5] 全国燃料电池标准化技术委员会. 质子交换膜燃料电池 第4部分：电催化剂测试方法：GB/T 20042.4—2009 [S]. 北京：中国标准出版社，2009.

[6] 全国燃料电池标准化技术委员会. 质子交换膜燃料电池 第6部分：双极板特性测试方法：GB/T 20042.6—2011 [S]. 北京：中国标准出版社，2012.

[7] 全国燃料电池及液流电池标准化技术委员会. 质子交换膜燃料电池 第7部分：炭纸特性测试方法：GB/T 20042.7—2014 [S]. 北京：中国标准出版社，2015.

# Chapter 04

# 第 4 章
# 燃料电池膜电极及单电池测试评价

膜电极作为质子交换膜燃料电池的核心组件，是化学能转化为电能的场所。膜电极的性能、耐久性在很大程度上影响着燃料电池的整体工作特性和寿命。近年来，国内产品的膜电极功率密度提升较快，但耐久性成为制约膜电极商业化的关键因素之一。在实际使用中，膜电极可根据使用需要制备成不同的尺寸。随着膜电极尺寸的增长，膜电极的一致性受到水热管理的影响，存在一定的不均匀性。为了进一步发挥膜电极性能，了解膜电极在不同工况下的工作状态，分区单电池测试技术可作为试验、仿真的重要支撑。本章重点介绍燃料电池膜电极及单电池测试评价的关键指标体系，并围绕该指标体系介绍各指标测试方法，可用于膜电极的研发及产品评价。

## 4.1 概述

### 4.1.1 膜电极概述

在质子交换膜燃料电池中，氢气和空气分别在膜电极两侧的催化剂表面上发生反应，将化学能转化为电能，膜电极是决定燃料电池性能和耐久性的关键组件。膜电极的主要组成有质子交换膜、催化剂、气体扩散层等，各材料在膜电极反应中承担了不同的功能。膜电极的结构通常为七层叠加结构，从阴极到阳极分别为阴极气体扩散层、边框、阴极催化层、质子交换膜、阳极催化层、边框、阳极气体扩散层。质子交换膜起到隔绝阴极阳极气体和电子的作用，同时传递质子；催化层发生氧化还原反应；气体扩散层则承担了分散气体、排水、导热和导电的功能。

根据制备工艺不同，膜电极主要可以分为气体扩散电极（Gas Diffusion Electrode，GDE）膜电极、催化剂涂覆膜（Catalyst-Coated Membrane，CCM）膜电极和有序化膜电极三种类型。

1) GDE 膜电极是第一代膜电极制备方法，催化剂涂覆在气体扩散层表面，然后将其与质子交换膜热压形成膜电极。该方法简单成熟，有利于形成多孔结构，且避免了质子交换膜溶胀导致的问题。不足的是催化剂利用效率低，扩散层表面催化剂含量难以控制，且存在催化剂渗入扩散层内孔洞的问题；由于膜与催化层膨胀系数不同，还可能因膜与催化层分离导致过高的接触电阻，影响膜电极的性能和耐久性。

2) CCM 膜电极作为第二代膜电极制备方法，不同于 GDE 膜电极，催化剂与 Nafion 等溶剂混合为浆料，通过转印、沉积、喷涂、直涂等方法涂覆在质子交换膜两侧，然后将气体扩散层黏结或热压在催化层两侧得到膜电极。由该方法制备得到的膜电极性能较好，催化剂与质子交换膜连接紧密，减少了催化层与膜之间的接触电阻，且不易脱落。CCM 膜电极在耐久性和可靠性上有很大提升，是目前商品膜电极主流的制备方法。

3) 有序化膜电极是第三代膜电极制备方法，基于 GDE 膜电极和 CCM 膜电极无序结构对物质传输效率较低的特点，采用有序化结构进行优化，可提升催化剂利用率，减小膜电极活化极化损失，并提高气液传输能力，降低膜电极浓差极化损失。目前该制备方法尚处于商业化前期，大多数仍处于试验室小批量试制阶段。

### 4.1.2 单电池概述

对膜电极性能进行测试时，需要使用单电池夹具。典型的单电池夹具如图 4-1 所示，通常由端板、集流板、流场板、固定螺栓组成，采用加热棒或加热片对单电池进行加热，在流场板上设有可插入热电偶的小孔以满足对单电池温度的测量。

膜电极固定在两流场板（极板）间，流场板上刻有流道，如单蛇形、多蛇形、直流道等，不同流道的设计对膜电极内部气液传输有不同的影响，膜电极性能表现也有所区别。燃料电池的流场板材质种类较多，如石墨、金属、复合板等。在小尺寸的燃料电池单电池测试中，最常见的材质为石墨板，加工工艺成熟且具有一定的厚度，具有良好的导电性和耐腐蚀性。

单电池测试中需要使用电子负载对单电池进行电流的加载和降载，负载导线的直径受测试电流的影响，需要满足一定的规格。因流场板受限于石墨材质的限制，为了避免石墨受力断裂，使用集流板收集、传导电流，集流板应具有良好的刚性和极小的电阻，且在测试过程中不易变形。负载导线通过集流板顶部的小孔固定在集流板上，考虑到负载导线的线损，需要另设电压采集线连接在集流板上，以采集单电池的电压。

部分夹具在石墨流场板侧面设置进出气口，使用四氟连接件将气体管路固定在单电池夹具上，如图 4-1 所示。这类夹具加工简单，但随着多次反复紧固连接件，螺纹易损坏进而导致气体泄漏。因此部分厂商将单电池夹具的进出气口设计在金属端板上，通过金属连接件固定气体管路和夹具，夹具内部设计有极短的气体管路，用 O 形圈密封，可有效避免气体泄漏。

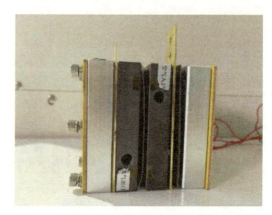

图 4-1 单电池夹具结构图

端板起到绝缘、固定的作用，集流板和端板间设置有绝缘层。端板可用的材质较多，金属端板有较好的散热能力和较高的刚度，是常用的端板材质。

紧固螺栓的螺纹处包裹了绝缘材料，起到密封、绝缘的效果。紧固螺栓时应采用对角紧固的方法，使膜电极不同位置受力均匀，避免气体从流场板间泄漏或有较大的接触电阻。

单电池温度控制可分为风冷和水冷。风冷夹具多采用加热片或加热棒进行加热，采用 PID 控制风扇进行降温；水冷夹具通常在端板或流场板上设计冷却液流道，通过调节冷却液循环流量和温度实现对单电池的温度控制。

## 4.2 试验设备和试验要求

### 4.2.1 设备要求

基于膜电极的性能、经济性和稳定性需求，膜电极的测试指标主要可分为尺寸、Pt 担载量、性能和耐久性四大类。关键性指标具体包含膜电极的厚度均匀性、Pt 担载量、极化性能、电化学活性面积、透氢电流密度、高频阻抗、抗反极能力、工况耐久性、催化剂 Pt 颗粒耐久性、碳载体耐久性、质子交换膜机械稳定性和质子交换膜化学稳定性等。测试膜电极厚度及其均匀性时可使用测厚仪；测试膜电极的 Pt 担载量需要使用电感耦合等离子体光谱仪及分析天平、游标卡尺、马弗炉、烘箱、加热板等；膜电极的电化学性能如极化曲线、透氢电流密度、电化学活性面积、抗反极能力及耐久性指标推荐采用单电池测试台进行测试，由测试台架提供反应气体、增湿、负载等。

### 4.2.2 气体及去离子水要求

试验用燃料应符合 GB/T 37244—2018《质子交换膜燃料电池汽车用燃料　氢气》规定的要求，增湿用去离子水导电率一般应小于 0.25μS/cm。

### 4.2.3 试验所需试剂要求

膜电极 Pt 担载量测试需将膜电极中的 Pt 溶解至酸液中，通过测试 Pt 的浓度计算膜电极的 Pt 担载量；另外，绘制标准曲线时还需使用 Pt 标准溶液。测试涉及的试剂、容器及耗材见表 4-1。

表 4-1　试验所需试剂、容器及耗材

| | |
|---|---|
| 试剂 | 硫酸 |
| | 盐酸 |
| | 硝酸 |
| | Pt 标准溶液 |
| | 双氧水 |
| | 试验室一级水 |

(续)

| 容器及耗材 | 具盖刚玉坩埚/具盖瓷坩埚 |
| --- | --- |
| | 容量瓶 |
| | 玻璃烧杯 |
| | 玻璃瓶 |

### 4.2.4 单电池夹具要求

对膜电极进行性能测试时,需将膜电极装配在夹具中。常见的单电池夹具如图4-1所示,膜电极两侧夹具为对称结构,从内到外分别为流场板、集流板、绝缘垫、端板,通过螺栓紧固。

流场的设计会影响单电池运行过程中的气体供应、排水等,流场可为单蛇形、多蛇形、直流场等,流场示意图如图4-2所示。流道宽度1.0mm、深度1.0mm、脊宽度1.0mm的流场设计在单电池夹具中使用较为广泛。但近年来随着膜电极技术水平的提升,单蛇形流场夹具已经不能满足高电流密度下良好的气液分布需求,多流场、直流场夹具的使用逐渐增多。

a) 直流场  b) 单蛇形流场  c) 交趾状流场

图 4-2 流场示意图

### 4.2.5 单电池组装要求

单电池装配时,需要按照膜电极厚度选择适宜规格和材质的密封垫圈,密封垫圈和密封边框的匹配一般以气体扩散层可压缩至初始厚度的70%~80%为宜。密封垫片的材质一般为硅胶、聚四氟乙烯等。

根据定位孔位置,按顺序将端板、集流板、流场板及MEA进行组装。按照对角方向,使用紧固螺栓、螺母及数显力矩扳手进行紧固,逐渐增加紧固力矩直至目标值。

### 4.2.6 单电池气密性检测

单电池组装后气路和两流场板间的气体泄漏会影响单电池压力、流量的控制及测试条件准确性,氢气的泄漏还可能引起安全风险。因此,单电池组装后,应检测其气密性。

按照后续测试需求设置背压和流量,向单电池内通入一定流量的氢气和空气,推荐使用氢气检漏仪检测。在单电池测试温度、流量和压力下,氢气泄漏始终不超过20ppm(即$20\times10^{-6}$)为宜。

常见的单电池气密性测试方法还有湿式浸水法、压差试漏法、保压法等。需要注意,夹具流场板间的气体泄漏应避免使用检漏液检漏,检漏液与膜电极接触可能导致膜电极损伤。

## 4.3 膜电极基本参数测试评价

### 4.3.1 厚度和厚度均匀性

膜电极的厚度一般为几百微米,准确测试膜电极的厚度有助于选择合适规格的密封垫片。膜电极厚度均匀性对组装为单电池的气密性和接触电阻有直接影响,从而影响膜电极的工作特性。膜电极外侧的两片气体扩散层一般较为粗糙,测试其厚度时宜采用纸张厚度测试方法,选取与样品接触面积为200mm²的测量头,在样品表面施加5N/cm²的压强。

膜电极厚度测试的样品有效活性面积区域不宜小于100cm²,最小测试面积不宜小于25cm²,推荐的尺寸为不小于10cm×10cm的正方形膜电极。测试时,先将样品在温度为23℃±2℃、相对湿度为50%±5%RH的条件下放置24h。选取测试区域时,测量头覆盖区域距离测试区域边缘宜大于5mm,取膜电极长度方向中线和宽度方向中线的交点作为测量区域中心,以此为中心标记出9cm×9cm的正方形测试区域,并均分为9个3cm×3cm的正方形测量区域,如图4-3所示。测试前,应校准测厚仪零点,使测量头依次在9个测量区域中心位置缓慢落下。

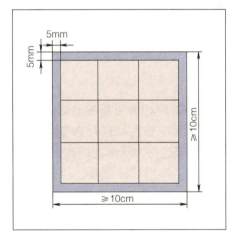

图 4-3 正方形膜电极样品取样区域划分示意图

膜电极厚度测试的结果以平均厚度、厚度极差和变异系数表示。

膜电极样品的平均厚度$\bar{d}$根据式(4-1)计算,测试结果一般保留小数点后1位。

$$\bar{d}=\sum_{i=1}^{n}\frac{d_i}{n} \qquad (4-1)$$

式中,$\bar{d}$为样品的平均厚度(μm);$d_i$为样品某一点处的厚度测量值(μm);$n$为测量数据点数。

每个样品的厚度极差$R_m$根据式(4-2)计算,测试结果一般保留小数点后1位。

$$R_m=d_{max}-d_{min} \qquad (4-2)$$

式中,$R_m$为样品的厚度极差(μm);$d_{max}$为样品厚度的最大测量值(μm);$d_{min}$为样品厚度的最小测量值（μm）。

每个样品的厚度变异系数 $C_d$ 根据式（4-3）计算，测试结果一般保留小数点后 2 位。

$$C_d = \frac{\sqrt{\frac{1}{n-1}\sum_{i=1}^{n}(d_i - \bar{d})^2}}{\bar{d}} \times 100\% \qquad (4-3)$$

式中，$C_d$ 为样品的厚度变异系数；$\bar{d}$ 为样品的平均厚度（μm）；$d_i$ 为样品某一点处的厚度测量值（μm）；$n$ 为测量数据点数。

对某款膜电极产品测试厚度的结果见表 4-2。按照式（4-1）~式（4-3）分别计算得到膜电极厚度平均值为 368.3μm、厚度极差为 4.7μm、厚度变异系数为 1.58%。

表 4-2　针对 1~9 测试点膜电极厚度测试结果

| 测试项目 | 1 | 2 | 3 | 4 | 5 | 6 | 7 | 8 | 9 |
|---|---|---|---|---|---|---|---|---|---|
| 厚度 /μm | 370.1 | 366.3 | 371.0 | 366.7 | 366.8 | 367.8 | 368.5 | 368.8 | 368.3 |
| 厚度最大值 /μm | 371.0 | | | | | | | | |
| 厚度最小值 /μm | 366.3 | | | | | | | | |
| 厚度极差 /μm | 4.7 | | | | | | | | |
| 平均厚度 /μm | 368.3 | | | | | | | | |
| 变异系数（%） | 1.58 | | | | | | | | |

### 4.3.2　Pt 担载量

膜电极 Pt 担载量是指单位面积膜电极上 Pt 的用量，Pt 是燃料电池电化学反应的催化剂。对膜电极样品进行 Pt 担载量的测试方法与催化剂测试 Pt 含量的方法基本类似，采用电感耦合等离子体光谱法进行测试。测试过程主要分为样品制备、样液制备、标准溶液制备、空白样液制备、仪器测试、绘制标准曲线、样液分析、数据处理八个主要步骤。

使用剪刀或裁刀去除 MEA 有效活性面积区域外的绝缘密封垫圈，截取面积 ≥ 25cm² 的矩形 / 方形 MEA 样品。测试样品应表面干净、边缘整齐，且未受过化学氧化或电化学腐蚀。记录所截取 MEA 样品的长、宽，然后将样品剪碎为不大于 1cm×1cm 的碎块。

制备测试样液的过程主要分为灰化、硝化、溶解和定容三个部分。

测试样品灰化时，为确保灰化时样品中碳元素能够充分与空气接触，坩埚的盖子应略微错开。灰化过程中，先将样品在 400~500℃的空气氛围中氧化碳化 1~2h，然后再升温至 900~950℃灼烧不少于 6h。灰化过程主要是为了去除膜电极中的有机物，让其在高温下与空气反应生成二氧化碳、水及其他物质，灰化不充分可能导致样品中的金属元素难以脱离有机机体，进而导致定量测试结果偏离实际结果。灰化完成的样品冷却至室温后，加入试验室一级水润湿后，加入由浓盐酸和浓硝酸按体积比 3:1 配比的混合酸液，置于加热板上并在 80℃下进行硝化，待酸液浓缩至约一半，继续加入混合酸液和双氧水，重复至溶液澄清透明无悬浮物，即完成硝化过程。硝酸可用来分解各种金属、合金，能够与很多硫化物反应生成硫化氢，盐酸可用来分解金属氧化物及氧化还原单位低于氢的金属，均具有良好的挥发性。溶解样品时，采用浓盐酸和浓硝酸按体积比 3∶1 配置的新鲜王水加入硝化后的样液，在 80℃下加热溶解至酸体积浓缩至约一半，再加入适量新鲜王水，重复该过程至样品溶液透明澄清。王水处理后的样品溶液全部转移至适量容积的容量瓶中，加入试验室一级水定容，必要时可进一步稀释，至此，测试样液的准备过程完成。

标准溶液主要用于 Pt 元素浓度的线性回归曲线绘制，将 Pt 标准溶液稀释配制成系列标准工作溶液时，配制用介质的酸度应与样液保持一致。

空白样液主要用于基线的去除，在制备时除不引入催化剂样品外，其余操作均需完全按照样液制备的过程进行，保证处理的一致性。

准备好样液、Pt 系列标准溶液和空白样液后，进入仪器测试过程。开启光谱仪，进行测量前至少预热运行 1h。调节仪器高频发射器的功率、工作气体（冷却气、载气、辅助气）流量、观察方式、预冲洗时间、积分时间等参数，并在仪器上建立分析方法（Pt 参考谱线为 265.945nm，214.423nm）。

绘制标准曲线时，采用浓度由低到高的顺序测试系列标准溶液中 Pt 的光谱发射强度。以测试元素的净强度为 Y 轴、以 Pt 元素系列标准溶液的浓度为 X 轴进行线性回归，计算相关系数，相关系数应大于 0.999。

对样液进行分析前，应先进行空白样液分析，分别记录相应的 Pt 强度信号。

接下来，根据标准曲线上样液的强度信号转化为相应的质量浓度，以 μg/mL 表示。

膜电极 Pt 担载量根据式（4-4）计算，计算结果一般保留 2 位小数：

$$L_{Pt}=\frac{C_{Pt}\times V\times f}{L\times W}\times 10^3 \tag{4-4}$$

式中，$L_{Pt}$ 为膜电极 Pt 担载量（mg/cm$^2$）；$C_{Pt}$ 为膜电极测试样液 Pt 的质量浓度（mg/L）；$V$ 为膜电极测试样液初始定容的体积（mL）；$f$ 为膜电极测试样液稀释的倍数；$L$ 为样品的长度（cm）；$W$ 为样品的宽度（cm）。

膜电极 Pt 担载量测试的结果通常在 0.2~0.5mg/cm$^2$ 范围内，某些低铂膜电极样品的 Pt 担载量可达到 0.1mg/cm$^2$ 及以下。

## 4.4 单电池测试评价

### 4.4.1 极化曲线

极化曲线是表示电极电位与电流或电流密度之间关系的曲线，是获取燃料电池膜电极性能的关键测试指标。完整的极化曲线呈现电压随电流快速下降、平稳（几乎呈线性）下降和快速下降三个阶段，膜电极的活化极化、欧姆极化和浓差极化分别是曲线上三个阶段主要的影响因素。

极化曲线测试需将膜电极装配为单电池，并进行充分活化。不同膜电极在相同工况下的活化效率可能存在明显差异，常见的膜电极活化方法较多：如稳态电流加载活化、控制电压活化、快速变载活化（如极化曲线、快速电压变载）等，多需要持续加载电流直至膜电极在 0.5~0.6V 下运行，使膜电极获得充分活化。商业化应用对膜电极的活化效率也提出了挑战，厂商可依据膜电极特性选择更适用的活化方案。

这里提出一种操作简便、具有普遍适用性的活化方案。将膜电极温度设置为 80℃，控制阴极和阳极湿度均为 100%RH（自增湿或低湿膜电极可按照膜电极特性选择合适的湿度），阴极和阳极出口背压均为 100.0kPa。按照膜电极预计在 0.5V 下运行所需的气体流量设置活化全程的气体流量，采用控制电压的方法进行活化。活化电压的设置按照"开路电压—0.90V—0.85V—0.80V—0.75V—0.70V—0.65V—0.70V—0.75V—0.80V—0.85V—0.90V—开路电压"的顺序（表 4-3）进行循环活化。为避免高电压对 MEA 造成损伤，应尽可能降低在 0.8V 以上持续运行的时间。膜电极首次运行活化工况时，视情况维持较长开路时间以保证膜电极两侧反应气体流量和浓度满足加载条件。另外，相对延长在约 0.6V 下运行的时间，高电流密度下将产生更多水，可使质子交换膜获得充分的水合。相对于控制电流活化，控制电压活化将改善膜电极在活化初始阶段由于电流加载过快导致的电压骤降。

活化的判定条件一般有两种：达到指定时长即停止活化，或指定电流下稳定一段时间后电压浮动不超过 ±2mV。按照表 4-3 所示工况进行活化时，记录在 0.65V 运行时最后 10s 的电流平均值作为 $I_0$（取整数），切换至电流控制模式，逐渐加载电流，直至电流达到 $I_0$ 时，稳定 3min，记录此时单电池电压 $U_0$；降载，重复相同的加载过程，直至相邻两次记录的 $U_0$ 差值在 ±2mV 区间内即停止活化。若活化运行工况已运行 5h 以上，仍不能达到结束条件，或出现相邻两次加载过程测得的 $U_0$ 出现明显下降，则建议结束活化。

表 4-3 单电池活化运行工况

| 电压 /V | 运行时长 /min |
| --- | --- |
| 开路 | 0.5 |
| 0.90 | 1 |
| 0.85 | 3 |
| 0.80 | 3 |
| 0.75 | 10 |
| 0.70 | 10 |
| 0.65 | 20 |
| 0.70 | 2 |
| 0.75 | 2 |
| 0.80 | 2 |
| 0.85 | 2 |
| 0.90 | 2 |
| 开路 | 0.1 |

完成活化后，即可开始极化曲线测试。一般通用的膜电极极化曲线测试条件见表 4-4。部分膜电极具有自增湿功能，过高的湿度将影响膜电极排水，发生水淹现象，

应适当降低气体湿度。商业化膜电极测试时，阳极计量比一般不超过 2.0，阴极计量比一般不超过 2.5，最小计量比电流设置为 10A，阴极和阳极气体背压一般不超过 200kPa（表压）。

表 4-4　极化曲线测试条件

| 名称 | 单位 | 设置值 |
| --- | --- | --- |
| 单电池温度 | ℃ | 80.0 |
| 阳极气体相对湿度 | — | 100.0% |
| 阴极气体相对湿度 | — | 100.0% |
| 阳极气体计量比 | — | 1.5 |
| 阴极气体计量比 | — | 1.8 |
| 阳极气体背压（表压） | kPa | 50.0 |
| 阴极气体背压（表压） | kPa | 50.0 |

单电池达到测试状态后，开始极化曲线测试。采取恒定电流方式，按照表 4-5 中的运行参数对单电池进行 3 次极化曲线测试，最大电流密度对应的电压不宜低于 0.3V，额定电流密度对应的电压不宜低于 0.6V。

表 4-5　极化曲线测试运行参数

| 序号 | 电流密度 /（A/cm$^2$） | 阴极气体 | 运行时长 /min |
| --- | --- | --- | --- |
| 1 | 0.1 | 空气 | 3 |
| 2 | 0.2 | 空气 | 3 |
| 3 | 0.6 | 空气 | 20 |
| 4 | 0 | 空气 | 1 |
| 5 | 0 | 氮气 | 直至单电池电压 <0.1V |
| 6 | 0.2 | 空气 | 3 |
| 7 | 0.4 | 空气 | 3 |
| 8 | 0.6 | 空气 | 3 |
| 9 | … | 空气 | 3 |
| 10 | 最大电流密度 | 空气 | 3 |
| 11 | … | 空气 | 3 |
| 12 | 额定电流密度 | 空气 | 3 |
| 13 | … | 空气 | 3 |
| 14 | 0.6 | 空气 | 3 |
| 15 | 0.4 | 空气 | 3 |
| 16 | 0.2 | 空气 | 3 |
| 17 | 0.1 | 空气 | 3 |
| 18 | 0.05 | 空气 | 3 |
| 19 | 0.02 | 空气 | 3 |
| 20 | 0 | 空气 | 3 |

极化曲线测试结果以电流升载或降载过程结果为准。各工况点电压结果建议取电流阶跃前 11s～第 70s 之间数据的平均值。

电流密度根据式（4-5）计算，绘制极化曲线时，以电流密度作为横轴，以电压作为纵轴。

$$i = \frac{I}{S_{\text{MEA}}} \tag{4-5}$$

式中，$i$ 为电流密度（A/cm²）；$I$ 为电流（A）；$S_{\text{MEA}}$ 为有效活性面积（cm²）。

膜电极的额定功率密度为额定电流密度下的功率密度。功率密度按照式（4-6）计算，绘制功率密度与电流密度关系曲线时，以电流密度为横轴，以功率密度为纵轴。

$$p = iV \tag{4-6}$$

式中，$p$ 为功率密度（W/cm²）；$V$ 为电压（V）。

为避免测试过程中偶发因素的影响，可进行多次重复测试，计算平均值作为最终结果。

以下列举两款膜电极（样品 A 和样品 B）的极化曲线测试结果，测试条件见表 4-6。按照式（4-5）和式（4-6）分别计算极化曲线电流密度、功率密度，计算各电流点下的电压平均值，绘制极化曲线的结果如图 4-4 所示，绘制电流密度 - 功率密度曲线的结果如图 4-5 所示。

表 4-6　样品 A 和样品 B 极化曲线测试条件

| 试验参数 | 样品 A | 样品 B |
| --- | --- | --- |
| 单电池温度 /℃ | 80.0 | 75.0 |
| 阳极气体计量比 | 1.5 | 1.5 |
| 阳极气体相对湿度（%） | 100.0 | 50.0 |
| 阳极背压 /kPa | 50.0（表压） | 100.0（表压） |
| 阴极气体计量比 | 2.5 | 2.5 |
| 阴极气体相对湿度（%） | 100.0 | 50.0 |
| 阴极背压 /kPa | 50.0（表压） | 100.0（表压） |

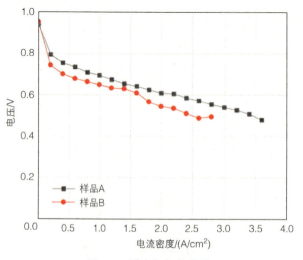

图 4-4　膜电极极化曲线

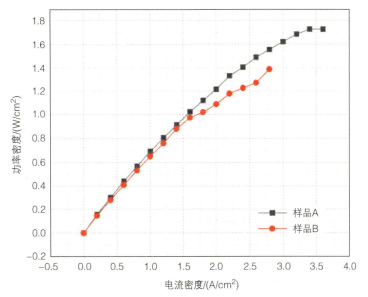

图 4-5　膜电极电流密度 - 功率密度曲线

由图 4-4 和图 4-5 可见，样品 A 和样品 B 存在一定性能差异。性能差异的原因较多，膜电极的 Pt 担载量、膜电极各材料的匹配、膜电极的工艺、制造水平、测试条件的设置（温度、湿度、计量比、压力等）等均可能影响测试结果。

### 4.4.2　电化学阻抗谱

电化学阻抗谱（Electrochemical Impedance Spectroscopy，EIS）是分析各种极化损耗源的一种动态测量技术，测试过程中对被测样品施加一个较小的交流电压或电流扰动，测量产生信号的幅值和相位。电化学阻抗谱的谱图通常绘制成伯德（Bode）图或奈奎斯特（Nyquist）图，最常用的是奈奎斯特图，如图 4-6 所示。高频段与实轴交点值表示燃料电池的欧姆电阻，包含了膜电阻、气体扩散层电阻、双极板电阻和接触电阻；高频段的圆弧与阴极催化层电荷转移电阻有关（阳极催化层发生反应速度非常快，通常难以在电化学阻抗谱中观测到）；低频段圆弧反映多孔电极的氧扩散情况，主要与质量传输相关。

以某单电池为例，测试电化学阻抗谱时，单电池的温度为 80℃，阳极通入氢气（化学计量比 1.5），阴极通入空气（化学计量比 1.8），最小计量比电流为 10A，阴阳极进气湿度为 100%RH，阴极和阳极出口背压均为 50.0kPa（表压）。测试条件可以根据设计膜电极的运行工况进行设定。加载电流，直至燃料电池电流密度达到需要观测的电流密度，持续运行一段时间，以使单电池运行状态稳定；之后向其施加幅值为输出电流 5%～10% 的交流信号，信号频率范围为 0.1Hz～10kHz。在每个数量级的频率范围内，一般取 5 个以上频率点进行测试。重复上述过程，直至相邻两次电化学阻抗谱图无明显差异。以实部为横轴，虚部的相反数为纵轴，将最后一次测试数据绘制成图 4-6 所示的电化学阻抗谱图（奈奎斯特图）。完成电化学阻抗谱测试后，可对测试曲线进行拟合，用于获取燃料电池的其他参数。

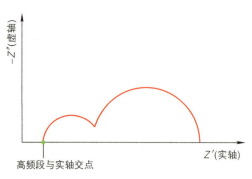

图 4-6 奈奎斯特图

按照上述条件,在 1.4A/cm² 电流密度下,对某款膜电极产品进行电化学阻抗谱的测试结果如图 4-7 所示。

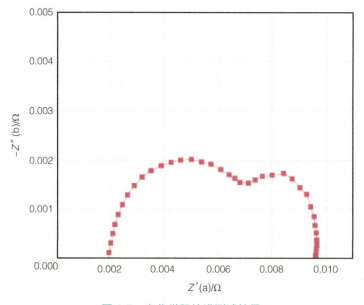

图 4-7 电化学阻抗谱测试结果

### 4.4.3 高频阻抗

高频阻抗测试是获取燃料电池内阻的重要方法,常用的高频阻抗测试方法有两种。

一种较为简便的方法是采用固定频率的燃料电池专用高频阻抗分析仪进行。目前燃料电池行业大多在阻抗测试频率为 1000Hz 进行测试,为满足测试研发需求,也可根据实际需要设置不同的固定频率进行测试,该方法适用于快速、实时读取阻抗测试结果。稳态高频阻抗一般需要在测试电流点稳定 10min 以上,结果宜取高频阻抗测试数据最后 1min 阻抗平均值。

另一种方法则基于交流阻抗法测试。在进行高频阻抗分析前,设置相同的测试条件、加载至待观测电流密度下先进行交流阻抗法测试,并从 EIS 谱图中读取高频段与实轴交点位置对应的阻抗频率作为高频阻抗的测试频率。之后,设置扰动频率为测试频率,进行固定电流密度下的高频阻抗测试,稳态高频阻抗也需要在测试电流下稳定一段时间,选取稳态数据的平均值作为测试结果。该方法测得的燃料电池内阻相对更为准确,但操作步骤较为复杂。在不同电流密度下,得到的 EIS 谱图高频段与实轴交点往往有所不同,精确的测试可能需要多次 EIS 测量。

根据图 4-7 所示的 EIS 测试结果,从采集的数据中读取 1.4A/cm² 电流密度下得到的 EIS 谱图高频段与实轴交点时对应的频率为 1000Hz;进行稳态高频阻抗测试时,将测试频率设置为 1000Hz,测得的燃料电池内阻为 1.92mΩ。

### 4.4.4 电化学活性面积

电化学活性面积(Electrochemical Active Surface Area,ECSA)是表征电极表面上可以参与化学反应的活性表面积的参数。对于燃料电池而言,阴极氧还原反应发生速率相对较慢,催化剂对性能存在较大影响。燃料电池电化学活性面积主要通过循环伏安曲线测试获得,在阳极通入氢气,在阴极通入氮气,通过"氢泵"构造测试催化剂的活性。从低电位扫描至高电位时,电流也随之变化,这主要与线性电压扫描引起的电容性充电和催化剂表面氢的吸附相关。

测试电化学活性面积前,应对单电池进行充分的活化。测试时,将单电池温度设置为 80℃,控制阴极和阳极出口背压均为 0.0kPa(表压),控制阳极流量不高于 1.0NL/min[⊖](100%RH),阴极流量不高于 2.0NL/min(100%RH),直至单电池电压降至 0.1V 以下,继续稳定不少于 30min,用氮气吹扫单电池阴阳极两侧、气体管路。吹扫完毕后,阳极以 0.1NL/min 的流量通入氢气作为参比电极和对电极,阴极以 0.2NL/min 的流量通入氮气作为工作电极,稳定不少于 10min 后开始扫描循环伏安(CV)曲线,扫描范围一般在 0.05V(或为氢氮吹扫时稳定的开路电压)至 1.00V 附近,扫描速率一般为 20mV/s,扫描次数一般不少于 5 次,直至 CV 曲线稳定。

将最后一次 CV 扫描结果绘制如图 4-8 所示的 CV 曲线,选取电压在 0.2~0.5V 之间对应的正向电流最小值,经过该点做垂直于纵轴的参考线,并对 CV 曲线中 0.05~0.5V 之间正向电流曲线与该参考线所围成的区域积分,作为氢脱附峰面积 $S_H$,单位为 A·V。

按照式(4-7)计算膜电极工作电极侧(阴极)Pt/C 催化剂的电化学活性面积:

$$S_{ECA} = \frac{S_H}{Q_r v L_{Pt} S_{MEA}} \times 10^{-5} \tag{4-7}$$

式中,$S_{ECA}$ 为工作电极中 Pt 的电化学活性面积(m²/g);$S_H$ 为氢脱附峰面积(A·V);$Q_r$ 为光滑 Pt 表面吸附氢氧化吸附电量常数,0.21mC/cm²;$v$ 为扫描速率(mV/s);$L_{Pt}$ 为膜电极 Pt 担载量(mg/cm²);$S_{MEA}$ 为有效活性面积(cm²)。

图 4-8 是按照上述条件对某款膜电极产品进行电化学活性面积测试扫描得到的 CV 曲线,扫描范围为 0.05~0.90V(vs.RHE),扫描速率为 20mV/s。按照上述方法计算膜电极工作电极侧的 Pt/C 催化剂的电化学活性面积为 54.97m²/g。

---

⊖ 单位中的"N"指"标准状态下(0℃,1atm)"。

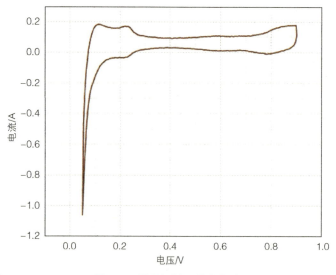

图 4-8 膜电极循环伏安曲线

### 4.4.5 透氢电流密度

作为膜电极的重要组成材料，质子交换膜承担了阻隔阴阳极反应气体和电子并传导质子的作用，因此，质子交换膜应该具有足够低的气体渗透性。当工作电极侧的电势达到或高于氢气的氧化电势时，阳极侧渗透过来的氢气发生电化学氧化，此时产生的氧化电流即为透氢电流密度。透氢电流密度是衡量质子交换膜氢气透过率的重要指标，也是质子交换膜组装成膜电极后在真实使用状态下评价其性能优劣的重要手段。过高的透氢电流密度意味着膜电极阳极侧的氢气渗透至阴极侧的量过高，与质子交换膜上的损伤、裂隙和孔洞相关，影响膜电极性能的同时，也可能存在安全风险。

透氢电流密度一般通过线性伏安（Linear Sweep Voltammetry，LSV）扫描法测试获得。膜电极应组装成单电池，控制其温度为 80℃，推荐的测试压力为阳极出口背压 0.0kPa（表压）、阴极出口背压 0.0kPa（表压），阴极和阳极气体湿度均为 100%RH。测试时，阳极以 1.0NL/min 的流量通入氢气，阴极以 2.0NL/min 的流量通入氮气，直至单电池电压降至 0.1V 以下，继续稳定不少于 30min。测试时，阴、阳极分别通入 0.2NL/min 的氮气和氢气，以阳极作为参比电极和对电极，阴极作为工作电极，以 0.50mV/s 的扫描速率在 0.05~0.60V（vs.RHE）范围内从低电压至高电压对单电池进行线性伏安扫描，扫描次数不少于 2 次，直至扫描曲线稳定。记录透氢电流随扫描电压变化曲线，横坐标单位为 V（相对于参比电极，V vs.RHE），纵坐标单位为 $mA/cm^2$。

透氢电流密度数据处理方法主要有两种：直读法和拟合法。

使用直读法处理线性伏安曲线测试结果时，读取最后一次测得的曲线上 0.4V 电压对应的电流密度作为透氢电流密度 $i_0$，单位为 $mA/cm^2$。

使用拟合法处理线性伏安曲线测试结果时，截取扫描电压在 0.4~0.5V 间的电流变化曲线，对其进行线性拟合，得到拟合方程的截距为透氢电流密度 $i_0$，单位为 $mA/cm^2$，斜率的倒数为短路电阻，单位为 $m\Omega \cdot cm^2$。

对某款膜电极样品进行透氢电流密度测试，测试得到的LSV曲线如图4-9所示。使用直读法处理数据，读取0.4V电压对应电流密度得到的透氢电流密度结果为2.24mA/cm²；使用拟合法处理数据，得到的拟合方程为 $I = 0.3049\rho + 2.1369$，用该方法得到的透氢电流密度为2.14mA/cm²。

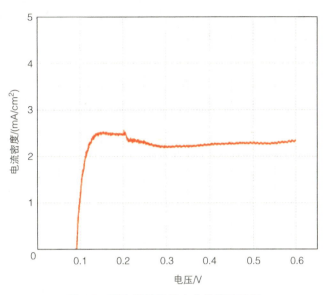

图4-9　膜电极线性伏安曲线测试结果

### 4.4.6　抗反极能力

燃料电池堆运行过程中，由于燃料或氧化剂饥饿可能导致燃料电池的一片或多片发生反极现象，导致催化剂中碳载体的腐蚀，从而导致膜电极表现出性能衰减。为保证燃料电池膜电极的稳定性和耐久性，现阶段解决该问题主要有两种途径，即通过系统控制确保燃料电池运行过程中不会发生反极现象，或在膜电极设计时采用抗反极催化剂，当缺气现象发生时尽可能避免碳腐蚀。近年来，膜电极的抗反极功能已愈发受到行业的关注。

抗反极测试前，应按4.4.1节所述的方法进行极化曲线测试，选取额定功率密度（或某电流密度下的电压）作为膜电极初始性能的评价指标。抗反极测试时，控制单电池温度为80℃，阴阳极进气湿度为100%RH，阳极以0.1NL/min的流量通入氢气，阴极以0.3NL/min的流量通入空气；外接恒流源并设置电流密度为0.2A/cm²，待电压稳定后，阳极以0.1NL/min的流量通入氮气；当电压从0V下降至-1.5V时，测试停止，记录电压从0V下降至-1.5V的时间，单位为min。反极测试后，按4.4.1节所述方法进行极化曲线测试，由此可计算膜电极性能下降百分比。

膜电极反极时长为电压从0V下降至-1.5V的时间，单位为min。膜电极额定功率密度损失百分比可按照式（4-8）计算，计算结果一般保留小数点后2位：

$$\delta = \frac{p_0 - p_i}{p_0} \times 100\% \quad (4\text{-}8)$$

式中，$\delta$ 为膜电极额定功率密度损失百分比；$p_0$ 为膜电极抗反极测试前的额定点功率密度（W/cm$^2$）；$p_i$ 为膜电极第 $i$ 个循环后的额定点功率密度（W/cm$^2$）。

通过这种方法得到的反极时长根据膜电极的不同存在较大差异，如图 4-10 所示。反极测试结束时，膜电极额定功率密度损失百分比无法控制。以样品 B 为例，样品初始额定点功率密度为 0.593W/cm$^2$，反极时长为 123.5s，反极测试后测得的额定点功率密度为 0.570W/cm$^2$，额定功率衰减百分比为 3.89%。

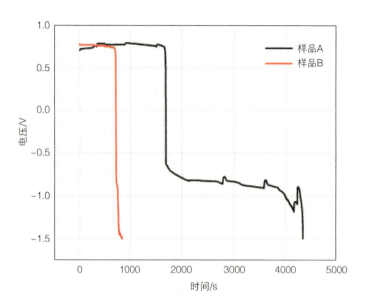

图 4-10　不同样品进行抗反极测试时的结果

有时候，获取膜电极无损反极的时长更具实际意义。当单电池阳极切换为氮气后，控制电压下降至 0V 以下后的时长为 5min 或更短时间即停止试验，并对膜电极性能进行复测，一般认为额定功率密度损失不超过 4% 时的总反极时长为膜电极无损反极时长。

### 4.4.7　循环工况耐久性

燃料电池膜电极的寿命评价方法主要分为两大类：一类为基于膜电极上各组成材料解耦的加速应力测试（Accelerated Stress Test，AST）方法，通过表征催化剂、质子交换膜等关键材料在特定加速工况下的循环次数与性能衰减幅度间的关系评价膜电极的耐久性；另一类为基于膜电极在实际车用环境下面临的组合循环工况的耐久性测试方法，通过工况循环时间或次数评价膜电极的整体衰减情况。此时，膜电极的各个组成材料可能面临不同程度的衰减，更接近实车运行时膜电极的衰减机制，具有一定的加速作用，降低寿命评价的成本。

这里介绍一种膜电极的工况耐久性测试方法，该工况转化自中国汽车行驶工况，并进行了平滑处理，以使其能够在燃料电池台架测试时有良好的响应性和评价效果。推荐的测试条件为单电池温度为 80℃，阳极气体为氢气，阴极气体为空气，阳极/阴极的化学计量比分别为 1.5/1.8，最小计量比电流为 10A，阴极和阳极气体进气湿度为 100%RH，阴极和阳极出口背压均为50.0kPa（表压）。

膜电极循环工况耐久性试验按以下步骤进行（图4-11）：耐久性测试前，应按照4.1.1节所述的方法进行单电池活化及初始极化曲线测试，极化曲线测试的最大电流密度应超过额定电流密度。耐久性测试工况按照表4-7进行，工况曲线如图4-12所示，其中$I_E$为额定电流密度，一般对应膜电极在0.60~0.65V时的初始电流密度。表4-7所示的耐久性工况的单次运行时长为1800s，试验每连续运行100h（即200次循环工况），按照4.4.1节所述的方法进行单电池极化曲线测试。耐久性循环工况运行和极化曲线测试交错进行，循环工况试验时间每达到200h（即400次循环工况），对单电池进行可逆损失恢复，可逆损失恢复程序可由制造商提供，或使用氮气吹扫单电池阴阳极，直至单电池电压下降至0.1V，立即停机，然后静置不超过24h。

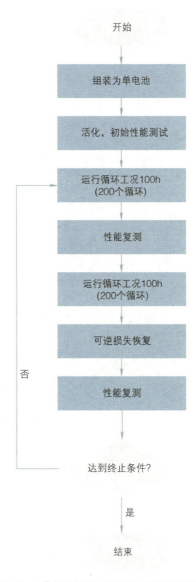

图4-11 膜电极循环工况耐久性测试流程图

表 4-7　膜电极耐久性测试的循环工况

| 步骤 | 加载电流 /A | 持续时间 /s | 开始时刻 /s | 结束时刻 /s |
|---|---|---|---|---|
| 1 | $10\%I_E$ | 170 | 0 | 170 |
| 2 | $10\%I_E \sim 30\%I_E$ | 2 | 170 | 172 |
| 3 | $30\%I_E$ | 137 | 172 | 309 |
| 4 | $30\%I_E \sim 40\%I_E$ | 1 | 309 | 310 |
| 5 | $40\%I_E$ | 59 | 310 | 369 |
| 6 | $40\%I_E \sim 50\%I_E$ | 1 | 369 | 370 |
| 7 | $50\%I_E$ | 59 | 370 | 429 |
| 8 | $50\%I_E \sim 60\%I_E$ | 1 | 429 | 430 |
| 9 | $60\%I_E$ | 77 | 430 | 507 |
| 10 | $60\%I_E \sim 30\%I_E$ | 3 | 507 | 510 |
| 11 | $30\%I_E$ | 40 | 510 | 550 |
| 12 | $30\%I_E \sim 50\%I_E$ | 2 | 550 | 552 |
| 13 | $50\%I_E$ | 58 | 552 | 610 |
| 14 | $50\%I_E \sim 60\%I_E$ | 1 | 610 | 611 |
| 15 | $60\%I_E$ | 87 | 611 | 698 |
| 16 | $60\%I_E \sim 30\%I_E$ | 3 | 698 | 701 |
| 17 | $30\%I_E$ | 39 | 701 | 740 |
| 18 | $30\%I_E \sim 60\%I_E$ | 3 | 740 | 743 |
| 19 | $60\%I_E$ | 67 | 743 | 810 |
| 20 | $60\%I_E \sim 30\%I_E$ | 3 | 810 | 813 |
| 21 | $30\%I_E$ | 154 | 813 | 967 |
| 22 | $30\%I_E \sim 80\%I_E$ | 5 | 967 | 972 |
| 23 | $80\%I_E$ | 78 | 972 | 1050 |
| 24 | $80\%I_E \sim 60\%I_E$ | 2 | 1050 | 1052 |
| 25 | $60\%I_E$ | 108 | 1052 | 1160 |
| 26 | $60\%I_E \sim 80\%I_E$ | 2 | 1160 | 1162 |
| 27 | $80\%I_E$ | 124 | 1162 | 1286 |
| 28 | $80\%I_E \sim 30\%I_E$ | 5 | 1286 | 1291 |
| 29 | $30\%I_E$ | 37 | 1291 | 1328 |
| 30 | $30\%I_E \sim 60\%I_E$ | 3 | 1328 | 1331 |
| 31 | $60\%I_E$ | 56 | 1331 | 1387 |
| 32 | $60\%I_E \sim 90\%I_E$ | 3 | 1387 | 1390 |
| 33 | $90\%I_E$ | 129 | 1390 | 1519 |
| 34 | $90\%I_E \sim 100\%I_E$ | 1 | 1519 | 1520 |
| 35 | $100\%I_E$ | 251 | 1520 | 1771 |
| 36 | $100\%I_E \sim 10\%I_E$ | 9 | 1771 | 1780 |
| 37 | $10\%I_E$ | 20 | 1780 | 1800 |

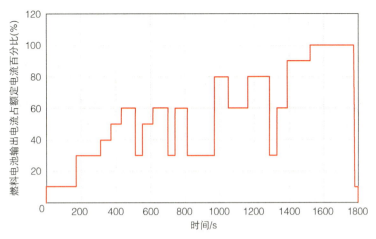

图 4-12 膜电极耐久性循环工况示意图

当出现以下任一情况时，应停止测试：①单电池在运行过程中电压持续低于制造商规定值；②单电池循环工况运行时间达到要求；③其他导致耐久性测试无法继续进行的情况。达到试验终止条件后，停止试验并记录循环工况测试总时长，并按照 4.4.1 节所述方法进行极化曲线测试。

试验结束后，根据所记录的极化曲线测试中指定电流密度下（如 1.40A/cm²）所对应的单电池电压，绘制"单电池电压（V）- 运行时间（h）"图，如图 4-13 所示。对所测得的不同运行时长后的指定电流密度下对应的单电池电压进行线性拟合，电压衰减速率可依据式（4-9）所示的线性拟合方程计算：

$$V = vt + b \tag{4-9}$$

式中，$V$ 为单电池电压（V）；$t$ 为循环工况运行时长（h）；$v$ 为电压衰减速率（V/h）；$b$ 为拟合常数项。

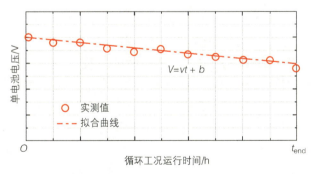

图 4-13 单电池电压 - 循环工况运行时间

基于线性拟合法得到的电压衰减速率根据式（4-10）计算电压衰减幅度，计算结果一般保留小数点后 2 位。

$$\Delta V = \frac{vt_{end}}{V_{start}} \times 100\% \tag{4-10}$$

式中，$\Delta V$ 为电压衰减幅度；$V_{start}$ 为单电池初始极化曲线中 1.4A/cm² 对应的电压（V）；$t_{end}$ 为循环工况运行总时长（h）。

对某款膜电极产品进行工况耐久性测试的结果如图 4-14 所示，提取初始性能测试和性能复测时极化曲线上额定电流点（对应电流密度为 1.4A/cm²）对应的电压，如图 4-14 中黑色图线所示，对该图线进行线性拟合，得到的拟合方程为 $V=-1.041\times 10^{-4}t+0.6316$，由此计算的电压衰减幅度为 9.77%。

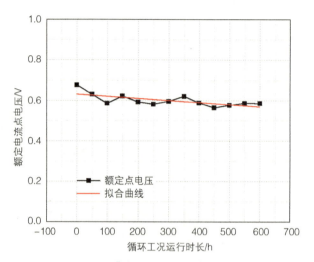

图 4-14　膜电极工况耐久性测试结果

## 4.5　基于单电池的材料组件测试评价

### 4.5.1　单电池材料组件测试评价技术研究

燃料电池耐久性的提升对燃料电池汽车大规模应用具有重要意义，国际上已有多个组织或机构制订了燃料电池膜电极耐久性测试规程或标准。

1) 美国能源部（United States Department of Energy，DOE）制订的"2016 Fuel Cells Section"规定了燃料电池组件耐久性测试规程（下称 DOE 规程）；

2) 国际电工委员会（International Electrotechnical Commission，IEC）制订的 IEC TS 62282-7-1《Fuel cell technologies-Part7-1: Test methods-Single cell performance tests for polymer electrolyte fuel cells（PEFC）》（下称 IEC 标准）于 2017 年 1 月发布。

3) 日本氢燃料电池工业协会（FCCJ）公布了日本《氢能/燃料电池战略发展路线图》，宣布了 2010—2026 年间详细的燃料电池汽车技术路线。2014 年 1 月 30 日，Daido University、Ritsumeikan University、Tokyo Institute of Technology 和 Japan Automobile Research Institute 共同发布了《Cell Evaluation and Analysis Protocol Guideline（Electrocatalyst, Support, Membrane and MEA》（下称 FCCJ 规程），详细描述了燃料电池单体和组成部件的测试方法。

4）目前我国国家标准或行业标准还没有制定燃料电池材料级别的耐久性测试方法，仅在团体标准 T/CAAMTB12—2020（下称 T/CAAMTB 团标）中第 6.8 条～第 6.11 条有所体现。

下面对以上 4 个燃料电池耐久性测试方法进行对比分析。

**1. 电催化剂耐久性加速测试方法分析**

4 个测试方法中规定的电催化剂耐久性测试方法见表 4-8，主要针对阴极铂碳催化剂 Pt 的衰减，规定了电压循环的模式、循环次数、时长、测试时燃料电池的状态、性能复测的方法和测试结束条件。

表 4-8 电催化剂耐久性加速测试方法

| 测试方法 | DOE | IEC TS 62282-7-1 | FCCJ | T/CAAMTB 12—2020 |
|---|---|---|---|---|
| 电压循环模式 | 方波 | 方波 | 方波 | 方波 |
| 提及的循环次数 | 30000 | — | 400000 | 30000 |
| 循环方法 | 0.6V（3s）～0.95V（3s），电位切换时间不大于 0.5s | 0.6V（3s）～1.0V（3s），方波循环前在 0.6V 时停留 30s | 0.6V（3s）～1.0V（3s），方波循环前在 0.6V 时停留 30s | 0.6V（3s）～0.95V（3s），电位切换时间不大于 0.5s |
| 每个循环时长 | 6s | 6s | 6s | 6s |
| 气体 | 阳极：$H_2$、200sccm<br>阴极：$N_2$、75sccm（50cm² 单电池） | 阳极：$H_2$<br>阴极：$N_2$<br>未规定气体流量 | 阳极：$H_2$、200NmL/min<br>阴极：$N_2$、800NmL/min | 阳极：$H_2$、0.5SLPM<br>阴极：$N_2$、0.5SLPM |
| 压力 | 大气压 | 大气压 | 大气压 | 阴阳极进堆压力均为 50kPa |
| 电池温度 | 80℃ | 80℃ | 80℃ | 80℃ |
| 相对湿度 | 阴阳极均为 100%RH | 阴阳极均为 100%RH | 阴阳极均为 100%RH | 阴阳极均为 100%RH |
| 进行性能测试时的循环次数 | 0, 10, 100, 1000, 3000, 5000, 10000, 30000 次方波循环后 | 适当位置 | 500, 1000, 2000, 3000, …（以 1000 次递加），400000 次方波循环后 | 0, 1000, 5000, 10000, 30000 次方波循环后 |
| 性能测试 | 1）在循环开始和结束后测催化质量活性<br>2）0, 1000, 5000, 10000, 30000 次循环后测 0 到 1.5A/cm² 电流密度以上的极化曲线<br>3）10, 1000, 3000, 10000, 30000 次循环后测量 ECSA | 适当间隔测试 ORR 活性、极化曲线、ECSA | 极化曲线、ECSA、ORR 活性 | 极化曲线、ECSA |
| 测试结束条件 | 1）初始催化活性损失 ≥40%<br>2）0.8A/cm² 电流密度时电压损失 ≥30mV<br>3）初始活性面积损失 ≥40% | ECSA 降至初始值的 50% 或预定的循环次数为止 | 完成 400000 个循环或 ECSA 测量的活性面积小于初始测量值的 50%，以先到的为准 | — |

（1）电催化剂 Pt 的加速衰减方法

在 0.6～1.0V 之间进行方波电压循环是公认的针对阴极电催化剂 Pt 的衰减方法，通过表面氧化和还原的连续循环促进催化剂的加速降解，并尽量减少对催化剂载体的腐蚀。从加载的方波区间和循环方法等来看，IEC 标准和 FCCJ 规程规定的测评方法一致性较高，而 T/CAAMTB 团标更多借鉴了 DOE 的测试方法。

（2）燃料电池状态

各测试方法中规定的电池状态基本一致，电池阴阳极侧通入的气体分别为 $N_2$ 和 $H_2$，但气体流量的规定则存在较大差异，这也是燃料电池对应同一寿命终点时方波循环次数有较大差异的原因之一。

（3）性能复测

各测试方法中均包含了极化曲线和电化学活性面积的测试，质量活性（ORR 活性）测试一般作为非必要测试项目。

（4）测试结束条件

DOE 规程提出了电催化剂寿命衰减测试结束时期待的电池性能指标，包括初始催化活性衰减百分比、初始活性面积衰减百分比和指定电流密度点电压损失三个指标。在 IEC 标准和 FCCJ 规程中则采用电化学活性面积达到 50% 衰减或完成指定方波循环次数为耐久测试终点，以先到者为准。DOE 在测试终点对应的初始 ECSA 衰减百分比上略有不同，为 40%。T/CAAMTB 团标无测试结束判定指标方面的规定，仅以方波循环 30000 次作为测试结束条件。

**2. 催化剂载体耐久性加速测试方法分析**

各测试方法中的电催化剂载体耐久性加速测试方法见表 4-9，规定了电压循环模式、循环方法及次数、电池状态、性能复测方法和测试终止条件。

（1）电催化剂载体耐久性加速测试方法

各测试方法中均采用 1.0～1.5V 之间进行快速三角波电压扫描循环对铂碳催化剂碳载体进行加速腐蚀，同时尽可能降低催化剂本身的衰减。四项测试规程中规定的电压循环模式、循环方法和单次循环时长完全一致，IEC 标准和 FCCJ 规程的电压加载示意图中额外说明三角波电压扫描循环开始前应在 1.0V 电压下稳定 30s。

（2）燃料电池状态

各测试方法中进行耐久性加速测试的燃料电池状态基本一致，阴阳极进入的气体分别为 $N_2$ 和 $H_2$。DOE 规程和 IEC 标准未规定气体流量；FCCJ 规程中阴阳极气体流量分别为 800NmL/min 和 200NmL/min；T/CAAMTB 团标中，阴极和阳极气体流量一致，均为 0.5SL/min。

（3）性能复测

极化曲线和电化学活性面积（ECSA）是各测试方法中评价电池性能的基本指标，DOE、IEC 及 FCCJ 中也涉及了质量活性（ORR 活性）的测试要求。性能复测点的选取受三角波循环次数的影响，在不同的测试规程中设置的性能复测点间隔差异较大。

（4）测试结束条件

T/CAAMTB 团标未对测试结束条件另作说明，以完成 5000 次三角波循环作为耐久性测试的终点。IEC 标准和 FCCJ 规程中将完成 60000 个三角波电压循环或 ECSA 衰减 50% 作为测试结束的条件，以先到达者为准。相比而言，DOE 规定耐久测试结束时，即三角波电压扫描达到 5000 次时，催化质量活性衰减幅度应不高于 40%，额定点电压衰减小于30mV，ECSA的衰减小于40%。

表 4-9 电催化剂载体耐久性加速测试方法

| 测试方法 | DOE | IEC TS 62282-7-1 | FCCJ | T/CAAMTB 12—2020 |
|---|---|---|---|---|
| 电压循环模式 | 三角波 | 三角波 | 三角波 | 三角波 |
| 循环次数 | 5000 | 60000 | 60000 | 5000 |
| 循环方法 | 1.0～1.5V之间，以500mV/s扫描 | 1.0～1.5V之间，以500mV/s扫描 | 1.0～1.5V之间，以500mV/s扫描 | 1.0～1.5V之间，以500mV/s扫描 |
| 每个循环时长 | 2s | 2s | 2s | 2s |
| 气体 | 阳极：$H_2$<br>阴极：$N_2$<br>未规定气体流量 | 阳极：$H_2$<br>阴极：$N_2$<br>未规定气体流量 | 阳极：$H_2$ 200NmL/min<br>阴极：$N_2$ 800NmL/min | 阳极：$H_2$ 0.5SLPM<br>阴极：$N_2$ 0.5SLPM |
| 压力 | 大气压 | 大气压 | 大气压 | 阴阳极进堆压力均为50kPa |
| 电池温度 | 80℃ | 80℃ | 80℃ | 80℃ |
| 相对湿度 | 阴阳极均为100%RH | 阴阳极均为100%RH | 阴阳极均为100%RH | 阴阳极均为100%RH |
| 进行性能测试时的循环次数 | 0，10，100，200，500，1000，2000，5000次三角波循环后 | 适当位置 | 500，1000，2000，3000，…（以1000次递加），终点 | 0，10，100，200，500，1000，2000，5000次三角波循环后 |
| 性能测试 | 1）在循环开始和结束后测催化质量活性<br>2）0，10，100，200，500，1000，2000，5000次循环后0～1.5A/$cm^2$电流密度以上的极化曲线<br>3）0，10，100，200，500，1000，2000，5000次循环后测量ECSA | 适当间隔测试ORR活性、极化曲线，ECSA | 极化曲线、ECSA和ORR活性 | 极化曲线和ECSA |
| 测试结束条件 | 1）初始催化活性损失≥40%<br>2）1.5A/$cm^2$电流密度或额定功率下，对应电压损失≥30mV<br>3）初始活性面积损失≥40% | 完成60000个循环或ECSA测量的活性面积小于初始测量值的50%，以出现较早的为准 | 完成60000个循环或ECSA测量的活性面积小于初始测量值的50%，以出现较早的为准 | — |

**3. 膜电极化学耐久性加速测试方法分析**

燃料电池持续保持在开路状态可加速自由基的产生，进而导致质子交换膜和其他MEA组件的降解。测试规程中均规定使用持续开路500h试验作为质子交换膜的化学稳定性加速测试方法（表4-10）。其燃料电池状态、性能复测、测试结束条件具体规定如下。

（1）燃料电池状态

各测试方法中进行化学耐久性测试的燃料电池状态有一定差异。T/CAAMTB团标规定的燃料电池状态与DOE完全一致，设置了50kPa的阴阳极进气压力。IEC标准和FCCJ规程中规定的进气压力为大气压。各测试方法规定的电池温度为90℃和阴阳极进气湿度为30%RH。在不同的测试规程中，阴阳极进气气体均为空气和$H_2$，而进气流量的规定不尽相同，存在较大的差异。

表4-10 质子交换膜化学稳定性加速测试方法

| 测试方法 | DOE | IEC TS 62282-7-1 | FCCJ | T/CAAMTB 12—2020 |
|---|---|---|---|---|
| 测试电压 | 保持开路状态 | 保持开路状态 | 保持开路状态 | 保持开路状态 |
| 测试时长 | 500h | 500h | 500h | 500h |
| 气体 | 阳极：$H_2$<br>阴极：空气<br>阴阳极气体计量比均为10（按电池在$0.2A/cm^2$电流密度时的流量计算） | 阳极：$H_2$<br>阴极：空气<br>未规定气体流量 | 阳极：$H_2$ 829NmL/min<br>阴极：空气 829NmL/min<br>（JARI标准单电池） | 阳极：$H_2$<br>阴极：空气<br>阴阳极气体计量比均为10（按电池在$0.2A/cm^2$电流密度时的流量计算） |
| 压力 | 阴阳极均为150kPa（绝压） | 大气压 | 大气压 | 阴阳极进堆压力均为50kPa |
| 电池温度 | 90℃ | 90℃ | 90℃ | 90℃ |
| 相对湿度 | 阴阳极均为30%RH | 阴阳极均为30%RH | 阴阳极均为30%RH | 阴阳极均为30%RH |
| 测量点 | 每24h | 每10～100h | 每50～100h | 每100h |
| 测试内容 | 1）透氢电流密度<br>2）在$0.2A/cm^2$电流密度下测试高频电阻<br>3）短路电阻<br>4）持续监测OCV | 1）每10～100h测试透氢电流密度<br>2）如有需要在阴阳极出口测试$F^-$浓度（离子选择性电极（ISE），电感耦合等离子体质谱仪（ICP-MS），液相色谱（LC）） | 1）每50～100h测试透氢电流密度<br>2）必要时测试极化曲线和ECSA<br>3）$F^-$基质子膜可以使用离子色谱法测阴阳极废水中$F^-$的浓度<br>4）测试结束后可进行膜厚测试、膜内的Pt带（platinum bands）和分子量、分子结构的变化的观测 | 1）每100h测试透氢电流密度，直到透氢电流密度大于$15mA/cm^2$<br>2）持续监测OCV，直至OCV衰减20%，记录开路运行时间 |
| 测试结束条件 | 1）透氢电流密度$\geq 15mA/cm^2$<br>2）初始OCV$\geq 0.95V$，测试过程中OCV下降$\geq 20\%$<br>3）短路电阻$\leq 1000\Omega\cdot cm^2$ | 氢渗透速率超过其初始值10倍或OCV达到500h时终止试验，以出现较早的为准 | 透氢电流密度大于初始量的10倍或达到OCV达到500h时终止试验，以出现较早的为准 | OCV达到500h，或OCV衰减20%，或透氢电流密度大于$15mA/cm^2$，满足上述三个条件之一 |

（2）性能复测

膜电极化学耐久性加速测试过程中，可持续监测开路电压（OCV）的变化趋势。另外，在各测试方法中，在持续开路一定时长后，均需进行透氢电流密度测试。除去必须的OCV持续监测和透氢电流密度测试，DOE提出了指定电流密度下的高频电阻测试和短路电阻测试，在IEC标准和FCCJ规程中还规定必要时监测阴阳极出口废水中的氟离子浓度。

（3）测试结束条件

各测试方法选取的持续开路加速膜电极化学耐久性衰减的时间上限均为500h，IEC和FCCJ的测试规程将透氢电流密度超过初始值10倍作为另一个测试结束条件，以两个条件中出现较早的为准。T/CAAMTB团标中，借鉴了部分DOE设定的性能指标要求，将OCV下降至初始值的20%或透氢电流密度大于$15mA/cm^2$作为达到测试结束的条件。DOE规定的500h持续开路后膜电极性能要求最为全面，涵盖了透氢电流密度、OCV和短路电阻三项指标。

**4. 质子交换膜机械耐久性加速测试**

质子交换膜机械耐久性加速方法见表4-11，采用干湿循环方式促使膜反复膨胀和收缩，加速膜裂纹和孔洞的形成和增长。

表4-11　国内外质子交换膜机械耐久性加速测试方法

| 测试方法 | DOE | IEC TS 62282-7-1 | FCCJ | T/CAAMTB 12—2020 |
|---|---|---|---|---|
| 循环模式 | 干湿循环 | 干湿循环 | 干湿循环 | 干湿循环 |
| 循环方法 | 0%RH（2min）~ 90℃露点（2min） | 0%RH（2min）~ 80℃150%RH（2min） | 加湿：$T_{da} = T_{dc} = 90℃$（RH150%）2min；干燥：$T_{da} = T_{dc} =$ 干燥（RH0%）2min；始终保持OCV | 空气和氢气相对湿度在0%（2min）~ 90℃露点（2min） |
| 循环次数 | 20000 | 20000 | 20000 | 20000 |
| 气体 | 阳极：空气2NL/min 阴极：空气2NL/min | 空气（或$N_2$），正常情况下25cm²电极的流量阴阳极均设置为2L/min | 阳极：空气800NmL/min 阴极：空气800NmL/min | 阳极：$H_2$ 2SLPM 阴极：压缩空气2SLPM |
| 电池温度 | 80℃ | 80℃ | 80℃ | 80℃ |
| 压力 | 阴阳极均为150kPa（绝压） | — | — | 阴阳极进堆压力为常压或无背压 |
| 测量点 | 每24h | 最初每1000个干湿循环（67h），后续每360个循环（24h） | 每1000个干湿循环（67h） | 每循环5000次 |
| 测试内容 | 1）每24h测透氢电流密度；2）每24h测量短路电阻 | 1）每1000个循环（67h）检测气体渗透频率发现泄漏速率加快后每增加360个循环（24h）即检测一次；2）在测试中应进行高频阻抗测试 | 1）每1000个干湿循环（67h）测量透氢电流密度；2）必要时进行IV和ECSA测试 | 每5000次循环测量透氢电流密度 |
| 测试结束条件 | 1）透氢电流密度 > 15mA/cm²；2）短路电阻 ≤ 1000Ω·cm² | 氢渗透率（透氢电流）超过初始值10倍或完成20000个干湿循环，以较早发生的为准 | 透氢电流大于初始值的10倍或进行完20000次干湿循环，以较早发生的为准 | 透氢电流密度大于15mA/cm²或完成20000个干湿循环 |

（1）质子交换膜机械耐久性加速测试方法

在表4-11所示测试方法中，机械耐久性测试以4min为一个循环，均分为干湿各2min，重复循环。所用干气进气相对湿度为0%，加湿气体相对湿度为150%或90℃的露点，各规程的干湿循环次数上限为20000次。

（2）燃料电池状态

在试验过程中，各规程选取的电池温度为80℃，耐久性测试全程保持开路。IEC和FCCJ未限定燃料电池背压，T/CAAMTB团标的燃料电池背压设定为常压或无背压条件，DOE规定了阴阳极两侧各50kPa的背压。各规程对阴阳极入口气体及其流量的规定差异明显。在DOE、IEC和FCCJ规程中，阴阳极进口气体均为空气或$N_2$，FCCJ规定的进气流量相对更低，各规程均使用阴阳极一致的进气流量。在T/CAAMB团标中，阳极通入气体为$H_2$，阴极通入气体为空气，阴阳极进气流量均设置为2 SLPM。但不同的是，在进行干湿循环的过程中，电池处于开路状态，持续开路也会加速电池的性能衰减。

（3）性能复测

各规程中的性能复测间隔时长在 24h ~ 120h，复测项目主要为透氢电流密度。除此之外，IEC 加入了高频阻抗测试，FCCJ 指出必要时需要增加 ECSA 和极化曲线测试。

（4）测试结束条件

质子交换膜机械耐久性加速测试以进行完 20000 次干湿循环作为上限，各规程中就性能复测指标表现划定其他测试结束条件。IEC 和 FCCJ 统一将透氢电流大于初始值 10 倍作为另一个测试结束条件，T/CAAMTB 团标采用了 DOE 的方法，将透氢电流密度超过 15mA/cm$^2$ 作为另一个测试结束条件。

### 4.5.2 催化剂 Pt 颗粒耐久性

膜电极的耐久性衰减伴随着其组成材料的衰减，主要体现在催化剂、催化剂载体、质子交换膜等关键材料上。因此，针对材料的加速应力测试方法在实践中具有广泛的应用。

（1）针对催化剂 Pt 颗粒的加速应力测试通常采用的测试条件

单电池温度为 80℃，阳极气体为氢气，阴极气体为氮气，阳极气体流量为 0.2NL/min，阴极气体流量为 0.8NL/min，阴阳极气体湿度均为 100%RH，阴阳极出口背压均设置为 50.0kPa（表压）。

（2）测试步骤

测试前，按照 4.4.1 节所述方法进行极化曲线测试，并按照 4.4.4 节所述方法进行电化学活性面积测试，记录初始性能。测试以 0.60 ~ 0.95V 之间的方波电压循环作为加速工况，每个循环工况在 0.95V 停留 3s，快速切换至 0.60V 停留 3s，两个电压切换时间间隔不应超过 0.5s，每个循环工况的时长应为 6s（即电压切换时间应均匀计入 0.60V 和 0.95V 的停留时间）；开始方波电压循环前，设置单电池电压为 0.6V，并保持 30s，如图 4-15 所示。方波循环每进行 3000 次，进行可逆损失恢复和性能复测。可逆损失恢复程序由制造商提供，或使用氮气吹扫单电池阴阳极，直至单电池电压下降至 0.1V，立即停机，然后静置不超过 24h；按照 4.4.1 节所述方法进行极化曲线测试，直至指定电流密度（如 1.4A/cm$^2$）对应的电压衰减幅度超过 20% 或方波电压循环次数达到 30000 次，按照第 4.4.4 节所述方法进行电化学活性面积测试。

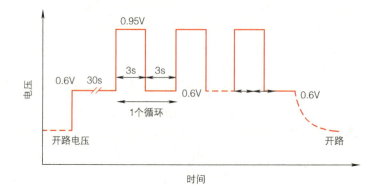

图 4-15　方波电压循环示意图

按照式（4-11）计算膜电极电压衰减幅度：

$$\chi_1 = \frac{V_0 - V_{i,1}}{V_0} \times 100\% \tag{4-11}$$

式中，$\chi_1$ 为电压衰减幅度；$V_{i,1}$ 为方波电压扫描循环 $i$ 次后极化曲线中指定电流密度（如 $1.4A/cm^2$）对应的电压（V）；$V_0$ 为方波电压扫描循环开始前，极化曲线中指定电流密度（如 $1.4A/cm^2$）对应的电压（V）。

按照式（4-12）计算膜电极电化学活性面积衰减幅度：

$$\gamma_1 = \frac{S_{ECA,0} - S_{ECA,1}}{S_{ECA,0}} \times 100\% \tag{4-12}$$

式中，$\gamma_1$ 为电化学活性面积衰减幅度；$S_{ECA,1}$ 为方波电压循环结束时膜电极电化学活性面积（$m^2/g$）；$S_{ECA,0}$ 为初始时刻膜电极电化学活性面积（$m^2/g$）。

对某款样品按照上述方法进行催化剂 Pt 颗粒耐久性测试，方波循环次数共计为 30000 次，耐久前后极化曲线和循环伏安曲线测试结果分别如图 4-16 和图 4-17 所示。以 $1.2A/cm^2$ 作为额定电流密度，初始时刻对应的电压为 0.6543V，30000 次方波循环后测得的 $1.2A/cm^2$ 对应电压为 0.4837V，电压衰减幅度为 26.07%。初始时刻电化学活性面积测试的结果为 $37.655m^2/g$，30000 次方波循环后测得的电化学活性面积为 $15.867m^2/g$，电化学活性面积衰减幅度为 57.86%。

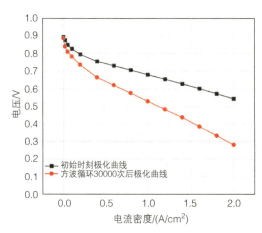

图 4-16 Pt 颗粒耐久性测试前后极化曲线

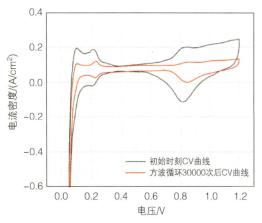

图 4-17 Pt 颗粒耐久性测试前后 CV 曲线

### 4.5.3 催化剂碳载体耐久性

当催化剂载体受到腐蚀时，Pt 等贵金属催化剂将加速发生团聚、流失等现象，燃料电池催化剂载体的稳定性对膜电极的性能有明显的影响。在燃料电池内部，阳极反应相对较易发生，阴极侧催化剂载体的稳定性对性能的影响相对更大，故行业对阴极侧催化剂载体耐久性的测试方法更为关注。

测试催化剂阴极侧碳载体耐久性推荐在此条件下进行：单电池温度为 80℃，阴阳极气体分别为氮气和氢气，流量均为 0.5NL/min，阴阳极气体湿度均为 100%RH，出口背压均设置为 0.0kPa（表压）。

采用三角波电压循环加速碳载体衰减，测试时按以下步骤进行：测试前，按照 4.4.1 节和 4.4.4 节所述方法进行极化曲线测试和电化学活性面积测试。测试时，采用 1.0～1.5V 间的三角波电压循环作为加速工况，扫描速度为 0.5V/s，每完成一次 1.0～1.5V 再回到 1.0V 作为一个电压循环，在重新开始电压循环前，设置单电池电压为 1.0V，并在此电压下保持 30s，如图 4-18 所示。每进行 500 次三角波电压循环后，对单电池进行可逆损失恢复，可逆损失恢复程序可由制造商提供，或使用氮气吹扫单电池阴阳极，直至单电池电压下降至 0.1V，立即停机，然后静置不超过 24h，之后进行极化曲线测试。按照加速工况—性能恢复—极化曲线的顺序，重复该过程，直至指定电流密度（如 1.4A/cm²）对应的电压衰减幅度超过 20% 或三角波电压循环次数达到 5000 次，记录三角波循环总次数，按照 4.4.4 节所述方法进行电化学活性面积测试。

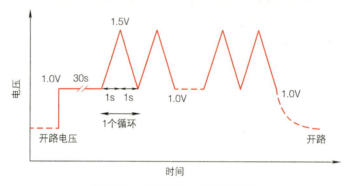

图 4-18 三角波电压循环示意图

根据式（4-13）计算膜电极电压衰减幅度：

$$\chi_2 = \frac{V_0 - V_{i,2}}{V_0} \times 100\% \tag{4-13}$$

式中，$\chi_2$ 为电压衰减幅度；$V_{i,2}$ 为三角波电压扫描循环 $i$ 次后，极化曲线中指定电流密度（如 1.4A/cm²）对应的电压（V）；$V_0$ 为三角波电压扫描循环开始前，极化曲线中指定电流密度（如 1.4A/cm²）对应的电压（V）。

根据式（4-14）计算膜电极电化学活性面积衰减幅度：

$$\gamma_2 = \frac{S_{ECA,0} - S_{ECA,2}}{S_{ECA,0}} \times 100\% \tag{4-14}$$

式中，$\gamma_2$ 为电化学活性面积衰减幅度；$S_{ECA,2}$ 为三角波电压循环结束时膜电极电化学活性面积（m²/g）；$S_{ECA,0}$ 为初始时刻膜电极电化学活性面积（m²/g）。

对某款样品按照上述方法进行催化剂载体耐久性测试，三角波循环次数共计为 3000 次，耐久前后极化曲线和循环伏安曲线测试结果分别如图 4-19 和图 4-20 所示。以 1.2A/cm² 作为额定电流密度，初始时刻对应的电压为 0.6451V，3000 次三角波循环后测得的 1.2A/cm² 对应电压为 0.5711V，电压衰减幅度为 11.47%。初始时刻电化学活性面积测试的结果为 35.646m²/g，30000 次方波循环后测得的电化学活性面积为 22.980m²/g，电化学活性面积衰减幅度为 35.53%。

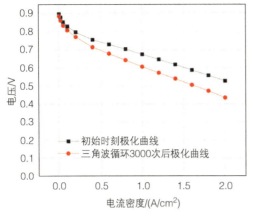
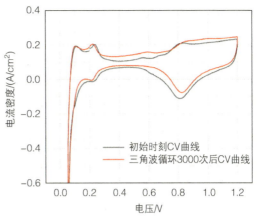

图 4-19 催化剂载体耐久性测试前后极化曲线　　图 4-20 催化剂载体耐久性测试前后 CV 曲线

### 4.5.4　质子交换膜机械稳定性

燃料电池运行、启停过程中，质子交换膜面临湿度的变化，质子交换膜的溶胀可能伴随机械损伤的风险。质子交换膜机械稳定性测试通过向膜电极内部循环融入干气和湿气，模拟其吸水和失水过程，通过性能、透氢电流密度变化等观测质子交换膜的衰减。

测试质子交换膜机械稳定性推荐的测试条件为：单电池温度 80℃，阴阳极气体均为氮气，阴阳极气体流量均为 2NL/min，阴阳极出口被压均为 0.0kPa（表压）。

测试步骤如下：按照 4.4.1 节和 4.4.5 节所述方法进行极化曲线测试和透氢电流密度测试，得到膜电极的初始性能指标。测试质子交换膜机械稳定性时，阴阳极进口气体切换为干气持续 2min，然后将加湿罐以 90℃加湿阴阳极进口气体持续 2min；作为一个干湿循环，每重复 2000 次干湿循环后，对单电池进行可逆损失恢复，可逆损失恢复程序由制造商提供或使用氮气吹扫单电池阴极，直至单电池下降至 0.1V 立即停机，静置不超过 24h，之后进行极化曲线测试。重复"干湿循环—可逆损失恢复—极化曲线"测试过程，直至指定电流密度（如 1.4A/cm²）对应的电压衰减幅度超过 20% 或干湿循环次数达到 20000 次，记录干湿循环总次数，并按照 4.4.5 节所述方法进行透氢电流密度测试。

测试完成后，按照式（4-15）计算膜电极性能衰减幅度：

$$\chi_3 = \frac{V_0 - V_{i,3}}{V_0} \times 100\% \qquad (4\text{-}15)$$

式中，$\chi_3$ 为性能衰减幅度；$V_{i,3}$ 为干湿循环 $i$ 次后，极化曲线中指定电流密度（如 1.4A/cm²）对应的电压（V）；$V_0$ 为干湿循环开始前，极化曲线中指定电流密度（如 1.4A/cm²）对应的电压（V）。

按照式（4-16）计算膜电极透氢电流密度增长幅度：

$$\varsigma_1 = \frac{i_{0,1} - i_{0,0}}{i_{0,0}} \times 100\% \qquad (4\text{-}16)$$

式中，$\varsigma_1$ 为透氢电流密度增长幅度；$i_{0,1}$ 为干湿循环结束时膜电极的透氢电流密度（mA/cm²）；$i_{0,0}$ 为干湿循环开始前膜电极的透氢电流密度（mA/cm²）。

对某款样品按照上述方法进行质子交换膜机械稳定性测试，干湿循环次数共计为6000次，耐久前后极化曲线如图4-21所示。以1.2A/cm²作为额定电流密度，初始时刻对应的电压为0.6500V，6000次干湿循环后测得的1.2A/cm²对应电压为0.5825V，电压衰减幅度为10.38%。直读法获取的初始时刻透氢电流密度为1.303mA/cm²，6000次干湿循环后测得的透氢电流密度为3.339mA/cm²，透氢电流密度增长幅度为156.25%。

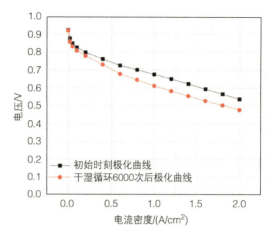

图4-21 质子交换膜机械稳定性测试前后极化曲线

### 4.5.5 质子交换膜化学稳定性

燃料电池启停过程中，由于氢/空界面的存在可能出现高电位，或燃料电池在低电流密度下运行时电压较高（一般高于0.85V），均可能造成质子交换膜的化学腐蚀。质子交换膜上的氟元素流失，表现出开路电压下降及透氢电流密度增高等现象，并可能伴随质子交换膜的破损，进而带来安全风险。

质子交换膜化学稳定性测试采用连续开路的方法加速化学腐蚀。测试时，单电池温度为90℃，阳极和阴极分别通入30%RH湿度的氢气和空气，气体流量设置为膜电极在0.2A/cm²电流密度对应阴阳极流量的10倍，阴阳极出口背压均为0kPa（表压）。

测试前，进行极化曲线测试和透氢电流密度测试，记录膜电极初始性能。测试时，每在开路状态下运行50h就对单电池进行可逆损失恢复，可逆损失恢复程序由制造商提供或使用氮气吹扫单电池阴阳极，直至单电池下降至0.1V立即停机，静置不超过24h，之后进行极化曲线测试。重复"开路运行—可逆损失恢复—极化曲线"测试过程，直至开路电压衰减幅度超过10%或指定电流密度（如1.4A/cm²）对应的电压衰减幅度超过20%，或开路工况运行时长达到500h，进行透氢电流密度测试，并记录开路工况运行总时长。

单电池在持续开路状态下运行第3min的开路电压平均值，作为初始时刻开路电压$V_0$。测试结束时，以开路测试结束前1min的开路电压平均值作为终止时刻开路电压$V_1$，根据式（4-17）计算开路电压衰减幅度：

$$\lambda = \frac{V_0 - V_1}{V_0} \times 100\% \quad (4\text{-}17)$$

式中，$\lambda$为开路电压衰减幅度（%）；$V_1$为开路工况终止时刻开路电压（V）；$V_0$为开路工况初始时刻开路电压（V）。

按照式（4-18）计算膜电极性能衰减幅度：

$$\chi_4 = \frac{V_0 - V_{i,4}}{V_0} \times 100\% \quad (4\text{-}18)$$

式中，$\chi_4$ 为性能衰减幅度（%）；$V_{i,4}$ 为开路工况结束后，极化曲线中指定电流密度（如 1.4A/cm²）对应的电压（V）；$V_0$ 为开路工况开始前，极化曲线中指定电流密度（如 1.4A/cm²）对应的电压（V）。

按照式（4-19）计算膜电极透氢电流密度增长幅度：

$$\varsigma_2 = \frac{i_{0,2} - i_{0,0}}{i_{0,0}} \times 100\% \qquad (4\text{-}19)$$

式中，$\varsigma_2$ 为透氢电流密度增长幅度（%）；$i_{0,2}$ 为开路工况结束时膜电极的透氢电流密度（mA/cm²）；$i_{0,0}$ 为开路工况开始前膜电极的透氢电流密度（mA/cm²）。

对某款样品按照上述方法进行质子交换膜化学稳定性测试。测试的开路时长共计为 84h，初始开路电压为 0.9612V，结束时开路电压为 0.6610V，开路电压衰减幅度为 31.23%。耐久前后的极化曲线如图 4-22 所示。以 1.2A/cm² 作为额定电流密度，初始时刻对应的电压为 0.6612V，96h 开路测试后测得的 1.2A/cm² 对应电压为 0.4863V，电压衰减幅度为 26.45%。初始时刻透氢电流密度测试的结果为 2.4mA/cm²，6000 次干湿循环后测得的透氢电流密度为 39.1mA/cm²，透氢电流密度增长幅度为 1620%。

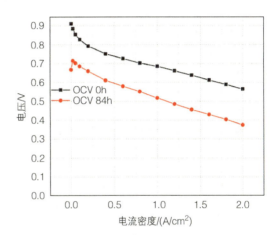

图 4-22 质子交换膜化学稳定性测试前后极化曲线

## 4.6 燃料电池分布特性测试评价

### 4.6.1 分区测试技术概述

由于燃料电池内部复杂的传热传质耦合过程，气体浓度、温度、水含量等多物理场的不均匀分布，因此局部性能具有不一致性，从而影响了整体的输出性能及耐久性。随着燃料电池堆的功率不断增加，单电池的有效反应面积逐渐上升。由于局部运行工况、结构以及制造的差异性，燃料电池实际运行过程中不均匀性更加显著，降低了整体效率并且加速了性能衰退。

分区测试技术是一种有效的在线诊断工具，适用于研究燃料电池局部电化学反应与温度分布特性。为了实现电流密度分布特性的测试，一般需要将传统的流场板、集流板进行分块绝缘处理。为了实现温度分布特性的测试，一般通过将热电偶放置于燃料电池内部的不同位置实现温度测量，也有研究采用热敏电阻来实现温度测量。

### 4.6.2 分区测试原理

电流密度分布特性的测试方法主要有如下几种：子电池法、霍尔传感器法、印刷电路板法和霍尔传感器法等。

子电池法将被测燃料电池划分为彼此绝缘的若干子电池,各部分都由单独的负载控制,实现电流密度分布的测量。该方法需要对膜电极、双极板以及燃料电池结构进行大幅改动,装配随机性较高,可重复操作性差,且与真实情况相似度较差。

霍尔传感器法基于霍尔效应,将载流体置于磁场中时,由于垂直于电流和磁场方向会产生电压,因此根据电压值可以反推算出载流体的电流。该方法可能会受到外部磁场干扰,且彼此通道之间存在信号干扰的情况,因此存在一定的不稳定性。

印刷电路板法使用多层印刷电路板替代传统集流板,实现集流板不同区域的分割,使用已知阻值采样电阻的电势差来计算不同区域的电流,从而得到相应的电流密度。

温度分布特性的测试方法主要有如下两种:热电偶法与热敏电阻法。热电偶法是指将热电偶布置在燃料电池内部的特定位置,从而获取到温度数值。热敏电阻法是指采用电阻值随着温度的变化而改变的传感器电阻,利用热敏电阻的电阻-温度特性来计算温度数值。

### 4.6.3　分区测试单电池示例

燃料电池分区测试单电池组成部件包括端板、绝缘板、集流板、流场板、膜电极、气体扩散层以及螺栓、螺母、弹簧垫片、密封垫片等,如图4-23所示。

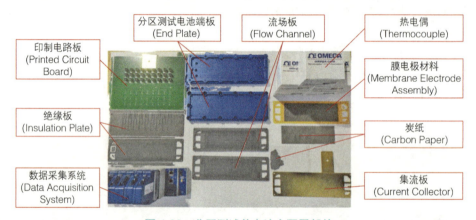

图4-23　分区测试单电池主要零部件

在燃料电池分区测试中,将不同分区的电流分别集流并保证彼此绝缘是十分重要的。分区流场板作为一个重要的零部件,需要综合考虑分区绝缘的可行性、流场板密封性以及良好的机械加工性能。分区绝缘石墨板的主要制作流程如下:

1)在浸渍后的石墨板基材中加工出沟槽,其中沟槽的设计根据分区数量来设计,如27分区一般需要加工"4横10纵"的沟槽。

2)使用绝缘材料对基材的沟槽进行充分填充,静置一段时间,直至绝缘材料完全固化。

3)将基材中绝缘材料固化过程中的溢出部分完全磨平,同时将基材另一面进行打磨直至绝缘沟槽漏出。

4)在上述基材的基础上完成流场精加工,形成分区流场板的成品。

制作时石墨基材的厚度变化如图 4-24 所示。

除了分区绝缘石墨板，印制电路板是另外一个重要的零部件，其用来代替常规的集流板。图 4-25 给出了 27 分区的印制电路板示例，其中 27 个集流块由尺寸相同的铜片组成，与分块绝缘流场板相应区域对应，负责收集每个区域的电流；每个分区对应一个采样电阻，采样电阻阻值已知，通过测试电阻两端的电势差，结合欧姆定律来计算得到相应的电流数值。

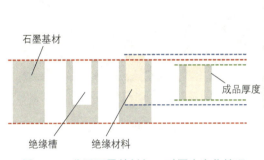

图 4-24　分区石墨基材加工时厚度变化情况

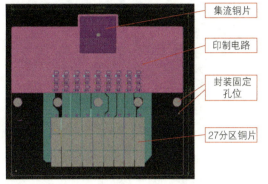

图 4-25　27 分区印制电路板示例

### 4.6.4　数据采集系统

由于分布特性测试系统涉及大量电信号、温度信号，因此需要特定的数据采集系统来完成数据的采集，如通过电压采集卡实现电压信号的采集，选用温度采集卡实现温度信号的采集。此外，需要编写上位机程序，实现电压、温度信号的采集以及实时控制。

### 4.6.5　电流密度与温度分布均匀性评估

为了评估电流密度分布的均匀性，可以使用局部电流密度标准偏差 $\sigma_i$ 进行表征。$\sigma_i$ 越小，则代表电流密度均匀性越好，$\sigma_i$ 可用由式（4-20）计算：

$$\sigma_i = \sqrt{\frac{1}{N}\sum_{n=1}^{N}(i_n - \overline{i_\mu})^2} \quad (4\text{-}20)$$

式中，$N$ 为燃料电池总的分区数；$i_n$ 为不同区域的局部电流密度；$\overline{i_\mu}$ 为局部电流密度的平均值。

温度分布均匀性 $\sigma_T$ 的评估方法与电流密度相同，$\sigma_T$ 可用由式（4-21）计算：

$$\sigma_T = \sqrt{\frac{1}{N}\sum_{n=1}^{N}(T_n - \overline{T_\mu})^2} \quad (4\text{-}21)$$

式中，$N$ 为燃料电池总的分区数；$T_n$ 为不同区域的局部温度；$\overline{T_\mu}$ 为局部温度的平均值。

除此之外，也可以直接通过局部电流密度与局部温度的极值、极差等参数进行分析或者评估，视具体的需求而定。

### 4.6.6 实测数据案例

这里以 27 分区的单电池分布特性测试系统举例，图 4-26 为测试系统实物图，单电池有效活性面积为 $108cm^2$，包括 27 个温度信号、27 个电压信号以及 27 个电流信号。图 4-27 为每个分区所采集信号与被测单电池膜电极相应区域的对应情况。

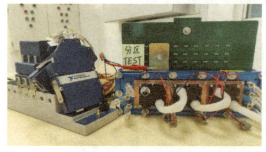

图 4-26 单电池分布特性测试系统实物图

图 4-27 分区信号与被测区域的对应情况

图 4-28a 给出了 27 个分区中电流密度信号的采集结果，经计算，平均电流密度的数值为 $0.311A/cm^2$。图 4-28b 给出了电流密度的二维云图。

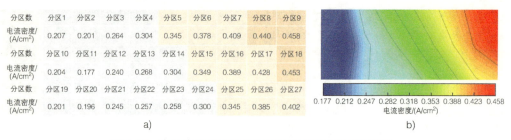

a)

b)

图 4-28 电流密度信号的采集情况及电流密度分布云图

图 4-29a 给出了 27 个分区中温度信号的采集情况，平均温度为 69.6℃。图 4-29b 给出了温度二维云图。

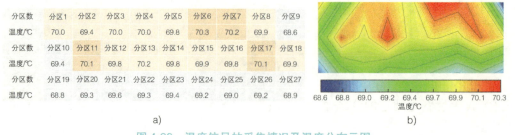

a)

b)

图 4-29 温度信号的采集情况及温度分布云图

除了上述云图分析方法，同样可以横向或者纵向对比 27 个区域的差异或者均匀性，如选择分区 1~9、分区 10~18、分区 19~27 的平均值，可用于对比流场入口分配区的设计效果，如图 4-30 所示。

分布特性测试技术作为一种在线检测技术，对于燃料电池内部的状态分布及诊断、运行工况优化、流场板设计开发等方面具有指导意义与实用价值。除了局部电流密度与温度的分布特性测试，局部水含量与局部阻抗等物理量的分布特性测试技术也处于快速发展阶段。

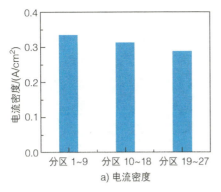 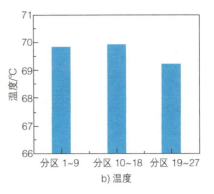

图 4-30 分区 1~9、分区 10~18、分区 19~27 的电流密度和温度平均值

## 4.7 本章小结

本章主要介绍燃料电池膜电极及单电池测试评价技术。基于国内外的测试规程、标准等进行研究和分析，围绕膜电极关键性能指标，按照膜电极尺寸、Pt 担载量、性能、耐久性四个方面展开，对膜电极的测评技术进行介绍。同时针对全尺寸膜电极面内可能存在的不均匀性，介绍了分区单电池试验方法。

### 参考文献

[1] IEC. Fuel cell technologies-Part 7-1:Test methods-Single cell performance tests for polymer electrolyte fuel cells(PEFC):IEC TS 62282-7-1:2017[S/OL].(2017-01-27) [2023-1-10].https://webstore.iec.ch/publication/31478.

[2] 全国燃料电池标准化技术委员会 . 质子交换膜燃料电池 第 5 部分：膜电极测试方法：GB/T 20042.5—2009 [S]. 北京：中国标准出版社，2009.

[3] 王睿迪，吕炎，王晓兵，等 . 质子交换膜燃料电池膜电极耐久性相关标准简析 [J]. 中国标准化，2022(7):205-211.

# Chapter 05

# 第 5 章
# 燃料电池堆测试评价

燃料电池堆作为燃料电池发动机的核心部分,其性能直接影响燃料电池发动机的性能。随着技术水平的不断发展,燃料电池堆的功率密度、冷起动能力和耐久性等越发受到关注。本章从应用角度出发,将燃料电池堆性能的关键参数分为安全性能、关键性能、环境适应性和耐久性四个大类进行测试评价,对各关键指标参数的测试方法和应用案例进行介绍。

## 5.1 概述

燃料电池堆由多个燃料电池单体以串联方式层叠组合构成,主要包括膜电极(MEA)、双极板、集流板、绝缘板、端板及密封件和紧固件等。工作时,氢气和空气分别经燃料电池堆气体通道分配至各单电池的双极板,经双极板导流分配至反应界面,在催化剂的作用下发生氧化还原反应,将化学能转化为电能。

按照双极板类型的不同,燃料电池堆主要分为石墨板堆、金属板堆、复合板堆三种。

1)石墨板堆的优点在于质量轻、耐蚀性好、寿命长,但是由于石墨的特性导致批量加工相对困难,且厚度不易做薄。

2)金属板堆的主要优点在于良好的机械强度、易于加工、便于大批量生产,容易做薄从而做到更高的体积功率密度,缺点在于密度高、较重,易发生腐蚀。

3)复合板堆一般又分为石墨复合板和复合石墨/金属板,复合板堆结合了金属板堆和石墨板堆的优点,在提高机械强度的同时有良好的易加工性和耐蚀性。

目前燃料电池堆以金属板堆和石墨复合板堆为主,其中,金属板堆主要应用于乘用车,石墨板堆和复合板堆则多应用于商用车。

燃料电池行业的快速发展,对测试评价方法提出了更高的要求。目前国内外缺少统一的燃料电池堆性能测试评价标准,对关键指标的定义也不尽相同。不同的试验方案及定义导致燃料电池堆关键性能指标缺乏对比基础，评价方法不同也使企业的产品无法得到清晰的定位，不利于燃料电池堆行业的健康可持续发展。基于此，本章搭建了涵盖燃料电池堆安全性能、关键性能、环境适应性及耐久性的综合性能测试评价体系，如图 5-1 所示。

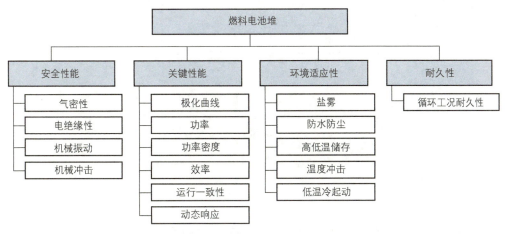

图 5-1　燃料电池堆综合性能测试评价体系

在这个燃料电池堆综合性能测试评价体系中，气密性、电绝缘性、机械振动、机械冲击是评价燃料电池堆安全性能的重要指标；极化曲线、功率、功率密度、效率、运行一致性、动态响应是评价燃料电池堆关键性能的重要指标；盐雾、防水防尘、高低温储存、温度冲击、低温冷起动是评价燃料电池堆环境适应性的重要指标；循环工况耐久性是评价燃料电池堆耐久性的重要指标。

## 5.2　试验设备和试验要求

对于燃料电池堆来说，上述综合性能测试评价体系涉及的设备，区别于其他领域的测试设备主要为燃料电池堆测试台、气密性测试台和低温冷起动测试系统。其中低温冷起动测试系统的核心部分仍然为燃料电池堆测试台；气密性测试台与其他领域的气密性测试设备大致原理相同，主要区别在于压力的调节范围和需控制压力的通道数量不同。故本节主要就燃料电池堆测试台的构成和要求进行介绍。试验要求方面，样品的状态及试验条件的差异，也会对测试结果造成较大的影响，5.2.2 节将对试验要求进行介绍。

### 5.2.1　燃料电池堆测试台

在燃料电池堆测试台领域，覆盖了"膜电极 - 短堆 - 整堆"各个功率等级，对快速增湿、EIS、特殊气体混合等特殊测试也有较为完善的方案。本节以某款大功率燃料电池堆测试台为例进行简要介绍。

图 5-2 所示为一台 150kW 的燃料电池堆测试台，其主要由内部设备区、测试区、电子负载、上位机构成，配合外部氢气 / 空气 / 氮气等气体供应、去离子水供应、冷冻水供应、尾排等构成一个完整的燃料电池堆测试系统。

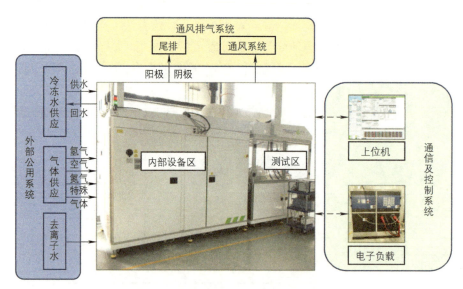

图 5-2 燃料电池堆测试系统构成示意图

燃料电池堆测试台的主要功能是控制气体流量、温度、湿度、压力，冷却回路的流量、温度、压力，电子负载的电流或电压，使其在样品要求的技术条件下运行，其结构原理如图 5-3 所示。

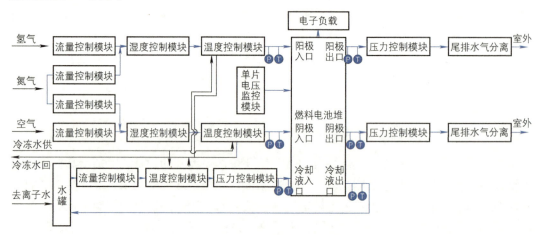

图 5-3 燃料电池堆测试台结构原理图

燃料电池堆测试台各部分功能介绍如下：

1）氢气供应模块。对供应到台架的氢气流量、温度、压力、湿度进行调节，使其在样品的技术条件下运行。同时，实时对相关参数进行测量记录。反应后未消耗完的氢气，经水气分离后排入大气。

2）空气供应模块。对供应到台架的空气流量、温度、压力、湿度进行调节，使其在样品的技术条件下运行。同时，实时对相关参数进行记录。反应后未消耗完的空气，经水气分离后排入大气。

3）氮气供应模块。氮气供应模块的功能分为两类：一类为吹扫功能，对测试前后的样品气体腔体进行吹扫，排出腔内的液态水和其他气体；另一类为气体供应功能，即对供应到台架的氮气流量、温度、压力、湿度进行调节，使其可以在样品的技术条件下运行，达到使用氮气测试或混合氮气测试的目的。

4）冷却液供应模块。对供应到台架的冷却液流量、温度、压力进行调节，使其在样品的技术条件下运行。同时，实时对相关参数进行记录。

5）电力消耗模块。通过电子负载对燃料电池堆样品发出的电能进行消耗，从而使燃料电池堆可以按照电流/电压工况点运行。

### 5.2.2 试验要求

为了保证试验结果的可靠性和一致性，建议试验在满足以下要求的前提下进行：

1）外观要求。燃料电池堆测试样品外观完好，无开裂、变形等明显损伤。

2）气密性要求。采用压降法测试燃料电池堆的气密性，结果不低于初始压力的85%。

3）绝缘要求。燃料电池堆在加注冷却液且冷却液处于冷态循环状态下，正负极的对地绝缘数值不低于 $100\Omega/V$。

4）试验环境要求。试验环境条件海拔不超过1000m，环境温度处于23℃ ±5℃，实验室与室外保持通风；环境湿度条件在 10%~60%RH 之间。

5）试验用氢气品质要求。试验用氢气满足 GB/T 37244—2018《质子交换膜燃料电池汽车用燃料 氢气》规定的要求。

## 5.3 安全性能测试评价

由于氢气本身密度小，易泄漏，易燃易爆，易发生氢脆等，其安全性是首要问题。燃料电池堆作为氢气和空气的反应发电场所，同时存在着氢安全和电安全两方面的问题。对于车用燃料电池堆，由于汽车复杂的道路使用环境，对燃料电池堆的结构安全性又提出了较高的要求。本节主要从燃料电池堆的氢电安全和结构安全方面进行介绍，具体涉及关系氢安全的气密性试验、关系电安全的绝缘性试验、关系结构安全的振动冲击试验等。

### 5.3.1 气密性

燃料电池堆气密性测试主要包括保压测试、泄漏测试和内漏测试三类，如图5-4所示。其中保压测试包括三腔保压、阳极腔保压、阴极腔保压和冷却液保压四种；泄漏测试主要包括燃料电池堆对外泄漏速率和阳极腔泄漏速率、阴极腔泄漏速率、冷却液腔泄漏速率四种；内漏测试主要包括阳极腔向阴极腔泄漏速率、阴极腔向阳极腔泄漏速率、阳极腔和阴极腔向冷却液腔泄漏速率三种。

由于阳极腔、阴极腔、冷却液腔的单腔保压和单腔泄漏测试原理相同，因此这里仅对阳极腔保压和阳极腔泄漏速率测试进行介绍。阳极腔向阴极腔泄漏速率测试与阴极腔向阳极腔泄漏速率测试原理相同，这里仅以阳极腔向阴极腔泄漏速率测试为例进行介绍。

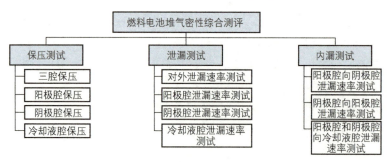

图 5-4　燃料电池堆气密性综合测评体系

**1. 试验方法**

为了保证测试的一致性，在测试开始前，燃料电池堆须处于冷态，即燃料电池堆温度处于室温（23℃ ±5℃）状态。为了对燃料电池堆气密性问题精准定位，一般燃料电池堆气密性测试台在三腔均有气体压力表和气体流量计。下面具体进行介绍。

（1）三腔保压测试

如图 5-5 所示，调压阶段，关闭燃料电池堆的阳极腔出口、阴极腔出口和冷却液腔出口，打开阳极腔入口、阴极腔入口和冷却液腔入口，向氢气流道、空气流道和冷却液流道注入氮气，压力均设定在正常工作压力（表压），压力稳定后关闭进气阀门，保持 20min，分别记录三腔压力下降值（kPa）。

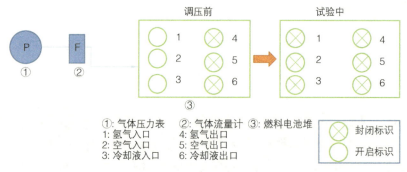

图 5-5　三腔保压测试示意图

（2）阳极腔保压测试

如图 5-6 所示，燃料电池堆处于冷态，关闭燃料电池堆的阳极腔出口、阴极腔入口、冷却液腔入口，向氢气流道内通入 50kPa（表压）的氮气，压力稳定后关闭进气阀门，保持 20min，记录阳极腔压力下降值（kPa）。

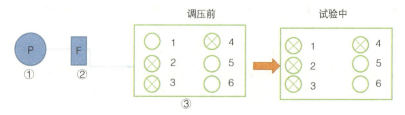

图 5-6　阳极腔保压测试示意图

（3）燃料电池堆对外泄漏速率试验

如图 5-7 所示，封闭燃料电池堆阳极腔、阴极腔、冷却液腔出口，由阳极腔、阴极腔和冷却液腔入口同时通入氮气，调整压力至允许最大工作压力；稳定 3min 后，记录后续 1min 流量平均值 $Q_a$、$Q_b$、$Q_c$。燃料电池堆对外泄漏速率 $X_3$ 按照式（5-1）求得：

$$X_3 = 2 \times 3.74 \times (Q_a + Q_b + Q_c) \tag{5-1}$$

式中，$X_3$ 为燃料电池堆对外泄漏速率（$cm^3$/min，常用 NCCM 表示）；$Q_a$ 为测得的燃料电池堆阳极入口氮气流量平均值（$cm^3$/min，常用 NCCM 表示）；$Q_b$ 为测得的燃料电池堆阴极入口氮气流量平均值（$cm^3$/min，常用 NCCM 表示）；$Q_c$ 为测得的燃料电池堆冷却液入口氮气流量平均值（$cm^3$/min，常用 NCCM 表示）。

注：3.74 来源于 GB/T 20042.2—2023 5.4 式（3）。

图 5-7　燃料电池堆对外泄漏速率测试示意图

（4）阳极腔泄漏速率测试

如图 5-8 所示，关闭燃料电池堆的阳极腔出口、阴极腔入口和冷却液腔入口，将氮气以最大允许压力由阳极腔入口通入燃料电池堆，保持压力稳定 1min，使腔内气体压力达到平衡；读取燃料电池堆的阳极腔气体窜到阴极腔、阳极腔气体窜到冷却液腔、阳极腔气体泄漏至大气中的内漏和外漏之和 $Q_d$。燃料电池堆阳极腔泄漏速率 $X_d$ 按照式（5-2）求得：

$$X_d = 2 \times 3.74 \times Q_d \tag{5-2}$$

式中，$X_d$ 为阳极腔泄漏速率（$cm^3$/min）；$Q_d$ 为测得的阳极腔氮气泄漏速率平均值（$cm^3$/min）。

图 5-8　阳极腔泄漏速率测试示意图

（5）阳极腔向阴极腔的窜气速率测试

如图 5-9 所示，封闭燃料电池堆阳极腔出口、阴极腔入口以及冷却液腔出入口，由阳极腔入口接入氮气，调整压力至阴阳极腔允许最大压力差，稳定 1min 后，读取阴极腔出口流量计示数。阳极腔向阴极腔的窜气速率 $X_1$ 按照式（5-3）求得：

$$X_1 = 2 \times 3.74 \times Q_1 \tag{5-3}$$

式中，$X_1$ 为阳极腔向阴极腔的窜气速率（$cm^3$/min）；$Q_1$ 为测得的阳极腔向阴极腔的氮气窜气流量平均值（$cm^3$/min）。

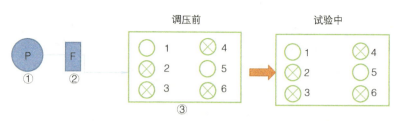

图 5-9　阳极腔向阴极腔的窜气速率测试方法示意图

（6）阳极腔和阴极腔向冷却液腔的窜气速率测试

如图 5-10 所示，封闭燃料电池堆阴极腔、阳极腔出口及冷却液腔入口，打开冷却液腔出口。由阳极腔和阴极腔入口处同时通入氮气，调整气压至燃料电池堆正常工作压力，稳定 1min 后，读取冷却液腔出口流量计示数。阳极腔和阴极腔向冷却液腔的窜气速率 $X_2$ 按照式（5-4）求得：

$$X_2 = 2 \times 3.74 \times Q_2 \qquad (5-4)$$

式中，$X_2$ 为阳极腔和阴极腔向冷却液腔的窜气速率（$cm^3/min$）；$Q_2$ 为测得的阳极腔和阴极腔向冷却液腔的氮气窜气流量平均值（$cm^3/min$）。

图 5-10　阳极腔和阴极腔向冷却液腔的窜气速率测试示意图

**2. 试验验证**

根据上述气密性试验方法，对某车用燃料电池堆的气密性进行试验验证，试验结果介绍如下。

（1）三腔保压

如图 5-11 所示，测试压力为 150kPa±2kPa（表压），在 20min 的三腔保压试验后，三腔压降的平均值为 0.833kPa。三腔保压试验是在阳极腔、阴极腔和冷却液腔分别加入相同压力的气体，进行保压试验。由于三腔内气体压力值相近，因此不存在三腔之间的气体内漏情况，可以有效测试氢燃料电池堆有无外漏情况。如无明显外漏，其气体压力应无明显下降趋势。

（2）阳极腔保压

如图 5-12 所示，测试压力为 50kPa±2kPa（表压），其在 20min 的保压后压降为 26kPa。试验过程中阳极腔与其他两腔之间存在压力差，其表现出的压降是阳极腔向其他腔的内漏和向大气中的外漏综合因素导致的，其中最主要的因素是阳极腔向阴极腔的内漏，这是质子交换膜的特性导致的。

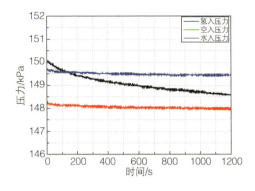

图 5-11 三腔保压测试数据图

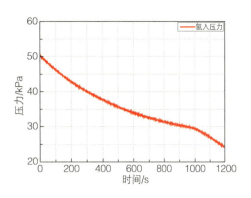

图 5-12 阳极腔保压测试数据图

（3）对外泄漏速率

如图 5-13 所示，测试压力为 150kPa±2kPa（表压），其在三腔入口流量计流量值均为 0cm³/min。由于测试时三腔压力值相同，气体内漏情况可以忽略，因此三腔气路无明显外漏情况。

（4）阳极腔泄漏速率

如图 5-14 所示，测试压力为 50kPa±2kPa（表压），其在阳极腔泄漏速率测试中，阳极腔入口流量计的流量值稳定在 129.00cm³/min。由于阳极腔压力高于其他两腔，同时存在不同腔体之间的内漏情况以及向外界大气中的外漏情况，因此，阳极腔总泄漏可以测得阳极腔向其他两腔的内漏以及阳极腔的外漏情况。

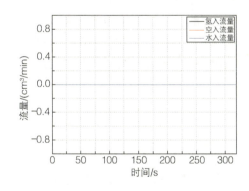

图 5-13 燃料电池堆对外泄漏速率测试数据图

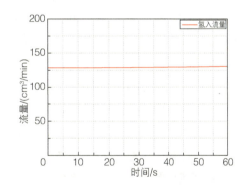

图 5-14 阳极腔泄漏速率测试数据图

（5）阳极腔向阴极腔的窜气速率

如图 5-15 所示，测试压力为 50kPa±2kPa（表压），其在阳极腔向阴极腔的窜气速率测试中，阴极腔出口流量计的数值稳定在 123.00cm³/min。阴极腔出口流量计的示数高低即表示内漏程度。

（6）阳极腔和阴极腔向冷却液腔的窜气速率

如图 5-16 所示，测试压力为 150kPa±2kPa（表压），其在阳极腔和阴极腔向冷却液腔的窜气速率测试中，冷却液腔出口的流量值始终为 0.00cm³/min。这个测试结果表明阴极和阳极与冷却液腔之间未发生内漏情况。

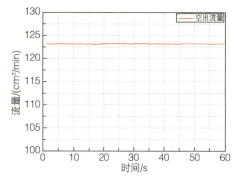
图 5-15 阳极腔向阴极腔窜气速率数据图

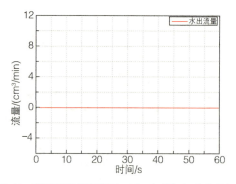
图 5-16 阳极腔和阴极腔向冷却液腔窜气速率数据图

### 5.3.2 电绝缘

燃料电池堆是发电装置，随着燃料电池堆的功率等级越来越高，其电压等级也越来越高，对绝缘性能的要求也越来越高。燃料电池堆绝缘性能的好坏直接关系到安全，同时也影响燃料电池系统的持续正常运行。本节介绍车用燃料电池堆的电绝缘性能测试方法。

电绝缘性能一般通过绝缘电阻测试仪进行测试。在测试燃料电池堆的绝缘电阻时，为防止测试平台对测试结果准确性的影响，应保证燃料电池堆与测试平台之间处于断开状态。具体测试步骤如下：

1）将燃料电池堆冷却液腔内充满冷却液且冷却液处于冷态不循环状态。

2）将绝缘电阻测试仪档位设置到 1000V 档位。

3）测量燃料电池堆正极和负极对"地"的绝缘电阻 $R_x$。

其中"地"位置的选取一般为与燃料电池堆的"地"为等电位的端板或壳体上的金属部件等，"地"的选取顺序建议为端板、绑带、螺栓；若前者为非金属部件，则按顺序依次选择。此外，由于冷却液电导率的高低会对绝缘性能造成影响，因此建议进行绝缘性能测试时，冷却液的电导率应不高于 $5\mu S/cm$。

绝缘电阻值按式（5-5）计算：

$$R=R_x \times 10^3/1000 \quad (5-5)$$

式中，$R$ 为绝缘电阻值（$k\Omega/V$）；$R_x$ 为绝缘电阻测试仪读数（$M\Omega$）。

依据上述试验方法，对某款车用燃料电池堆电绝缘性能进行试验验证。由于该款燃料电池堆的端板及壳体均有绝缘涂层，因此选取燃料电池堆的螺栓位置为测试中"地"的位置。通入燃料电池堆中的冷却液电导率为 $1.57\mu S/cm$。试验结果如下：如图 5-17 所示，被测燃料电池堆的正极相对"地"的绝缘电阻值 $>4000k\Omega/V$，负极相对"地"的绝缘电阻值 $>4000k\Omega/V$。

对于燃料电池堆而言，影响其电绝缘性能的因素主要有环境因素、燃料电池堆绝缘板、密封件等。外部环境方面，高湿的环境导致空气中水分增多，往往对电绝缘的挑战更大；内部运行环境方面，由于燃料电池堆工作需要冷却液，因此与双极板直接接触的冷却液的电导率就至关重要。这也是燃料电池堆运行中使用去离子水或低电导率冷却液的原因。除此之外，燃料电池堆与高压连接处的绝缘处理、绝缘板的厚度、密封件的耐电压强度等都会影响到燃料电池堆的电绝缘性能。

图 5-17　电绝缘测试照片

### 5.3.3　机械振动

燃料电池汽车在路面行驶引起的冲击、振动都可能会导致燃料电池堆结构发生变化，从而引起气密性和电绝缘性能的变化，进一步对燃料电池堆的性能产生影响。因此，燃料电池堆的耐振动特性是影响整车运行可靠性的重要因素之一。

对于振动试验来说，首先是振动谱的选择。目前，国内外尚无针对燃料电池堆的专用振动试验标准。GB/T 33978—2017《道路车辆用质子交换膜燃料电池模块》中规定了燃料电池模块的振动试验方法，其中振动谱引用自 SAE J2380—2009。该振动谱目前被广大燃料电池企业参考引用。本节主要介绍燃料电池堆振动相关试验，其中振动谱参考 SAE J2380—2009。

**1. 试验方法**

燃料电池堆振动的测试一般包含以下步骤：

1）对燃料电池堆进行初始外观检查，并进行初始气密性测试、电绝缘性能测试。

2）将燃料电池堆安装至燃料电池堆测试台，进行初始额定功率测试。

3）将燃料电池堆安全固定在振动测试台的台面上。

4）依据表 5-1 中的振动强度和振动时长的要求对燃料电池堆进行振动试验。

5）试验后观察燃料电池堆外观是否出现裂缝、扭曲变形等缺陷。

6）若外观无明显损伤，则进行阳极腔向阴极腔窜气速率、阳极腔和阴极腔向冷却液腔窜气速率及燃料电池堆对外泄漏速率测试，并进行电绝缘测试。

7）将燃料电池堆安装至燃料电池堆测试台上进行额定功率复测。

耐机械振动性能的判定一般包含以下三部分。首先是对样品外观的检查，振动后燃料电池堆的机械结构不应发生损坏，外观不应有明显损伤；其次是安全性检查、气密性试验均满足要求，电绝缘不低于 100Ω/V 的安全限值；最后是性能复测，振动后燃料电池堆的额定功率不应出现大幅下降情况。三部分均满足，则认为燃料电池堆具有良好的耐机械振动性能。

**2. 试验验证**

根据上述试验方法对某款燃料电池堆进行机械振动测试，并对振动前后的气密性、电绝缘及额定功率测试结果进行了对比分析。

表 5-1 燃料电池堆振动工况表

| 序号 | 振动方向 | 频率/Hz | 振动加速度/$g_{rms}$ | 振动时间/h | 序号 | 振动方向 | 频率/Hz | 振动加速度/$g_{rms}$ | 振动时间/h |
|---|---|---|---|---|---|---|---|---|---|
| 1 | 垂直振动 | 10 | 1.99 | 0.15 | 7 | 纵向振动 | 10 | 1.59 | 0.09 |
|  |  | 16 |  |  |  |  | 14 |  |  |
|  |  | 19.35 |  |  |  |  | 24 |  |  |
|  |  | 25.2 |  |  |  |  | 78.5 |  |  |
|  |  | 34.9 |  |  |  |  | 124 |  |  |
|  |  | 45 |  |  |  |  | 188.5 |  |  |
|  |  | 80 |  |  | 8 | 纵向振动 | 10 | 0.76 | 6.7 |
|  |  | 168 |  |  |  |  | 14 |  |  |
|  |  | 188.5 |  |  |  |  | 24 |  |  |
| 2 | 垂直振动 | 10 | 0.95 | 3.5 |  |  | 78.5 |  |  |
|  |  | 16 |  |  |  |  | 124 |  |  |
|  |  | 19.35 |  |  |  |  | 188.5 |  |  |
|  |  | 25.2 |  |  | 9 | 横向振动 | 10 | 1.59 | 0.09 |
|  |  | 34.9 |  |  |  |  | 14 |  |  |
|  |  | 45 |  |  |  |  | 24 |  |  |
|  |  | 80 |  |  |  |  | 78.5 |  |  |
|  |  | 168 |  |  |  |  | 124 |  |  |
|  |  | 188.5 |  |  |  |  | 188.5 |  |  |
| 3 | 垂直振动 | 10 | 1.94 | 0.15 | 10 | 横向振动 | 10 | 0.76 | 6.7 |
|  |  | 16 |  |  |  |  | 14 |  |  |
|  |  | 17.1 |  |  |  |  | 24 |  |  |
|  |  | 21.9 |  |  |  |  | 78.5 |  |  |
|  |  | 25 |  |  |  |  | 124 |  |  |
|  |  | 35 |  |  |  |  | 188.5 |  |  |
|  |  | 44.7 |  |  | 11 | 横向振动 | 10 | 1.59 | 0.09 |
|  |  | 80 |  |  |  |  | 14 |  |  |
|  |  | 169 |  |  |  |  | 24 |  |  |
|  |  | 189 |  |  |  |  | 78.5 |  |  |
| 4 | 垂直振动 | 10 | 0.95 | 3.5 |  |  | 124 |  |  |
|  |  | 16 |  |  |  |  | 188.5 |  |  |
|  |  | 17.1 |  |  | 12 | 横向振动 | 10 | 0.76 | 6.7 |
|  |  | 21.9 |  |  |  |  | 14 |  |  |
|  |  | 25 |  |  |  |  | 24 |  |  |
|  |  | 35 |  |  |  |  | 78.5 |  |  |
|  |  | 44.7 |  |  |  |  | 124 |  |  |
|  |  | 80 |  |  |  |  | 188.5 |  |  |
|  |  | 169 |  |  | 13 | 垂直振动 | 10 | 1.96 | 0.15 |
|  |  | 189 |  |  |  |  | 21.9 |  |  |
| 5 | 纵向振动 | 10 | 1.59 | 0.09 |  |  | 23.95 |  |  |
|  |  | 14 |  |  |  |  | 29.85 |  |  |
|  |  | 24 |  |  |  |  | 35 |  |  |
|  |  | 78.5 |  |  |  |  | 44.7 |  |  |
|  |  | 124 |  |  |  |  | 79.5 |  |  |
|  |  | 188.5 |  |  |  |  | 170 |  |  |
| 6 | 纵向振动 | 10 | 0.76 | 6.7 |  |  | 188.5 |  |  |
|  |  | 14 |  |  | 14 | 垂直振动 | 10 | 0.96 | 3.5 |
|  |  | 24 |  |  |  |  | 21.9 |  |  |
|  |  | 78.5 |  |  |  |  | 23.95 |  |  |
|  |  | 124 |  |  |  |  | 29.85 |  |  |
|  |  | 188.5 |  |  |  |  | 35 |  |  |
|  |  |  |  |  |  |  | 44.7 |  |  |
|  |  |  |  |  |  |  | 79.5 |  |  |
|  |  |  |  |  |  |  | 170 |  |  |
|  |  |  |  |  |  |  | 188.5 |  |  |

图 5-18～图 5-20 分别为燃料电池堆进行 $Z$ 轴、$Y$ 轴及 $X$ 轴方向的机械振动试验图片，表 5-2 为燃料电池堆机械振动试验前后外观检查、气密性、电绝缘及额定功率测试结果。可见，外观方面，振动前后外观均无明显损伤；气密性和电绝缘方面，振动前后气密性和电绝缘结果均无明显变化；额定功率方面，振动前后额定功率变化率为 −0.32%，衰减幅度较小。以上结果表明，该款燃料电池堆耐机械振动的性能良好。

图 5-18　$Z$ 轴振动试验

图 5-19　$Y$ 轴振动试验

图 5-20　$X$ 轴振动试验

表 5-2　机械振动试验前后外观、气密性、电绝缘及额定功率测试结果

| 项目 | 参数 | | 试验前检验结果 | 试验后检验结果 |
| --- | --- | --- | --- | --- |
| 外观 | 外观检查 | | 无明显外观损伤 | 无明显外观损伤 |
| 气密性 | 阳极腔向阴极腔的窜气速率/(cm³/min) | 氮气测量值 | 101.15 | 94.00 |
| | | 修正后氢气结果值 | 754.58 | 701.24 |
| | 阳极腔和阴极腔向冷却液腔的窜气速率/(cm³/min) | 氮气测量值 | 0.00 | 0.00 |
| | | 修正后氢气结果值 | 0.00 | 0.00 |
| | 燃料电池堆对外泄漏速率/(cm³/min) | 氮气测量值 | 4.25 | 3.96 |
| | | 修正后氢气结果值 | 31.71 | 29.54 |
| 电绝缘 | 绝缘电阻值 | 1000V 下正极对地/(kΩ/V) | 24.20 | 25.60 |
| | | 1000V 下负极对地/(kΩ/V) | 26.00 | 27.40 |
| | 冷却液电导率/(μS/cm) | | 2.56 | 1.98 |
| 额定功率 | 额定功率值/kW | | 85.67 | 85.39 |
| | 额定功率变化率（%） | | −0.32 | |

### 5.3.4　机械冲击

机械冲击试验同机械振动试验类似，主要区别在于加速度的大小、持续时间和测试频次。本节对机械冲击试验进行简要介绍。

机械冲击试验一般包含以下步骤：

1）将燃料电池堆安装固定在冲击试验台上。

2）在 3 个轴向即 $X$ 向、$Y$ 向、$Z$ 向上以 $5.0g$ 的冲击加速度对试验对象施加规定的半正弦冲击波，持续时间 15ms，每个方向各进行一次。

3）观察燃料电池堆是否出现裂缝、扭曲变形等缺陷。

4）若外观无明显损伤，则进行阳极腔向阴极腔窜气速率、阳极腔和阴极腔向冷却液腔窜气速率及燃料电池堆对外泄漏速率测试，并进行电绝缘测试。

5）将燃料电池堆安装至燃料电池堆测试台上进行额定功率复测。

根据上述试验方法对燃料电池堆进行机械冲击测试，并对其机械冲击测试前后的外观检查、气密性、电绝缘及额定功率测试结果进行对比。

测试试验和结果分别如图 5-21 和表 5-3 所示。外观方面，机械冲击前后外观均无明显损伤；气密性和电绝缘方面，冲击前后气密性和电绝缘结果均无明显变化；额定功率方面，由于本验证试验所用样品功率等级较低，虽然冲击前后额定功率变化率为 -1.99%，有一定的衰减幅度，但实际功率降低值为 0.11kW，冲击试验后的额定功率衰减情况亦在可接受范围内。综上可见，该款燃料电池堆的耐机械冲击性能良好。

图 5-21 机械冲击试验

表 5-3 机械冲击试验前后外观、气密性、电绝缘及额定功率测试结果

| 项目 | 参数 | | 试验前检验结果 | 试验后检验结果 |
|---|---|---|---|---|
| 外观 | 外观检查 | | 无明显外观损伤 | 无明显外观损伤 |
| 气密性 | 阳极腔向阴极腔的窜气速率 /（cm³/min） | 氮气测量值 | 5.02 | 4.96 |
| | | 修正后氢气结果值 | 37.45 | 37.00 |
| | 阳极腔和阴极腔向冷却液腔的窜气速率 /（cm³/min） | 氮气测量值 | 0.00 | 0.00 |
| | | 修正后氢气结果值 | 0.00 | 0.00 |
| | 燃料电池堆对外泄漏速率 /（cm³/min） | 氮气测量值 | 2.74 | 1.98 |
| | | 修正后氢气结果值 | 20.44 | 14.77 |
| 电绝缘 | 绝缘电阻值 /（kΩ/V） | 1000V 下正极对地 | > 4000 | > 4000 |
| | | 1000V 下负极对地 | > 4000 | > 4000 |
| | 冷却液电导率 /（μS/cm） | | 1.56 | 1.38 |
| 额定功率 | 额定功率值 /kW | | 5.52 | 5.41 |
| | 额定功率变化率（%） | | −1.99 | |

## 5.4 关键性能测试评价

对于车用燃料电池堆来说，其发电性能直接关系到车辆动力性、经济性。发电性能的相关指标主要包括极化曲线、额定功率、峰值功率、功率密度、动态响应等。其中，极化曲线是反映燃料电池堆发电性能最重要的特性，反映了不同电流密度下，燃料电池

堆对外做功的能力。额定功率和峰值功率分别反映了燃料电池堆长期稳定工作和瞬时工作的输出功率能力。体积功率密度反映了在同等功率情况下，燃料电池堆占用空间的大小，主要影响燃料电池堆在车辆上的布置；质量功率密度反映了在同等功率情况下，燃料电池堆的质量情况，主要影响车辆的经济性。动态响应主要反映燃料电池堆在动态变载情况下，发电性能的响应变化情况。本节主要围绕上述关键性能指标，对其测试方法和试验验证情况进行介绍。

### 5.4.1 极化曲线

燃料电池极化曲线反映了燃料电池电势和电流密度之间的关系，可用于诊断和控制燃料电池。除了电位-电流关系外，通过整理电位-电流的数据还可获得有关燃料电池的其他信息。一般极化曲线的测试步骤如下：

1）按照产品的技术要求对燃料电池堆进行活化和调整。

2）调节燃料电池堆试验平台参数，使燃料电池堆的进气温度、湿度、压力和冷却液出入口温度、压力处在规定范围内。

3）按照一定的工况进行加载（推荐按照表5-4），在每个工况点，运行条件达到产品规定后，持续运行一段时间。

4）降载，每个工况点持续运行30s，停机后按照产品的要求进行吹扫。

考虑到高电位对燃料电池堆寿命的不利影响，当对应加载电流的平均单电池电压值高于0.85V时，建议缩短在该工况的稳定时长，推荐的时长为每个工况点1min；其他工况点，为保证尽量获得稳定的数据，推荐的测试时长为每个工况点5min。

表5-4 极化曲线测试电流工况点及测试条件

| 加载步骤 | 电流/A | 电压/V | 时间/min | 流量或计量比/(NL/min) | | 入口压力/kPa | | 入口温度/℃ | | | 露点温度/℃ | | 冷却液出入口温差/℃ |
|---|---|---|---|---|---|---|---|---|---|---|---|---|---|
| | | | | 阳极 | 阴极 | 阳极 | 阴极 | 阳极 | 阴极 | 冷却液 | 阳极 | 阴极 | |
| 1 | 开路 | | | | | | | | | | | | |
| 2 | $0.1I_E$ | | | | | | | | | | | | |
| 3 | $0.2I_E$ | | | | | | | | | | | | |
| 4 | $0.3I_E$ | | | | | | | | | | | | |
| 5 | $0.4I_E$ | | | | | | | | | | | | |
| 6 | $0.5I_E$ | | | | | | | | | | | | |
| 7 | $0.6I_E$ | | | | | | | | | | | | |
| 8 | $0.7I_E$ | | | | | | | | | | | | |
| 9 | $0.8I_E$ | | | | | | | | | | | | |
| 10 | $0.9I_E$ | | | | | | | | | | | | |
| 11 | $I_E$ | | | | | | | | | | | | |
| ⋮ | | | | | | | | | | | | | |
| | $I_M$ | | | | | | | | | | | | |

注：$I_E$表示额定电流，$I_M$表示峰值电流。

根据上述试验方法，对某款燃料电池堆进行了极化曲线测试，并对不同电流点对应的燃料电池堆电压、阴阳极反应气体的计量比、入口压力、阴阳极腔和冷却液腔的入口温度、反应气体的露点温度以及冷却液出入口温差进行了测量记录，详见表 5-5 及图 5-22。

表 5-5 燃料电池堆极化曲线测试条件及结果

| 电流 /A | 电压 /V | 计量比 /(NL/min) | | 入口压力 /kPa | | 入口温度 /℃ | | | 露点温度 /℃ | | 冷却液出入口温差 /℃ |
|---|---|---|---|---|---|---|---|---|---|---|---|
| | | 阳极 | 阴极 | 阳极 | 阴极 | 阳极 | 阴极 | 冷却液 | 阳极 | 阴极 | |
| 开路 | 316.1 | — | — | 39.95 | 20.71 | 81.02 | 78.46 | 77.38 | 61.50 | 62.10 | 0.28 |
| 26.0 | 269.2 | 4.0 | 4.0 | 40.00 | 20.02 | 79.14 | 79.11 | 77.17 | 60.95 | 62.52 | 1.46 |
| 52.0 | 257.4 | 3.0 | 3.0 | 49.98 | 29.99 | 76.62 | 81.14 | 78.26 | 60.00 | 62.03 | 2.91 |
| 78.0 | 246.8 | 2.0 | 2.0 | 49.99 | 30.04 | 76.00 | 81.48 | 78.45 | 59.75 | 61.07 | 4.73 |
| 104.0 | 241.3 | 2.0 | 2.0 | 65.00 | 45.01 | 76.21 | 81.56 | 78.66 | 59.54 | 60.22 | 5.39 |
| 130.0 | 239.0 | 2.0 | 2.0 | 90.01 | 70.01 | 77.75 | 81.07 | 79.08 | 59.28 | 59.32 | 5.93 |
| 156.0 | 236.4 | 2.0 | 2.0 | 109.99 | 90.04 | 80.18 | 80.35 | 79.38 | 59.21 | 59.51 | 6.39 |
| 182.0 | 234.2 | 2.0 | 2.0 | 130.02 | 110.02 | 80.75 | 79.94 | 78.53 | 59.01 | 59.72 | 6.84 |
| 208.0 | 230.6 | 2.0 | 2.0 | 140.01 | 119.94 | 80.63 | 79.68 | 78.83 | 58.87 | 59.85 | 7.42 |
| 234.0 | 226.9 | 2.0 | 2.0 | 150.00 | 129.99 | 80.41 | 79.42 | 79.13 | 58.43 | 59.84 | 7.95 |
| 260.0 | 221.7 | 2.0 | 2.0 | 149.98 | 129.97 | 80.46 | 79.32 | 78.29 | 58.13 | 59.79 | 8.26 |
| 286.0 | 216.8 | 2.0 | 2.0 | 150.01 | 130.00 | 80.56 | 79.16 | 78.11 | 57.89 | 59.47 | 8.29 |
| 312.0 | 211.7 | 2.0 | 2.0 | 150.01 | 129.94 | 80.67 | 79.00 | 78.27 | 58.21 | 58.83 | 8.37 |
| 338.0 | 206.5 | 2.0 | 2.0 | 150.00 | 130.01 | 80.62 | 78.85 | 78.28 | 58.45 | 59.07 | 8.55 |
| 364.0 | 200.9 | 2.0 | 2.0 | 150.00 | 130.01 | 80.63 | 78.61 | 78.57 | 58.55 | 59.94 | 8.66 |
| 390.0 | 195.0 | 2.0 | 2.0 | 150.02 | 129.98 | 80.56 | 78.64 | 78.62 | 58.70 | 59.94 | 8.86 |
| 416.0 | 188.8 | 2.0 | 2.0 | 149.99 | 129.99 | 80.53 | 78.58 | 78.91 | 58.64 | 60.12 | 9.03 |
| 442.0 | 182.0 | 2.0 | 2.0 | 149.95 | 129.94 | 80.37 | 78.45 | 78.46 | 58.31 | 57.66 | 9.49 |

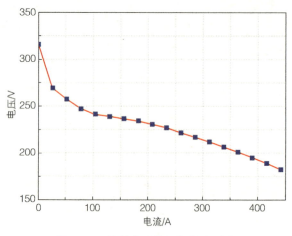

图 5-22 燃料电池堆极化曲线测试

## 5.4.2 额定功率

额定功率是指燃料电池堆在特定工况下能够持续工作时的输出功率。测试时，一般以 60min 作为可持续运行的时限。额定功率的测试与极化曲线类似，只是稳定的工况点和时长有所区别。额定功率的测试步骤如下：

1）按照给定的工况（可参考表 5-4）进行加载，直至加载到额定电流点。
2）在额定电流点持续稳定运行 60min。
3）按照产品规定的方法停机。

取燃料电池堆在额定电流点稳定运行 60min 对应功率的平均值作为额定功率。

根据上述试验方法，对某款燃料电池堆进行了额定功率测试，测试条件见表 5-6，测试结果见表 5-7 和图 5-23。

表 5-6  某款燃料电池堆额定功率测试条件

| 一级条目 | 二级条目 | 参数 | 单位 |
| --- | --- | --- | --- |
| 氢气（直排） | 氢气计量比 | 2.0 | — |
| | 氢气入口压力（表压） | 170.00 | kPa |
| | 氢气进气温度 | 81.97 | ℃ |
| | 氢气流量 | 2139.98 | NL/min |
| | 氢气湿度 | 92.48 | %RH |
| 空气 | 空气计量比 | 2.5 | — |
| | 空气入口压力（表压） | 160.03 | kPa |
| | 空气进气温度 | 81.34 | ℃ |
| | 空气流量 | 6374.49 | NL/min |
| | 空气湿度 | 62.97 | %RH |
| 冷却液 | 冷却液入口压力 | 160.35 | kPa |
| | 冷却液入口温度 | 72.15 | ℃ |
| | 冷却液出口温度 | 79.07 | ℃ |
| | 冷却液流量 | 230.00 | L/min |

表 5-7  某款燃料电池堆额定功率测试结果

| 序号 | 项目 | 结果 | 单位 |
| --- | --- | --- | --- |
| 1 | 额定电流 | 484.00 | A |
| 2 | 额定功率下平均单电池电压 | 0.6570 | V |
| 3 | 额定功率 | 100.80 | kW |

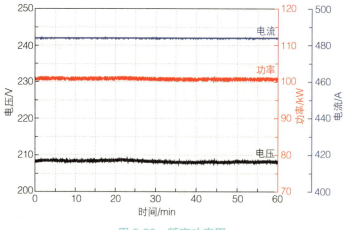

图 5-23 额定功率图

### 5.4.3 峰值功率

峰值功率是指燃料电池堆可以瞬时输出的最大功率。峰值功率的测试方法与额定功率测试方法基本一致,不再做详细介绍。区别在于峰值功率下持续运行的时间较短,一般建议不少于 1min。

对某款燃料电池堆进行了峰值功率测试验证,峰值功率运行时间为 1min,结果取 1min 运行功率的平均值。测试条件见表 5-8,测试结果见表 5-9 和图 5-24。

表 5-8 某款燃料电池堆峰值功率测试条件

| 一级条目 | 二级条目 | 参数 | 单位 |
| --- | --- | --- | --- |
| 氢气(直排) | 氢气计量比 | 2.0 | — |
| | 氢气入口压力(表压) | 170.01 | kPa |
| | 氢气进气温度 | 81.97 | ℃ |
| | 氢气流量 | 2285.75 | NL/min |
| | 氢气湿度 | 91.71 | %RH |
| 空气 | 空气计量比 | 2.4 | — |
| | 空气入口压力(表压) | 160.10 | kPa |
| | 空气进气温度 | 81.14 | ℃ |
| | 空气流量 | 6536.46 | NL/min |
| | 空气湿度 | 62.67 | %RH |
| 冷却液 | 冷却液入口压力 | 165.26 | kPa |
| | 冷却液入口温度 | 72.60 | ℃ |
| | 冷却液出口温度 | 79.97 | ℃ |
| | 冷却液流量 | 233.31 | L/min |

表 5-9　某款燃料电池堆峰值功率测试结果

| 序号 | 项目 | 结果 | 单位 |
| --- | --- | --- | --- |
| 1 | 峰值电流 | 517.00 | A |
| 2 | 峰值功率下平均单电池电压 | 0.6452 | V |
| 3 | 峰值功率 | 105.74 | kW |

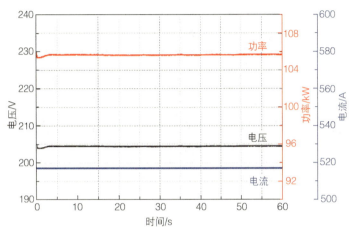

图 5-24　峰值功率图

### 5.4.4　功率密度

对于燃料电池堆来说，功率密度分为体积功率密度（单位为 kW/L）和质量功率密度（单位为 W/kg）两类。本节对体积功率密度和质量功率密度的测试和计算方法进行介绍。

**1. 体积功率密度**

体积功率密度指燃料电池堆输出功率和其体积的比值。体积功率密度的测试方法不同，则得到的结果亦不相同。对于同一款燃料电池堆，假设其带有封装外壳，一般常见的体积测量方式有以下四种：

1）测量包含封装外壳的燃料电池堆体积。
2）拆除封装外壳，测试包含端板的裸堆的整体体积。
3）不含端板，仅测试两个集流板之间部分的体积。
4）以燃料电池堆活性面积为基准，同集流板之间距离的乘积作为体积。

不同的体积测试方法，对体积功率密度的结果影响很大。本节介绍的体积测试方法是基于以上第三种体积测试方法，具体测试方法介绍如下。

测试燃料电池堆体积前，需对被测的燃料电池堆进行必要的拆解，以便对其体积进行测量。燃料电池堆体积测量示意图如图 5-25 所示，体积根据式（5-6）计算，需要注意的是宽度 $w$ 不包括端板、绝缘板、集流板，但应包括所有极板。

$$V_{\text{Stack}} = (lh - S_{\text{A}})w/10^6 \tag{5-6}$$

式中，$V_{\text{Stack}}$ 为燃料电池堆体积（L）；$l$ 为双极板外廓长度（mm）；$h$ 为双极板外廓高度（mm）；$S_{\text{A}}$ 为不小于双极板外轮廓面积 4% 的连续空白区域面积之和（$mm^2$）；$w$ 为燃料电池堆宽度（mm）。

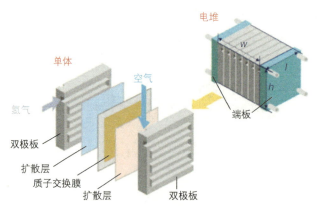

图 5-25 燃料电池堆体积测量示意图

对于双极板长度，应测量燃料电池堆双极板长度方向的最远外廓尺寸；对于双极板高度，应测量燃料电池堆双极板高度方向的最远外廓尺寸。图 5-26 枚举了可能的测量场景，其他测量场景可参考执行。

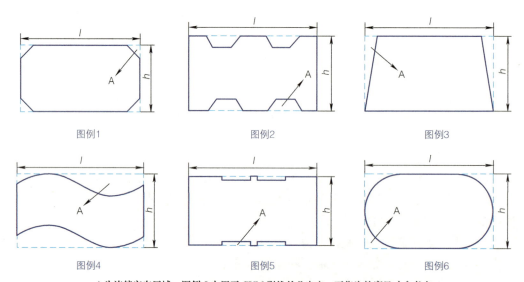

A 为连续空白区域；图例 5 中用于 CVM 引线的凸出点，不作为轮廓尺寸参考点

图 5-26 燃料电池堆长宽测量示意图

其中，对于连续空白区域面积大于等于双极板外廓面积（$lh$）4% 的部分，计算双极板面积时需去除该部分面积（氢气、空气、水路通道除外）。连续空白区域面积的计算，建议基于被测试对象的双极板实物进行测量计算。

按式（5-7）进行体积功率密度计算：

$$\text{VSP}_{\text{Stack}} = P_{\text{Stack}} / V_{\text{Stack}} \tag{5-7}$$

式中，$\text{VSP}_{\text{Stack}}$ 为燃料电池堆体积功率密度（kW/L）；$P_{\text{Stack}}$ 为燃料电池堆功率（kW）。

体积功率密度结果一般向下保留小数点后一位。

## 2. 质量功率密度

质量功率密度指燃料电池堆输出功率和其质量的比值,具体按式(5-8)进行计算:

$$\text{MSP}_{\text{Stack}} = P_{\text{Stack}} \times 1000 / m_{\text{Stack}} \quad (5\text{-}8)$$

式中,$\text{MSP}_{\text{Stack}}$ 为燃料电池堆质量功率密度(W/kg);$m_{\text{Stack}}$ 为燃料电池堆质量(kg)。

质量功率密度结果一般向下保留小数点后一位。

## 3. 试验验证

一般主要关注燃料电池堆在额定和峰值功率下的功率密度,故本节验证主要针对这两个典型功率下的功率密度进行介绍。

根据前面所述试验方法,对某款燃料电池堆进行体积功率密度测试,试验结果见表 5-10,尺寸测量如图 5-27 所示。燃料电池堆的双极板外廓尺寸长度为 299.86mm,双极板外廓尺寸宽度为 137.83mm,双极板的外廓面积为 41329.70mm²。由于此燃料电池堆不含连续空白区域面积超过燃料电池堆双极板外廓面积 4% 的区域,因此双极板的有效面积为 41329.70mm²。双侧端板之间的宽度为 583.09mm,计算得到燃料电池堆的体积测试结果为 24.10L。此燃料电池堆的额定功率及峰值功率分别为 75.10kW 和 80.32kW,根据体积功率密度计算方法,得到该燃料电池堆的额定体积功率密度及峰值体积功率密度分别为 3.1kW/L 和 3.3kW/L。

图 5-27 燃料电池堆尺寸测量

表 5-10 某款燃料电池堆体积功率密度试验结果

| 序号 | 项目 | 结果 | 单位 |
| --- | --- | --- | --- |
| 1 | 双极板外轮廓长度 $l$ | 299.86 | mm |
| 2 | 双极板外轮廓高度 $h$ | 137.83 | mm |
| 3 | 双极板外轮廓面积($lh$) | 41329.70 | mm² |
| 4 | 连续空白区域个数 | 0 | — |
| 5 | 不小于双极板外轮廓面积 4% 的连续空白区域个数 | 0 | — |
| 6 | 不小于双极板外轮廓面积 4% 的连续空白区域面积之和 $S_A$ | 0.00 | mm² |
| 7 | 双极板有效面积 $lh-S_A$ | 41329.70 | mm² |
| 8 | 两个端板之间宽度 $w$ | 583.09 | mm |
| 9 | 燃料电池堆体积 $V_{\text{Stack}}$ | 24.10 | L |
| 10 | 额定功率 | 75.10 | kW |
| 11 | 峰值功率 | 80.32 | kW |
| 12 | 额定体积功率密度 | 3.1 | kW/L |
| 13 | 峰值体积功率密度 | 3.3 | kW/L |

根据前面所述方法，对某款燃料电池堆进行质量功率密度测试，试验结果如图 5-28 及表 5-11 所示。该款燃料电池堆的质量为 14.0kg，额定功率及峰值功率分别为 5.20kW 和 6.16kW，根据质量功率密度计算方法，得到燃料电池堆的额定质量功率密度及峰值质量功率密度分别为 371.4W/kg 和 440.0W/kg。

### 5.4.5 效率

燃料电池堆效率一般分为理论效率和实际效率两种。理论效率是通过假设所有的吉布斯自由能均能转化为电能得到的，其效率与电势成正比。实际效率为燃料电池堆发出的电能与实际消耗的氢气能量的比值。

图 5-28　某款燃料电池堆质量功率密度测试

表 5-11　某款燃料电池堆质量功率密度测试结果

| 序号 | 项目 | 结果 | 单位 |
| --- | --- | --- | --- |
| 1 | 质量 | 14.0 | kg |
| 2 | 额定功率 | 5.20 | kW |
| 3 | 峰值功率 | 6.16 | kW |
| 4 | 额定质量功率密度 | 371.4 | W/kg |
| 5 | 峰值质量功率密度 | 440.0 | W/kg |

一般使用氢气低热值下对应的电势进行燃料电池堆的理论效率计算，如式（5-9）所示：

$$\eta_{\text{LHV}} = \frac{V}{1.254} \tag{5-9}$$

式中，$\eta_{\text{LHV}}$ 为燃料电池堆理论效率（%）；$V$ 为燃料电池堆平均单电池电压（V）。

燃料电池堆实际效率 $\eta_{\text{Stack}}$ 根据式（5-10）计算：

$$\eta_{\text{Stack}} = \frac{22.414 \times 60 \times P_{\text{Stack}}}{q \times \text{LHV}_{\text{H}_2}} \times 100\% \tag{5-10}$$

式中，$\eta_{\text{Stack}}$ 为燃料电池堆的实际效率（%）；$q$ 为氢气流量（NL/min）；$P_{\text{Stack}}$ 为燃料电池堆功率（kW）；$\text{LHV}_{\text{H}_2}$ 为氢气低热值，为 242kJ/mol。

根据上述计算方法，对某款燃料电池堆极化曲线不同电流点的燃料电池堆效率值进行计算，如图 5-29 所示。可以看出，随着工作电流的提升，该燃料电池堆功率明显提升的同时，效率总体呈现先上升后下降的趋势。当工作电流达到 150A 时，该燃料电池堆的效率值达到最高值 33.5%；当达到最大的工作电流 540A 时，该燃料电池堆效率值为 28.3%。这里应该注意的是，该燃料电池堆的效率是在燃料电池堆测试台上测试得到的，其氢气采用直排的模式，多余的氢气直接排出到大气，未进行循环处理，因而得出的效率较低。在实际装车使用时，燃料电池堆会配备氢气循环系统，氢气的利用率会大大提高，从而得到更高的实际效率。

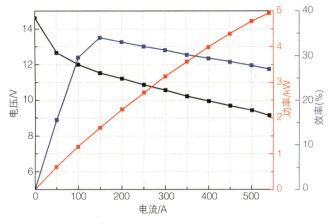

图 5-29　燃料电池堆效率

## 5.4.6　电压一致性

燃料电池堆由多片燃料电池单电池堆叠组成，燃料电池堆的电压一致性不仅可以反映各单片的工艺一致性，也能够反映燃料电池堆的装配工艺水平，是衡量燃料电池堆质量的重要指标之一。燃料电池堆在工作时的电压一致性一般采用变异系数和极差进行衡量，具体通过式（5-11）和式（5-12）计算变异系数：

$$C_V = \frac{\sigma_V}{V_{mean}} \times 100\% \tag{5-11}$$

$$\sigma_V = \sqrt{\frac{q}{n}\sum_{i=1}^{n/q}\left(\frac{V_i}{q} - V_{mean}\right)^2} \tag{5-12}$$

式中，$C_V$ 为变异系数；$\sigma_V$ 为单电池电压标准偏差（V）；$V_{mean}$ 为燃料电池堆单电池电压平均值（V）；$q$ 为每个单电池电压采集通道所包含的单电池数量；$n$ 为燃料电池堆的单电池数量；$V_i$ 为燃料电池堆在指定电流运行时第 $i$ 个单电池电压采集通道的数值（V）。

极差计算为

$$V_R = (V_{max} - V_{min}) \times 1000 \tag{5-13}$$

式中，$V_R$ 为极差（mV）；$V_{max}$ 为单电池电压最大值（V）；$V_{min}$ 为单电池电压最小值（V）。

如图 5-30 所示，某款燃料电池堆在额定电流下的最高单电池电压为 0.6217V，最低单电池电压为 0.5817V，极差为 40mV。各单电池电压之间的偏差越大，燃料电池堆单电池的一致性就越差；各单电池电压之间的偏差越小，表明燃料电池堆单电池的一致性越好。如图 5-31 所示，从变异系数角度，该燃料电池堆的变异系数随工作电流的增加而变大。

极差反映了最高单电池电压和最低单电池电压的差值，体现单电池的个体差异；变异系数则反映各单电池电压的整体偏差情况，两者结合可以对燃料电池堆单电池电压的一致性进行综合评价。对于燃料电池堆来说，个别单电池电压过低往往是由于该片存在气体分配不足、排水不畅或膜电极缺陷等问题导致的；长期运行时，由于该单电池长期工作在不健康的状态下，往往会首先发生失效，进而导致燃料电池堆的整体失效，因此一致性是燃料电池堆企业重点关注的技术指标之一。

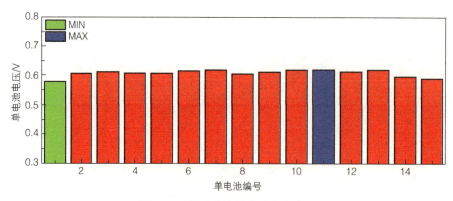

图 5-30　额定电流下的单电池电压

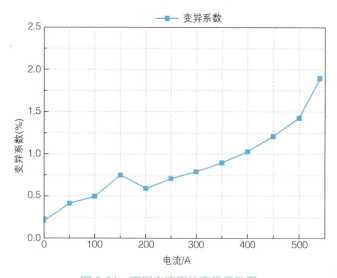

图 5-31　不同电流下的变异系数图

### 5.4.7　动态响应

动态响应是指燃料电池堆在大幅度变载工况时关键参数的响应情况。对于燃料电池堆测试而言，由于燃料电池堆需要的水、电、气均为台架提供，故一般在燃料电池堆测试台上主要关注电流大幅度增加或降低时电压的变化情况。对于动态响应的变载测试区间，建议取 10%~90% 额定电流（或额定功率）区间。

推荐的动态响应测试步骤如下：

1）按照产品规定的加载动态响应截止点工作条件设置燃料电池堆测试平台。

2）加载至产品规定的怠速电流点，稳定运行 1min。

3）进行动态阶跃加载，至动态阶跃的截止电流点。

4）在该电流点稳定运行 1min。

5）进行动态阶跃卸载，直至动态阶跃的截止电流点。

6）在该电流点稳定运行 1min。

7）按照产品的技术要求降载停机。

依据上述测试方法对某款燃料电池堆进行动态响应测试，试验条件见表 5-12，试验结果见表 5-13 和图 5-32。

表 5-12　某款燃料电池堆加载截止电流点对应的试验条件

| 阳极流量/(NL/min) | 阴极流量/(NL/min) | 冷却液流量/(L/min) | 阳极压力/kPa | 阴极压力/kPa | 阳极湿度/(%RH) | 阴极湿度/(%RH) |
| --- | --- | --- | --- | --- | --- | --- |
| 1642.80±3.00 | 3949.05±3.00 | 150.00±2.00 | 150.00±2.00 | 130.00±2.00 | 40.00±5.00 | 40.00±5.00 |

表 5-13　某款燃料电池堆动态响应试验结果

| 起始点电流/A | 截止点电流/A | 起始点电压/V | 截止点电压/V | 起始功率/kW | 截止功率/kW | 响应时间/s |
| --- | --- | --- | --- | --- | --- | --- |
| 26.0 | 364.0 | 286.90 | 201.69 | 7.46 | 73.42 | 0.4 |
| 364.0 | 26.0 | 199.14 | 288.72 | 72.49 | 7.51 | 0.2 |

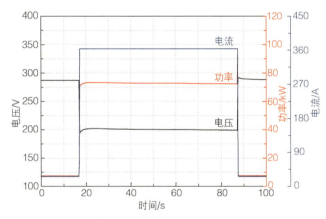

图 5-32　动态响应测试曲线

## 5.5　环境适应性测试评价

燃料电池汽车在实际使用中往往会经历高低温、灰尘等恶劣环境。为了满足使用需求，作为燃料电池汽车的核心部件，车用燃料电池堆也应具备良好的环境适应性。本节从耐盐雾、防水防尘、高低温储存、低温冷起动等方面进行介绍。

### 5.5.1　耐盐雾性能

盐雾测试是一种主要利用盐雾试验设备所创造的人工模拟盐雾环境条件来考核产品尤其是金属材料耐蚀性的环境试验。为了进行盐雾试验前后的产品情况对比，燃料电池堆进行盐雾试验前，需要检查样品外观，确保其无破裂、锈蚀等现象。

试验用盐溶液采用氯化钠（化学纯或分析纯）和蒸馏水或去离子水配制，其浓度为 5%±1%（质量分数），在 35℃±2℃下测量 pH 值在 6.5~7.2 之间。将试验对象放入盐雾箱按图 5-33 所示循环进行测试。一个循环持续 24h，在 35℃±2℃下对试验对象喷雾 8h，然后静置 16h，共进行 6 个循环。试验结束后，在试验环境温度下静置 12h 以上。

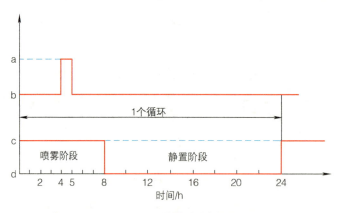

图 5-33　盐雾试验循环

a—低压上电监控　b—连接线束完毕，不通电　c—打开（喷盐雾）　d—关闭（停喷盐雾）

燃料电池堆进行盐雾试验后，须对样品进行检查，外观应无外壳破裂、锈蚀等现象，并建议进行气密性、绝缘和额定功率复测，以确保燃料电池堆性能未受到影响。

根据上述试验方法，对某款燃料电池堆进行盐雾测试，并对其盐雾测试前后的气密性、电绝缘及额定功率测试结果进行对比，测试照片如图 5-34 和图 5-35 所示，结果见表 5-14。盐雾试验后燃料电池堆的气密性和绝缘性均未发生明显变化；盐雾试验前后额定功率变化率仅为 −0.20%，波动在正常范围内，未现明显性能衰减。可见，该燃料电池堆的耐盐雾性能良好。

表 5-14　某款燃料电池堆盐雾试验前后外观、气密性、电绝缘及额定功率测试结果

| 项目 | 参数 | | 试验前检验结果 | 试验后检验结果 |
| --- | --- | --- | --- | --- |
| 外观 | 外观检查 | | 无外壳破裂、锈蚀等现象 | 外观良好，无外壳破裂、锈蚀 |
| 气密性 | 阳极腔向阴极腔的窜气速率 /($cm^3$/min) | 氮气测量值 | 36.67 | 35.34 |
| | | 修正后氢气结果值 | 273.56 | 263.64 |
| | 阳极腔和阴极腔向冷却液腔的窜气速率 /($cm^3$/min) | 氮气测量值 | 0.00 | 0.00 |
| | | 修正后氢气结果值 | 0.00 | 0.00 |
| | 燃料电池堆对外泄漏速率 /($cm^3$/min) | 氮气测量值 | 40.15 | 38.56 |
| | | 修正后氢气结果值 | 299.52 | 287.66 |
| 电绝缘 | 绝缘电阻值 /(kΩ/V) | 1000V 下正极对地 | > 4000 | > 4000 |
| | | 1000V 下负极对地 | > 4000 | > 4000 |
| | 冷却液电导率 /(μS/cm) | | 1.36 | 1.48 |
| 额定功率 | 额定功率值 /kW | | 65.34 | 65.21 |
| | 额定功率变化率（%） | | −0.20 | |

 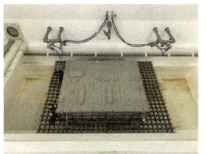

图 5-34 盐雾试验前样品

 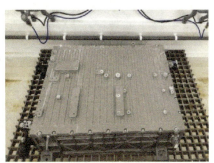

图 5-35 盐雾试验后样品

### 5.5.2 防水防尘性能

**1. IP 等级介绍**

对于额定电压不超过 72.5kV 的电气设备,一般其外壳均需要满足一定的防护等级,主要目的有三个:

1)保护人体不会直接与外壳内的危险部件接触。
2)防止固体异物进入外壳内对设备造成有害影响。
3)防止水进入外壳内对设备造成有害影响。

外壳提供的防护等级用 IP 代码表示。IP 代码配置说明如图 5-36 所示。

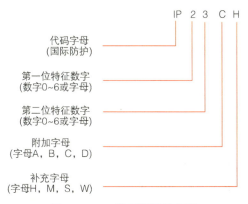

图 5-36 IP 代码配置示意图

不要求规定特征数字时，采用"X"代替，如两个都省略，则用"XX"；附加字母和（或）补充字母可省略，无需代替；当使用一个以上的补充字母时，应按字母顺序排列。IP代码各要素的简要说明见表5-15。

表5-15 IP代码各要素的简要说明

| 组成 | 数字或字母 | 对设备防护的含义 | 对人员防护的含义 |
| --- | --- | --- | --- |
| 代码字母 | IP | — | — |
| 第一位特征数字 | | 防止固体异物进入 | 防止接近危险部件 |
| | 0 | 无防护 | 无防护 |
| | 1 | ≥直径50mm | 手背 |
| | 2 | ≥直径12.5mm | 手指 |
| | 3 | ≥直径2.5mm | 工具 |
| | 4 | ≥直径1.0mm | 金属线 |
| | 5 | 防尘 | 金属线 |
| | 6 | 尘密 | 金属线 |
| 第二位特征数字 | | 防止浸水造成有害影响 | — |
| | 0 | 无防护 | — |
| | 1 | 垂直滴水 | — |
| | 2 | 15°滴水 | — |
| | 3 | 淋水 | — |
| | 4 | 溅水 | — |
| | 5 | 喷水 | — |
| | 6 | 猛烈喷水 | — |
| | 7 | 短时间浸水 | — |
| | 8 | 连续浸水 | — |
| | 9 | 高温/高压喷水 | — |
| 附加字母（可选择） | | — | 防止接近危险部件 |
| | A | — | 手背 |
| | B | — | 手指 |
| | C | — | 工具 |
| | D | — | 金属线 |
| 补充字母（可选择） | | 专门补充的信息 | — |
| | H | 高压设备 | — |
| | M | 做防水试验时试样运行 | — |
| | S | 做防水试验时试样静止 | — |
| | W | 气候条件 | — |

**2. 燃料电池堆防水防尘性能试验**

目前还没有专门针对燃料电池堆的IP等级标准，企业一般选择较为严格的IP等级进行测试。本节选取燃料电池堆行业内选择较多的IP67测试（即防护级别为防止尘密进入和短时间浸水）进行介绍。

（1）防尘试验（IP6X）

试验在防尘箱中进行，如图 5-37 所示。密闭试验箱内的粉末循环泵可用能使滑石粉悬浮的其他方法代替。滑石粉应用金属方孔筛滤过。金属丝直径 50μm，筛孔尺寸为 75μm，滑石粉用量为每立方米试验箱容积 2kg，使用次数不得超过 20 次。

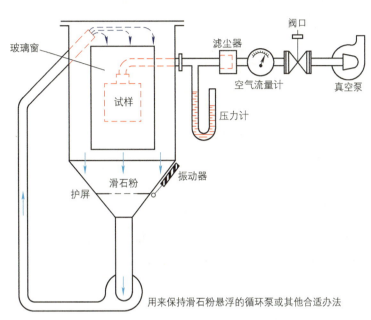

图 5-37　检验防尘试验装置（防尘箱）

将被试样品按正常工作位置放入试验箱内，但不与真空泵连接。在正常情况下开启的泄水孔，试验期间应保持开启。试验持续 8h。

（2）防水试验（IPX7）

将燃料电池模块浸入潜水箱，被试外壳按产品规定的安装状态全部浸入水中，并满足下列条件：

1）高度小于 850mm 的外壳最低点，应低于水面 1000mm。
2）高度等于或大于 850mm 的外壳最高点，应低于水面 150mm。
3）试验持续时间 30min。
4）水温与试样温差不大于 5K。

（3）防水防尘试验接受条件

防尘试验结束后，应打开样品外壳检查灰尘进入情况，一般以无明显的灰尘进入判定为合格；防水试验结束后，应检查外壳进水情况，一般以无明显水渍判定为合格。此外，防尘防水试验结束后，建议进行气密、绝缘检查并进行性能复测，以进一步判定样品是否可正常运行。

（4）试验验证

根据上述试验方法，对某款燃料电池堆进行防水防尘测试，并对其防水防尘测试前后的气密性、电绝缘及额定功率测试结果进行对比，结果见表 5-16。

表 5-16　某款燃料电池堆防水防尘试验前后气密性、电绝缘及额定功率测试结果

| 项目 | 参数 | | 试验前检验结果 | 试验后检验结果 |
|---|---|---|---|---|
| 一般检查 | 外壳内应无明显灰尘和水渍 | | 外壳内无明显灰尘和水渍 | 外壳内无明显灰尘和水渍 |
| 气密性 | 阳极腔向阴极腔的窜气速率 /（$cm^3$/min） | 氮气测量值 | 38.57 | 39.65 |
| | | 修正后氢气结果值 | 287.73 | 295.79 |
| | 阳极腔和阴极腔向冷却液腔的窜气速率 /（$cm^3$/min） | 氮气测量值 | 0.00 | 0.00 |
| | | 修正后氢气结果值 | 0.00 | 0.00 |
| | 燃料电池堆对外泄漏速率 /（$cm^3$/min） | 氮气测量值 | 43.25 | 39.66 |
| | | 修正后氢气结果值 | 322.65 | 295.86 |
| 电绝缘 | 绝缘电阻值 /（kΩ/V） | 1000V 下正极对地 | > 4000 | > 4000 |
| | | 1000V 下负极对地 | > 4000 | > 4000 |
| | 冷却液电导率 /（μS/cm） | | 1.69 | 1.79 |
| 额定功率 | 额定功率值 /kW | | 68.16 | 67.53 |
| | 额定功率变化率（%） | | −0.92 | |

防水防尘试验后燃料电池堆的气电安全性结果基本无变化；通过额定功率复测，计算额定功率变化率为 −0.92%，在正常功率波动范围内。

### 5.5.3　高低温储存性能

高低温储存性能是反映燃料电池堆在极端温度下存放对其性能的影响，一般低温储存选择 −40℃，高温储存选择 60℃。

低温储存试验步骤如下：

1）将燃料电池堆置于 −40℃环境温度中，静置 12h 以上。

2）试验环境温度升至 25℃，静置 12h 以上。

3）重复以上过程，共 3 次。

4）对燃料电池堆进行气密性复测。

在低温储存试验后进行高温储存试验，其试验步骤如下：

1）将燃料电池堆置于 60℃环境温度中，静置 12h 以上。

2）试验环境温度降至 25℃，静置 12h 以上。

3）重复以上过程，共 3 次。

4）对燃料电池堆进行气密性复测。

试验结束后对燃料电池堆额定功率性能进行测试。

根据上述试验方法，对燃料电池堆进行高低温储存测试，并对其高低温储存测试前后的气密性及储存前后额定功率测试结果进行对比，如图 5-38 和表 5-17 所示。

图 5-38　高低温储存试验

表 5-17 某款燃料电池堆高低温储存试验前后气密性及额定功率测试结果

| 项目 | 参数 | | 试验前检验结果 | 试验后检验结果 |
|---|---|---|---|---|
| 气密性 | 阳极腔向阴极腔的窜气速率 / ($cm^3$/min) | 氦气测量值 | 50.93 | 52.96 |
| | | 修正后氢气结果值 | 379.94 | 395.08 |
| | 阳极腔和阴极腔向冷却液腔的窜气速率 / ($cm^3$/min) | 氦气测量值 | 0.00 | 0.00 |
| | | 修正后氢气结果值 | 0.00 | 0.00 |
| | 燃料电池堆对外泄漏速率 / ($cm^3$/min) | 氦气测量值 | 49.63 | 48.76 |
| | | 修正后氢气结果值 | 370.24 | 363.75 |
| 额定功率 | 额定功率值 /kW | | 66.32 | 65.61 |
| | 额定功率变化率（%） | | -1.07 | |

可见，高低温储存试验后该燃料电池堆的气密性无明显变化；通过额定功率复测，计算额定功率变化率为 -1.07%，在正常的功率波动范围内。

### 5.5.4 耐温度冲击性能

耐温度冲击性能是考核环境温度突变对产品性能的影响情况。在进行温度冲击测试时，燃料电池堆的相关接口可采取必要的密封措施。具体试验步骤如下：

1）将试验对象置于（-40±2）℃ ~（60±2）℃（根据产品的技术要求和使用场景，也可采用更严苛的试验温度）的交变温度环境中，两种极端温度的转换时间在 30min 以内。

2）试验对象在每个极端温度环境中保持 8h，共循环 5 次。

3）试验结束后，在室温下静置 12h 以上。

4）检查样品外观是否有破损、开裂等损伤情况，并进行气密性、绝缘和额定功率复测。

根据上述试验方法，对某款燃料电池堆进行温度冲击测试，并对其温度冲击测试前后的气密性、电绝缘及额定功率测试结果进行对比，如图 5-39 和表 5-18 所示。

图 5-39 温度冲击试验

表 5-18 某款燃料电池堆温度冲击试验测试结果

| 项目 | 参数 | | 试验前检验结果 | 试验后检验结果 |
|---|---|---|---|---|
| 一般检查 | 外观应无破损、开裂等损伤 | | 外观无破损、开裂等损伤 | 外观无破损、开裂等损伤 |
| 气密性 | 阳极腔向阴极腔的窜气速率 / ($cm^3$/min) | 氦气测量值 | 18.40 | 19.59 |
| | | 修正后氢气结果值 | 137.26 | 146.14 |
| | 阳极腔和阴极腔向冷却液腔的窜气速率 / ($cm^3$/min) | 氦气测量值 | 0.00 | 0.00 |
| | | 修正后氢气结果值 | 0.00 | 0.00 |
| | 燃料电池堆对外泄漏速率 / ($cm^3$/min) | 氦气测量值 | 1.36 | 2.39 |
| | | 修正后氢气结果值 | 10.15 | 17.83 |
| 电绝缘 | 绝缘电阻值 / (k$\Omega$/V) | 1000V 下正极对地 | >4000 | >4000 |
| | | 1000V 下负极对地 | >4000 | >4000 |
| | 冷却液电导率 / ($\mu$S/cm) | | 1.56 | 2.03 |
| 额定功率 | 额定功率值 /kW | | 63.75 | 64.58 |
| | 额定功率变化率（%） | | 1.30 | |

温度冲击试验后燃料电池堆的气电安全性无明显变化；通过额定功率复测，计算额定功率变化率为1.30%，在正常的功率波动范围内。

### 5.5.5 低温冷起动性能

燃料电池汽车不可避免地会面临低温条件下的起动情况。燃料电池汽车低温冷起动性能的影响因素是多方面的。一方面，燃料电池汽车中与传统车辆通用的元器件在低温下的表现直接影响着车辆起动的成功与否；另一方面，燃料电池汽车的核心——燃料电池系统中的空压机、氢循环泵、节气门等部件在低温下是否可正常运行将影响燃料电池堆能否正常运行发电，进而影响车辆起动；此外，燃料电池堆本身在低温下是否有良好的融冰能力也会影响起动。

在低于0℃的环境中，燃料电池中的水会结冰，当水结冰时会产生体积膨胀，而当燃料电池堆起动后产生的热将冰融化成水，反复作用会对燃料电池堆结构以及燃料电池堆寿命产生很大的影响。此外，阴极的水结冰也会影响反应气体的传输，严重情况下将导致起动失败。本节主要对燃料电池堆低温冷起动试验进行介绍。

**1. 试验装置**

对于燃料电池堆来说，在进行低温冷起动试验时，应尽量还原其在车辆中的工作状态，即在低温起动时，环境温度、燃料电池堆温度、通入燃料电池堆的冷却液温度、气体温度均需保持在低温状态，这就需要对试验装置进行特殊设计。建议燃料电池堆低温冷起动测试平台满足图5-40所示的要求。

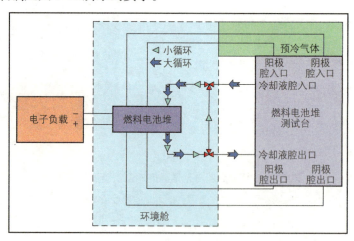

图5-40　燃料电池堆低温冷起动测试平台示意图

如图5-40所示，燃料电池堆的低温冷起动平台由燃料电池堆测试台、小循环、大循环、环境舱、气体预冷装置、电子负载构成。各部分功能介绍如下：

1）燃料电池堆测试台。用于为燃料电池堆提供一定温度、压力和流量的冷却液、气体等。

2）小循环。小循环和燃料电池堆均在环境舱内，以确保起动开始前，小循环同燃料电池堆均处在低温条件下，主要用于模拟车辆冷起动初始阶段的冷却回路状态，让燃料电池堆加热少量的冷却液，尽快融冰达到合适的运行温度。

3）大循环。用于燃料电池堆起动到一定阶段，对燃料电池堆进行散热控温，使其运行在合适的温度范围内。

4）电子负载。用于消耗燃料电池堆产生的电能。

5）气体预冷装置。主要用于对进入燃料电池堆的氢气、空气进行预冷，以使温度与样品温度一致。

6）环境舱。用于为燃料电池堆提供一定的温度环境。

**2. 试验方法**

低温冷起动试验的测试步骤如下：

1）按产品规定对燃料电池堆进行浸机前吹扫。

2）设定环境舱温度为产品规定的起动温度，当环境温度达到设定温度的±2℃内后开始计时，有效浸机时间不少于12h。

3）开启燃料电池堆低温冷起动试验平台小循环，使小循环中冷却液按产品规定的流量循环。

4）按照产品规定的流量通入预冷至规定温度的阴阳极气体，经过预冷的阴阳极气体的温度应控制在环境舱设定温度的±2℃范围内。

5）按照产品规定的低温冷起动程序进行加载，使小循环内的冷却液升温，当小循环内冷却液温度达到产品规定值时切换至大循环，使燃料电池堆在允许的温度范围内运行。

6）继续加载，直至达到额定电流点，记录从向燃料电池试验平台发送工作指令（如通入气体、冷却液循环等）至燃料电池堆冷却液出口温度达到0℃的时间、从向燃料电池试验平台发送工作指令（如通入气体、冷却液循环等）至燃料电池堆达到额定功率点的时间、阴阳极气体流量、辅助加热能耗及燃料电池堆的电流电压等参数。

7）在额定电流点持续稳定运行10min。

8）按照产品规定的方法停机。

9）进行气密性、电绝缘及额定功率复测。

**3. 试验验证**

按照上述试验方法，对某款燃料电池堆进行低温冷起动试验验证，起动温度为-30℃，起动过程无辅助加热措施。具体结果如表5-19、表5-20和图5-41所示。

表5-19 某款燃料电池堆低温冷起动试验前后气密性及额定功率测试结果

| 项目 | 参数 | | 试验前检验结果 | 试验后检验结果 |
|---|---|---|---|---|
| 气密性 | 阳极腔向阴极腔的窜气速率/($cm^3$/min) | 氮气测量值 | 62.54 | 64.99 |
| | | 修正后氢气结果值 | 466.55 | 484.83 |
| | 阳极腔和阴极腔向冷却液腔的窜气速率/($cm^3$/min) | 氮气测量值 | 0.00 | 0.00 |
| | | 修正后氢气结果值 | 0.00 | 0.00 |
| | 燃料电池堆对外泄漏速率/($cm^3$/min) | 氮气测量值 | 60.29 | 63.58 |
| | | 修正后氢气结果值 | 449.76 | 474.31 |
| 额定功率 | 额定功率值/kW | | 73.43 | 72.79 |
| | 额定功率变化率（%） | | -0.87 | |

表 5-20　某款燃料电池堆低温冷起动测试结果

| 项目 | 参数 | 试验值 |
|---|---|---|
| 设定的低温冷起动温度 | 温度 /℃ | -30 |
| 低温冷起动时间 | 起动至怠速功率时间 /s | 881.0 |
|  | 起动至额定功率时间 /s | 1429.9 |
|  | 起动至燃料电池堆冷却液腔出口温度达到 0℃时间 /s | 332.4 |
| 低温冷起动运行功率 | 燃料电池堆额定功率 /kW | 72.90 |
| 低温冷起动燃料气体消耗 | 起动至达到额定功率时气体消耗总量 /g | 988.04 |

开始起动时，先开启台架小循环，然后通入一定流量的干态氢气和空气；建立开路后稳定一段时间，开始低功率拉载，此时燃料电池堆出口温度开始明显上升；待燃料电池堆出口温度上升至一定数值后，将小循环切换至大循环，进行控温；为防止干湿气切换时流量波动造成的燃料电池堆电压波动，降载后完成干气到湿气的切换；切换完成后继续拉载，直至拉载至额定功率并在额定功率下稳定运行 10min；降载停机，冷起动试验完成。起动过程中相关参数变化如图 5-42 和图 5-43 所示。

图 5-41　燃料电池堆低温冷起动试验

可以看出，在低温下拉载时，电压较常温状态下降幅度明显，随着燃料电池堆发热融冰，电压会慢慢上升。由于燃料电池堆内结冰状态的变化，电压呈现波动的不稳定状态。随着水温上升融冰完成，电压逐渐稳定下来，此时冷起动的融冰阶段结束。起动前后该燃料电池堆的气密性和额定功率变化均在正常范围内，该燃料电池堆低温冷起动成功。

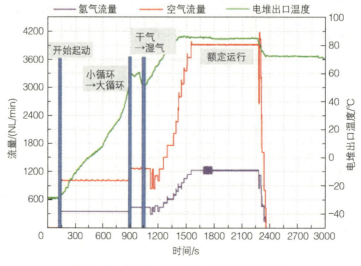

图 5-42　燃料电池堆温度及气体流量曲线

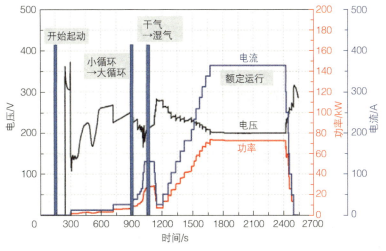

图 5-43 试验电压电流及功率曲线

## 5.6 耐久性测试评价

与传统汽车一样，燃料电池汽车在运行过程中也会经历起停、急速、加速、减速、稳定运行等工况；相应地，燃料电池堆也会经历起停、急速、加载、减载、稳态运行等工况。在频繁经历变载工况后，燃料电池堆的性能可能会发生一定程度的衰减。燃料电池堆性能的衰减也影响着燃料电池汽车的性能。因此，随着燃料电池汽车的商业化推广不断加速，燃料电池堆的耐久性越来越受到行业的重视。本节主要介绍燃料电池堆耐久性的测试评价方法。

### 5.6.1 试验方法

燃料电池堆的耐久性主要反映燃料电池堆长期运行的能力。在进行耐久性测试的过程中，为了及时发现问题，通常需要定期进行性能测试（如极化曲线、气密、绝缘测试），并对其性能的衰减情况进行评价。燃料电池堆耐久性试验一般按照以下步骤进行：

1）对燃料电池堆进行初始气密性及绝缘电阻测试。

2）按照产品的要求对燃料电池堆进行活化和调整。

3）对燃料电池堆进行初始稳态特性（极化曲线）测试。

4）按照产品的技术要求，调节燃料电池堆试验平台参数，使燃料电池堆的进气温度、湿度、压力和冷却液出入口温度、压力处在合理的范围内。

5）按照循环工况持续运行。

6）每进行 100h 试验，对燃料电池堆进行两次稳态特性（极化曲线）测试。

7）继续按照循环工况进行加载，每当累计循环工况试验时间达到 200h 时，按照产品的要求进行停机和吹扫。

8）待燃料电池堆冷却至室温，进行气密性、绝缘电阻测试。

9）当燃料电池堆达到规定的停机条件时，停止试验并记录循环工况测试总时长，对样品进行燃料电池堆稳态特性（极化曲线）、气密性和绝缘电阻测试。

当出现下列任一情况时，应停止测试：

1）燃料电池堆在运行过程中最低单电池电压低于产品规定值（水淹情况除外）。
2）燃料电池堆的气密性无法满足产品规定的安全限值。
3）燃料电池堆的绝缘阻值小于 100 Ω/V。
4）其他导致耐久性试验无法进行的情况。

### 5.6.2 循环工况

目前尚无统一的燃料电池堆的耐久性测试工况。常用的台架测试工况有 DOE 工况、HYZEM 工况、基于 NEDC 转化的工况、基于 CCBC 转化的工况等。各工况具体情况见表 5-21。

表 5-21 常用的耐久性测试工况

| 工况名称 | DOE | HYZEM | NEDC 转化 | CCBC 转化 |
|---|---|---|---|---|
| 适用范围 | 各类车用燃料电池堆 | 各类车用燃料电池堆 | 各类车用燃料电池堆 | 城市公交车用燃料电池堆 |
| 工况来源 | US06 | HYZEM | NEDC | CCBC |
| 循环耗时 | 6min | 9min | 20min | 60min |
| 开路、低载或急速工况占比 | 30.0% | 46.3% | 37.9% | 28.3% |
| 过载工况占比 | 5.6% | 0 | 2.4% | 3.3% |
| 起停工况 | 1次/循环 | 1次/循环 | 1次/循环 | 1次/循环 |
| 额定工况占比 | 9.7% | 0 | 9.2% | 51.7% |
| 匀速行驶工况 | 有 | 无 | 有 | 有 |

与常见的耐久性工况不同，为更好地适应燃料电池汽车在国内的实际运行工况，本节介绍的燃料电池堆的耐久性工况是基于中国工况的商用车运行工况转化得来的。燃料电池堆耐久性循环工况如图 5-44 和表 5-22 所示，单个循环的总时长为 30min。

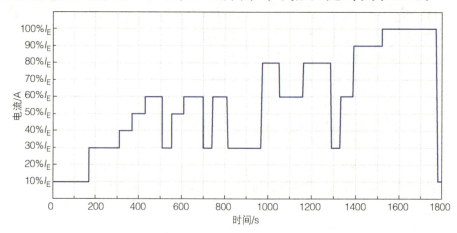

图 5-44 燃料电池堆耐久性循环工况示意图

表 5-22 燃料电池堆耐久性循环工况具体要求

| 加载步骤 | 加载电流 /A | 加载时间 /s | 加载步骤 | 加载电流 /A | 加载时间 /s |
| --- | --- | --- | --- | --- | --- |
| 1 | 10%$I_E$ | 170 | 20 | 60%$I_E$~30%$I_E$ | 3 |
| 2 | 10%$I_E$~30%$I_E$ | 2 | 21 | 30%$I_E$ | 154 |
| 3 | 30%$I_E$ | 137 | 22 | 30%$I_E$~80%$I_E$ | 5 |
| 4 | 30%$I_E$~40%$I_E$ | 1 | 23 | 80%$I_E$ | 78 |
| 5 | 40%$I_E$ | 59 | 24 | 80%$I_E$~60%$I_E$ | 2 |
| 6 | 40%$I_E$~50%$I_E$ | 1 | 25 | 60%$I_E$ | 108 |
| 7 | 50%$I_E$ | 59 | 26 | 60%$I_E$~80%$I_E$ | 2 |
| 8 | 50%$I_E$~60%$I_E$ | 1 | 27 | 80%$I_E$ | 124 |
| 9 | 60%$I_E$ | 77 | 28 | 80%$I_E$~30%$I_E$ | 5 |
| 10 | 60%$I_E$~30%$I_E$ | 3 | 29 | 30%$I_E$ | 37 |
| 11 | 30%$I_E$ | 40 | 30 | 30%$I_E$~60%$I_E$ | 3 |
| 12 | 30%$I_E$~50%$I_E$ | 2 | 31 | 60%$I_E$ | 56 |
| 13 | 50%$I_E$ | 58 | 32 | 60%$I_E$~90%$I_E$ | 3 |
| 14 | 50%$I_E$~60%$I_E$ | 1 | 33 | 90%$I_E$ | 129 |
| 15 | 60%$I_E$ | 87 | 34 | 90%$I_E$~100%$I_E$ | 1 |
| 16 | 60%$I_E$~30%$I_E$ | 3 | 35 | 100%$I_E$ | 251 |
| 17 | 30%$I_E$ | 39 | 36 | 100%$I_E$~10%$I_E$ | 9 |
| 18 | 30%$I_E$~60%$I_E$ | 3 | 37 | 10%$I_E$ | 20 |
| 19 | 60%$I_E$ | 67 | — | — | — |

### 5.6.3 评价指标

燃料电池堆的衰减反映在多个方面，除常见的电压衰减速率和衰减幅度之外，对于一致性劣化情况的评价也很重要。一致性的劣化情况通过变异系数和极差进行评价，具体指标介绍如下。

**1. 燃料电池堆的电压衰减速率**

根据所记录的稳态特性（极化曲线）测试中某电流点所对应的平均单电池电压，绘制"平均单电池电压（V）-运行时间（h）"图，如图 5-45 所示。对所测得的不同运行时长后的电流对应的平均单电池电压进行线性拟合，如式（5-14），可以得到电压衰减速率 $v$。

$$U = vt + b \tag{5-14}$$

式中，$U$ 为平均单电池电压（V）；$t$ 为循环工况运行时长（h）；$v$ 为电压衰减速率（V/h）；$b$ 为拟合常数项。

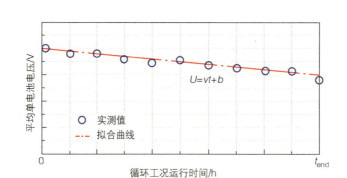

图 5-45 平均单电池电压 - 运行时间图

### 2. 燃料电池堆的电压衰减幅度

电压衰减幅度可根据式（5-15）计算得出：

$$\Delta U = \frac{v t_{end}}{U_{start}} \times 100\% \tag{5-15}$$

式中，$\Delta U$ 为电压衰减幅度；$U_{start}$ 为初始极化曲线测试中电流点对应平均单电池电压（V）；$t_{end}$ 为循环工况运行总时长（h）。

### 3. 变异系数

变异系数可根据式（5-11）和式（5-12）计算得出。

### 4. 极差

极差可根据式（5-13）计算得出。

## 5.6.4 试验验证

根据以上试验方法对某款燃料电池堆进行耐久性试验验证，循环工况运行时长为 1000h。循环工况下各参数的变化情况如图 5-46～图 5-48 所示。

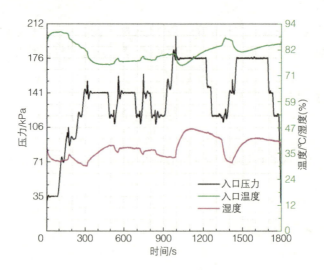

图 5-46 阳极参数变化情况

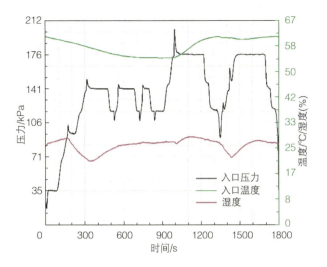

图 5-47 阴极参数变化情况

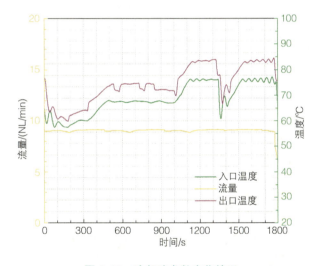

图 5-48 冷却路参数变化情况

评价时选取初始极化曲线中平均单片电压为 0.7V 时对应的电流点作为参考点，对每 100h 的性能试验结果进行分析，结果如表 5-23 和图 5-49 所示。可以看出，随着耐久性循环工况的持续运行，在参考电流点处的平均单片电压呈下降趋势，同时极差和变异系数也在逐步增大。这表明除电压整体随着循环工况不断衰减外，其单电池电压的一致性也在劣化。

通过线性拟合得出，该燃料电池堆 1000h 循环工况运行后，电压的整体衰减情况如表 5-24 和图 5-50 所示。

经分析得出，该燃料电池堆 1000h 内的电压衰减速率为 $1.45 \times 10^{-5}$V/h，电压衰减幅度为 2.06%。

表 5-23　某款燃料电池堆参考电流下电压衰减情况

| 时间 /h | 平均单电池电压 /V | 单电池电压最小值 /V | 单电池电压最大值 /V | 极差 /mV | 变异系数（%） |
|---|---|---|---|---|---|
| 0 | 0.7014 | 0.6944 | 0.7084 | 14.0 | 0.53 |
| 100 | 0.6914 | 0.6848 | 0.6991 | 14.3 | 0.55 |
| 200 | 0.6914 | 0.6823 | 0.6983 | 16.0 | 0.58 |
| 300 | 0.6871 | 0.6800 | 0.6967 | 16.7 | 0.59 |
| 400 | 0.6900 | 0.6821 | 0.6960 | 13.9 | 0.54 |
| 500 | 0.6886 | 0.6816 | 0.6957 | 14.1 | 0.55 |
| 600 | 0.6850 | 0.6770 | 0.6937 | 16.7 | 0.60 |
| 700 | 0.6857 | 0.6805 | 0.6907 | 10.2 | 0.47 |
| 800 | 0.6907 | 0.6830 | 0.6967 | 13.7 | 0.54 |
| 900 | 0.6807 | 0.6655 | 0.6991 | 33.6 | 0.85 |
| 1000 | 0.6800 | 0.6521 | 0.6894 | 37.3 | 0.90 |

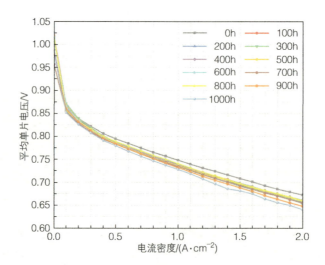

图 5-49　耐久性循环工况的极化曲线

表 5-24　某款燃料电池堆耐久性循环工况衰减结果

| 项目 | 拟合方式 | 循环工况总时长 /h | 电压衰减速率 /（V/h） | 电压衰减幅度（%） |
|---|---|---|---|---|
| 燃料电池堆耐久性循环工况电压衰减结果 | 线性拟合 | 1000 | $1.45 \times 10^{-5}$ | 2.06 |

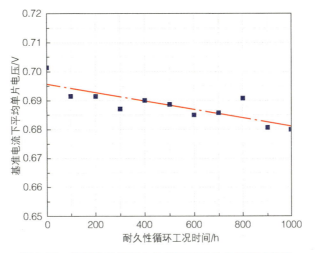

图 5-50　燃料电池堆耐久性循环工况的电压衰减曲线

## 5.7　本章小结

本章从燃料电池堆实际应用角度出发,搭建了涵盖安全性能、关键性能、环境适应性和耐久性的四个维度测试评价指标体系,包含气密性、电绝缘、极化曲线、冷起动能力、耐久性等关键参数。在建立的指标体系下,详细介绍各指标的测试方法,并结合实例进行了试验验证。

## 参 考 文 献

[1] 国家市场监督管理总局,国家标准化管理委员会. 质子交换膜燃料电池 第2部分:电池堆通用技术条件: GB/T 20042.2—2023 [S]. 北京:中国标准出版社,2023.

[2] 全国燃料电池及液流电池标准化技术委员会. 燃料电池电动汽车　燃料电池堆安全要求: GB/T 36288—2018 [S]. 北京:中国标准出版社,2018.

[3] 全国燃料电池及液流电池标准化技术委员会. 道路车辆用质子交换膜燃料电池模块: GB/T 33978—2017 [S]. 北京:中国标准出版社,2017.

[4] 全国电工电子产品环境条件与环境试验标准化技术委员会. 电工电子产品环境试验 第2部分:试验方法　试验 Ka:盐雾: GB/T 2423.17—2008 [S]. 北京:中国标准出版社,2009.

# Chapter 06

# 第 6 章
# 燃料电池发动机测试评价

燃料电池发动机作为燃料电池汽车的核心动力装置，其技术水平直接关系燃料电池汽车的可靠性、经济性和动力性等关键性能。燃料电池发动机的性能涉及多个方面，性能指标涉及安全性能、起停性能、稳态性能、动态性能、环境适应性、耐久可靠性等多个层面。目前，燃料电池发动机综合性能测试和量化评价技术尚不完善，本章主要介绍燃料电池发动机的测评指标体系建立及测评方法。

## 6.1 概述

燃料电池发动机是一个包含气体供应、压力控制、温度管理及状态监控的复杂系统，主要由氢气供应系统、空气供应系统、散热系统、燃料电池堆、电气及电控系统组成，如图 6-1 所示。

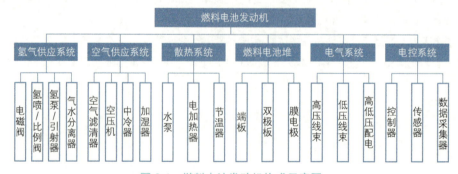

图 6-1 燃料电池发动机构成示意图

从燃料电池发动机的应用角度出发，结合燃料电池发动机的技术水平和发展趋势，涵盖安全性能、起停性能、稳态性能、动态性能、环境适应性、耐久可靠性 6 个层面，构建了包含 3 个层级 25 项关键指标的燃料电池发动机性能指标体系，如图 6-2 所示。

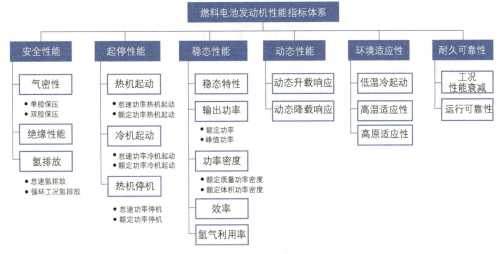

图 6-2 燃料电池发动机性能指标体系

## 6.2 试验设备和试验要求

### 6.2.1 试验设备

**1. 燃料电池发动机性能试验台**

燃料电池发动机性能试验台能够实现对燃料电池发动机进行起停性能、稳态性能和动态响应性能的测试，通过测试台可以获取燃料电池发动机的关键性能参数和性能曲线。燃料电池发动机性能测试台主要由供氢模块、主冷却散热模块、辅助冷却散热模块、电子负载、控制及数据采集模块、安全泄放及预警模块等组成，燃料电池发动机性能试验台如图 6-3 所示。

图 6-3 燃料电池发动机性能试验台

由于燃料电池发动机自身控制入堆氢气的流量和压力，所以燃料电池发动机试验台的供氢模块的作用仅是为燃料电池发动机提供足量的氢气，并在发生危险时切断氢气供应。

主散热模块可调节冷却液的流量和压力，以满足被测燃料电池发动机的散热需求。辅助散热模块是为燃料电池发动机的空压机、氢气循环泵及其他需要水冷散热的部件进行冷却散热，该冷却回路的散热流量、散热功率相对较低。

电子负载的作用是对燃料电池发动机的输出功率进行精确、稳定的加载。

控制和数据采集模块是在测试过程中，采集流量、压力、温度、湿度、电压、电流等参数，并对电气部件进行控制。

安全泄放及预警模块是对燃料电池发动机试验过程中的氢气浓度、压力和温度等进行监测，并在相应数值超过安全限值时采取安全保护措施。

**2. 燃料电池发动机环境试验系统**

环境试验系统是用来测试燃料电池发动机的环境适应性，主要包括低温环境适应性、高温环境适应性和高海拔环境适应性。环境试验系统主要由试验舱体、新风系统、空气循环系统、制冷系统、制热系统、湿度管理系统、负压系统和尾排系统等组成，如图6-4所示。

图 6-4　燃料电池发动机环境试验系统

试验舱体是环境试验系统的主体结构，能够承受一定的载荷并具备必要的安全监控设施。新风系统为环境试验舱补充新鲜的空气，并能根据试验温度对新风进行预冷或预热，以保证制冷或制热效果。空气循环系统使环境试验舱内部空气进行充分的循环，保证舱内温度分布的均匀性。制冷系统的作用是为环境试验舱提供制冷，并保证温度波动在要求范围内。制热系统是进行高温试验时对环境舱进行加热，该系统应满足涉氢防爆方面的安全要求。湿度管理系统具有除湿和增湿功能，作用是控制环境试验舱内的湿度在设定要求范围内。负压系统是当进行高海拔试验时，对环境试验舱或燃料电池发动机空气入口及尾排出口进行降压，使燃料电池发动机进气和排气均处于负压状态，以达到模拟高海拔的目的。尾排系统是环境试验舱的排气系统，具有汽水分离功能和加热防冻功能，保证试验过程中燃料电池发动机尾气的正常排放。

### 6.2.2　试验要求

燃料电池发动机试验前需保持出厂时的物理状态和技术参数，各系统完整并与装车状态一致。燃料电池发动机具有可靠的安全保障系统,以能够应对试验过程中可能发生的风险。试验用氢气应符合 GB/T 37244—2018《质子交换膜燃料电池汽车用燃料 氢气》的规定。燃料电池发动机的实际加载功率误差,按照式(6-1)~式(6-3)计算得到式(6-4)或者式(6-5)的相关参数:

$$P_{3.0\%} = 3.0\% P_{设} \tag{6-1}$$

$$P_{差} = P_{设} - P_{加} \tag{6-2}$$

$$\delta = \frac{P_{设} - P_{加}}{P_{设}} \times 100\% \tag{6-3}$$

式中,$P_{设}$ 为设定的燃料电池发动机加载功率(kW);$P_{3.0\%}$ 为设定的燃料电池发动机加载功率 $P_{设}$ 的 3.0%(kW);$P_{加}$ 为燃料电池发动实际加载功率(kW);$P_{差}$ 为功率加载误差(kW);$\delta$ 为燃料电池发动机功率加载相对误差(%)。

如果 $P_{3.0\%} > 1.0\text{kW}$,则燃料电池发动机功率加载满足:

$$\delta \leq 3.0\% \tag{6-4}$$

如果 $P_{3.0\%} \leq 1.0\text{kW}$,则燃料电池发动机功率加载满足:

$$P_{差} \leq 1.0\text{kW} \tag{6-5}$$

## 6.3 安全性能测试评价

燃料电池发动机的安全性能一般包含气密性、电绝缘和氢气排放等,这几项性能是燃料电池发动机能够安全运行的前提和基础。

### 6.3.1 气密性

气密性直接影响着燃料电池发动机运行过程中的安全性,只有气密性达到了设计和标准要求,才能保证燃料电池安全运行,气密性合格是燃料电池发动机能够正常运行的前提。燃料电池发动机气密性测试主要分为单腔保压和双腔保压两种情况。

**1. 单腔保压**

单腔保压气密性是衡量燃料电池发动机氢气侧向空气侧、冷却液腔和外界环境泄漏程度的指标。在实际运行过程中,燃料电池发动机会不可避免地有一定量的氢气渗透到空气腔,通过单腔气密性测试可在一定程度上检测燃料电池发动机内质子交换膜的状态。

单腔保压气密性测试需先判定燃料电池发动机的工作压力,不同工作压力对应试验方法的设定压力值不同。若燃料电池发动机氢气侧的工作压力大于或等于 50kPa,关闭燃料电池堆的氢气排气端口,从氢气进气端口(燃料电池发动机氢气入口)充入氢氮混合气体(氢气浓度不低于 10%),压力设定为 50kPa,压力稳定后关闭进气阀门,其他端口保持畅通,保压 20min,记录压力下降值。若燃料电池发动机氢气侧的工作压力小于 50kPa,关闭燃料电池堆的氢气排气端口,从氢气进气端口(燃料电池发动机氢气入口)充入氢氮混合气体(氢气浓度不低于 10%),如果燃料电池堆氢气侧工作压力为 30~50kPa,压力设定值为燃料电池堆的工作压力,如果燃料电池堆氢气侧的工作压力低于 30kPa,则压力设定值为 30kPa,保压 20min,记录压力下降值。

基于上述试验方法，测试A、B、C三款燃料电池发动机的工作压力均大于50kPa，因此测试压力设定为50kPa。三款样品单腔保压气密性测试结果见表6-1。在单腔保压测试过程中，三款燃料电池发动机的单腔压力下降值分别为22.5kPa、11.4kPa和13.5kPa。三款燃料电池发动机单腔保压压力下降值差别较大，可能由于燃料电池堆中质子交换膜的透气率的产品性能有所差异，另外在不同干湿状态下的测试条件对单腔保压气密性也有较大的影响。

表6-1 燃料电池发动机单腔保压气密性测试结果

| 燃料电池发动机样品 | 单腔保压压力下降值/kPa |
| --- | --- |
| 样品A | 22.5 |
| 样品B | 11.4 |
| 样品C | 13.5 |

**2. 双腔保压**

双腔气密性是燃料电池发动机外漏特性的一项重要指标。燃料电池发动机在运行一段时间后，随着工况变化和密封件性能衰减会导致气密性能下降，引发运行安全风险，通过双腔保压气密性测试可在一定程度上有效识别泄漏安全风险。

进行双腔保压测试时，首先关闭燃料电池发动机的氢气排气端口、空气排气端口和冷却液出口，同时向氢气流道、空气流道（空压机出口端后部）加注氢氮混合气体（氢气浓度不低于10%），压力均设定在正常工作压力，压力稳定后关闭进气阀门，保压20min，记录压力下降值。

基于上述试验方法，A、B、C三款燃料电池发动机双腔保压气密性测试结果见表6-2。在双腔保压测试过程中，测试压力为100kPa，三款燃料电池发动机的双腔压力下降值为4.2kPa、4.7kPa和5.7kPa。在双腔保压测试过程中，三款燃料电池发动机的保压压力下降值差异较小且相对单腔保压下降值较低，说明该三款燃料电池发动机的外漏特性相对较好。

表6-2 燃料电池发动机双腔保压气密性测试结果

| 燃料电池发动机样品 | 双腔保压压力下降值/kPa |
| --- | --- |
| 样品A | 4.2 |
| 样品B | 4.7 |
| 样品C | 5.7 |

### 6.3.2 电绝缘

绝缘电阻是燃料电发动机电安全性的核心技术指标，直接关系到燃料电池发动机能否正常应用。

绝缘电阻试验过程中，要求燃料电池发动机冷却液处于热态，用兆欧表测量燃料电池发动机正负极分别对燃料电池发动机外表面可导电或金属接地点的绝缘电阻值。燃料电池发动机辅助系统部件工作电压以B级（电压等级见GB 18384—2020《电动汽车安全要求》规定）电压运行，则应单独测量其绝缘电阻。若其内部含有高压接触器，测试绝缘电阻时接触器需处于闭合状态。用绝缘电阻表测量其正负极分别对其外壳的绝缘电阻值，根据表 6-3 选择绝缘电阻表的规格（额定电压）。测量时，应在绝缘电阻表指针或者显示数值达到稳定后再读数。取燃料电池发动机和所有检测 B 级电压部件的绝缘阻值的并联值，作为燃料电池发动机的绝缘值。

表 6-3 工作电压及绝缘电阻表规格选择条件

| 序号 | 最大工作电压 $U_{max}$ / V | 绝缘电阻表规格（额定电压）/ V |
| --- | --- | --- |
| 1 | $U_{max} \leq 250$ | 500 |
| 2 | $250 < U_{max} \leq 1000$ | 1000 |

基于上述试验方法，A、B、C 三款燃料电池发动机的绝缘性能测试结果见表 6-4。三款燃料电池电池系统的正极和负极的对地绝缘电阻测试电压均为 1000V。测试结果表明三款燃料电池发动机的正、负极对地绝缘电阻均大于 4000MΩ，绝缘性能均能满足绝缘要求。

表 6-4 燃料电池发动机绝缘电阻测试结果

| 燃料电池发动机样品 | 正极对地绝缘电阻 /MΩ | 负极对地绝缘电阻 /MΩ |
| --- | --- | --- |
| 样品 A | >4000 | >4000 |
| 样品 B | >4000 | >4000 |
| 样品 C | >4000 | >4000 |

### 6.3.3 氢气排放

氢气排放是衡量燃料电池发动机经济性和安全性的重要指标，由燃料电池发动机在某段时间内的实测氢气消耗量减去该段时间内参与反应的氢气消耗量计算得到。氢气排放试验包括怠速氢气排放和循环工况氢气排放。

**1. 怠速氢气排放**

怠速氢气排放主要考察的是燃料电池发动机在怠速工况下运行及吹扫过程中，燃料电池发动机尾排中氢气的相对体积浓度是否处于安全范围内，是反映燃料电池发动机运行氢安全的一项重要指标。

怠速氢气排放试验前，首先对燃料电池发动机进行热机处理，使其处于热机状态。按照产品技术文件规定，起动燃料电池发动机至怠速状态并运行一段时间，完成一次吹扫过程后保持 1min。然后按照规定程序停机，记录尾排氢气浓度值。氢气浓度的测量应从燃料电池发动机起动开始计算直至燃料电池发动机完全停机结束，测试点的位置距离排气口外 100mm，且处于排气口几何中心延长线上。

基于上述试验方法，图 6-5 所示为某款燃料电池发动机怠速氢气排放试验过程中的尾排氢气浓度测试曲线。在起动时，由于开机吹扫等原因，尾排的氢气浓度值显著增大，在 20s 左右达到最高值。随着燃料电池发动机怠速时长的增加，尾排氢气浓度逐渐降低并趋于稳定。在试验过程中，该款燃料电池汽车的尾排氢气浓度最高值为 3.14%VOL，符合要求。

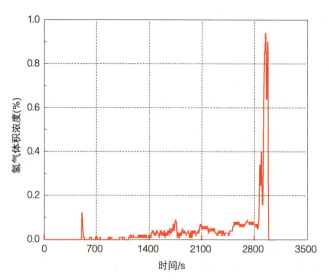

图 6-5　怠速热机状态氢气排放测试结果

### 2. 循环工况氢气排放

循环工况氢气排放是反映燃料电池发动机运行效率的一项重要指标，主要考察燃料电池发动机运行状态下的氢气排放量和氢气排放率。氢气排放量由燃料电池发动机实际氢气消耗量减去理论消耗量计算得到，该指标综合反映了系统的氢气利用率、效率和排放安全性。氢气排放率为一段时间内燃料电池发动机的氢气消耗量与燃料电池堆输出电能的比值。

燃料电池堆在某段时间内的实测氢气消耗量，按照式（6-6）计算：

$$M_{H_2} = \int_{T_1}^{T_2} q_{H_2} \mathrm{d}t \qquad (6\text{-}6)$$

式中，$M_{H_2}$ 为燃料电池堆实测氢气消耗量（g）；$q_{H_2}$ 为燃料电池堆实测氢气流量（g/s）；$T_1$ 为起始时间（s）；$T_2$ 为结束时间（s）。

燃料电池堆在某段时间内参与反应的氢气消耗量，按式（6-7）计算：

$$M_{H_2\_theo} = \int_{T_1}^{T_2} q_{H_2\_theo} \mathrm{d}t \qquad (6\text{-}7)$$

式中，$M_{H_2\_theo}$ 为燃料电池堆参与反应的氢气消耗量（g）；$q_{H_2\_theo}$ 为燃料电池堆参与反应的氢气流量（g/s）。

燃料电池堆在某段时间内参与反应的氢气流量，按式（6-8）计算：

$$q_{H_2\_theo} = mIN/nF \qquad (6\text{-}8)$$

式中，$m$ 为氢气摩尔质量，$m = 2.016\mathrm{g/mol}$；$I$ 为燃料电池堆电流（A）；$N$ 为燃料电池堆单电池片数；$n$ 为每个氢分子释放的电子数，$n = 2$；$F$ 为法拉第常数，$F = 96485\mathrm{C/mol}$。

燃料电池堆在某段时间内的氢气排放量按式（6-9）计算：

$$M_{H_2\_emission} = M_{H_2} - M_{H_2\_theo} \qquad (6\text{-}9)$$

式中，$M_{H_2\_emission}$ 为燃料电池堆氢气排放流量（g/s）。

燃料电池发动机氢气排放率，按照式（6-10）计算：

$$\eta_{H_2\_emission} = \frac{M_{H_2\_emission} \times 3600}{\int_{T_1}^{T_2} UI dt} \quad (6-10)$$

式中，$\eta_{H_2\_emission}$ 为燃料电池发动机氢气排放率（g/kW·h）；$U$ 为燃料电池堆电压（V）。

试验开始前，起动燃料电池发动机，使燃料电池发动机达到热机状态后停机。然后按照循环工况进行燃料电池发动机循环工况试验，试验过程中记录燃料电池堆电流、燃料电池堆电压、氢气流量、辅助系统电压及电流等参数。

基于上述试验方法，某款燃料电池发动机循环工况氢排放试验结果见表6-5。取3次循环工况试验的平均值作为试验结果，该燃料电池发动机的平均氢气排放率为3.8g/kW·h。

表 6-5 循环工况氢排放试验结果

| 循环工况次数 | 实际耗氢 /g | 理论耗氢 /g | 氢气排放量 /g | 氢气排放率 /（g/kW·h） |
|---|---|---|---|---|
| 1 | 638.56 | 596.67 | 41.89 | 3.72 |
| 2 | 619.10 | 575.51 | 43.59 | 3.98 |
| 3 | 625.62 | 584.77 | 40.85 | 3.70 |
| 平均值 | | | | 3.80 |

## 6.4 起停性能测试评价

起停性能是燃料电池发动机的一项重要性能，主要包含起动性能和停机性能。一般来讲，在设计范围内燃料电池发动机可做到任意功率下的起动和停机，但一般选取典型工况进行起停性能试验，比如怠速工况和额定工况。基于此，将燃料电池发动机起动性能分为怠速功率起动和额定功率起动两种情况，将停机性能分为怠速功率停机和额定功率停机两种情况。

### 6.4.1 起动性能

燃料电池发动机在接收起动信号后，外接电源供电使空压机、氢气循环泵、水泵、阀类、控制器等燃料电池发动机辅助用电部件开始工作，为燃料电池发动机提供反应所需的氢气和空气。氢气和空气在燃料电池堆中反应生成电能，并与外接电源一同为燃料电池发动机辅助部件进行供电，直至燃料电池堆产生的电能能够单独维持燃料电池发动机自身工作，标志着燃料电池发动机起动成功。

**1. 热机起动**

热机起动是当燃料电池发动机短暂停机时，其内部温度为燃料电池发动机正常工作温度的条件下，燃料电池发动机由停机状态起动直接起动的能力，一般分为怠速功率热机起动和额定功率热机起动。

（1）怠速功率热机起动

怠速功率热机起动是燃料电池发动机在热机状态下由停机状态起动至怠速功率状态的能力，反映了燃料电池发动机在应用过程中，当整车车速较低、下坡等燃料电池汽车处于低功率输出状态时燃料电池发动机的正常起动并对外小功率输出的能力。

怠速功率热机起动试验前,首先将燃料电池发动机加载至10%额定功率,并运行一段时间后停机,使燃料电池发动机处于热机状态。然后按照产品技术文件规定的方法起动燃料电池发动机至怠速状态,并在该状态下持续稳定运行10min。记录燃料电池发动机起动至怠速状态的时间及燃料电池堆的电压和电流。

基于上述试验方法,某款燃料电池发动机的怠速热机起动试验结果如图6-6所示。该燃料电池发动机系统额定功率为80kW,该发动机的怠速功率为系统额定功率的10%即8kW。燃料电池发动机能够完成怠速起动,且自接收起动命令至怠速功率所用时间为12.6s。

(2)额定功率热机起动

额定功率热机起动是燃料电池发动机在热机状态下由停机状态直接起动加载至额定功率状态的能力,反映了燃料电池发动机在应用过程中,当整车车速较高、爬坡或加速等工况下,燃料电池发动机能正常起动并以额定功率对外输出电能的能力。

额定功率起动试验前,需将燃料电池发动机进行热机处理,使其处于热机状态后停机。然后按照产品技术文件规定的方法起动燃料电池发动机,逐步加载至额定功率状态并稳定运行10min。记录燃料电池发动机起动至额定功率状态的时间及燃料电池堆的电压和电流。

基于上述试验方法,某款燃料电池发动机的额定功率热机起动试验结果如图6-7所示,该燃料电池发动机额定该功率为80kW,该燃料电池发动机额定功率起动时间为30.6s。

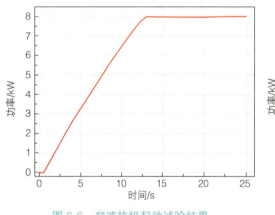
图6-6 怠速热机起动试验结果

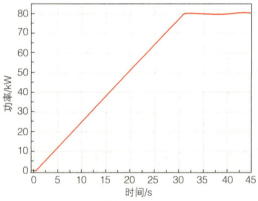
图6-7 额定功率热机起动试验结果

## 2. 冷机起动

冷机起动是燃料电池发动机长时间停机后,燃料电池堆内部温度为环境温度条件下,由停机状态直接起动的能力,一般分为怠速功率冷机起动和额定功率冷机起动。

(1)怠速功率冷机起动

怠速功率冷机起动是燃料电池发动机在冷机状态下由停机状态起动至怠速功率状态的能力。

怠速功率冷机起动试验前,需对燃料电池发动机进行常温浸机12h。浸机结束后,按照产品技术文件规定的方法起动燃料电池发动机至怠速状态,并在该状态下持续稳定运行 10min。记录燃料电池发动机起动至怠速状态的时间及燃料电池堆的电压和电流。

基于上述试验方法,某款燃料电池发动机的怠速功率冷机起动试验结果如图 6-8 所示。该燃料电池发动机额定该功率为 80kW,该发动机的怠速功率为系统额定功率的 10% 即 8kW,该燃料电池发动机怠速功率冷机起动时间为 19.8s。

(2)额定功率冷机起动

额定功率冷机起动是燃料电池发动机在冷机状态下由停机状态直接起动加载至额定功率状态的能力。

与怠速功率冷机起动试验类似,额定功率冷机起动试验前也需要对燃料电池发动机进行常温浸机 12h。浸机结束后,按照产品技术文件规定的方法起动燃料电池发动机,逐步加载至额定功率状态并稳定运行 10min。记录燃料电池发动机起动至额定功率状态的时间及燃料电池堆的电压和电流。

基于上述试验方法,某款燃料电池发动机的额定功率冷机起动试验结果如图 6-9 所示,该燃料电池发动机额定功率为 80kW,该燃料电池发动机额定功率冷机起动时间为 34.6s。

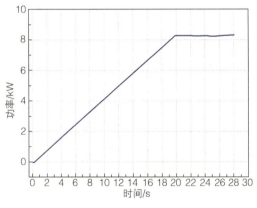

图 6-8 怠速功率冷机起动试验结果

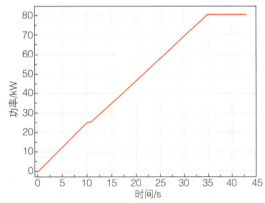

图 6-9 额定功率冷机起动试验结果

### 6.4.2 停机性能

燃料电池发动机在接收停机信号后,会按照控制策略的设计要求逐步进行降载,直至燃料电池堆对外输出功率降为 0。此时,燃料电池关键辅助部件在外接电源的供电下,仍会继续工作一定时间,进而完成关机吹扫工作。吹扫过程结束后,各个辅助部件逐步停机,燃料电池发动机完成停机过程。

**1. 怠速功率停机**

怠速功率停机是燃料电池发动机在怠速运行状态降载至停机状态的能力。该指标能够在一定程度上反映燃料电池发动机在怠速状态下,接收关机指令后的降载及吹扫停机的控制逻辑是否合理。

怠速功率停机试验是按照产品技术文件规定,将燃料电池发动机起动至怠速状态,并在怠速状态下持续稳定运行 5min 后,发送停机指令。试验过程中,除必要的发动机停机指令外，试验过程需自动进行，不能有人工干预。记录燃料电池发动机由怠速状态降载至停机状态的时间及燃料电池堆的电压和电流。

**2. 额定功率停机**

额定功率停机是燃料电池发动机在额定运行状态降载至停机状态的能力。该指标能够在一定程度上反映燃料电池发动机在额定状态下，接收关机指令后的降载及吹扫停机的控制逻辑是否合理。

额定功率停机试验首先需按照产品技术文件规定将燃料电池发动机起动至额定功率状态，并在额定功率状态下持续稳定运行 5min 后，发送停机指令。试验过程中，除必要的发动机停机指令外，试验过程需自动进行，不能有人工干预。记录燃料电池发动机由额定功率状态降载至停机状态的时间及燃料电池堆的电压和电流。

## 6.5 稳态性能测试评价

稳态性能是燃料电池发动机的核心性能，一般包括稳态特性、输出功率、功率密度和氢气利用率，这些性能直接影响着燃料电池汽车的动力性和经济性。

### 6.5.1 稳态特性

稳态特性是反映燃料电池发动机输出性能的一项重要指标，该指标是燃料电池发动机输出功率和效率随电流的变化关系，能够很好地体现燃料电池发动机的功率输出特性，是指导燃料电池发动机功率应用匹配的重要参考指标。

稳态特性试验是在燃料电池发动机热机状态下进行，在燃料电池发动机工作范围内均匀选择至少 10 个工况点进行加载，在每个工况点至少稳定持续运行 3min。记录试验过程中氢气消耗量、燃料电池堆的电压和电流以及各辅助部件的电压和电流。

基于上述试验方法，图 6-10 所示为某款燃料电池发动机极化曲线试验案例。随着加载电流的增大，燃料电池堆电压逐渐降低，功率逐渐升高。随着电流的进一步增加，燃料电池堆功率与燃料电池发动机功率的差值也逐渐增大，这是由于空压机、氢气循环泵等辅助系统所消耗的功率也逐渐增大。

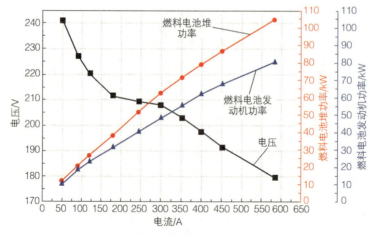

图 6-10　燃料电池发动机极化曲线试验案例

### 6.5.2 输出功率

燃料电池发动机的输出功率是用燃料电池堆的输出功率减去辅助系统各部件消耗的功率之和计算得到。辅助系统消耗功率主要是指空压机、氢气循环泵、散热水泵、控制器等辅助部件所消耗的功率之和。

燃料电池堆的输出功率是其电压与电流的乘积，在实际测试过程中，通常用某一时间段 $T$ 内的燃料电池堆平均功率表示，按式（6-11）计算：

$$P_{\text{Stack\_T}} = \frac{\int_0^T U_{\text{Stack}} I_{\text{Stack}} \text{d}t}{1000T} \tag{6-11}$$

式中，$P_{\text{Stack\_T}}$ 为 $T$ 时间段内燃料电池堆的平均功率（kW）；$U_{\text{Stack}}$ 为燃料电池堆电压（V）；$I_{\text{Stack}}$ 为燃料电池堆电流（A）；$T$ 为燃料电池堆运行时间（s）。

燃料电池发动机输出功率是 $T$ 时间段内燃料电池堆功率与辅助系统功率差值的平均值，按式（6-12）计算：

$$P_{\text{FCE}} = \frac{\int_0^T (P_{\text{Stack}} - P_{\text{BOP}}) \text{d}t}{T} \tag{6-12}$$

式中，$P_{\text{FCE}}$ 为燃料电池发动机输出功率（kW）；$P_{\text{Stack}}$ 为燃料电池堆功率（kW）；$P_{\text{BOP}}$ 为燃料电池辅助系统功率之和（kW）。

理论上讲，在设计的功率范围内，燃料电池发动机可以在任意功率点进行输出。但是，当前燃料电池汽车大多是将燃料电池发动机作为增程器来进行动力匹配，使得其在运行过程中仅在几个典型工况点进行功率输出。本节选取额定功率和峰值功率作为典型功率输出工况进行详细阐述。

**1. 额定功率**

额定功率是燃料电池发动机在额定工况条件下持续运行一定时间的能力，是衡量燃料电池发动机输出性能的一项关键指标。

额定功率试验前需对燃料电池发动机进行热机处理。热机过程结束后，回到怠速状态运行 10s，然后按照产品技术文件规定的加载方法对燃料电池发动机进行加载，加载到额定功率后持续稳定运行 60min。记录试验过程中氢气消耗量、燃料电池堆的电压和电流以及各辅助部件的电压和电流。

按照上述试验方法进行燃料电池发动机额定功率试验，得到某款燃料电池发动机额定功率试验曲线，如图 6-11 所示。该款燃料电池发动机以约 80kW 的输出功率稳定运行了 60min，在此过程中，功率的波动范围在 ±0.2kW 之内，说明该款产品至少能够满足车辆对 60min 以内的长时间大功率需求。

**2. 峰值功率**

峰值功率是燃料电池发动机输出性能的一项重要参数，该性能指标反映的是燃料电池堆能否满足车辆在加速、爬坡等过载工况下对短时大功率的需求。

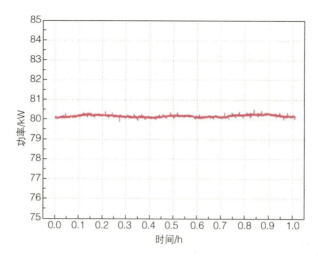

图 6-11　燃料电池发动机额定功率试验曲线

峰值功率试验前首先需对燃料电池发动机进行热机处理。热机过程结束后,回到怠速状态运行 10s,然后按照制造厂规定的加载方法对燃料电池发动机进行加载,加载到额定功率后持续稳定运行 10min。然后按产品技术文件规定的加载方式加载到峰值功率,在该功率点持续稳定运行一定的时间,该时间由制造厂确定。记录试验过程中氢气消耗量、燃料电池堆的电压和电流以及各辅助部件的电压和电流。

基于上述试验方法,某款燃料电池发动机峰值功率试验的功率曲线如图 6-12 所示,该款燃料电池发动机在峰值功率稳定运行 50s。

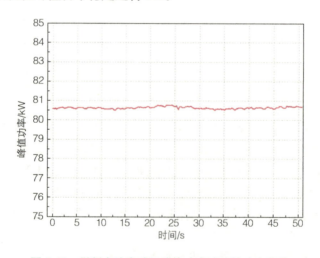

图 6-12　燃料电池发动机峰值功率试验的功率曲线

### 6.5.3　功率密度

功率密度包括质量功率密度和体积功率密度,由燃料电池发动机的输出功率除以其质量或体积得到质量功率密度(W/kg)或体积功率密度(W/L)。通常选取额定质量功率密度和额定体积功率密度作为衡量燃料电池发动机技术水平的重要指标。

## 1. 额定质量功率密度

额定质量功率密度由燃料电池发动机的额定输出功率除以其质量得到。该指标是单位重量下燃料电池系统的额定输出功率，在一定程度上反映燃料电池发动机关键部件选型及结构设计的水平。

（1）质量测试

质量测试是燃料电池发动机计算额定质量功率密度的基础，因此质量测试的边界范围界定显得尤为重要，需要明确哪些关键辅助部件是必须包含在称量范围内的，这里参照 GB/T 24554—2022《燃料电池发动机性能试验方法》规定的质量测试方法。

按照 GB/T 24554—2022 的规定测量燃料电池发动机的质量 $m$，测量时应按照尽可能保证被测系统完整性的原则，应确保用于称重的燃料电池发动机在连接氢气源和散热器的条件下即可正常工作，称重范围包括燃料电池发动机边界内的所有部分，如图 6-13 所示，具体包括：

1）燃料电池模块，包括燃料电池堆、集成外壳、轧带、固定螺杆、单电池电压巡检（CVM）等。

2）氢气处理系统，包括氢气循环泵和/或氢气引射器等。

3）空气处理系统，包括空气滤清器、消音装置、空压机、中冷器、增湿器等。

4）水热管理系统，包括冷却水泵、去离子器、电加热器等，不包括辅助散热组件、散热器总成、水箱、冷却液及加湿用水。

5）控制系统，包括控制器、传感器等。

6）组成燃料电池发动机所必需的阀件、管路、线束、接头和框架等。

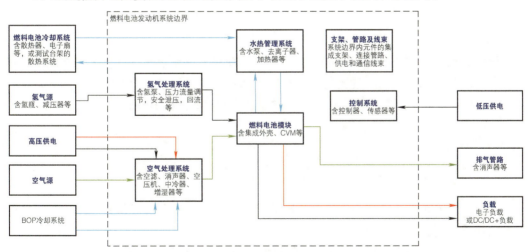

图 6-13　燃料电池发动机边界示意图

（2）额定质量功率密度计算

燃料电池发动机额定质量功率密度按照式（6-13）进行计算：

$$MSP_{FCE} = 1000 P_{FCE}/m \qquad (6\text{-}13)$$

式中，$MSP_{FCE}$ 为燃料电池发动机额定质量功率密度（W/kg）；$m$ 为燃料电池发动机质量（kg）。

**2. 额定体积功率密度**

额定体积功率密度由燃料电池发动机的额定输出功率除以其体积得到。该指标是单位体积下燃料电池系统的额定输出功率，在一定程度上能够反映燃料电池发动机系统集成水平。

（1）体积测试

体积测试是燃料电池发动机额定体积功率密度计算的基础。但是由于行业内燃料电池发动机的技术发展水平不均衡，不同企业的燃料电池发动机的设计及集成思路也不尽相同，对于是否需考虑燃料电池发动机内可有效利用空间的意见仍不统一，导致行业内尚无被大家广泛接受的燃料电池发动机体积测量方法。这里提供了两种常规的燃料电池发动机体积测试方法供参考。一种体积测试方法是，测量燃料电池发动机的外轮廓体积，以燃料电池堆的 $X/Y/Z$ 方向为基准面测试燃料电池发动机外轮廓的长、宽、高，通过计算得到体积。另一种测试方法是，采用 3D 扫描仪扫描燃料电池发动机，得到燃料电池发动机的外廓几何模型，进而通过软件识别计算得到燃料电池发动机体积。两种方法都有其适用场景，在进行燃料电池发动机体积测量时，需基于测量目的和测量条件进行参考选取。

（2）额定体积功率密度计算

燃料电池发动机额定体积功率密度按照式（6-14）进行计算：

$$VSP_{FCE} = P_{FCE}/V \tag{6-14}$$

式中，$P_{FCE}$ 为燃料电池发动机额定体积功率密度（kW/L）；$V$ 为燃料电池发动机体积（L）。

### 6.5.4 氢气利用率

氢气利用率指的是参与电化学反应的氢气消耗量（理论氢气消耗量）与实测氢气消耗量（实际消耗的氢气量）的比值，该指标是衡量燃料电池发动机的氢气利用水平的一个重要指标，反映了燃料电池发动机氢气供应系统和控制策略的综合表现。

燃料电池发动机氢气利用率按式（6-15）计算：

$$\eta = \frac{M_{H_2\_theo}}{M_{H_2}} \times 100\% \tag{6-15}$$

式中，$M_{H_2}$ 为燃料电池堆实测氢气消耗量（g）；$M_{H_2\_theo}$ 为燃料电池堆参与电化学反应的氢气消耗量（g）。

燃料电池堆在某段时间内的实测氢气消耗量按照式（6-16）计算：

$$M_{H_2} = \int_{T_1}^{T_2} q_{H_2} dt \tag{6-16}$$

式中，$q_{H_2}$ 为燃料电池堆实测氢气流量（g/s）；$T_1$ 为起始时间（s）；$T_2$ 为结束时间（s）。

燃料电池堆在某段时间内参与电化学反应的氢气消耗量按照式（6-17）计算：

$$M_{H_2\_theo} = \int_{T_1}^{T_2} q_{H_2\_theo} dt \tag{6-17}$$

式中，$M_{H_2\_theo}$ 为燃料电池堆参与电化学反应的氢气消耗量（g）；$q_{H_2\_theo}$ 为燃料电池堆参与反应的氢气流量（g/s）。

燃料电池堆在某段时间内参与反应的氢气流量按照式（6-18）计算：

$$q_{H_2\_theo} = mIN/nF \tag{6-18}$$

式中，$m$ 为氢气摩尔质量，$m=2.016$g/mol；$I$ 为燃料电池堆电流（A）；$N$ 为燃料电池堆单电池片数；$n$ 为每个氢分子释放的电子数，$n=2$；$F$ 为法拉第常数，$F=96485$C/mol。

进行燃料电池发动机极化曲线测试时，在试验过程中同时记录氢气消耗量，即可同时完成氢气利用率试验。图 6-14 所示为某款燃料电池发动机氢气利用率试验结果。从图中可看出该款燃料电池发动机在低功率运行时的氢气利用率较低，随着电流的增大，氢气利用率由 85% 逐步提高到 90% 以上。

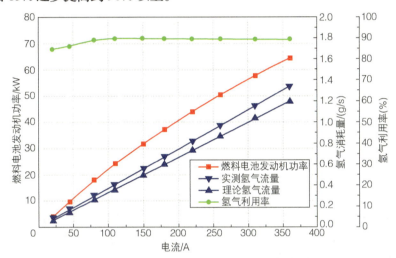

图 6-14　燃料电池发动机氢气利用率试验结果

## 6.5.5　效率

燃料电池发动机效率是指单位时间内所消耗燃料的能量转化为燃料电池发动机输出功率的占比，一般用额定功率点效率来评价燃料电池发动机的效率，该指标能够反映燃料电池发动机的经济性，是燃料电池汽车进行动力系统匹配与优化的关键。

燃料电池发动机效率按式（6-19）计算：

$$\eta_{FCE} = \frac{1000 P_{FCE}}{m_{H_2} LHV_{H_2}} \times 100\% \tag{6-19}$$

式中，$\eta_{FCE}$ 为燃料电池发动机额定点效率（%）；$P_{FCE}$ 为燃料电池发动机额定功率（kW）；$m_{H_2}$ 为燃料电池发动机额定点氢气质量流量（g/s）；$LHV_{H_2}$ 为氢气低热值，一般取 $1.2 \times 10^5$kJ/kg。

基于燃料电池发动机稳态特性试验和额定功率试验采集得到燃料电池堆电压、电流和氢气流量等参数，计算额定功率点效率。

通过测试计算燃料电池发动机不同输出功率下的效率，可得到如图 6-15 所示的燃料电池效率曲线图。效率曲线对于燃料电池发动机的优化设计十分关键，通过分析燃料电池发动机效率，在实现对燃料电池发动机的经济性评价的同时，也可支撑燃料电池发动机经济性的优化。

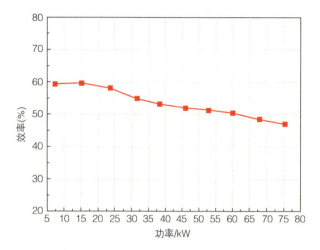

图 6-15 燃料电池发动机效率

## 6.6 动态性能测试评价

动态性能反映燃料电池发动机的动态响应能力，该指标的好坏直接关系到燃料电池发动机在运行过程中，能否及时响应燃料电池汽车的工况变化并满足其功率需求。动态性能包括加载动态响应和卸载动态响应。

### 6.6.1 加载动态响应

加载动态响应一般采用燃料电池发动机输出功率从 10% 额定功率加载到 90% 额定功率所用的时间。该指标能够体现燃料电池发动机在快速变载过程中各辅助部件的响应时间及匹配策略是否合理，尤其是在应对车辆突然加速及爬坡等过载工况时，该项性能显得尤其重要。

加载动态响应性能的试验首先要对燃料电池发动机进行热机处理。热机过程结束后，回到怠速状态运行 10s，然后将燃料电池发动机加载到 10% 额定功率点，在该功率点稳定运行至少 1min；之后向燃料电池发动机发送动态阶跃工作指令，燃料电池发动机的输出功率由 10% 额定功率点加载到 90% 额定功率点，并在该功率点稳定运行至少 10min。记录燃料电池堆电压和电流、各辅助部件电压和电流以及由 10% 额定功率点加载到 90% 额定功率点的动态响应时间。

按照上述试验方法进行燃料电池发动机加载动态响应试验，得到某款燃料电池发动机加载动态响应试验曲线如图 6-16 所示，该款燃料电池发动机的加载动态响应时间为 28s。

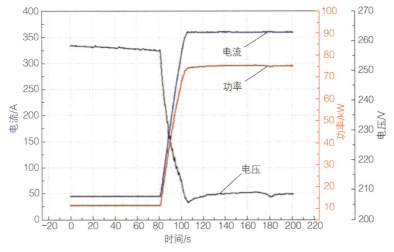

图 6-16 加载动态响应试验曲线

## 6.6.2 降载动态响应

降载动态响应指的是燃料电池发动机输出功率从 90% 额定功率下降到 10% 额定功率所用的时间。该指标主要是考核当燃料电池汽车突然制动或降速工况下，燃料电池发动机的输出性能能否快速跟随功率需求减低的能力，在一定程度上能够体现燃料电池发动机系统匹配策略的技术水平。

降载动态响应试验需预先按照规定的加载方式将燃料电池发动机加载到 90% 额定功率点，在该功率点稳定运行至少 1min。之后向燃料电池发动机发送动态阶跃工作指令，燃料电池发动机的输出功率由 90% 额定功率点降载到 10% 额定功率点，并在该功率点稳定运行至少 10min。记录燃料电池堆电压和电流、各辅助部件电压和电流以及由 90% 额定功率点降载到 10% 额定功率点的动态响应时间。

按照上述试验方法进行降载动态响应试验，得到某款燃料电池发动机降载动态响应试验曲线如图 6-17 所示，该款燃料电池发动机的降载动态响应时间为 16s。

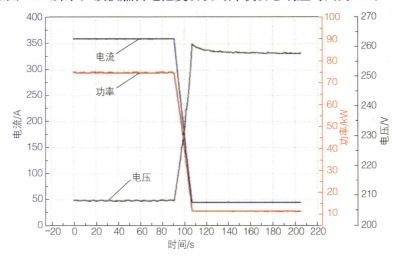

图 6-17 降载动态响应试验曲线

## 6.7 环境适应性测试评价

环境适应性反映了燃料电池发动机在不同工作场景下的适应能力。燃料电池发动机的环境适应性一般包含耐盐雾性能、耐振动性能、耐湿热性能以及高温、高寒和高原适应性等。结合行业燃料电池发动机的技术发展水平，这里选取燃料电池发动机的低温冷起动、高温适应性和高原适应性作为重点介绍。

### 6.7.1 低温冷起动

低温冷起动是当燃料电池发动机所处环境温度低于0℃时，燃料电池发动机能够正常起动并能按照设定功率运行的能力。这是衡量燃料电池发动机低温环境适应性的一个重要指标。该指标考察的是燃料电池发动机在0℃以下低温环境下起动至额定功率的起动时间以及起动过程中氢气消耗量和外接电能消耗量。

低温冷起动试验前需对燃料电池发动机进行低温浸机。在达到设定温度前，可在环境舱降至指定温度并持续一定时间后，可将燃料电池发动机进行一次开关机操作。燃料电池发动机可起动至急速状态，持续时间不超过3min，然后立即关闭燃料电池发动机。设定环境舱温为试验温度，环境舱的温度与设定温度的偏差应控制在±2℃内，当环境温度达到设定温度后开始计时，有效浸机时间为12h，浸机过程中不应有人工干预、加热保温及外接热源等措施。浸机过程结束后向燃料电池发动机发送起动指令，燃料电池发动机加载到额定功率后持续稳定运行10min，燃料电池发动机的输出功率应始终处于10min平均功率的97%~103%之间，且燃料电池发动机输出的10min平均功率应不低于额定功率。记录试验过程中的燃料电池堆电压和电流、辅助部件的电压和电流、氢气消耗量、外接电能消耗量、从向测试平台发送起动指令开始至燃料电池发动机达到额定功率的时间。

按照上述试验方法进行燃料电池发动机低温冷起动试验，图6-18所示为某款燃料电池发动机低温起动试验案例。该款燃料电池发动机在-30℃环境下，未借助电加热器辅助加热成功实现了低温冷起动，冷起动时间为341s。在低温冷起动初始加载阶段，燃料电池堆的电压急速下降；随着燃料电池发动机的持续运行，燃料电池堆内冷却液温度升高，燃料电池堆的电压也逐步上升。在冷起动过程中，空压机和氢气循环泵的电流、电压曲线分别如图6-18b、c所示。

### 6.7.2 高温适应性

高温适应性是当燃料电池发动机处于高温环境条件下，能够在额定功率正常运行的能力。该指标主要考核当燃料电池发动机处于额定功率运行产生大量热量时，其散热系统的温度调节能力能否满足燃料电池发动机的工作需求。同时在高温环境中，气体密度降低，若要达到同样的燃料电池运行工况，空压机的能耗将会升高，这将加大对燃料电池堆功率输出的要求。

燃料电池发动机高温适应性试验时，需对燃料电池发动机进行高温浸机。浸机开始前，起动燃料电池发动机至急速，持续时间不超过3min，然后立即关闭燃料电池发动机。设定环境舱温为试验温度，环境舱的温度应控制在设定温度的±2℃内。当环境温

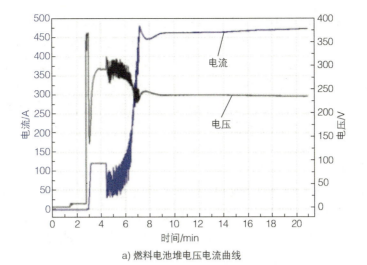

a) 燃料电池堆电压电流曲线

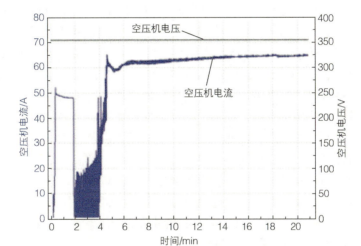

b) 空压机电压电流曲线

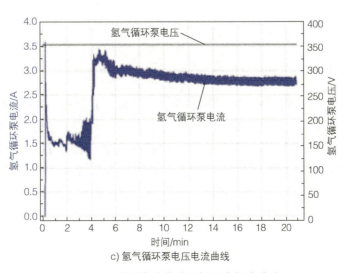

c) 氢气循环泵电压电流曲线

图 6-18　燃料电池发动机低温冷起动试验

度达到设定温度后开始浸机计时，有效浸机时间为12h。浸机过程结束后向燃料电池发动机发送起动指令，燃料电池发动机加载到额定功率后持续稳定运行10min，燃料电池发动机的输出功率应始终处于10min平均功率的97%～103%之间，且燃料电池发动机输出的10min平均功率应不低于额定功率。记录试验过程中的燃料电池堆电压和电流、辅助部件的电压和电流、氢气消耗量、外接电能消耗量、从向测试平台发送起动指令开始至燃料电池发动机达到额定功率的时间。

### 6.7.3 高原适应性

高原适应性是当燃料电池发动机处于高原环境（低气压）条件下，能够在额定功率正常运行的能力。在高原条件下，空气密度降低，空气中的氧气含量也相应降低，这对空压机的供气能力提出了较大的要求。若要达到同样的燃料电池运行工况，空压机的能耗将会升高，这将需要燃料电池堆输出更高的功率。

燃料电池发动机高原适应性试验，首先需按照制造商指定值设置高原模拟条件参数大气压力和温度并稳定10min；起动燃料电池发动机并加载到预先确定的工况点（推荐10%$P_E$、20%$P_E$、30%$P_E$、40%$P_E$、50%$P_E$、60%$P_E$、70%$P_E$、80%$P_E$、90%$P_E$、100%$P_E$；$P_E$为额定功率），每个工况点至少稳定运行10min；当燃料电池发动机加载至目标电流设定点时，优先通过调节燃料电池发动机空压机转速以及背压阀位置开度以满足标准大气压下操作条件以及功率设定值，记录此时系统操作条件；当燃料电池发动机加载至目标电流点时，无法通过调节燃料电池发动机空压机转速以及背压阀位置开度以达到标准大气压下操作条件时，可依据厂商燃料电池堆压力及流量敏感性结果进行标定，推荐通过降低空气设定压力以满足燃料电池发动机对空气的流量需求，达到该海拔下的最大输出功率，通常以该电流设定点下燃料电池堆平均电压不低于标准大气压操作条件下平均电压的10%作为判断依据，完成标定并记录此时系统操作条件；达到设定的时间后按照产品技术文件规定的卸载方式进行卸载。

## 6.8 燃料电池发动机综合性能评价

### 6.8.1 燃料电池发动机综合性能测试评价体系构建

燃料电池发动机的性能影响因素是复杂多样且相互关联的，无法通过单一指标来评价燃料电池发动机的综合性能，因此需要构建多层级、多指标的燃料电池发动机的综合性能测试评价体系。燃料电池发动机性能评价指标的选取原则需是重要的、典型的、行业关注的，并且是可测试的。因此，在燃料电池发动机性能指标体系的基础上，从起动性能、稳态性能、动态性能、安全性能4个维度出发，构建了燃料电池发动机综合性能测试评价指标体系，如图6-19所示。

### 6.8.2 评价指标及评价函数

**1. 冷机起动响应时间**

冷机起动响应时间是燃料电池发动机长时间停机后，燃料电池堆内部温度为环境温

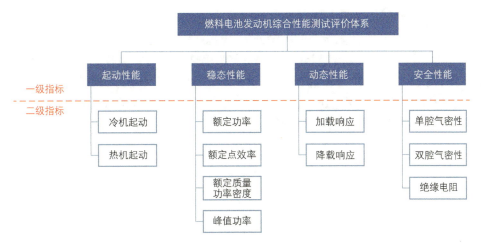

图 6-19　燃料电池发动机综合性能测试评价体系

度条件下,由停机状态起动至怠速状态所用的时间。基于行业冷机起动时间大多在 10~25s 的技术发展现状及燃料电池发动机的起动响应需求,因此将 10s 定为冷机起动的上限值,将 30s 作为下限值,构建燃料电池发动机冷机起动时间评价函数($Q_{1.1}$)。

$$Q_{1.1} = \begin{cases} 100, & x_1 \leq 10 \\ 60 + \dfrac{20 - x_1}{20 - 10}(100 - 60), & 10 < x_1 \leq 20 \\ \dfrac{30 - x_1}{30 - 20} \times 60, & 20 < x_1 < 30 \\ 0, & x_1 \geq 30 \end{cases} \qquad (6\text{-}20)$$

式中,$x_1$ 为冷机起动响应时间(s)。

**2. 热机起动响应时间**

热机起动响应时间是燃料电池发动机短暂停机时,燃料电池发动机内部温度为燃料电池发动机正常工作温度条件下,由停机状态起动至怠速状态所用的时间。基于燃料电池发动机热机起动较快的工作特性,及燃料电池发动机辅助部件秒级的响应能力和当前行业的技术发展趋势,将 5s 定为热机起动的上限值,将 20s 作为下限值,构建燃料电池发动机热机起动时间的评分函数($Q_{1.2}$)。

$$Q_{1.2} = \begin{cases} 100, & x_2 \leq 5 \\ 60 + 8(10 - x_2), & 5 < x_2 \leq 10 \\ 6(20 - x_2), & 10 < x_2 < 20 \\ 0, & x_2 \geq 20 \end{cases} \qquad (6\text{-}21)$$

式中,$x_2$ 为热机起动响应时间(s)。

**3. 额定功率**

额定功率是燃料电池发动机在产品技术文件规定的额定工况条件下持续运行一定时间的能力,是衡量燃料电池发动机性能的一项关键指标。在评价函数构建过程中,由于当前汽车行业中燃料电池发动机的额定功率普遍在30kW以上，因此将30kW定为额定功率评分函数的下限值，低于30kW评分为0分。考虑财建〔2020〕394号通知中《燃料电池汽车城市群示范目标和积分评价体系》明确规定享受补贴政策的燃料电池发动机的额定功率不小于50kW，因此把50kW设定为"及格分"60分。当燃料电池发动机额定功率为110kW时，积分达到100分上限，因此将110kW作为满分上限值100分。燃料电池发动机热机额定功率的评分函数（$Q_{2.1}$）见式（6-22）。

$$Q_{2.1} = \begin{cases} 0, & x_3 < 30 \\ 3(x_3 - 30), & 30 \leqslant x_3 \leqslant 50 \\ 60 + \dfrac{2(x_3 - 50)}{3}, & 50 < x_3 < 110 \\ 100, & x_3 \geqslant 110 \end{cases} \qquad (6\text{-}22)$$

式中，$x_3$为额定功率（kW）。

### 4. 额定点效率

燃料电池发动机效率是单位时间内所消耗燃料的能量转化为燃料电池发动机输出功率的份额，该指标反映了燃料电池发动机的燃料经济性。燃料电池发动机额定点选取的差别导致其效率的不同，基于行业内普遍选择额定点单片电压0.6~0.7V的现状，结合行业技术水平发展现状，将35%和50%分别定为燃料电池发动机额定效率的下限值和上限值，构建了燃料电池发动机效率的评价函数（$Q_{2.2}$）。

$$Q_{2.2} = \begin{cases} 0, & x_4 \leqslant 35\% \\ 400(x_4 - 0.35), & 35\% < x_4 \leqslant 45\% \\ 60 + 800(x_4 - 0.45), & 45\% < x_4 < 50\% \\ 100, & x_4 \geqslant 50\% \end{cases} \qquad (6\text{-}23)$$

式中，$x_4$为额定点效率（%）。

### 5. 额定质量功率密度

额定质量功率密度是衡量燃料电池发动机系统集成度和零部件选型优劣的一项综合性指标。目前行业中燃料电池发动机的额定功率密度普遍在250W/kg以上，因此将250W/kg定为额定质量功率密度评分函数的下限值。考虑到《燃料电池汽车城市群示范目标和积分评价体系》中明确规定燃料电池商用车所采用的燃料电池发动机额定质量功率密度不低于300W/kg，燃料电池乘用车所采用的燃料电池发动机额定质量功率密度不低于400W/kg，因此评分函数中把300W/kg设定为燃料电池发动机额定功率性能的"及格分"60分，把400W/kg设定为80分，并把450W/kg作为100分，以鼓励技术先进性。额定质量功率密度评价函数（$Q_{2.3}$）见式（6-24）。

$$Q_{2.3} = \begin{cases} 0, & x_5 < 250 \\ 1.2(x_5 - 250), & 250 \leqslant x_5 < 300 \\ 60 + 0.2(x_5 - 300), & 300 \leqslant x_5 < 400 \\ 80 + 0.4(x_5 - 400), & 400 \leqslant x_5 < 450 \\ 100, & x_5 \geqslant 450 \end{cases} \qquad (6\text{-}24)$$

式中，$x_5$ 为额定质量功率密度（W/kg）。

#### 6. 峰值功率

峰值功率是燃料电池发动机输出性能的一项重要参数，该性能指标反映的是燃料电池堆能否满足加速、爬坡等过载工况对大功率的需求。由于燃料电池发动机的功率等级、应用场景及使用策略的不同，无法简单用峰值功率数值的大小来评价峰值功率性能的先进性，因此用峰值功率与额定功率的比值来评价该项性能。基于行业当前技术现状和技术发展趋势，构建峰值功率评价函数（$Q_{2.4}$）见式（6-25）。

$$Q_{2.4}=\begin{cases}0, x_6 \leqslant 1.05\\ 1200(x_6-1.05), 1.05 < x_6 \leqslant 1.1\\ 60+600(x_6-1.1), 1.1 < x_6 < 1.2\\ 100, x_6 \geqslant 1.2\end{cases} \quad (6\text{-}25)$$

式中，$x_6$ 为峰值功率与额定功率比值。

#### 7. 加载响应

由于燃料电池发动机的功率等级不同，无法简单用响应时间评判动态响应性能。因此，结合燃料电池发动机自身的功率等级，以单位时间内的功率加载速率作为评判燃料电池发动机性能好坏的指标。基于行业当前技术现状和发展趋势，结合燃料电池发动机升载功率响应需求，构建加载动态响应速率评价函数（$Q_{3.1}$）。

$$Q_{3.1}=\begin{cases}0, x_7 \leqslant 5\\ 6(x_7-5), 5 < x_7 < 15\\ 60+4(x_7-15), 15 \leqslant x_7 < 25\\ 100, x_7 \geqslant 25\end{cases} \quad (6\text{-}26)$$

式中，$x_7$ 为动态升载响应速率（kW/s）。

#### 8. 降载响应

与加载动态响应类似，以单位时间内的功率降载速率作为评判燃料电池发动机性能好坏的指标。考虑到降载过程对燃料电池堆风险影响程度较低，以及技术指标相对容易实现的特点，综合行业技术发展趋势和发动机降载功率需求，构建降载动态响应速率评价函数（$Q_{3.2}$）。

$$Q_{3.2}=\begin{cases}0, x_8 \leqslant 10\\ 3(x_8-10), 10 < x_8 < 20\\ 60+4(x_8-20), 20 \leqslant x_8 < 30\\ 100, x_8 \geqslant 30\end{cases} \quad (6\text{-}27)$$

式中，$x_8$ 为动态降载响应速率（kW/s）。

#### 9. 单腔气密性

单腔气密性是衡量燃料电池发动机氢气侧向空气侧、冷却液腔和外界环境泄漏程度的指标，在一定程度上能够反映燃料电池发动机是否发生内漏。由于质子交换膜的技术水平和干湿状态对单腔的气密性具有较大影响，行业内对单腔气密性压力下降值尚没有明确规定。因此，结合大量测试数据及行业技术发展水平，构建了燃料电池发动机单腔气密性的评价函数（$Q_{4.1}$）。

$$Q_{4.1} = \begin{cases} 100, x_9 \leq 10 \\ 60 + 4(20 - x_9), 10 < x_9 < 20 \\ 3(40 - x_9), 20 \leq x_9 < 40 \\ 0, x_9 \geq 40 \end{cases} \quad (6\text{-}28)$$

式中，$x_9$ 为单腔气密保压下降值（kPa）。

**10. 双腔气密性**

双腔气密性是燃料电池发动机外漏特性的一项重要指标。燃料电池发动机在运行一段时间后，随着工况变化和密封件性能衰减会导致气密性能下降，引发运行安全风险。结合行业技术发展现状及发展趋势，构建双腔气密性评价函数（$Q_{4.2}$）。

$$Q_{4.2} = \begin{cases} 100, x_{10} \leq 5 \\ 60 + 4(15 - x_{10}), 5 < x_{10} < 15 \\ 4(30 - x_{10}), 15 \leq x < 30 \\ 0, x_{10} \geq 30 \end{cases} \quad (6\text{-}29)$$

式中，$x_{10}$ 为双腔气密保压下降值（kPa）。

**11. 绝缘电阻**

绝缘电阻是燃料电池发动机电安全性的核心技术指标，直接关系到燃料电池发动机能否正常应用。基于当前燃料电池汽车的绝缘要求现状，将 500 Ω/V 作为燃料电池发动机的绝缘性能的"门槛值"。在绝缘电阻的评价函数中，当绝缘阻值大于或等于 500Ω/V 时，得 100 分；若小于 500Ω/V，则得 0 分。

### 6.8.3 指标权重

燃料电池发动机各项性能指标对于性能好坏的综合评定具有不同的影响程度，表 6-6 为采用德尔菲法征集的多名行业技术专家的意见对性能指标体系中的一级指标和二级指

表 6-6 燃料电池发动机性能指标权重占比

| 一级序号 | 一级指标 | 权重占比（%） | 二级序号 | 二级指标 | 权重占比（%） |
| --- | --- | --- | --- | --- | --- |
| 1 | 起动性能 | 10 | 1 | 热机起动 | 50 |
|  |  |  | 2 | 冷机起动 | 50 |
| 2 | 稳态性能 | 40 | 1 | 额定功率 | 40 |
|  |  |  | 2 | 额定点效率 | 20 |
|  |  |  | 3 | 峰值功率 | 20 |
|  |  |  | 4 | 额定质量功率密度 | 20 |
| 3 | 动态性能 | 25 | 1 | 加载响应 | 50 |
|  |  |  | 2 | 降载响应 | 50 |
| 4 | 安全性能 | 25 | 1 | 单腔气密性 | 40 |
|  |  |  | 2 | 双腔气密性 | 30 |
|  |  |  | 3 | 绝缘电阻 | 30 |

标赋予权重占比。德尔菲法（Delphi Method）又称专家规定程序调查法，该方法由调查者拟定调查表，按照既定程序，以函件的方式分别向专家组成员进行征询，然后专家组成员又以函件方式提交意见。经过几次反复征询和反馈，专家组成员的意见逐步趋于集中，最后获得具有较高准确率的集体判断结果。

### 6.8.4 评分函数

燃料电池发动机一级指标得分根据二级指标得分及权重计算，计算方法见式（6-30）。

$$S_i = \sum_{j=1}^{n_i} Q_{ij} b_{ij} \quad (6\text{-}30)$$

式中，$S_i$ 为燃料电池发动机一级指标评价得分；$i$ 为一级指标序号；$n_i$ 为序号为 $i$ 的一级指标所包含的二级指标的总数；$Q_{ij}$ 为一级序号为 $i$ 二级序号为 $j$ 的指标得分；$b_{ij}$ 为一级序号为 $i$ 二级序号为 $j$ 的二级指标权重。

燃料电池发动机性能综合评分根据一级指标得分及权重计算得出，计算方法见式（6-31）。

$$S = \sum_{i=1}^{4} S_i a_i \quad (6\text{-}31)$$

式中，$S$ 为燃料电池发动机综合性能评价得分；$a_i$ 为一级序号为 $i$ 的一级指标权重。

### 6.8.5 燃料电池发动机测试评价体系应用

基于燃料电池发动机综合性能指标评价指标体系及各指标试验方法进行燃料电池发动机各项性能指标测试。采用的试验条件、试验流程、试验方法一致，获得的燃料电池发动机的各项性能指标数据相对客观，且具有可比性。

### 6.8.6 测试结果与评价

这里基于 29 款燃料电池发动机样本数据进行综合性能量化评价方法的应用及验证，其中 5 款燃料电池发动机性能参数见表 6-7。基于上述燃料电池发动机性能指标评价方法进行评分计算，得出该 5 款燃料电池发动机的性能指标评分见表 6-8。

表 6-7 燃料电池发动机性能参数

| 样品 | 起动性能 | | 稳态性能 | | | | 动态性能 | | 安全性能 | | |
|---|---|---|---|---|---|---|---|---|---|---|---|
| | 冷机起动时间/s | 热机起动时间/s | 额定功率/kW | 额定点效率/（%） | 峰值功率/kW | 额定质量功率密度/（W/kg） | 加载响应/（kW/s） | 降载响应/（kW/s） | 单腔气密下降值/kPa | 双腔气密下降值/kPa | 绝缘电阻/（Ω/V） |
| A | 19.8 | 20.4 | 53.9 | 46.7 | 55.6 | 331.8 | 4.8 | 4.8 | 23.8 | 24.7 | >500 |
| B | 28.2 | 29.6 | 53.6 | 45.4 | 53.6 | 306.1 | 1.4 | 1.6 | 22.5 | 4.2 | >500 |
| C | 25.0 | 26.0 | 55.6 | 44.8 | 57.0 | 350.8 | 0.4 | 44.5 | 31.0 | 17.0 | >500 |
| D | 20.4 | 62.6 | 101.5 | 45.3 | 102.6 | 714.8 | 0.7 | 2.94 | 9.1 | 2.2 | >500 |
| E | 16 | 14.6 | 75.3 | 48.2 | 96.5 | 521.2 | 9.4 | 9.1 | 24.9 | 4.85 | >500 |

表 6-8　燃料电池发动机性能指标评分

| 样品 | 起动性能 | | 稳态性能 | | | | 动态性能 | | 安全性能 | | |
|---|---|---|---|---|---|---|---|---|---|---|---|
| | 冷机起动时间/s | 热机起动时间/s | 额定功率/kW | 额定点效率(%) | 峰值功率/kW | 额定质量功率密度/(W/kg) | 加载响应/(kW/s) | 降载响应/(kW/s) | 单腔气密下降值/kPa | 双腔气密下降值/kPa | 绝缘电阻/(Ω/V) |
| A | 60.8 | 0.0 | 62.6 | 73.8 | 0.0 | 66.4 | 0.0 | 0.0 | 44.8 | 21.2 | 100 |
| B | 10.8 | 0.0 | 62.4 | 63.1 | 0.0 | 61.2 | 0.0 | 0.0 | 50.0 | 100.0 | 100 |
| C | 30.0 | 0.0 | 63.7 | 58.5 | 0.0 | 70.2 | 0.0 | 89.0 | 16.0 | 52.0 | 100 |
| D | 57.6 | 0.0 | 94.3 | 62.0 | 0.0 | 100.0 | 0.0 | 0.0 | 100.0 | 100.0 | 100 |
| E | 76.0 | 32.4 | 76.9 | 85.6 | 100.0 | 100.0 | 26.5 | 0.0 | 40.3 | 100.0 | 100 |

## 6.8.7　综合评分

**1. 起停性能评分**

从图 6-20 中可以看出，在起停性能方面，燃料电池发动机得分的分布差距较大，各燃料电池发动机技术发展水平并不均衡。在这 29 款燃料电池发动机中，有 4 款得分为满分，主要得益于这几款产品关键部件的起动响应更快，且燃料电池发动机的开机吹扫及拉载策略更加成熟，该指标在一定程度上能够体现产品的技术水平先进性，具有较好的区分度。

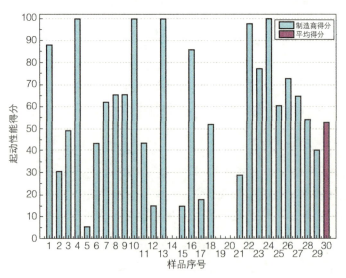

图 6-20　起停性能评分

**2. 稳态性能评分**

从图 6-21 中可以看出，在稳态性能方面，燃料电池发动机的得分虽然具有一定的差距，但是技术水平发展相对较均衡。大部分燃料电池发动机的样品得分相对较低，未超过 60 分，这是因为稳态性能中额定功率、额定点效率、峰值额定功率和质量功率密度等指标相互影响，相互制约。对于单独一款燃料电池发动机而言，若其想通过强行拉载增加额定功率以提高额定功率得分，势必会造成效率和峰值功率与额定功率比值的降低，进而导致综合得分降低。又比如，某一产品通过增大关键辅助部件如空压机的性能来提高额定功率，通常也会导致辅助部件功率和重量的增加，进而降低质量功率密度，也有可能导致总体得分降低。在 29 款产品中，有 5 款的稳态性能评分较高，因为这几款燃料电池发动机的零部件选型更加合理，系统匹配和控制策略更加完善，额定功率、额定点效率及质量功率密度相对较高，因此在稳态性能方面综合得分相对较高。

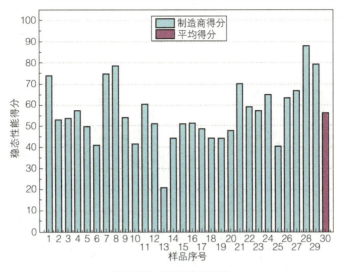

图 6-21　稳态性能评分

### 3. 动态性能评分

从图 6-22 中可以看出，在动态性能方面，各制造商的得分均较低。这主要是目前行业内燃料发动机测试标准中对于起动时间并没有进行强制要求，因此各制造商在进行起动策略的制定过程中，为兼顾加载的稳定性，对燃料电池发动机的加载速率进行了限制。考虑到当前行业的技术发展趋势，燃料电池汽车对于燃料电池发动机功率变载的响应速度要求越来越高，这势必会对企业的燃料电池发动机零部件选型和控制策略匹配提出更高的要求。

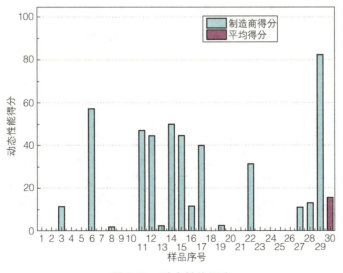

图 6-22　动态性能评分

### 4. 安全性能评分

如图 6-23 所示,在安全性能方面,燃料电池发动机的得分相对较高。29 家企业在绝缘性能方面均得到满分,不同产品之间的差距主要体现在双腔保压气密性和氢气腔保压气密性方面。有 3 款燃料电池发动机的安全性能得分在 90 分以上,这在一定程度上能够反映该三款发动机在零部件选型、集成匹配以及燃料电池堆材料选型及装配工艺方面具有一定的技术优势。

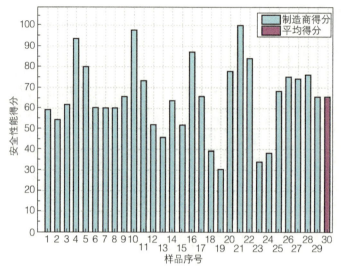

图 6-23 安全性能评分

### 5. 综合性能评分

从图 6-24 中可以看出,各燃料电池发动机的综合性能得分具有一定的差异性,产品综合得分主要分布在 30～60 分之间。产品总体得分相对较低主要有两方面的原因,一是在制定燃料电池发动机各指标评价函数时,充分考虑了燃料电池发动机的技术发展趋势,

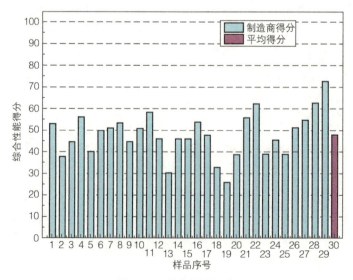

图 6-24 综合性能评分

因此将评价函数的指标制定得较为"严苛"。二是燃料电池发动机当前的技术发展水平仍需要进一步提升，有较大提升空间，尤其是在动态响应性能方面。

在 29 款燃料电池发动机样品中，只有一款样品得分超过 70 分，这是由于该产品在稳态性能和动态性能方面两项得分相对较高。在起停性能方面，该款产品的冷机起动时间和热机起动时间相对较长，起停性能得分较低，但是由于起停性能权重占比相对较低，对于总体的评分影响较小。在安全性能方面，各个样品的绝缘性能和气密性差异不大，该款产品在安全性能得分方面处于一般水平。因此，综合起停性能、稳态性能、动态性能和安全性能的得分情况，该款燃料电池发动机的综合得分最高。

**6. 总结**

通过分析燃料电池发动机的综合性能得分可以发现，评价函数和权重占比对于燃料电池发动机的综合得分具有较大影响，不同的权重占比会导致同样的数据结果出现不同的得分，进而会影响到对燃料电池发动机综合性能的评价。这里基于当前行业发展现状和燃料电池发动机技术发展趋势，给出了一种燃料电池发动机综合性能量化评价的示例，在应用过程中需结合自身需求，制定相适应的评价函数和指标权重。

## 6.9 硬件在环测试技术

### 6.9.1 硬件在环测试技术概述

在汽车快速发展历程中，基于"V"型开发流程是普遍使用的，涵盖功能设计、快速控制原型设计、代码生成、硬件在环（Hardware in the Loop，HiL）测试、标定及验证等阶段。各阶段的概述如下：

1）功能设计阶段：构建算法模型以及实施离线仿真。

2）快速控制原型设计阶段：将上一步构建好的算法模型下载到快速原型控制设备中，并实施在线仿真并验证算法。

3）代码生成阶段：通过生成控制代码，为控制器实现设计功能。

4）HiL 测试阶段：将已下载目标代码的控制器通过 CAN 通信与数据采集板卡连接至已建立的被控对象模型中，并且配置好相应的信号接口，随后开展控制器在各种工况下的功能测试、故障测试、总线通信测试等。

5）标定及验证阶段：在测试台架或者车辆上进行实物测试时，通过调整控制器参数来对功能和算法进行微调，以优化控制算法与控制策略的实际实施效果。

整体而言，HiL 测试作为"V"型流程中的关键环节之一，其实现的主要效果是将控制器投入实际系统运行前，通过一个能够模拟受控对象（包括燃料电池系统、整车等）行为的仿真系统来验证控制器功能，在进行实车测试前发现并解决潜在的问题，协助控制器进行改进，从而大大缩短控制器的研发周期和经费。

相对于实物测试，HiL 测试具备如下优点：

1）在台架测试中，受控对象造价高且易损伤，实物测试风险较大。

2）支持极端工况测试，而实物测试难以实现或不能轻易尝试。

3）可重复/自动化测试，能够重现相同的实时环境或激励。

4）缩短开发周期，受控对象的设计与控制器开发同步进行。

针对燃料电池汽车而言，在传统的开发模式中，HiL 测试的对象是指燃料电池发动机控制器，实际上被测对象能够扩展到燃料电池发动机中广义的硬件，如冷却水泵、氢气喷射器等，通过 HiL 测试系统中其他部件的软硬件对被测对象进行相应测试。

### 6.9.2 硬件在环测试系统概述

燃料电池发动机控制器 HiL 测试系统可以模拟燃料电池发动机各零部件运行状态，对控制器进行功能测试、故障测试以及总线通信等测试。控制器的输入输出信号与 HiL 测试系统通过 CAN 通信与数据采集板卡连接，HiL 测试系统接收控制器输入信号，实时运行燃料电池发动机模型（即被控对象仿真模型），并反馈被控对象的响应信号回到控制器，完成闭环测试。目前使用较多的测试在环测试系统平台有 dSPACE、NIVeristand、LabCar 等，基于 National Instruments 的 HiL 测试系统示意图如图 6-25 所示。

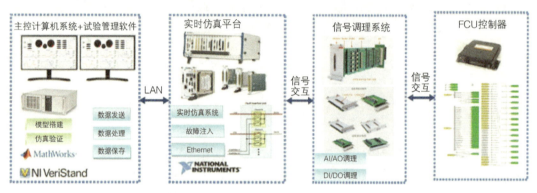

图 6-25　基于 National Instruments 的 HiL 测试系统示意图

图 6-26 所示为一套基于 National Instruments（NI）的 HiL 测试系统实物图，包括工业控制计算机、PXI 机箱、PXI 控制器、模拟量输出卡/采集卡、CAN 总线卡、数字 I/O 板卡、电阻仿真板卡、数字量/模拟量调理板卡、可编程开关直流电源、断路单元（Buck or Boost，BOB）、电源管理模块等。

该方案选用 PXI 机箱作为实时控制器及信号板卡的载体，是电控单元的实时仿真平台。PXI 控制器能够实时运行仿真模型，并且能够管理 PXI 机箱的硬件板卡。

模拟量输出板卡可以提供高速率的模拟电压信号输出，模拟控制器的传感器信号。

模拟量采集板卡能够精确测量电控单元输出的模拟量信号与数字信号，满足对信号采集的需求。

CAN 总线卡对整车总线上面的 CAN 报文信息进行模拟，可导入、编辑以及使用 DBC

图 6-26　基于 NI 的 HiL 测试系统

文件。通过数字 I/O 板卡，既可以采集电控单元输出的数字信号，又能够提供数字信号的输入，实现对控制器的数字开关量信号的测试。

电阻仿真板卡根据上位机发送的指令，通过切换不同的开关组合模拟不同的电阻值大小，支持断路和短路故障模拟。

可编程开关直流电源装置的输出满足搭载全部负载需求，能够模拟车载电源属性，可以通过上位机程序控制电源输出的不同电压范围，设置电源电压不同的变化曲线以及对被测电控单元进行自动上电和下电等操作。

断路单元 BOB 方便对信号进行测试和故障注入，断路测试盒面板用桥接端子连接，方便快速通断。

电源管理模块（Power Distribution Unit，PDU）主要实现对设备的外部供电进行控制、分配、保护等功能。

如前所述，控制器通过 CAN 通信与数据采集板卡与 HiL 测试系统进行信号的传输，控制器与 HiL 测试系统的逻辑交互关系如图 6-27 所示。

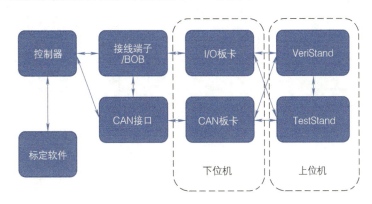

图 6-27 控制器与 HiL 系统逻辑关系示意图

控制器中输出或者输入的控制信号，通过 CAN 通信传输到 CAN 盒，随后传输到计算机系统，需要相应的测试分析专业工具进行读取与配置等操作（如 INCA、CANOE、POWERCAL 等）。

燃料电池发动机控制器的部分信号如图 6-28 所示，涵盖燃料电池发动机中各模块正常工作所需要的各项指令以及温度、压力等传感器信号，其中无法通过 CAN 通信进行传输的信号（如温度传感器、压力传感器、湿度传感器等发出的信号）则需要通过数据采集板卡的方式来进行传输。在实际测试过程中，需要将控制器中该信号对应的管脚与 HiL 机柜中 BOB 单元进行连接，从而通过 I/O 板卡来实现相关信号的模拟与传输。

VeriStand 软件用于配置实时测试应用程序的软件环境，可执行模拟量、数字量、方波等信号的操作及通信功能，实现系统硬件 I/O 通道配置、CAN 通信接口配置定制、模型载入、通道映射配置等功能。与此同时，VeriStand 软件能够从 LabVIEW 软件和第三方环境中导入控制算法，使用可编辑的用户界面监测这些任务并与其交互，该界面包含许多用于强制赋值、警报监控、I/O 校准、激励配置编辑的有效工具，并通过与 TestStand 等软件配合实现自动化测试。

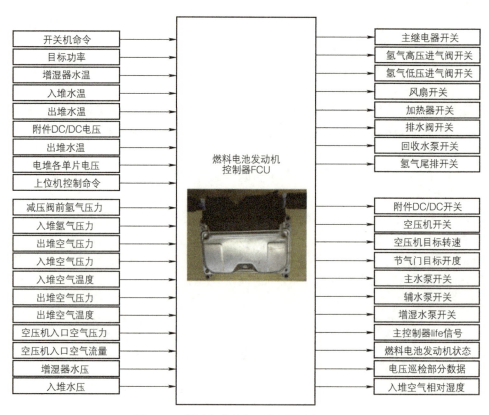

图 6-28 燃料电池发动机控制器的部分信号

### 6.9.3 硬件在环测试基本流程

HiL 测试的基本流程包括：建立仿真模型并完成模型标定、建立控制器与 HiL 测试系统的信号传输连接、通过 VeriStand 软件完成控制器信号与仿真模型参数之间的配置、编写测试用例并完成相应测试。

HiL 测试通过虚拟的仿真模型来代替真实的被控对象，因此仿真模型的准确性对于 HiL 测试的可信程度非常关键。由于不同的燃料电池发动机在构型和控制方面存在差别，针对某款发动机控制器进行 HiL 测试的虚拟仿真模型通常无法用于其他控制器中，因此 HiL 测试通常需要围绕被测控制器制定与之相匹配的测试方案。此外，由于仿真模型需要在 HiL 测试系统实时运行，因此仿真模型在满足可靠性的基础上还需要兼顾计算资源需求以及计算效率。

图 6-29 给出了一个基于 Matlab/Simulink 平台所建立的燃料电池发动机模型，涵盖燃料电池堆、氢气供给模块、空气供给模块、热管理模块、DC/DC 模块、HSoftPowerECU 模块、RealPowerECU 模块、Ctrl_switch 模块。氢气供给模块主要包含氢进阀、比例阀、引射器、氢水分离器、排氢排水阀等。空气供给模块主要包括空压机、中冷器、膜增湿器、尾排阀等。热管理模块主要包括四通阀（由三通阀和分流器组成）、PTC 加热器、散热风扇、水泵等。DC/DC 模块主要包括在 DC/DC 内部电流和电压逻辑判断处理和电压检测输出。SoftPowerECU 模块设置了燃料电池模型各类参数的输入接口，通过简单的 PID（Proportion Integral Differential）控制，使氢气路、空气路和冷却液循环系统能够

按照预定的工况运行。RealPowerECU 模块设置了完整的燃料电池发动机输入数据接口，与实际的燃料电池发动机控制器输出参数对接。Ctrl_switch 模块，通过手动控制的开关，使燃料电池发动机模型的输入信号在 SoftPowerECU 和 RealPowerECU 之间进行转换，便于仿真模型与控制器之间的联调。

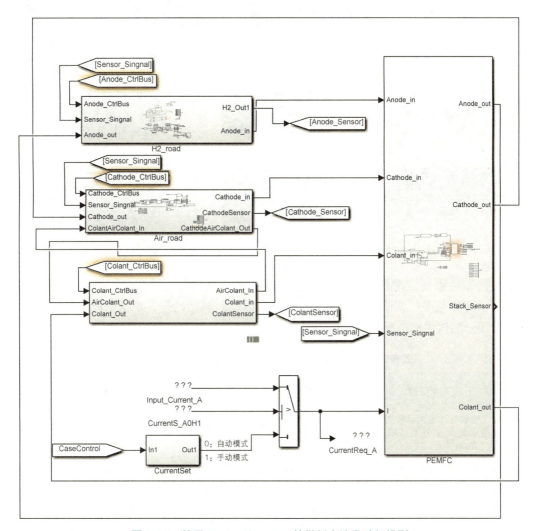

图 6-29 基于 Matlab/Simulink 的燃料电池发动机模型

燃料电池发动机模型建立好之后，需要通过实物测试数据对其进行验证与标定，如燃料电池堆的极化曲线或瞬态性能曲线，空压机的流量特性图或变载响应情况等。

在完成控制器与 HiL 测试系统的连接后（包括控制器的供电、控制器 CAN 通信以及数据采集卡信号传输），则需要通过实时仿真系统管理软件 NIVeristand 进行后续的配置与操作。NIVeriStand 支持 CAN 通信接口配置定制、通道映射配置等功能，并可载入 dbc 配置文件。Project Explorer 实现系统硬件 I/O 通道配置、模型载入、通道映射配置等功能。与此同时，VeriStand 支持定制化人机交互界面，能够自定义虚拟仪器界面，实现标定变量的在线修改。NIVeriStand 中集成其他工具，包括警报监控、信号错误管理、

TDMS File 观测器等，激励文件编辑器通过图形化操作和脚本编程实现自定义测试流程。图 6-30 给出了某个基于 Veristand 建立的 HiL 平台实时数据监测系统。

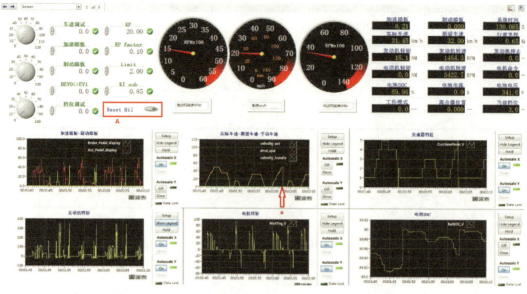

图 6-30　基于 Veristand 建立的 HiL 平台实时数据监测系统

根据燃料电池发动机的控制需求或测试需求编写 HiL 测试用例，主要涵盖测试目的、测试前置条件、测试步骤、测试通过标准以及测试结论等，某款燃料电池发动机控制器的部分测试用例情况见表 6-9。

表 6-9　某款燃料电池发动机控制器的部分测试用例情况

| 用例编号 | 测试目的 | 测试前置条件 | 测试步骤 | 测试通过标准 | 测试结论 |
|---|---|---|---|---|---|
| 1 | 常温开机退出条件判断：剩余氢气压力不足阈值 2（2.5MPa） | 燃料电池发动机处于常温开机中状态 | VeriaStand 标定氢瓶压力为 2.4MPa | 系统退出常温开机，回到待机 | — |
| 2 | 常温关机结束，立即常温开机，是否正常开机成功 | 燃料电池发动机处于待机状态 | 关机完成后立即请求开机 | 开机成功 | — |
| 3 | 低温关机结束，立即低温开机，是否正常开机成功 | 1）燃料电池发动机处于待机状态 2）环境温度低于 2℃ 3）水温低于 3℃ | 关机完成后立即请求开机 | 开机成功 | — |
| 4 | 退出运行状态测试：VCU 主动请求关机 | 燃料电池发动机处于运行状态 | VCU 工作模式请求由 3 标定为 1 | 系统退出运行，进入常温关机或回到待机 | — |
| 5 | 退出运行状态测试：VCU 请求急停，系统急停 | 燃料电池发动机处于运行状态 | INCA 标定急停标志位为 1 | 系统退出运行，进入急停关机 | — |
| 6 | 空气进堆温度传感器故障 | FCCU 初始化完成 | 分别在 HiL 测试台架模拟 1）开路 2）对电源短路 3）对地短路 | 开路，对电源短路及对地短路均出现： 1）故障码 53，等级 2 2）系统功率限制到当前的一半（再与急速功率取大） 3）故障消失立即恢复 | — |

综合而言，硬件在环测试技术通过能够模拟受控对象行为的仿真系统来验证控制器功能，采用半实物的方式完成大部分的控制器测试，能够在进行实车测试前发现并解决潜在的问题，协助控制器进行改进，可明显提高测试验证的效率并且缩短研发时间，为燃料电池发动机开发提供关键性技术支持。

## 6.10 本章小结

本章构建了涵盖 3 个层级的燃料电池发动机性能指标体系，并逐级逐个进行各指标试验方法介绍。在此基础上，从起停性能、稳态性能、动态性能、安全性能 4 个维度出发，选取关键性能指标构建燃料电池发动机综合性能量化评价体系。基于多款燃料电池发动机实测数据，对综合性能量化评价体系进行验证分析。最后针对燃料电池发动机的开发过程，介绍了燃料电池硬件在环测试方法。

### 参考文献

[1] 全国汽车标准化技术委员会. 燃料电池发动机性能试验方法：GB/T 24554—2022 [S]. 北京：中国标准出版社，2022.

[2] HOU Y，WANG B，OUYANG G，et al.An Analytic Hierarchy Process to evaluate PEM fuel cell engine performance[J].International Journal of Hydrogen Energy，2011，36(11):6780-6787.

# Chapter 07

# 第7章
# 燃料电池发动机关键零部件测试评价

燃料电池发动机是一个复杂的化学发电系统，其正常工作离不开各个辅助部件的相互协调与配合。各关键零部件的性能直接决定着燃料电池发动机的工作性能，因此对关键零部件的测评显得尤为重要。由于当前行业内尚无完善的燃料电池发动机关键部件测试评价的相关标准方法，因此本章主要结合行业技术发展现状和测试经验给出燃料电池发动机关键零部件的测评方法。

## 7.1 概述

燃料电池发动机的主要部件有空压机、中冷器、增湿器、水泵、电加热器、电子节温器、去离子器、氢气喷射器/比例阀、氢气循环系统等，各辅助部件按照设定的控制策略正常运行是燃料电池发动机正常工作的基础。图 7-1 所示为一种典型的燃料电池发动机结构示意图。

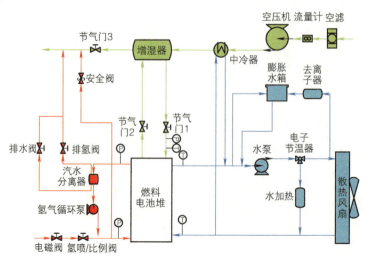

图 7-1 一种典型的燃料电池发动机结构示意图

## 7.2 燃料电池发动机辅助系统组成

燃料电池辅助系统主要包括空气子系统、氢气子系统、热管理子系统、控制系统等组成。空气子系统的作用主要是为燃料电池堆提供一定流量和压力的空气，并基于各部件的相互配合，实现对进入燃料电池堆空气温度和湿度的调节。氢气子系统为燃料电池发动机提供稳定流量和压力的氢气，满足燃料供应，同时起着实现燃料电池堆内部水平衡管理的作用。热管理子系统其主要作用是在燃料电池发动机运行过程中，调节燃料电池堆的冷却系统进、出口水温及温差，以使燃料电池堆的温度处于适宜的工作温度范围内。控制系统的主要作用是控制协调燃料电池发动机和各子系统之间的协调工作，使得燃料电池发动机高效输出动力。

## 7.3 空气子系统测试评价

空气子系统主要包括空气滤清器、空压机、中冷器、增湿器等部件。空气滤清器是空气入燃料电池堆前经过的第一个部件，其主要作用是实现对空气的物理和/或化学过滤，保证入堆空气的洁净度。空压机通过转速变化来调节燃料电池堆阴极入口的空气流量，并与节气门配合作用实现燃料电池堆入口空气流量和压力的控制。中冷器的作用是利用燃料电池堆的冷却液与空压机出口的高温空气进行热交换，降低空压机出口空气温度，防止高温空气损伤燃料电池堆。增湿器的作用是利用燃料电池堆阴极出口的高湿空气对燃料电池堆入口空气进行增湿，以满足燃料电池工作对空气湿度的需求。随着燃料电池堆技术水平的提高及系统集成控制策略的进步，一些燃料电池发动机产品通过采用自增湿技术替代了增湿器，从而降低系统成本，提高系统集成度。

### 7.3.1 空压机

空压机输出压缩空气的流量和压力直接影响燃料电池系统中氧气的浓度和分压，进而影响燃料电池系统的效率、动态性能、噪声等关键性能。燃料电池空气的进气流量、压力和湿度直接影响着燃料电池堆的反应效率以及质子交换膜的安全性，是决定燃料电池发动机输出功率和安全性的重要因素。空压机一般要求满足无油、高压比、低噪声、低功耗、快速响应、频繁起停和体积小等技术性能。

根据工作原理，可以将空压机分为速度型和容积型。速度型又可分为离心式、轴流式和混流式。容积型包括回转式和往复式，回转式分为罗茨式、螺杆式、涡旋式和滑片式，往复式分为活塞式和隔膜式。目前在燃料电池汽车上应用的空压机类型主要是离心式、螺杆式、罗茨式、涡旋式等，其中离心式空压机已经逐渐成为主流。

离心式空压机属于透平压缩机，目前一般采用电机直驱方式，电机转子驱动叶轮，叶轮带动气体高速旋转，与蜗壳相互作用产生高压、大流量的空气，将机械能转换为气体动能。离心式空压机具有结构紧凑、尺寸小、封闭性好、质量轻、振动小、额定工况效率高等优点。目前，全球主要燃料电池汽车生产制造企业均选取离心式空压机用于阴极供气技术方案，见表7-1。

表 7-1 燃料电池汽车的主要空压机类型

| 企业 | 以前 | 当前 |
|---|---|---|
| 丰田 | 罗茨式 | 离心式 |
| 本田 | 螺杆式 | |
| 现代 | 离心式 | |
| 戴姆勒 | 螺杆式 | |
| 通用 | 螺杆式 | |
| 上汽 | 罗茨式 | |

根据目前燃料电池发动机行业的发展现状，下面主要介绍行业内重点关注的空压机的工作特性、环境适应性和耐久可靠性等。

**1. 工作特性**

空压机工作特性主要是反映不同转速下空压机的流量及压比的特性关系，是空压机最基本的性能。空压机的工作性能可以用来确定是否满足燃料电池发动机的流量及压比需求，根据工作特性可以确定空压机的高效工作区域，便于选择工作点，在满足燃料电池发动机流量及压比需求的同时，使空压机的寄生功率最低。

根据试验前获取的被测空压机的喘振限制线、堵塞线、压比、流量、转速、功率等必要信息，设置测试的转速线，该转速线覆盖最低转速和最高转速，中间以适当间隔分档，一般不少于 5 条并且转速线间隔不小于 1000r/min；试验时，在每条转速线上，通过调节阀控制流量和压比的变化，测量多个调节阀开度下的流量和压力的状态点，测试点数一般不少于 5 个；测试点的选取，需要能够较好地反映流量和压比的变化规律，一般以等分为宜，局部变化剧烈的区域可以适当增加测试状态点；当测试到接近喘振区域时，应缓慢地调整调节阀（背压阀）开度，缓慢减小流量，逼近喘振点，测量出空压机喘振点的数据。

基于上述试验方法，选取 3 款空压机样品进行验证测试。该 3 款空压机的性能指标均在行业中处于领先地位，3 款空压机均是面向 140kW 燃料电池堆设计开发的，额定工作流量在 140g/s，额定工作压比在 3.0 左右。从图 7-2 中可以看出，3 款空压机的工作特性均具有各自的工作特点。样品 A 的工作特性覆盖范围最广，样品 B 的工作特性范围覆盖最窄。3 款产品的最大流量均能达到 180g/s，压比均能达到 3.5。样品 A 的最高转速达到 95000r/min，样品 B 的最高转速为 85000r/min，样品 C 的最高转速为 117000r/min。

**2. 环境适应性**

环境适应性反映了空压机处于不同工作环境时，空压机的流量及压比能否满足燃料电池的工作需求。燃料电池汽车上空压机的应用，需充分考虑环境温度对空压机性能的影响。环境温度直接影响空气密度，密度变化导致空压机运转一周所能压缩的空气质量也会随环境温度发生变化，导致空压机的工作特性出现相应的变化，这也将会影响空压机的使用效果。空压机的环境适应性主要包括高温适应性、低温适应性和高原适应性。

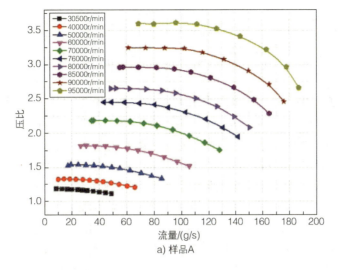

a) 样品A

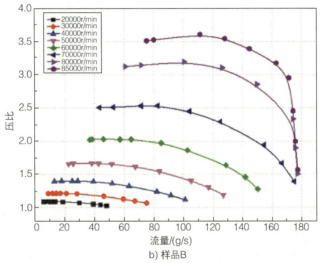

b) 样品B

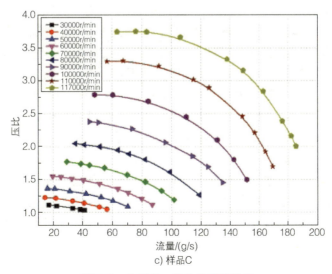

c) 样品C

图 7-2  空压机工作特性测试结果

（1）高温适应性

高温条件下，空压机工在同一转速下流量和压比会降低，进而导致燃料电池发动机对外输出功率的降低。同时，高温条件对空压机的电机和轴承的可靠性提出了更高的要求。

高温适应性测试时，将空压机安装在环境试验舱测试台架上，并按照产品技术要求加注冷却液；空压机的进气系统布置在环境舱内部从环境舱内部取气，使空压机的进口温度与环境舱温度一致。按照测试需求设定环境舱的温度，一般设定为55℃或更高温度。首先进行高温浸机，要求环境舱的实际温度与设定温度的偏差控制在±2℃之内。当环境条件达到设定温度后开始高温浸机计时，有效浸机时间一般不少于12h，浸机过程中不能有人工干预；浸机结束后设定空压机冷却液温度和流量；待冷却液温度稳定后，起动空压机并加载至空压机额定工况点对应的流量和压比，稳定运行96h。试验过程中记录空压机的转速、流量、压比、控制器输入电压、控制器输入电流。

基于上述试验方法，空压机进行高温适应性试验，测试结果如图7-3所示。在高温环境下运行，空气压缩机的工作特性对比常温下的工作特性会往左移动。主要原因是环境温度增加，空气密度降低，空压机叶轮旋转一周所能压缩的空气质量流量相对于常温状态下会相应减小，所以产生工作特性左移。因此，应考虑空压机在高温工作环境下，最大流量是否满足燃料电池发动机的需求。由于45℃的环境温度相对于25℃的室温变化程度较低，所以空压机功率变化幅度较低，但是仍然呈现出随着转速、压比、流量的增加，变化趋势增大的现象。

（2）低温适应性

在低温条件下，空气密度增加，空压机叶轮旋转一周所能压缩的空气质量流量相对于常温状态下会相应增加。同一转速下空压机的流量增大，压比变化较小，导致相同转速、流量和压比条件下，空压机更容易发生喘振。同时在低温条件下，空压机的电机性能及结构和密封的可靠性也要经受低温考验。

空压机低温适应性试验时，首先将空压机安装在环境试验舱测试台架上，按照产品技术要求加注冷却液。空压机前端进气系统布置于舱内，实现从舱内取气，出口尾排连接到舱外；按照测试需求设定环境舱温度，通常为-30℃或更低温度。环境舱的温度与设定温度的偏差宜控制在±2℃以内。首先进行低温浸机，当环境温度达到设定温度后开始计时，有效浸机时间为12h；浸机过程中不宜有人工干预、加热保温及外接热源等措施；浸机结束后，设定冷却液温度和流量，待冷却液温度稳定后，起动空压机并加载至额定工况点对应流量和压比，稳定运行48h；试验过程中记录空压机的转速、流量、进口压力、出口压力、控制器输入电压、控制器输入电流，各参数的试验结果均取10min稳定运行的平均值。

基于上述试验方法，进行空压机低温适应性试验，测试结果如图7-4所示。在低温条件下，空压机的工作特性相对于常温工作特性会发生向右侧偏移。这样在低温情况下，当燃料电池发动机在低功率运行时更容易达到空压机喘振线，因此在进行空压机设计匹配时应预留足够的空气流量。

（3）高原适应性

与高温环境类似，在高原条件下空气密度降低，同一转速下，空压机的流量和压比相对较低。该指标能够反映空压机电机及材料选型是否进行了冗余设计，以满足高原使用工况。

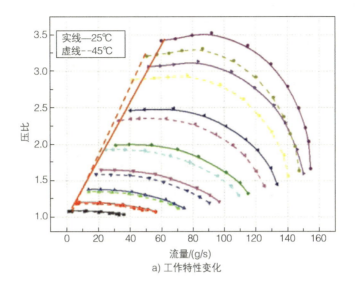

a) 工作特性变化

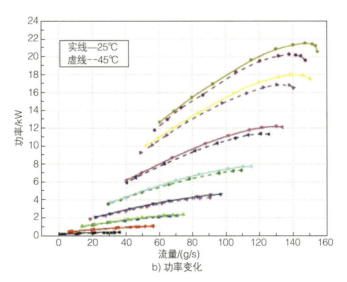

b) 功率变化

图 7-3 空压机高温环境下的工作特性

空压机高原适应性试验时，首先将空压机进、出口分别与环境试验舱的进、排气负压模块连接，并在散热系统加注冷却液；基于测试需求设定环境舱进排气负压模块的压力，一般设定为 80kPa（模拟海拔 2000m 高的大气压）或更低，环境舱的压力变化量宜

控制在 ±5kPa 以内；设定冷却液流量和温度，待冷却液温度稳定后，起动空压机并加载至额定工况点对应的流量和出口压力稳定运行 60min；试验过程中记录空压机的转速、流量、进口压力、出口压力、控制器输入电压、控制器输入电流，各参数的试验结果均取 60min 稳定运行的平均值。

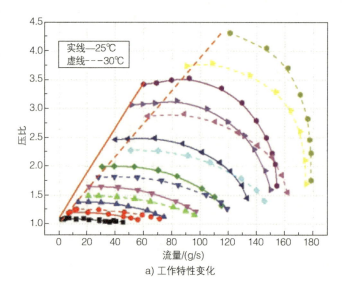

a) 工作特性变化

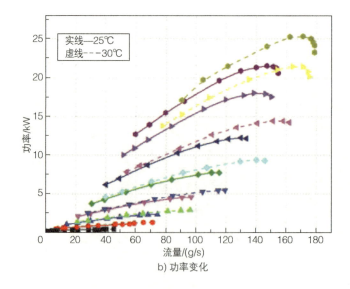

b) 功率变化

图 7-4　空压机的低温工作特性

基于上述试验方法，进行空压机高原适应性试验，结果如图 7-5 所示。高原条件下空压机的工作特性相对左移，若要达到同样的流量和出口压力，空压机的转速和功率应相对更高。

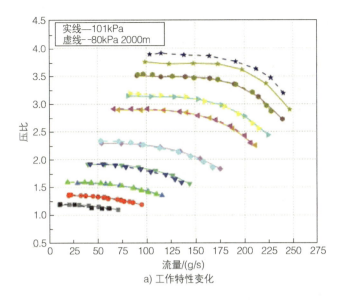

a) 工作特性变化

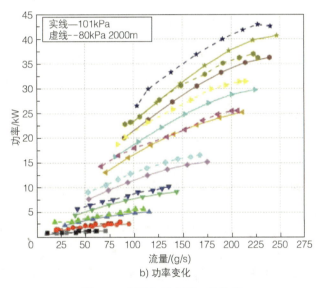

b) 功率变化

图 7-5 空压机的高原工作特性

### 3. 含油量

压缩空气中的含油量是评价燃料电池空压机的一项重要指标，由于燃料电池堆阴极的空气中带有的油蒸汽会引起燃料电池的催化剂中毒，进而影响燃料电池的寿命。因此，含油量成为空压机技术方案设计选型的一项重要参考指标，这也使得当前行业内空压机大多为应用空气轴承的离心式压缩机，以尽可能避免使用球轴承导致的润滑油或润滑脂泄漏造成空气中含油量较高带来的风险。

空压机含油量测试时，首先将空压机安装在测试台架上，按照产品技术要求设置冷却液流量和温度，待冷却液温度稳定后，加载空压机至额定工况点。为保证含油量测试数据的稳定性，需要使空压机运行 60min 以上。使用含油量测试仪测试空压机出口含油量，并以 60min 后一段时间内测得含油量的平均值作为空压机出口气体含油量。

基于上述试验方法，对两款空压机样品进行含油量测试，试验结果见表 7-2。从表中可以看出，虽然两款空压机样品均应用空气轴承，但是空压机含油量仍为 0.2mg/m³ 左右，这是因为虽然空压机自身不产生油蒸气，但是大气环境中是含有微量油蒸气的，所以在对燃料电池堆空气进气提品质要求的时候，是否要求绝对无油，成为行业内讨论的焦点之一。实际上燃料电池汽车的应用场景复杂、多样，不可避免有些使用场景是比较恶劣的。行业的发展趋势是进一步提高燃料电池催化剂的抗毒化能力，提高燃料电池堆的适应能力，降低对阴极进气含油量的要求。

表 7-2 空压机含油量测试结果

| 样品 | 含油量 / ( mg/m³ ) |
|---|---|
| 样品 A | 0.208 |
| 样品 B | 0.203 |

**4. 噪声**

空压机具有高转速、大流量和高压比的工作特性，使其成为燃料电池发动机中最主要的噪声源。空压机的噪声水平直接决定着燃料电池发动机的噪声水平，直接影响着车辆驾乘人员的舒适性。

空压机噪声测试应在半消声室中进行，半消声室的背景噪声声压级不大于 40dB（A）。测试时建议采用 1m 法，在距离空压机的前、后、左、右、上各 1m 处设置一个基准面。在各个基准面上选取在 5 个点上进行噪声采集，2 个点在空压机的前后中心线上，2 个点在左右中心线上，1 个点在空压机正上方中心位置。空压机与半消声地面的距离不低于 1m，噪声计的传感器应与基准面成直角，且与墙体的距离不小于 1m。测试过程中空压机的散热模块、空气滤清器、流量传感器和排气口均应位于半消声室外部。重点测试空压机的本体噪声，试验过程中，可以采取措施包裹空压机的进排气管路，但不宜对空压机本体采取包裹等隔声措施。

空压机噪声的测试方法是，首先将空压机安装在半消声室内部空压机测试台架上，并按照产品技术要求设置冷却液流量和温度，待冷却液流量及温度稳定后，测量空压机处于停机状态时的背景噪声水平。然后起动空压机并加载至怠速工况点稳定运行 10min，再将空压机加载至额定工况点稳定运行 10min，最后将空压机降载至怠速工况点，稳定运行 10min。测量空压机在怠速工况点和额定工况点运行以及动态变载过程中的噪声水平，以试验过程中稳定运行 10min 的 5 个测量点的平均噪声水平为试验结果。在怠速工况点和额定工况点的运行时长，可根据需求选取。

**5. 耐振性**

目前，车载燃料电池空压机大多为应用空气轴承的离心式空压机。由于空气轴承自身的工作特点，当转子高速旋转时，在转子和空气轴承内表面之间便会形成一层气膜，气膜的压力随着转速的升高而增加，当气膜压力足够大时便可将转子抬离轴承表面，因此空气轴承也称为"气浮轴承"。对于采用空气轴承的空压机，耐振性是一项关键技术指标。该指标在一定程度上能够反映空压机空气轴承设计、选材和生产工艺的技术水平。

空压机耐振性试验时，首先将空压机按照产品技术文件规定安装于振动测试台，可以按 GB/T 28046.3—2011《道路车辆　电气及电子设备的环境条件和试验　第 3 部分：

机械负荷》中 4.1.2.7-2 规定的方法进行随机振动试验。每个轴向的试验持续时间为 32h。空压机振动频率和功率谱密度（PSD）值选择表 7-3 或表 7-4。在 $X$、$Y$、$Z$ 轴 3 个方向上，空压机应在非运行状态、怠速工况点对应转速和额定工况点对应转速下，分别进行试验。试验结束后，空压机静置 2h；将空压机安装在空压机性能测试台架上，并按照产品技术要求设置冷却液流量和温度；待冷却液温度稳定后，加载空压机至额定工况点，稳定运行 10min；记录工作特性试验中空压机额定工况点运行时的转速、流量、进口压力、出口压力、控制器输入电压、控制器输入电流，各参数的试验结果均取 10min 稳定运行的平均值。

表 7-3　低振动强度空压机随机振动频率和 PSD 值

| 频率 /Hz | $X$ 轴功率谱密度 / ($g^2$/Hz) | $Y$ 轴功率谱密度 / ($g^2$/Hz) | $Z$ 轴功率谱密度 / ($g^2$/Hz) |
| --- | --- | --- | --- |
| 5 | 0.04 | 0.04 | 0.05 |
| 10 | 0.04 | 0.04 | 0.06 |
| 20 | — | — | 0.06 |
| 200 | 0.0008 | 0.0008 | 0.0008 |
| RMS/g | 1.23 | 1.23 | 1.44 |

表 7-4　高振动强度空压机随机振动频率和 PSD 值

| 频率 /Hz | $X/Y/Z$ 轴功率谱密度 / ($g^2$/Hz) |
| --- | --- |
| 10 | 0.187 |
| 20 | 0.374 |
| 30 | 0.374 |
| 180 | 0.01 |
| 2000 | 0.01 |
| RMS/g | 5.9 |

基于上述试验方法，开展空压机耐振性试验，试验的振动频率和 PSD 值见表 7-4。试验如图 7-6 所示，经过在 $X$、$Y$、$Z$ 轴各 32h 的振动试验后，该款空压机仍能够以额定转速正常运行 10min。

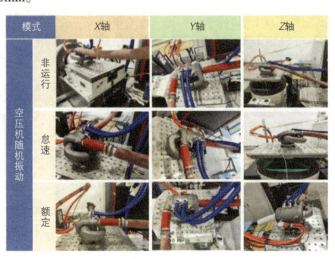

图 7-6　空压机耐振性试验

### 6. 耐久性

耐久性是空压机在特定工况条件下运行一定时间后，工作特性仍能满足使用需求的性能。该指标反映了空压机在设计、材料选型和生产制造方面的综合技术水平。

目前行业内尚无完善的空压机耐久试验方法，因此基于空压机实际运行工况和空压机耐久性研究经验，将空压机的耐久工况分为起停耐久、动态循环耐久和高负荷耐久三部分。试验时，首先将空压机安装在测试台架上，基于测试需求设置冷却液流量和温度。然后，空压机设定出口为直接排空状态或在一定背压条件下，对空压机加载转速由0r/min至怠速转速再到0r/min的起停循环工况，共进行20万次循环。起停试验结束后，进行动态循环耐久试验，与起停耐久类似，空压机出口处于排空状态或在一定背压，对空压机加载，转速由怠速转速到额定转速再到怠速转速的动态循环工况，共进行15万次循环。最后，开展高负荷耐久试验，对空压机加载至额定工况点连续运行1000h。耐久试验结束后，将空压机静置2h，之后加载空压机到额定工况点对应的流量和压比，稳定运行10min。记录试验过程中空压机转速、流量、压力、控制器输入电流、控制器输入电压等参数。耐久试验前后额定工况点测试中的各指标试验结果，一般取空压机10min稳定运行的平均值。以上试验方法供参考，空压机起停试验和动态循环试验的转速和运行时间，根据具体需求进行设定。

空压机耐久试验后，通常会发生电机性能衰减、叶片及轴承磨损以及结构间隙变大等现象，导致空压机性能降低。相同流量和压比条件下，经过耐久试验的空压机会出现转速增加，功率增大。因此，将耐久后空压机功率增加幅度作为耐久性评价指标。空压机耐久试验后，功率增加幅度按照式（7-1）进行计算：

$$D = \frac{P_1 - P_0}{P_0} \times 100\% \qquad (7\text{-}1)$$

式中，$D$ 为空压机耐久试验后功率增加幅度（%）；$P_0$ 为耐久试验前，空压机额定工况下控制器输入功率（kW）；$P_1$ 为耐久试验后，空压机额定流量和压比下控制器输入功率（kW）。

### 7.3.2 空气滤清器

燃料电池用空气滤清器主要有两个作用：一是燃料电池发动机空气路从空气中取气时，过滤空气中的杂质颗粒以防止进入空气管路；二是利用吸附或化学反应去除有害气体，避免由杂质气体导致燃料电池阴极催化剂活性降低，空气中的杂质气体如 $SO_2$、$NO_x$、$H_2S$ 等对燃料电池的性能有较大影响。图7-7所示为某款燃料电池用空气滤清器。目前行业内重点关注燃料电池空气滤清器的流阻、容灰量和过滤效率等性能指标。

图 7-7　空气滤清器

#### 1. 流阻

对燃料电池堆的整个空气系统来说，流阻是一个比较重要的性能参数。如果流阻过大，会加大空压机的负担，使得燃料电池发动机的寄生功率提升，影响燃料电池发动机的效率。

空气滤清器流阻测试时，将空气滤清器放置于测试台架上，空气滤清器出口处于直接排空状态。在空气滤清器进出口布置压力传感器，使空气滤清器通过设定流量的气体，监测空气滤清器进出口的压力值，进口压力与出口压力的差值，即为空气滤清器的流阻。一般为了更好地匹配燃料电池发动机，需要测试空气滤清器在不同流量下的空气流阻。

### 2. 容灰量

容灰量指的是空气滤清器的最大允许积灰量，当灰尘在空气滤清器上的累积量超过该值后，空气滤清器的阻力会变大，导致过滤效率下降。因此，一般规定滤清器的容灰量是指在一定风量的作用下，因积灰而阻力达到规定值的积尘量。容灰量是在特定试验条件下，空气滤清器容纳特定人工粉尘的重量。容灰量决定了空气滤清器的使用寿命，容灰量越大，使用寿命越长。

空气滤清器的容灰量与其尺寸大小、试验空气质量、试验终止条件及试验灰尘的粒度分布成函数关系。在没有特殊规定的情况下，一般将试验终止条件规定为空气滤清器的进气阻力达到6.0kPa时试验结束。该阻力增加值不包括试验时加装的灰尘混合、试验罩壳等试验装置引起的阻力增加值。将空气滤清器安装在容灰量测试台上，在被测空气滤清器后端连接绝对滤清器用于收集经过被测空气滤清器的灰尘，如图7-8所示。起动抽气泵调节空气流量至规定的试验空气流量，流量稳定后开始加灰。试验所用灰尘需选用符合规定的一种或多种试验灰尘，加灰速度可从 0.25g/m³、0.50g/m³、1.00g/m³、2.00g/m³ 中选择，推荐单级空气滤清器采用1.00g/m³、双（多）级空气滤清器采用2.00g/m³。注意，绝对空气滤清器布置于被测空气滤清器后端，用于收集经过被测空气滤清器的灰尘。测试绝对滤清器的质量增量时，需收集绝对滤清器与试件之间连接件内壁的试验灰尘并与绝对滤清器一起称量。

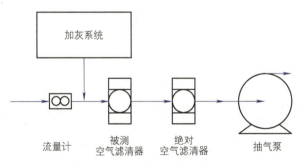

图7-8 空气滤清器测试示意图

空气滤清器的容灰量按式（7-2）计算：

$$E = B - D \tag{7-2}$$

式中，$E$ 为容灰量（g）；$B$ 为加灰量（g）；$D$ 为绝对空气滤清器的质量增量（g）。

### 3. 过滤效率

空气滤清器的过滤效率指的是单位时间内被空气滤清器滤除的灰尘量与随空气进入空气滤清器的灰尘量比值的百分数。该指标反映了空气滤清器的过滤效能。

空气滤清器过滤效率试验方法与容灰量试验方法类似。首先将空气滤清器安装在容灰量测试台上，起动抽气泵调节空气流量至规定的试验空气流量，在试验台达到规定试验空气流量后,选用符合规定的一种或多种试验灰尘进行试验加灰。加灰速度(加灰浓度)为 0.25g/m³、0.50g/m³、1.00g/m³、2.00g/m³,推荐单级空气滤清器按 1.00g/m³、双(多)级空气滤清器按 2.00g/m³,对小流量和容灰量较小的空气滤清器总成应选择较小的加灰速度 0.25g/m³、0.50g/m³。每 10min 称量并记录绝对滤清器的质量,直至绝对滤清器质量增量连续 2 次不大于加灰量的万分之五。加入灰量的质量为试验空气体积流量(m³/min)数值的 6 倍,单位为 g,如若流量为 5m³/min,则加灰质量为 30g。若该计算值小于或等于 20g,则按照 20g 进行加灰。

空气滤清器的过滤效率 $\eta$(%)按式(7-3)计算:

$$\eta = \left(\frac{B-D}{B}\right) \times 100\% \qquad (7-3)$$

### 7.3.3 中冷器

空气经过空压机压缩之后,温度会升高,最高可达 150℃以上。而质子交换膜燃料电池的工作温度一般为 60~90℃。如果高温空气直接进入燃料电池堆,会造成质子交换膜损坏。因此,需要使用中冷器将空气温度降低到适合进燃料电池堆的温度。经过中冷器之后,压缩空气的温度会明显下降,相对湿度也会有所提高。燃料电池发动机使用的中冷器多使用间壁式中冷器,按照冷却介质不同可以分为风冷式和水冷式两大类,目前燃料电池发动机上通常使用的为水冷式中冷器,即一侧流通高温压缩空气,另一侧流通冷却液,二者在中冷器内进行热交换。通常中冷器的散热水路通过管路与燃料电池堆主散热水路连接,以使入堆的空气与燃料电池堆的温差在设计范围内,避免温差过大引起入堆空气相对湿度偏离设计值。当空压机刚起动或转速较低时,中冷器出口空气温度低于燃料电池堆的温度,冷却液为空气侧的空气加热,提高中冷器出口空气温度。当空压机处于较高转速,空压机出口气体温度高于冷却液温度时,冷却液为空气侧的空气降温,降低中冷器出口空气温度,并通过调节冷却液流量以保证二者温度在设计范围内。图 7-9 所示为某款燃料电池发动机用中冷器。目前行业内重点关注中冷器的离子析出、换热效率等性能。

图 7-9 燃料电池发动机用中冷器

**1. 离子析出**

离子析出主要反映了中冷器在材料选型和制造工艺方面的特点。由于燃料电池发动机集成时,中冷器与燃料电池堆一般共用散热水路,所以中冷器析出的离子不能对燃料电池堆造成伤害。考虑到燃料电池堆在绝缘方面的要求,中冷器的离子析出量必须满足燃料电池发动机制造企业的要求,不能出现散热水路冷却液电导率过高降低燃料电池发动机的绝缘性能情况。

中冷器的材质主要是铝合金,其离子析出对燃料电池堆的伤害相对较小。因此中冷器的离子析出性能,一般通过流道浸泡后中冷器流道内去离子水的电导率升高值进行表征。采用高温浸泡法测试中冷器的电导率时,首先将中冷器的冷却流道一端进行封堵,向中冷器的冷却液流道内充满去离子水，在加注过程中需避免直接用手触碰中冷器流道。使用电导率测试仪，测试流道内去离子水电导率，电导率宜小于5μs/cm。然后，将中冷器放置于环境试验箱中，将环境试验箱内温度升温至设定温度后静置8h，测试此时中冷器流道内去离子水的电导率。将测试完后的去离子水电导率减去初始去离子水电导率即为电导率上升值。试验后去离子水电导率上升值限值，需要基于设计需求进行限定。

**2. 换热效率**

换热效率反映了中冷器的换热能力。当中冷器的换热效率较高时，对散热水路冷却液的流量要求就会相应降低，进而使冷却液的管路管径变小，在一定程度上减小燃料电池发动机的体积提高系统集成度，同时降低系统集成成本。反之，则会增加系统集成体积，增加集成难度和成本。

测试时，需要根据制造商技术文件规定的中冷器流量范围，确定中冷器空气侧和冷却液侧的流量测试工况点。流量测试工况点选取应覆盖最低流量和最高流量，中间以适当间隔分档，一般不少于5个工作点。空气侧及冷却液侧出口均为排空条件下，分别按照流量测试工况点在空气侧通入对应的压缩空气，温度设置为100℃（温度可以由制造商自行选定），在冷侧按照选取的5个或更多流量测试点通入冷却液，每个测试点连续运行3min，记录冷侧和热侧出、入口的温度。

中冷器散热效率按式（7-4）计算：

$$E_a = \frac{c_A \rho_A Q_A |T_{Ain} - T_{Aout}|}{c_W \rho_W Q_W |T_{Win} - T_{Wout}|} \times 100\% \tag{7-4}$$

式中，$E_a$ 为中冷器换热效率（%）；$c_A$ 为空气比热容，$c_A$ = 1.004kJ/（kg·K）；$c_W$ 为水比热容，$c_W$ = 4200kJ/（kg·K）；$\rho_A$ 为空气密度，$\rho_A$ = 1.29kg/m³；$\rho_W$ 为水密度，$\rho_W$ = 1000kg/m³；$Q_A$ 为空气流量（m³/min）；$Q_W$ 为水流量（m³/min）；$T_{Ain}$ 为中冷器空气侧进口温度（℃）；$T_{Aout}$ 为中冷器空气侧出口温度（℃）；$T_{Win}$ 为中冷器冷却液侧进口温度（℃）；$T_{Wout}$ 为中冷器冷却液侧出口温度（℃）。

### 7.3.4 增湿器

对于质子交换膜燃料电池发动机而言，气体反应物的相对湿度对膜的性能影响至关重要。膜传输质子时需要质子以水合离子的形式存在，干膜不具备传导质子的能力。因此，对反应气体进行加湿以保证质子交换膜湿润，是增加质子交换膜质子传导能力的方法之一。同时，提高反应气体的相对湿度会提高质子交换膜的电导率、降低膜电阻，进而提高燃料电池发动机的输出性能，但相对湿度过高也容易导致燃料电池堆内部发生水淹，从而影响其性能。因此，增湿器的选型对于燃料电池堆的性能至关重要。随着技术的发展，行业内正朝着降低燃料电池堆气体湿度依赖度的方向发展，在系统集成方面不用增湿器或采用小增湿器方案，进而降低系统集成难度和成本。图7-10所示为某款燃

图7-10 燃料电池发动机用增湿器

料电池发动机用增湿器。目前行业内重点关注增湿器的气密性、流阻特性和增湿能力等性能。

**1. 气密性**

增湿器的气密性分为外漏和内漏，直接影响着增湿器的工作性能。外漏指的是增湿器干湿两侧泄漏到增湿器外部的气体量，若增湿器的外漏量较大，流经增湿器进入燃料电池堆的气体量就会减少，会降低燃料电池发动机的工作性能。内漏指的是增湿器干气侧的空气通过膜向湿气侧泄漏的现象，若增湿器的内漏较大，气体会直接从干气侧泄漏至湿气侧，同样会导致经增湿器进入燃料电池堆的空气量减少，降低燃料电池发动机的工作性能。

外漏试验时，在增湿器干气侧入口布置压力传感器和截止阀，将增湿器干气侧出口与湿气侧入口短接，并将湿气侧出口封堵，充入1.25倍额定工作压力的空气，待压力稳定后，记录流量计示数，以3min读数的平均值作为增湿器的外漏流量。

内漏试验时，首先将增湿器安装到增湿器测试台上，增湿器中膜的状态应与制造商技术文件规定保持一致。在增湿器干气侧入口布置流量计，将增湿器湿气侧入口和干气侧出口封闭，在干气侧入口充入1.25倍额定工作压力的空气，待压力稳定后，记录流量计读数，以3min读数的平均值作为增湿器的内漏流量。

**2. 流阻特性**

流阻特性是增湿器干气侧和湿气侧进、出口压差和流量的关系，反映的是增湿器在流经一定流量的气体时，增湿器干气侧和湿气侧压力下降的程度。若增湿器的流阻过高，会加大对空压机的增压需求，在一定程度上增加空压机的功耗和系统成本，因此燃料电池发动机在进行增湿器选型时，会尽可能地选择流阻较低的增湿器。

增湿器的流阻分为干气侧流阻和湿气侧流阻。在干气侧入口、干气侧出口和湿气侧入口、湿气侧出口分别布置压力传感器，在干气侧入口和湿气侧入口同步通入洁净干空气，推荐在10%额定流量到额定流量之间均匀选取10个流量测试点，记录各个位置的压力传感器测量值。

增湿器干气侧和湿气侧的流阻分别按式（7-5）和式（7-6）计算：

$$\Delta P^d = P_{in}^d - P_{out}^d \quad (7\text{-}5)$$

$$\Delta P^w = P_{in}^w - P_{out}^w \quad (7\text{-}6)$$

式中，$\Delta P^d$为增湿器干气侧流阻（kPa）；$\Delta P^w$为增湿器湿气侧流阻（kPa）；$P_{in}^d$为增湿器干气侧入口压力数（kPa）；$P_{out}^d$为增湿器干气侧出口压力（kPa）；$P_{in}^w$为增湿器湿气侧入口压力（kPa）；$P_{out}^w$为增湿器湿气侧出口压力（kPa）。

**3. 增湿能力**

增湿能力是用来评价增湿器增湿性能高低的指标。增湿器的增湿能力越好，则在相同加湿需求下，增湿器的体积越小，从而降低燃料电池发动机体积和集成难度。增湿器工作原理是利用燃料电池堆空气腔出口的高湿气体，通过膜渗透的方式为干气侧的气体增湿。由于燃料电池堆本身的流阻导致湿气侧的压力低于干气侧，因此需要测试评价干气侧与湿气侧在不同压差下的增湿能力。

增湿能力试验时，首先将增湿器安装在测试台架上，然后可在增湿器10%额定流量到额定流量范围内，均匀选取10个流量测试点。按照确定的流量测试点，在干气侧和湿气侧同时通入一定量的空气，每个测试点干、湿侧气体温度设置为75℃，该温度值也可根据其增湿器产品应用的燃料电池堆工作温度进行设定。干气侧为干燥压缩空气，湿气侧的空气相对湿度设定为95%。干气侧入口的压力可通过背压设置为增湿器的额定工作压力，湿气侧压力设定为小于干气侧压力0~50kPa（梯度10kPa，压差范围可根据使用需求进行设定），每个测试工况点稳定连续运行3min，记录干气侧出口、湿气侧出口和入口的温度、相对湿度和露点温度。

## 7.4 氢气子系统测试评价

燃料电池发动机的氢气子系统主要包含氢气喷射器、氢气循环系统和气水分离器等部件。氢气喷射器是燃料电池堆氢气进气压力和流量控制部件，通过调节氢气喷射器开关频率，实现对燃料电池堆阳极入口压力的控制，以跟随燃料电池堆工况变化。燃料电池发动机在运行过程中，阳极侧的氢气一直处于过量供应状态，氢气循环泵或引射器的作用就是将燃料电池堆阳极出口的高湿氢气循环输送至燃料电池堆阳极入口，实现氢气的循环利用，同时高湿氢气对燃料电池堆阳极入口的干氢气进行加湿。气水分离器主要是用来对燃料电池堆出口的混合气体进行分离，降低氢气排放频次，提高氢气利用率。

### 7.4.1 氢气喷射器

氢气喷射器的作用是为燃料电池堆提供一定流量的氢气，并通过控制氢气喷射器的开关频率控制燃料电池堆的入口压力。车载氢系统中的高压氢气，经过两级减压后压力降低至1.0~1.5MPa，在该压力条件下氢气一旦进入燃料电池堆，将很容易造成质子交换膜的损坏。目前行业内也在逐步应用氢气喷射器作为压力控制部件。其工作原理是通过控制喷嘴的开关频率和占空比，控制气体的供应量，进而控制燃料电池堆入口的压力，具有控制精度高、响应速度快和控制一致性好的特点。图7-11所示为某款燃料电池发动机用氢气喷射器。目前行业主要关注氢气喷射器的气密性和工作特性等性能。

**1. 气密性**

由于氢气喷射器的工作介质是氢气，若氢气喷射器的气密性不符合要求会直接影响到燃料电池发动机的运行安全。氢气喷射器的气密性分为外漏和内漏，外漏指的是氢气喷射器在开启状态下，氢气通过氢气喷射器的内部腔体泄漏到环境当中；内漏指的是氢气喷射器在关闭状态由氢气喷射器入口泄漏到氢气喷射器出口。

图7-12所示为氢气喷射器气密性测试示意图。氢气喷射器入口布置高精度小量程流量计经截止阀与气源相连，氢气喷射器出口经截止阀与大气连通，在氢气喷射器出口与截止阀之间接入压力传感器。外漏试验时，关闭出口截止阀，按照氢气喷射器的出口工作压力充入一定压力的氮气或氦气，氢气喷射器保持开启，待流量计示数稳定后，记录连续1min的流量变化，并取平均值作为氢气喷射器外漏流量。内漏试验时，将氢气喷射器关闭，入口施加额定工作压力的氮气或氦气，出口截止阀保持开启，待流量计示数稳定后，记录连续1min的流量变化，并取平均值作为氢气喷射器内漏流量。

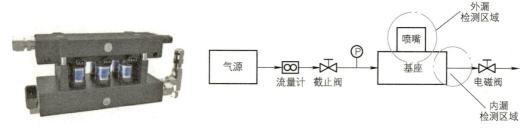

图 7-11　氢气喷射器　　　　　图 7-12　氢气喷射器气密性测试示意图

### 2. 工作特性

氢气喷射器的工作特性反应氢气喷射器的流量与开度的对应关系，体现了氢气喷射器的氢气流通能力，决定了氢气喷射器适配的燃料电池发动机功率等级。氢气喷射器的工作特性分为出口排空下的工作特性和出口背压下的工作特性。

图 7-13 所示为氢气喷射器工作特性测试台架示意图，测试时要求确保各管路及各部件之间连接密封完好。

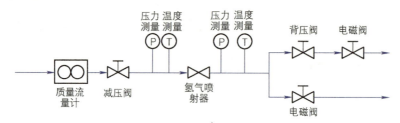

图 7-13　氢气喷射器工作特性测试台架示意图

出口排空下的氢气喷射器工作特性试验方法：向氢气喷射器施加额定工作电压，工作频率设定为制造商规定频率，氢气喷射器入口压力设置为额定工作压力，出口设置为直接排空，氢气喷射器占空比设置为从 5%～100%（梯度 5%）变化，每个占空比工作点稳定运行 3min，测试 3min 内氢气喷射器的平均流量。

出口背压下的氢气喷射器工作特性试验方法：向氢气喷射器施加额定工作电压，工作频率设定为制造商规定频率，氢气喷射器入口压力设置为额定工作压力，按照产品技术文件规定设定氢气喷射器出口压力，氢气喷射器占空比设置为从 5%～100%（梯度 5%）变化，每个占空比工作点稳定运行 3min，测试 3min 内氢气喷射器的平均流量。

### 7.4.2　氢气循环泵

氢气循环泵的作用是将燃料电池堆阳极出口的高湿气体循环输送至燃料电池堆入口，实现氢气的循环利用，提高燃料电池发动机的氢气利用率，同时起到一定程度的加湿作用。氢气循环泵在燃料电池整个工作范围内具有良好的循环效果，具有响应速度快、工作范围广，可根据燃料电池工况进行主动调节的优点。但也面临着成本高、体积大、质量大、额外的能量消耗、振动以及噪声等问题。

氢气循环泵的工作介质是氢气，所以气密性要求非常严苛。其次，经过燃料电池堆反应后剩余的氢气带有少量水蒸气，因此对氢气循环泵的叶轮耐久性要求严格。同时，针对氢气循环泵在燃料电池发动机中的使用环境，还必须具有流量大、压力输出稳定、无油等特点。某款燃料电池氢气循环泵如图7-14所示。

氢气循环泵在应用时需要重点考虑以下几个方面：第一，氢气循环泵的应用介质为氢气，安全方面应重点关注氢气循环泵气密性问题；第二，在实际运行过程中，随着燃料电池发动机功率变化，氢气循环泵的转速和流量需及时进行响应，应重点提升氢气循环泵的工作特性；第三，低温冷起动是燃料电池发动机的核心技术指标，故还需重点研究氢气循环泵的低温冷起动性能。

图7-14 某款燃料电池氢气循环泵

### 1. 气密性

氢气循环泵的生产工艺复杂，具有多种密封形式，气密性也成为氢气循环泵生产制造过程中的一项重要技术难点。氢气循环泵的气密性可分为氢气路的气密性和冷却水道的气密性。

氢气路气密性试验方法：首先将氢气循环泵安装在气密性测试台上，在氢气循环泵氢气路入口连接流量计，并将氢气路出口进行封堵。在氢气路入口通入最大工作压力（绝压）1.5倍的氮气或氦气，待流量计示数稳定后，记录连续1min的流量变化，并取平均值作为氢气路泄漏值。

冷却水道的气密性试验方法，与氢气路气密性测试方法类似。首先将氢气循环泵安装在气密性测试台上，在氢气循环泵冷却水道入口连接流量计，并将冷却流道出口进行封堵。在冷却流道入口通入最大工作压力（绝压）1.5倍的氮气或氦气，待流量计示数稳定后，记录连续1min的流量变化，并取平均值作冷却水道泄漏值。

### 2. 工作特性

工作特性是氢气循环泵流量与压升的对应关系，反映了不同转速和背压下的氢气循环泵的流量特性。由于不同介质、不同入口压力以及介质的温度和湿度对氢气循环泵的性能影响较大，因此在进行氢气循环泵工作特性测试时，需明确氢气循环泵的测试介质和测试条件。

氢气循环泵在进行工作特性测试时，为充分接近实际应用场景，一般推荐选择70℃、相对湿度95%的氢气作为测试介质，也可选择空气和氮气作为试验介质进行测试。试验时，首先将氢气循环泵放置于氢气循环泵测试台架，待冷却液温度稳定后，开始测试。按照测试需求设定氢气循环泵的入口压力，固定氢气循环泵转速，调整节气门开度使氢气循环泵出口压力达到预定值。试验时每个测点需在控制参数达到规定值后稳定不少于3min，每个点测5次，计算时取平均值；逐渐改变阀门开度，氢泵排气压力从小到大，直至达到压力上限；做完一条转速线后，继续下一条转速线测试。一般建议转速线不少于7条且包含最低转速和额定转速，转速间隔推荐不大于15%的最高转速。

基于上述试验方法，某款燃料电池发动机用氢气循环泵使用温度70℃、相对湿度95%的氢气为介质进行测试，试验结果如图7-15所示。可见，随着转速的增加，氢气循环泵的流量和升压的能力逐步提高，系统运行的稳定性也在逐步提高，流量和压升的线性特性更加明显。

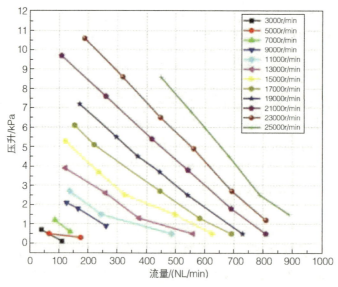

图 7-15 氢气循环泵测试结果

**3. 低温冷起动**

氢气循环泵在燃料电池发动机上的应用场景下，其工作介质通常具有较高的相对湿度，并具有一定量的液态水。当燃料电池发动机在低温环境下运行并且停机后，即使有低温吹扫策略，燃料电池堆和管路内的水蒸气，仍然可能扩散至氢气循环泵泵头位置，并在低温环境中冷凝、结冰，这会导致燃料电池发动机的低温冷起动失败。氢气循环泵的低温冷起动性能直接影响着燃料电池发动机的低温冷起动性能。

低温冷起动试验方法：首先将氢气循环泵安装在环境试验舱测试台架上，并按照产品技术要求加注冷却液（若有）；可在氢气循环泵入口通入相对湿度为 95% 或以上的氮气，并将氢气循环泵加载至额定工况点稳定运行 10min。然后将环境舱的温度降为 −30℃ 或更低，环境舱温度波动宜控制在设定温度的 ±2℃ 内；当环境温度达到设定温度后开始计时，为保证氢气循环泵浸机充分，有效浸机时间一般推荐为 12h；浸机过程中不应有人工干预、加热保温及外接热源等措施。最后将氢气循环泵起动并加载至额定工况点对应的循环流量、入口压力和出口压力并稳定运行 10min。完成以上所有步骤，则认为氢气循环泵在设定温度下的低温冷起动成功。

### 7.4.3 引射器

常见的循环装置主要有主动形式的氢气循环泵和被动形式的氢气引射器两种。相比氢气循环泵，氢气引射器无旋转部件、结构简单、运行可靠，而且无寄生功率，是实现燃料电池氢气循环利用的理想装置。由伯努利定律可知，在高速流动的流体附近会产生低压，从而产生吸附作用。利用这种效应工作的引射器，其最大优势在于节省能耗、体积小、成本低，但引射器存在工作区间窄、低功率工作区引射效果不佳、工作稳定性差等问题。图 7-16 所示为某款燃料电池发动机用引射器及工作示意图。目前行业内重点关注引射器的工作特性和工作范围等性能。

 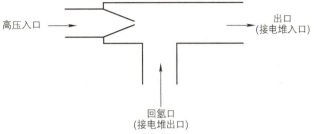

图 7-16 燃料电池发动机用引射器及工作示意图

### 1. 工作特性

氢气引射器的工作特性是指在一定的一次流（高压入口）入口压力和二次流（回氢口）入口压力下，引射器的二次流流量（回氢口流经的介质流量）与一次流流量（高压入口流经的介质流量）的流量特性关系。由于在不同的工作条件下引射器的工作特性会发生改变，因此引射器通常会根据其自身的应用工况进行定制开发。

引射器工作特性试验方法：测试使用引射器工作特性测试台架，确保各管路及各部件之间连接气密性完好；按照额定工况点设定引射器入口压力、出口压力、回氢口压力；按照额定工况点设定引射器前端供氢组件的流量；稳定运行 3min 后，记录引射器的主路流量、回氢流量、引射器入口压力、回氢口压力。

基于上述试验方法，某款燃料电池发动机用引射器在 70℃、相对湿度 95% 的氢气介质测试条件下的试验结果如图 7-17 所示。可见，引射器的工作特性与氢泵的工作特性比较一致，都是随着流量和压升的增大，流量与压升的关系线性度变好。

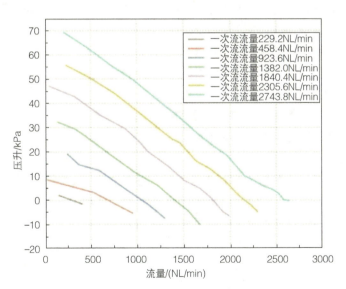

图 7-17 燃料电池发动机用引射器测试结果

### 2. 工作范围

由于引射器是被动吸气循环，通常需要针对燃料电池发动机特定工况进行设计，但引射器的运行工况很难覆盖燃料电池全部工况需求，通常在低功率时出现引射效果不佳的现象。因此工作范围成为反映引射器工作性能的一项核心技术指标，也是进行系统匹配的重要参考依据。

引射器工作范围测试方法：首先将引射器安装在测试台架上，按照额定工况点设定引射器入口压力、出口压力、回氢口压力，引射器前端供氢组件的流量稳定运行 3min 后，记录引射器的主路流量、回氢流量、引射器入口压力、回氢口压力。然后按照怠速工况点设定引射器入口压力、出口压力、回氢口压力，并调节引射器前端供氢组件的流量，系统稳定运行 3min 后，记录引射器的主路流量、回氢流量、引射器入口压力、回氢口压力。引射器有效工作范围的判定条件推荐为回氢流量大于主路流量，怠速工况点一般由企业基于测试需求进行选取。

### 7.4.4 气水分离器

燃料电池发动机在运行过程中，燃料电池堆的空气侧生成的水一部分由尾排排出，一部分经质子交换膜渗透至阳极侧，这就导致燃料电池堆阳极通常处于相对湿度较高的状态并含有一定量的液态水，形成气液二相流。如果不对混合气进行水气分离并将液态水排出，可能会阻碍氢气的传输通道造成阳极水淹，从而影响燃料电池堆的电压一致性。另外阳极循环中累积的水也会加重氢循环泵/引射器的工作负荷，导致燃料电池发动机寄生功耗增加。通过气水分离器分离循环介质中的液态水，会延长脉排排水的时间间隔，有效提升氢气利用率。气水分离器的基本原理一般是利用流体转向过程时气液的密度不同，液体下沉与气体分离。目前行业内具有多种技术路线的气水分离器，考虑到气水分离器的体积和流阻，目前车用汽水分离器通常为叶片式。叶片式气水分离器由若干挡板和容器壁组成，当水气通过分离器本体时，会使气液混合流多次改变方向，气体会流经挡板，水滴则会在挡板上聚集。此外，在这一过程中流体的速度降低，使大部分的水滴从混合介质中掉落聚集在分离器的底部，最终通过排水阀排出。图 7-18 所示为某款燃料电池发动机用气水分离器。目前行业内重点关注气水分离器的流阻特性和分离效率等性能。

图 7-18  某款燃料电池发动机用气水分离器

**1. 流阻特性**

气水分离器通常为串联接入燃料电池发动机氢气循环子系统中，这就不可避免对氢气路产生一定的阻碍作用。若气水分离器的流阻太大，增加氢气循环泵或引射器的负载，甚至导致氢气循环的功能失效，进而降低燃料电池的性能。

流阻特性试验方法：在气水分离器的进、出口分别布置压力传感器，在入口通入一定相对湿度的高湿氢气，一般推荐为 95%。氢气流量测试点在 10% 额定流量到额定流量范围内，均匀选取 10 个点，记录各个位置的压力传感器数值，气水分离器进出口压力的差值即为气水分离器的流阻。

**2. 分离效率**

气水分离器的分离效率指的是进口气体液滴含量与出口气体液滴含量之差与进口气体液滴含量的比值。该指标是燃料电池发动机集成应用时，选择气水分离器的重要参考依据。

气水分离器的分离效率试验方法：将气水分离器放置于试验工装，在气水分离器的出口布置水雾含量采集装置，在气水分离器的入口通入额定流量的氮气，同时按照某一流量在气水分离器入口以雾化的形式通入一定量的液态水；利用液滴含量收集装置分别采集测量气水分离器进口和排水口液体质量。气水分离器分离效率按照式（7-7）进行计算：

$$\eta = \frac{m_{in} - m_{out}}{m_{in}} \times 100\% \tag{7-7}$$

式中，$\eta$ 为气水分离器分离效率（%）；$m_{in}$ 为气水分离器进口通入液滴含量（g）；$m_{out}$ 为气水分离器排水口液滴含量（g）。

## 7.5 热管理子系统测试评价

燃料电池热管理子系统主要包含冷却水泵、电加热器、节温器、散热器等主要部件。冷却水泵的作用是通过调节转速改变流经燃料电池堆的冷却液流量进而稳定燃料电池堆的进出口温差。节温器本质上是一个三通阀，其主要作用是通过改变冷却液的流通路径，调节流经燃料电池汽车主散热器的冷却液流量，带走燃料电池堆反应所生成的多余热量，保证燃料电池堆的温度在正常工作范围内。在低温环境中，通过电加热器、冷却水泵、节温器相互配合，使燃料电池堆能够快速升温，进而实现燃料电池发动机在低温环境下的正常起动。

### 7.5.1 冷却水泵

冷却水泵的主要作用是通过调节转速来调节冷却液流量，并与散热器配合进而实现温度控制，使燃料电池的工作温度始终处于合适区间内。某款燃料电池发动机用冷却水泵如图7-19所示。考虑到冷却水泵的应用场景和特点，目前行业内重点关注冷却水泵的离子析出和工作特性等。

**1. 离子析出**

与中冷器类似，冷却水泵的离子析出通常也通过电导率进行表征。冷却水泵的流经介质将流经燃料电池堆，因此冷却水泵的离子析出将直接影响冷却液的电导率。

图7-19 冷却水泵

为尽可能避免测试设备管路对冷却水泵离子析出测试结果的影响，冷却水泵电导率测试台管路宜采用316L不锈钢管道，硅胶软管宜采用卫生级及以上管路。测试台上安装有在线电导率检测设备，用于实时监测冷却水泵所在回路内的电导率。将冷却水泵按照使用需求安装在测试台架上，试验回路通入去离子水。推荐将去离子水温度设定为75℃，记录去离子水初始电导率值。然后将冷却水泵加载至额定工况，可运行60min。测试试验回路内去离子水的电导率值，将测试完后的去离子水电导率减去初始去离子水电导率即为电导率上升值。该电导率上升值可基于使用需求确定，一般不超过20μS/cm。

**2. 工作特性**

冷却水泵的工作特性是在一定转速下流量与扬程的关系，该性能直接反映了冷却水泵的工作能力，是燃料电池发动机选型匹配的重要依据。

冷却水泵工作特性试验方法：将冷却水泵安装在测试台架上，固定冷却水泵转速，调整出口开度阀使冷却水泵出口压力达到预定值后记录数据。试验时，每个测点取值应在控制参数达到规定值后，一般稳定运行不少于3min；记录冷却水泵的转速、流量和进出口压力值，并以3min稳定运行的平均值作为试验结果。调节冷却水泵出口阀门开度，调节冷却水泵出口压力从小到大，直至达到压力上限。做完一条转速线后，继续下一条转速线测试。可基于测试需求设置转速线，一般推荐转速线不少于5条且包含最低转速和额定转速，转速间隔宜不大于15%的最高转速。

基于上述试验方法，开展冷却水泵工作特性测试，某款燃料电池发动机用冷却水泵工作特性测试结果如图7-20所示。

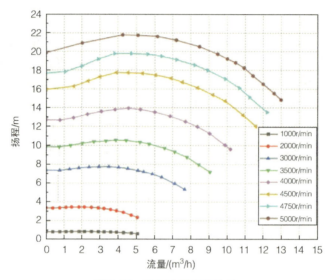

图7-20 冷却水泵工作特性

### 7.5.2 去离子器

燃料电池发动机冷却系统的去离子器是利用反应式树脂或过滤材料去除冷却液中的特定离子，如铁、钙、镁等离子。去离子器一般安装在燃料电池发动机冷却液路的支路上，吸附由燃料电池堆及冷却液路相关零部件所释放出来的阴阳离子，去除冷却液中的导电离子，使冷却液路的电导率维持在较低数值，以保证燃料电池发动机的绝缘性能。

离子交换树脂是去离子器最为常见的材质。离子交换树脂的种类也很多，如阴离子树脂、阳离子树脂和混和离子交换树脂等。图7-21所示为某款燃料电池发动机用去离子器。行业重点关注去离子器的耐高低温性能和离子交换能力等。

图7-21 某款燃料电池发动机用去离子器

**1. 耐高低温性能**

燃料电池堆冷却液的运行温度一般在-40~100℃，再加上燃料电池发动机应用场景的多样性，使用过程中温度跨度区间较大；再加上去离子器滤芯的重要组成部分为树脂，在高低温环境下树脂容易破裂进而导致去离子器的离子交换功能失效。

去离子器耐高低温性能试验：首先将去离子器安装在去离子器测试台上，将测试回路充满冷却液并将进出口封闭，冷却液的冰点不高于试验最低温度。将离子器放在高低温箱中，设定低温温度为 -30℃ ±2℃、高温温度为 95℃ ±2℃ 的温度循环，测试的高、低温温度可基于测试需求调整。温度变化时间不低于 1h，在高、低温温度点的保持时间不少于 16h。通过外接增压装置调节测试回路内冷却液压力，可根据应用情况调整压力。试验推荐进行 5 个测试循环，试验后检查去离子器内部树脂外观是否出现变形、开裂、熔化、龟裂、起皮、变脆等现象。

**2. 离子交换能力**

离子交换能力反映了去离子器去除冷却回路内导电离子的能力，是燃料电池发动机选型的重要依据。

去离子器离子交换能力试验：首先将去离子器按照技术要求安装至测试台架上，在去离子器测试台架水箱内通入初始电导率小于 1μS/cm 的去离子水，同时加入一定浓度和一定量的氯化钠标液。可将混合溶液的温度设定为 75℃，混合溶液的温度值可根据测试需求进行设定，测试记录此时混合溶液的电导率。将混合溶液按照一定的流量通入去离子器入口，并将去离子器出口的混合溶液进行循环，测试测试回路内混合溶液的电导率降低到 10μS/cm（该值也可根据测试需求设定）所需时间。

### 7.5.3 电加热器

电加热器的主要作用是对散热回路内的冷却液进行辅助加热，保证燃料电池发动机在低温冷起动过程中燃料电池堆内部能够迅速达到适合的温度。通常可根据燃料电池发动机的低温冷起动设计指标来进行电加热器的选型。某款燃料电池发动机用电加热器如图 7-22 所示。目前行业内重点关注电加热器的流阻特性和工作特性等。

图 7-22 电加热器

**1. 流阻特性**

电加热器接入燃料电池发动机"散热小循环"回路中，这就不可避免地会对冷却回路产生一定的阻碍作用，且该器件的流阻在散热系统部件流阻中占有较大比例，若电加热器流阻太大，将会增大冷却水泵的寄生功率，降低燃料电池发动机效率。

流阻特性试验方法：在电加热器的进、出口分别布置压力传感器，在入口通入一定流量的冷却液，流量测试点从 10% 额定流量到额定流量均匀选取 10 个点，记录各个位置的压力传感器数值，电加热器进、出口压力的差值即为电加热器的流阻。

**2. 工作特性**

电加热器的工作特性可以通过对一定量冷却液加热的升温时间进行评定。

电加热器的工作特性试验方法：首先将电加热器安装于测试台架上，测试示意图如图 7-23 所示。在测试回路中通入一定量的去离子水，推荐加注 40L。通过环境试验系统设定冷却回路温度，实际温度宜控制在设定温度的 ±2℃ 内。当环境条件达到设定温度后开始计时，有效浸机时间一般不低于 12h，浸机过程中不能有人工干预；浸机结束后设定冷却回路循环流量，记录此时冷却回路内的温度。起动电加热器，记录冷却液回路内冷却液温度达到设定值所用的时间。

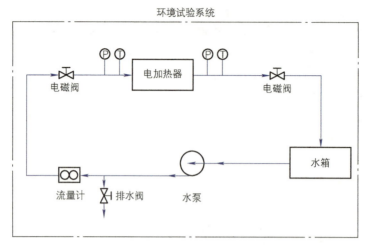

图 7-23　电加热器工作特性测试示意图

### 7.5.4　节温器

节温器又称调温器，其作用是根据冷却回路的温度，改变冷却回路的循环范围，调节进入散热器的冷却液流量，保证燃料电池堆工作在正常温度范围内。燃料电池发动机在刚起动阶段，冷却回路温度低于燃料电池堆正常工作温度，节温器使冷却液回路不经过散热器，使冷却回路更短，参与循环的冷却液体积更小，燃料电池堆温度更快达到正常工作设定值。当燃料电池堆温度超过一定温度，节温器使一定量的冷却液流经散热器，进而降低冷却回路温度，保证燃料电池发动机正常的工作温度。随着行业的技术进步，目前燃料电池发动机用节温器大多为电子节温器。电子节温器可主动调节分配冷却液流量，有利于对燃料电池发动机散热系统的温度进行精细化管理，提高温度控制的响应速度和控制精度。某款燃料电池发动机用节温器如图 7-24 所示。

图 7-24　节温器

目前行业内重点关注节温器的工作特性等。节温器的工作特性指的是其流量分配与开度的关系，该指标反映了节温器流量调节的范围，是燃料电池发动机进行选型匹配的重要参考依据。

节温器工作特性的试验方法：首先将节温器按照技术要求布置于测试台架上，在节温器的主路入口和两个出口分别布置流量计。在主路入口通入一定流量的冷却液，该流量推荐在 10% 额定流量到额定流量范围内均匀选取 10 个点。在每个测试点控制节温器的开度，开度推荐在 10%～100% 范围内，均匀选取 10 个点，每个测试点稳定运行 5min。记录节温器的开度和主路入口流量计和 2 个出口流量计的示数。

## 7.6 本章小结

本章按照空气子系统、氢气子系统和水热管理系统对燃料电池发动机关键部件进行分类,并对燃料电池发动机各关键辅助部件的关键指标测试方法进行了介绍。由于当前行业内尚无完善的燃料电池发动机辅助部件测试标准,本章基于行业技术发展现状和行业常规技术方案给出了试验方法,供相关技术人员参考。

### 参考文献

[1] 全国汽车标准化技术委员会. 道路车辆 电气及电子设备的环境条件和试验 第3部分:机械负荷:GB/T 28046.3—2011 [S]. 北京:中国标准出版社,2012.

# Chapter 08

# 第8章
# 车载氢系统及其关键零部件测试评价

车载氢系统作为燃料电池汽车的重要子系统之一，在很大程度上决定了燃料电池汽车的续驶里程和安全性。车载氢系统承担着加氢、储氢和供氢三大功能，如何实现安全可靠地快速加氢，如何保证车载氢系统及其各关键部件安全可靠，是生产厂家和用户都非常关心的问题，因此对车载氢系统进行全面测评具有十分重要的意义。本章主要对车载氢系统及其关键零部件的测试方法和评价技术进行分析介绍。

## 8.1 概述

车载氢系统为燃料电池发动机提供燃料，类似于传统燃油汽车上的油箱，其主要零部件包括加氢口、储氢罐、瓶口组合阀、单向阀、截止阀、过滤器、安全阀和减压阀等。本章主要从车载氢系统、加氢口、加氢通信协议、气瓶、温度驱动安全泄压装置（Thermally-activated Pressure Relief Device，TPRD）、单向阀和截止阀以及非金属密封件等方面，对车载氢系统及其关键零部件的测试评价技术进行分析介绍。为了比较系统全面地介绍车载氢系统及其关键零部件的技术要求和测试方法，搭建如图 8-1 所示的测试评价体系。

## 8.2 车载氢系统测试评价

车载储氢技术直接影响燃料电池汽车的续驶里程和成本等，衡量储氢技术性能的主要参数有体积储氢密度、质量储氢密度、加放氢的可逆性、加放氢速率、可循环使用寿命等。美国能源部给出的高压气态储氢的技术目标是质量储氢密度为 7.5%、体积储氢密度为 70g/L。车载储氢主要包括高压气态储氢、低温液态储氢、固体储氢和有机液体储氢等形式。其中高压气态储氢技术成熟、应用广泛、成本低，是目前储氢应用的主要方

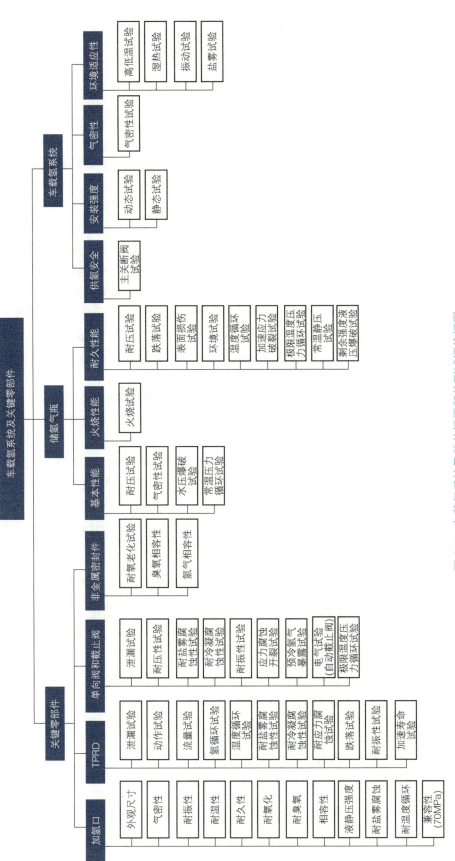

图 8-1 车载氢系统及其关键零部件测试评价框图

式，也是车辆上常用的储氢方式。本节从安全保护、安装强度、气密性和环境适应性四个方面进行车载氢系统的测试评价，涵盖了结构尺寸和安装位置、超压保护和环境适应性，从安全性和可靠性角度对车载氢系统进行测试评价。

### 8.2.1 氢系统介绍

从功能分类方面，车载氢系统主要包括储氢模块、供氢模块、加注模块和控制模块等四大模块。储氢模块主要由高压氢气瓶、瓶口阀以及必要的连接管路等组成，瓶口阀集成有电磁阀、温度驱动安全泄压装置、压力传感器、温度传感器、手动截止阀，作用是将加注的氢气安全地储存在高压氢气瓶中。供氢模块包括过流阀、减压阀、安全阀、过滤器、电磁阀、泄放阀、截止阀、传感器及必要的连接管路等，主要作用是安全地向燃料电池发动机提供氢气。加注模块包括加氢口及必要的连接管路，加氢口集成有加氢嘴、过滤器及单向阀等功能部件，主要作用是通过与加氢枪的连接，将氢气安全地注入高压氢气瓶中。控制模块包括氢浓度传感器、氢系统控制器等装置，监测车载氢系统的储氢罐开启状态、瓶内的温度、管路的压力以及氢浓度传感器测量值等状态参数，稳定地控制瓶口组合阀和其他电磁阀开启和关闭，对瓶内剩余的氢气量进行估算，实现不同故障的识别，同时还要通过 CAN 总线与整车通信，将检测到的信息发送给整车控制器，以及接收整车控制器的指令并且做出相应动作。

车载氢系统结构、尺寸和各个部件的安装位置，一般需要满足以下规定：

1) 车载氢系统的储氢罐、相关阀件、管路和接头不应出现破损，外观状态完好，功能一切正常；同时需要安装车载氢系统支架的防松标识，位置和标识应清晰可见。

2) 车载氢系统应严格按照规定程序批准的产品图样和其他技术文件进行制造；此外，还需要提供加氢口、储氢罐、阀门等部件的合格证书和批量检验证明书，充分保障车载氢系统的安全性。

3) 每个储气瓶都需要安装手动截止阀或者其他截止装置，在进行加氢、放氢或返厂维修时，可以通过操作手动截止阀来单独地隔断各个储氢罐。

### 8.2.2 供氢安全测试评价

为防止车载氢系统供氢侧的减压阀下游压力异常升高，通常采用下列两种保护方式：一是通过压力释放阀排出氢气，二是关断减压阀上游的氢气供应。当储氢罐或管道内的检测装置检测到压力反常降低或流量异常增大时，车载氢系统应该能自动关断来自储氢罐内的氢气供应；为了防止氢气流量异常增大，通常采用过流保护阀。主关断阀、储氢罐单向阀和安全泄压装置（PRD）应安装在储氢罐的端部。

测试时，首先将车载氢系统的主关断阀下游管路与压力检测装置、流量检测装置和截止阀连接（图 8-2），通过加氢装置向储氢罐中加注试验气体（干燥的氢

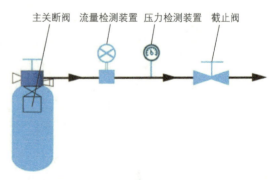

图 8-2 主关断阀试验示意图

气、干燥的氮气或 10% 氦气与 90% 氮气的混合气）至公称工作压力（Nominal Working Pressure，NWP）。然后关闭截止阀，主关断阀的操作应采用电动方式，按要求控制主关断阀开启，监测下游压力和流量变化。若压力升高并保持稳定，打开截止阀后流量正常，则主关断阀正常开启。合格指标为：主关断阀动作应与下游管路气流变化保持一致，应满足通电时正常开启，断电时自动关闭。

### 8.2.3 安装强度测试评价

车载氢系统的安装强度试验分为动态试验和静态试验，试验时首先将样品固定在气瓶安装强度试验台上，安装方法不应使储氢罐（组）的固定得到加强。向储氢罐（组）中充装试验气体（干燥的氢气、干燥的氮气或 10% 氦气与 90% 氮气的混合气）至额定充装重量，或采用气瓶重量加额定充装重量的试验工装代替，工装气瓶外径应与储氢罐相同，且保证施力时气瓶不变形。定义坐标系 $X$、$Y$、$Z$ 的方向，将汽车行驶方向定义为 $X$ 轴，另一垂直于行驶方向的水平方向为 $Y$ 轴，垂直于水平面的方向为 $Z$ 轴。

**1. 静态试验**

单气瓶静态试验方法：首先使用专用夹具将具有框架的气瓶固定在气瓶安装强度试验台上，调整气瓶安装强度试验台的施力机构，使施力点刚好落在气瓶中心的位置，施力方向分别为汽车前进方向、垂直向上方向、汽车左右任选一方向，施力大小为满瓶气瓶重量的 8 倍；起动试验台对被试件施力，当压力达到设定值时，设备自动停止施力，并实时记录力和位移数据，绘制"力 - 位移"的关系曲线（图 8-3）。

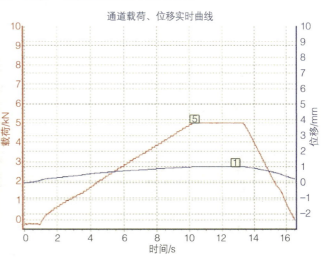

图 8-3 单气瓶静态试验和测试结果

气瓶组垂直布置安装强度试验方法：首先使用专用夹具将具有框架的气瓶组固定在气瓶安装强度试验台上，在进行气瓶组固定座试验时，为防止固定座受力部位变形，可在施力部位附加加强板。调整试验台的施力机构，使施力点在气瓶中心位置，施力方向为汽车前进方向，且通过气瓶组重心，施力大小为气瓶充满后重量的 8 倍；起动试验台的施力机构，按照规定对气瓶施力，当达到设定值时，自动停止施力，并实时记录力和位移数据，绘制"力 - 位移"的关系曲线（图 8-4）。

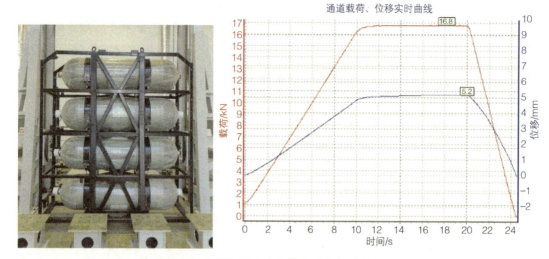

图 8-4　气瓶组垂直方向静态试验和测试结果

气瓶组水平布置安装强度试验方法：调整试验台的施力机构，使施力点落在每个气瓶的端部，施力方向应为每个气瓶的轴向，施力大小为气瓶充满后重量的 8 倍；调整施力机构，按照规定对气瓶的端部施力，当达到设定值时，自动停止施力，并实时记录力和位移数据，绘制"力 - 位移"的关系曲线（图 8-5）。

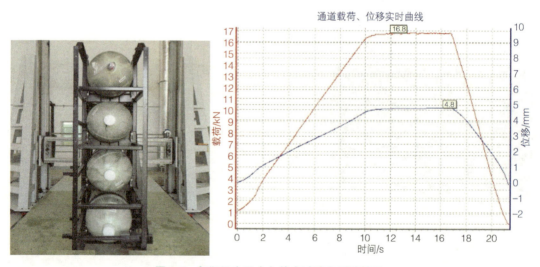

图 8-5　气瓶组水平方向静态试验和测试结果

合格指标为：储氢罐（组）按规定的方法进行试验后，储氢罐（组）与其固定座的固定点相对位移不大于 13mm。其中单气瓶和气瓶组中单个气瓶固定座应按单气瓶试验方法进行试验；气瓶组布置固定座的安装强度应按气瓶组布置试验方法进行试验。

**2. 动态试验**

将装载储氢罐的汽车分为三类，第一类是 M1 和 N1 类汽车，第二类是 M2 和 N2 类汽车，第三类是 M3 和 N3 类汽车。根据装载储氢罐的汽车类型不同，对 X、Y、Z 三个方向施加的加速度冲击不一样，对试验对象施加的加速度冲击见表 8-1，并保持规定的加速度值至少 30ms。

表 8-1  储氢罐动态试验的试验条件

| 序号 | 汽车类型 | X 方向上的加速度 /g | Y 方向上的加速度 /g | Z 方向上的加速度 /g |
| --- | --- | --- | --- | --- |
| 1 | M1、N1 | 20 | 8 | 5 |
| 2 | M2、N2 | 10 | 5 | 5 |
| 3 | M3、N3 | 6.6 | 5 | 5 |

合格指标为：储氢罐（组）安装紧固后，在储氢罐（组）前、左或右、上 3 个方向上施加规定的加速度进行冲击试验后，保证储氢罐（组）应仍固定在固定座上，紧固部件不应出现变形、断裂、松动等现象。

### 8.2.4  气密性测试评价

在进行气密性试验之前，首先需要将储氢罐进行多次气体置换，置换后应进行气体取样分析，氧气的体积浓度不得超过 0.5%。

如图 8-6 所示，气密性测试按以下步骤：首先通过加氢口向储氢罐内加注试验气体，车载氢系统的 NWP 一般为 35MPa、70MPa，按表 8-2 中的步骤进行逐级加压，加压至设定压力并保压一段时间。储氢罐内压力每达到一个压力点，使用气体检测仪检测车载氢系统的所有连接处，检测持续时间不少于 10s，读取气体泄漏率或泄漏浓度；将车载氢系统加压至 1.25NWP，待压力稳定后，保压 5min，观察车载氢系统上的各部件有无损坏。若试验气体为氦气或者 10% 的氦氮混合气，泄漏率应按式（8-1）、式（8-2）进行换算：

$$Q_{H_2} = \alpha Q_{He} \tag{8-1}$$

$$Q_{H_2} = \beta Q_{10\%He} \tag{8-2}$$

式中，$Q_{H_2}$ 为纯氢气泄漏率；$Q_{He}$ 为纯氦气泄漏率；$Q_{10\%He}$ 为 10% 氦氮混合气泄漏率；在不同的气瓶压力下，清洁的干燥氢气、干燥氦气、10% 氦氮混合气之间的转换系数 $\alpha$ 和 $\beta$ 可参考表 8-3。

图 8-6  气密性测试

表 8-2　车载氢系统加压步骤

| 公称工作压力 | | | |
| --- | --- | --- | --- |
| 35MPa | | 70MPa | |
| 设定压力 /MPa | 保压时间 /s | 设定压力 /MPa | 保压时间 /s |
| 2 | 300 | 2 | 300 |
| 5 | 180 | 5 | 180 |
| 10 | 180 | 10 | 180 |
| 15 | 180 | 20 | 180 |
| 20 | 180 | 30 | 180 |
| 25 | 180 | 40 | 180 |
| 30 | 180 | 50 | 180 |
| 35 | 180 | 60 | 180 |
| 43.8 | 300 | 70 | 180 |
| — | — | 87.5 | 300 |

表 8-3　纯氢气与纯氦气、10% 氦氮混合气泄漏率间的转换系数

| 序号 | 压力 /MPa | 转换系数 $\alpha$ | 转换系数 $\beta$ |
| --- | --- | --- | --- |
| 1 | 35 | 1.41 | 3.22 |
| 2 | 70 | 1.44 | 3.22 |

合格指标为：瓶体、瓶阀、管路和各部件连接处均应密封良好，各阶段内各检测点的氢气泄漏率应不大于 0.167mL/min 或泄漏浓度不大于 $300 \times 10^{-6}$。

### 8.2.5　环境适应性测试评价

环境适应性试验包括高低温试验、湿热试验、振动试验和盐雾试验，主要是模拟车载氢系统在环境中遭受恶劣条件的适应能力，能否保持正常的工作特性，是车载氢系统装车运行的基础试验。

**1. 高低温试验**

高低温试验包括低温试验和高温试验。低温试验的试验方法为：试验前将车载氢系统加注试验气体（氢气、氦气或者 10% 氦氮混合气）至公称工作压力 $P$，将车载氢系统置于环境舱中，试验环境降为 -40℃，样品在此温度下静置 12h 以上；再将试验环境温度升至 25℃，被测系统在此温度下静置 12h 以上；重复上述过程，共进行 3 次循环。

高温试验的试验方法为：将已做过低温试验的车载氢系统置于环境舱中，试验环境升至 60℃，样品在此温度下静置 12h 以上；再将试验环境温度降至 25℃，被测系统在此温度下静置 12h 以上；重复上述过程，共进行 3 次循环。

高低温试验如图 8-7 所示，高低温试验的温度循环如图 8-8 所示。试验结束后，按气密

图 8-7　高低温试验

性规定的方法检查系统在公称工作压力下的气密性，检查样品外表面和固定部件破损情况。

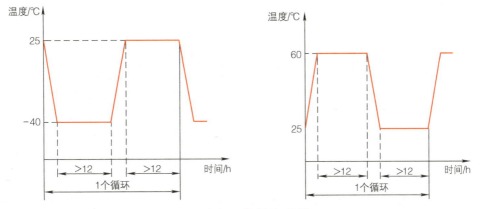

图 8-8 高低温试验的温度循环

高低温试验的合格指标为：车载氢系统按规定的方法进行高低温试验后，样品外表面和固定部件应无破损、开裂或变形，同时在公称工作压力下满足气密性的要求。

**2. 湿热试验**

湿热试验的试验步骤如下：试验前将车载氢系统加注试验气体（氢气、氦气或者10%氦氮混合气）至公称工作压力，将车载氢系统放置在湿热试验箱进行试验，用于保持箱内湿度的水，其电阻率应不小于500Ωm。湿热试验如图8-9所示，温度和湿度随时间的变化如图8-10所示。其中最高温度是60℃±3℃，循环5次。试验结束后，应在试验环境温度下静置观察2h以上，检查样品的破裂、变形、连接松动情况，按气密性规定的方法检查系统在公称工作压力下的气密性，同时依次进行各部件的电气试验和机械试验。

图 8-9 湿热试验测试

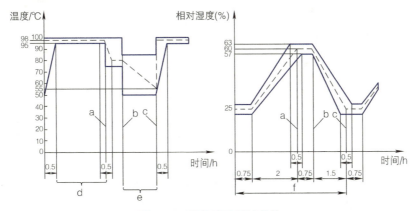

图 8-10 湿热试验测试条件

a—升温结束　b—降温开始　c—推荐温湿度值　d—冷凝　e—干燥　f—1个循环周期

湿热试验的合格指标为：车载氢系统按规定的方法进行湿热试验后，样品应无破裂、变形、连接松动等现象，在公称工作压力下满足气密性的要求，同时各部件的电气性能和力学性能功能正常。

**3. 振动试验**

振动试验的试验步骤如下：试验前将被测系统加注试验气体（氢气、氦气或者10%氢氮混合气）至公称工作压力，使用刚性试验夹具将试验对象机械地紧固在试验台的安装表面上。每个方向分别施加随机和定频振动载荷，建议加载顺序为Z轴随机、Z轴定频、Y轴随机、Y轴定频、X轴随机、X轴定频，也可自行选择加载顺序，以缩短转换时间。振动试验如图 8-11 所示，对于装载在 M1、N1 类车辆上的车载氢系统，振动测试参数建议按照表 8-4 选择，随机振动曲线如图 8-12 所示；对于装载在除 M1、N1 类以外的车辆上的车载氢系统，振动测试参数建议按照表 8-5 选择，随机振动曲线如图 8-13 所示。对于试验对象存在多个安装方向（X/Y/Z）时，按照加速度的均方根值（RMS）大的安装方向进行试验。试验过程中，如果出现脱落、磨损、变形等异常情况，应立即停止试验。排除异常之后，检查异常是否影响继续试验，对试验没有影响可以选择继续进行试验，否则应终止试验。试验结束后，检查样品有无破裂、变形、连接松动等现象，按气密性规定的方法检查系统在公称工作压力下的气密性。

图 8-11　振动试验测试

表 8-4　M1、N1 类车辆车载氢系统的振动测试条件

| 随机振动（每个方向测试时间为 12h） | | | |
|---|---|---|---|
| 频率 /Hz | Z 轴功率谱密度 PSD 值 /（$g^2$/Hz） | Y 轴功率谱密度 PSD 值 /（$g^2$/Hz） | X 轴功率谱密度 PSD 值 /（$g^2$/Hz） |
| 5 | 0.015 | 0.002 | 0.006 |
| 10 | 0.015 | 0.005 | 0.006 |
| 15 | 0.015 | 0.005 | 0.006 |
| 20 | — | 0.005 | 0.006 |
| 30 | — | 0.005 | 0.006 |
| 65 | 0.001 | — | — |
| 100 | 0.001 | — | — |
| 200 | 0.0001 | 0.00015 | 0.00003 |
| RMS | Z 轴<br>0.64g | Y 轴<br>0.45g | X 轴<br>0.50g |
| 正弦振动（每个方向测试时间为 1h） | | | |
| 频率 /Hz | Z 轴定频幅值 | Y 轴定频幅值 | X 轴定频幅值 |
| 24 | ±1.5g | ±1.0g | ±1.0g |

表 8-5　除 M1、N1 类以外车辆车载氢系统的振动测试条件

| 随机振动（每个方向测试时间为 12h） | | | |
|---|---|---|---|
| 频率 /Hz | Z 轴功率谱密度 PSD 值 / ($g^2$/Hz) | Y 轴功率谱密度 PSD 值 / ($g^2$/Hz) | X 轴功率谱密度 PSD 值 / ($g^2$/Hz) |
| 5 | 0.008 | 0.005 | 0.002 |
| 10 | 0.042 | 0.025 | 0.018 |
| 15 | 0.042 | 0.025 | 0.018 |
| 40 | 0.0005 | — | — |
| 60 | 0.0005 | 0.001 | — |
| 100 | 0.0005 | 0.001 | — |
| 200 | 0.00001 | 0.00001 | 0.00001 |
| RMS | Z 轴　0.73g | Y 轴　0.57g | X 轴　0.52g |
| 正弦振动（每个方向测试时间为 2h） | | | |
| 频率 /Hz | Z 轴定频幅值 | Y 轴定频幅值 | X 轴定频幅值 |
| 20 | ±1.5g | ±1.5g | ±2.0g |

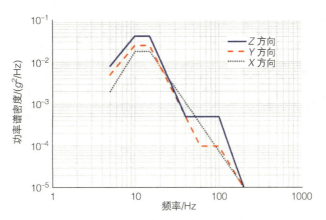

图 8-12　M1、N1 类车载氢系统随机振动测试曲线

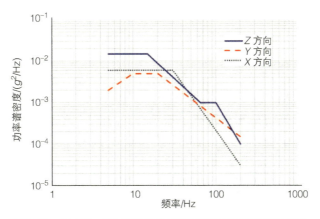

图 8-13　除 M1、N1 类以外车载氢系统随机振动测试曲线

振动试验的合格指标为：车载氢系统按规定的方法进行振动试验后，应无破裂、变形、连接松动等现象，在公称工作压力下满足气密性的要求。

**4. 盐雾试验**

盐雾试验的试验步骤如下：试验前加注试验气体（氢气、氦气或者10%氦氮混合气）至公称工作压力，盐溶液采用氯化钠（化学纯、分析纯）和蒸馏水或去离子水配制，其浓度为5%±1%（质量分数）。保持试验箱的温度稳定在35℃±2℃下，要求测量的pH值在6.5~7.2之间。将试验对象放入盐雾箱进行循环。一个循环持续24h，喷雾8h，然后静置16h。共进行6个循环，具体的测试条件如图8-14所示，盐雾试验如图8-15所示。试验盐雾试验结束后，检查样品有无腐蚀和表层脱落等现象，同时按气密性规定的方法检查系统在公称工作压力下的气密性。

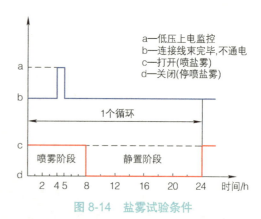

图8-14 盐雾试验条件

图8-15 盐雾试验测试

盐雾试验的合格指标为：车载氢系统按规定的方法进行盐雾试验后，应无腐蚀和表层脱落等现象，在公称工作压力下满足气密性的要求。

## 8.3 加氢通信协议测试评价

### 8.3.1 加氢协议概述

SAE J2601 *Fueling Protocols for Light Duty Gaseous Hydrogen Surface Vehicles* 为高压储氢系统（CHSS）容积在49.7~248.6L（H35和H70）及248.6L以上（仅H70）且最大加氢流量为60g/s的道路车辆制定了加氢协议。该标准规定了加氢站与车辆的加氢口成功连接并完成初步检查后，从其高压储氢罐向车辆储氢系统进行加氢。影响加氢过程的因素主要包括：①环境温度；②加氢机压力等级和加氢温度；③高压储氢系统（CHSS）的尺寸、形状、材料特性、初始温度和压力；④加氢机到车辆CHSS的压降和传热。加氢站负责控制在加氢过程中上述参数处于正常的范围内。

图8-16所示为典型的加氢曲线，该曲线包括起动阶段、正式加氢阶段和停机阶段。

起动阶段是指从加氢枪连接到车辆时开始,包括连接压力脉冲的时间。在起动阶段,加氢机测量 CHSS 的初始压力和 CHSS 容积类别,并检查可能泄漏的情况。当氢气开始被加注到车辆时,开始正式加氢。在正式加氢期间,CHSS 的压力和温度升高。进行加注方案的设计时,加注过程中 CHSS 在任何时刻的温度都不能超过最高工作温度(85℃)。最后是停机阶段,这个阶段以氢气停止流动时开始,以加氢枪可以断开时为结束。

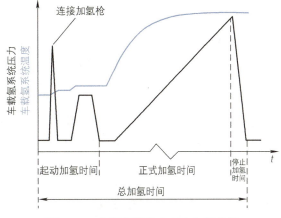

图 8-16 典型车辆的 CHSS 加氢曲线

SAE J2601 的目标是尽可能快地加满氢,同时保持压力和温度等参数在基本要求的限制范围内。在所有操作条件下,使用加氢协议进行通信加氢时的加氢目标为 95%~100% 荷电状态(State of Charge,SOC)。加氢时间可能因环境温度、CHSS 初始压力、CHSS 容积、最终 SOC 和其他条件不同而导致差距较大。为了建立一个加氢时间目标,SAE J2601 定义的加氢基准参数包括:通信加氢表、加氢机类型(H70-T40)、环境温度(20℃)、CHSS 初始压力(10MPa)、最终 SOC(95%)。在这个基准条件下,SAE J2601 中加氢协议的目标加氢时间是 3min 或更短。

SAE J2601 中加氢协议的目的是确保在加氢过程中 CHSS 中的氢气不超出正常操作边界,这些限制包括 CHSS 的最高温度和最大工作压力(MOP)。对于 H70 的 CHSS,温度和压力限制范围分别为 -40~85℃ 和 0.5~87.5MPa。需要对超过最大允许气体温度的过热部分和超过 MOP 的超压部分进行限制,同时以 100%SOC 为边界条件。为了使 CHSS 保持在其工作边界内,加氢站必须根据所有限制条件来调整加氢流量。例如,如果车辆在炎热天气加氢,CHSS 的初始温度可能会更高,因此加氢站必须以较慢速率加氢,以确保 CHSS 不超过最大工作温度。

关于加氢过程中标准协议的确定,主要方面包括:①符合通用加氢协议的要求和描述;②满足加氢过程的基本要求;③考虑了关键模型假设和车辆 CHSS 假设;④通过建模仿真和台架测试,证明了在所有可能的操作条件下,能够将 CHSS 保持在其工作边界范围内;⑤已经在具有代表性的实际加氢站中进行了实地测试和验证;⑥已通过 SAE 燃料电池标准委员会接口工作组的审查和批准。下文中描述的基于表格的加氢协议和基于 MC 公式的加氢协议都满足标准协议的规定,因此,任何一种协议都可以用于满足 SAE J2601 的要求。但是不要在同一加氢站同时使用标准协议和其他非标准协议,以最大限度地降低加氢过程中 CHSS 过热的风险。

### 8.3.2 加氢的一般要求

燃料电池汽车在进行加氢时应满足一些基本要求,主要包括储氢罐容积要求、测量和传感器的要求、温度要求、压力要求和其他要求。这些要求为最基本要求,制造商也可以采取额外的安全措施。

## 1. 储氢罐容积要求

使用加氢通信协议加氢时，规定了储氢系统的容积范围，公称工作压力为35MPa的CHSS体积容积为49.7～248.6L（1.2～6.0kg）；公称工作压力为70MPa的CHSS体积容积为49.7～248.6L（2～10kg）；公称工作压力为70MPa的CHSS体积容积＞248.6L（＞10kg）。储氢系统容积详细的容积类别见表8-6。

表8-6 储氢系统容积类别

| 压力类别 /MPa | 储氢系统在100%充满时的总储氢量 /kg | 储氢系统的水容积 /L | 储氢系统容积类别标识符 |
|---|---|---|---|
| 35 | 1.19～2.39 | 49.7～99.4 | A |
| 35 | 2.39～4.18 | 99.4～174.0 | B |
| 35 | 4.18～5.97 | 174.0～248.6 | C |
| 70 | 2.00～4.00 | 49.7～99.4 | A |
| 70 | 4.00～7.00 | 99.4～174.0 | B |
| 70 | 7.00～10.00 | 174.0～248.6 | C |
| 70 | ＞10.00 | ＞248.6 | D |

## 2. 测量和传感器的要求

首先是测量位置的要求，测量加氢站压力和加氢过程中氢气供给温度的传感器应位于加氢机软管拉断阀的上游并尽可能靠近软管，传感器与软管拉断阀之间的距离应不大于1m。应对用于测量环境温度的传感器采取一定的保护措施，以保证测量的准确性。其次是精度，测量加氢站压力、氢气供给温度和环境温度的传感器应具有较高的精度。应以一定的频率记录加氢站的压力，以确保其满足本节涉及的一般工艺要求。由于加氢站的压力、氢气供给温度和环境温度的测量都与安全有关，加氢机的制造商应采取各种措施确保其可靠性。

## 3. 温度要求

将在加氢机出口处测量的氢气供给温度称为瞬时氢气供给温度（$T_{\text{fuel-inst}}$），它的值应始终大于或等于-40℃，即$T_{\text{fuel-inst}} \geq -40$℃。如果加氢过程中一旦出现瞬时氢气供给温度低于-40℃，即$T_{\text{fuel-inst}} < -40$℃，加氢站应在5s内终止加氢。对于有通信的加注过程，如果储氢系统气体温度大于85℃，则加氢站不应对储氢系统进行加氢或在5s内终止加氢。

## 4. 压力要求

如果CHSS初始压力小于0.5MPa或大于公称工作压力（35MPa或70MPa），则加氢站应在5s内终止加氢。对于有通信的加氢过程，若CHSS的压力大于或等于1.25倍公称工作压力，则加氢站不能进行加氢或在5s内终止加氢。

## 5. 其他要求

氢气加注程度（State Of Charge，SOC）为储氢系统中的氢气密度与在标准温度15℃和公称工作压力下氢气密度之比。SOC以百分比表示，并根据式（8-3）中的气体密度计算：

$$\text{SOC} = \frac{\rho(P,T)}{\rho(\text{NWP},15℃)} \times 100\% \qquad (8-3)$$

式中，$\rho(P,T)$ 为根据储氢系统中氢气的压力和温度得到的氢气密度；$\rho(NWP,15℃)$ 为储氢系统在标准温度15℃和公称工作压力下氢气的密度。

SOC 为 100% 时两种主要压力等级下的氢气密度分别为：在35MPa和15℃时的密度为24.0g/L，在70MPa和15℃时的密度为40.2g/L。对于有通信的加氢过程，当 SOC ≥ 100%，加氢站应在5s内终止加氢。在加氢过程中，加氢流量不应超过60g/s。在完成初始连接后，如果加氢过程中测得的氢气流量超过60g/s，加氢站应在5s内终止加氢。

加氢起动时间是指从用户起动加氢，到正式加氢阶段开始的这段时间。起动时间包括连接脉冲和初始压力测量，还包括储氢系统容积类别的确定，以及泄漏检查。在加氢的起动时间过程中，要求加氢站传输到车辆的氢气总质量应小于200g。

### 8.3.3 基于表格的加氢协议

基于表格的加氢协议使用加氢站的氢气供给温度、环境温度、CHSS 容积类别和 CHSS 初始压力来选择适当的加氢参数。在加氢开始时，加氢站应通过通信接口来监测来自车辆的符合 SAE J2799 协议的信号。如果信号存在并通过物理和功能要求，则加氢站应采用通信加氢程序。

基于环境温度和初始 CHSS 压力使用线性插值得到平均压力增长率。加氢站根据氢气供给温度、CHSS 容积类别以及是否有来自车辆的通信信号来选择合适的查询表。一旦选择了合适的表，基于测量的环境温度（$T_{amb}$）和 CHSS 初始压力（$P_0$）的值，加氢站则可以确定具体的加氢参数，包括平均压力上升速率（APRR）和目标压力（$P_{target}$）。

基于表格的加氢协议还包含一种"加满程序"的方法，如果初始压力小于5MPa，则加氢站应采用"加满程序"程序来提高 SOC。"加满程序"的方法只适用于H70压力等级和具有加氢协议的加氢过程，主要有以下4种情况：

1）若环境初始温度为35℃，初始压力小于5MPa，使用第一阶段加氢（标准加氢）的平均压力增长率。根据表8-7，第一阶段加氢的平均压力增长速率 APRR = 17.6MPa/min，目标压力为71.3MPa，使用标准加氢达到目标压力后，结束第一阶段的加氢。然后，第二阶段加氢使用"加满程序"的方法，根据表格确定第二阶段加氢的平均压力增长速率和目标压力；第二阶段的平均压力增长速率 APRR = 6.3MPa/min，目标压力 $P_{target}$ = 87.4MPa，使用"加满程序"加氢加压至第二阶段的目标压力后，结束正式加氢并停止加氢。

2）若环境初始温度为38℃，初始压力小于5MPa，进行加氢时加氢站应该使用下一个较热的环境温度下的平均压力增长率和目标压力，因此进行加氢时使用环境温度为40℃时的平均压力增长率和目标压力。

3）若环境初始温度为40℃，初始压力为10MPa，使用标准加氢的方式进行加氢，根据表8-7，加氢过程的平均压力增长速率 APRR = 17.1MPa/min，目标压力 $P_{target}$ = 71.2MPa，使用标准加氢达到目标压力后，结束正式加氢，进入停止加氢阶段。

4）若环境初始温度为7℃，初始压力为35MPa，使用标准加氢的方式进行加氢，根据线性插值计算加氢过程的平均压力增长速率 APRR 和目标压力 $P_{target}$；在第一个 CHSS 初始压力支撑点（30MPa）的加氢目标压力值与两个环境温度（0℃和10℃）支撑点之间进行线性插值，根据式（8-4）计算可以得到 $P_{target1}$：

$$P_{target1} = 80.0 + (82.0 - 80.0) \times (7 - 0)/(10 - 0) = 81.4 \text{MPa} \quad (8-4)$$

在第二个 CHSS 初始压力支撑点（40MPa）的加氢目标压力值与两个环境温度支撑点之间进行线性插值，根据式（8-5）计算可以得到 $P_{target2}$：

$$P_{target2} = 77.7 + (80.0 - 77.7) \times (7 - 0)/(10 - 0) = 79.31 \text{MPa} \quad (8-5)$$

使用初始 CHSS 压力支撑点在 $P_{target1}$ 和 $P_{target2}$ 之间进行线性插值，根据式（8-6）计算可以得到加氢目标压力 $P_{target}$，计算结果为：

$$P_{target} = 81.4 + (71.31 - 81.4) \times (35 - 30)/(40 - 30) = 76.355 \text{MPa} \quad (8-6)$$

表 8-7 基于表格的加满程序协议表

| 测量的环境温度 $T_{amb}$/℃ | APRR/(MPa/min) | 目标压力 $P_{target}$/MPa | 加满程序 $P_{target}$/MPa | 加满程序 APRR/(MPa/min) | 目标压力 $P_{target}$/MPa | | | | |
|---|---|---|---|---|---|---|---|---|---|
| | | \multicolumn{3}{c|}{CHSS 初始压力 /MPa} | | | | | |
| | | \multicolumn{3}{c|}{0.5~5（无插值）} | 0.5 | 2 | 5 | … | 30 | 40 |
| >50 | \multicolumn{9}{c|}{不进行加氢} |
| 50 | 7.6 | 77.9 | 87.5 | 2.8 | | | | 81.1 | … | 85.8 | 84.9 |
| 45 | 11.0 | 75.8 | 87.5 | 3.8 | | | | 81.4 | … | 85.2 | 84.1 |
| 40 | 14.5 | 72.8 | 87.4 | 4.5 | 使用加满程序加氢 | | | 81.2 | … | 84.6 | 83.3 |
| 35 | 17.6 | 71.3 | 87.4 | 6.3 | | | | … | … | … | … |
| … | … | … | … | … | | | | … | … | … | … |
| 10 | 19.9 | | | | 87.3 | 87.1 | 83.9 | … | 82.0 | 80.0 |
| 0 | 19.9 | | | | 86.6 | 86.3 | 86.8 | … | 80.0 | 77.7 |
| -10 | 19.9 | \multicolumn{3}{c|}{不使用加满程序加氢} | 86.4 | 86.1 | 86.4 | … | 79.8 | 77.5 |
| -20 | 19.9 | | | | 86.2 | 85.9 | 86.1 | … | 79.6 | 77.3 |
| … | … | | | | … | … | … | … | … | … |
| <-40 | \multicolumn{9}{c|}{不进行加氢} |

在两个环境温度（0℃和10℃）支撑点之间进行线性插值计算加氢过程的平均压力增长速率 APRR，可以得到加氢平均压力增长速率 APRR = 19.9MPa/min。

还有一种加氢方式为预冷加氢，仅适用于通信加氢和 CHSS 容积类别 A、B 和 C。当所有加氢站部件都处于较低的温度时，加氢站可以选择性地使用预冷加氢程序（CD）进行加氢，该程序使用一组单独的加氢协议表，由于气体温度较低，可以使用更高的 APRR 进行加氢，大大缩短加氢时间。因为当加氢站部件在较低的温度下开始加氢时，CHSS 内产生的热量较少。CD 加氢程序只能用于 H70 压力等级。只有当加氢开始时加氢站部件和氢气温度低于 0℃时，才能使用 CD 加氢程序，CD 加氢程序只能适用具有通信的加氢过程。

### 8.3.4 基于 MC 公式的加氢协议

M 和 C 来自于质量乘以比热容的概念，基于 MC 公式的加氢协议是一种自适应加氢协议，它根据加氢机测量的输入参数，即环境温度、CHSS 中的初始压力、质量流量和加氢机出口测量的气体压力和温度，动态调整压力增长率（Pressure Growth Rate，PGR）和目标压力，这两个参数在整个加氢过程中都会定期进行更新。与基于表的协议一样，基于 MC 公式的协议利用加氢机测量的初始条件来计算适当的压力上升速率和结束目标压力。然而，在整个加氢过程中使用的这些参数与基于表的协议不同，基于 MC 公式的协议仅在加氢过程的前 30s 使用这些固定参数，之后再加氢以每秒一次的频率计算和更新这些参数。

MC 方法是一种基于集总热容模型的分析方法，该模型利用储氢罐的热力学特性。该特性由 MC 来描述，MC 是一个量化储氢罐吸收氢气加注过程中产生热量的能力的参数，以 kJ/K 表示。MC 是初始条件、加氢条件和加氢时间的一个函数。通过计算 MC，连同 CHSS 初始压力和温度，以及在整个加氢过程中加氢机出口处的焓和质量流量的测量，可以计算加氢结束时气瓶中气体的温度，从而可以计算出目标压力。

### 8.3.5 加氢协议的软件和硬件要求

SAE J2799 *Hydrogen Surface Vehicle to Station Communications Hardware and Software* 描述了燃料电池汽车加氢过程中的通信硬件和通信协议以及两者的要求。整个加氢系统由加氢站、燃料电池汽车和加氢连接器组成。加氢枪和加氢口机械地连接加氢站和燃料电池汽车，并允许氢气从加氢机到车辆之间流动，两者之间的接口被定义为加氢接口。加氢的数据从燃料电池汽车上的红外（IR）发射器传输到加氢枪上的 IR 接收器，本节内容为氢燃料接口的协调开发和实施提供可靠的依据。

**1. 物理和功能要求**

加氢过程中数据通过红外通信进行传输，红外数据链路使用基于 IrDA 物理层规范规定的 38400 波特接口的光学接口，同时使用归零反转（RZI）调制方案，其中"0"由光脉冲表示，"1"由无光脉冲表示。光脉冲持续时间名义上是比特持续时间的 3/16。最大脉冲持续时间为比特持续时间的 3/16，加上 0.60μs 的公差。

通信信号被组织成红外帧，如图 8-17 所示。每个字节都是以 1 个起始位、8 个数据位和 1 个停止位的方式异步传输。数据位按串行字节顺序传输，首先传输最低有效位（Least Significant Bit，LSB），最后传输最高有效位（Most Significant Bit，MSB），以 38400bit/s 的速率进行传输。

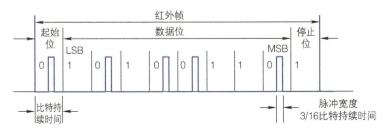

图 8-17 红外帧

数据链路层的目的是确保有效的应用数据从数据链路的发送侧传输到接收侧。以下控制字符用于数据链路成帧：XBOF-帧的额外开始字符应为 0xFF（十六进制），BOF-帧开始字符应为 0xC0（十六进制），EOF-帧结束字符应为 0xC1（十六进制），CE-控制转义符应为 0x7D（十六进制）。

进行数据传输时，需要进行数据检查，帧检查序列（FCS）字段可以检测接收帧中的错误，使用 16 位的 CRC-CCITT 循环冗余校验（Cyclic Redundancy Check，CRC）用于校验通信链路上数字传输的准确性。首先发送方发送数据时，整除 16 位 CRC-CCITT 的一个多项式，遵循模 2 除法，产生的余数 CRC 附加在原始数据的后面，生成的新数据发送给接收端；接收方接收到同一数据后，把余数拆解出来，将原始数据进行相同的模 2 除法计算，得到另一个 CRC，如果这两个 CRC 结果不一致，则说明发送中出现了差错，接收方可要求发送方重新发送该数据。16 位 CRC-CCITT 循环冗余校验的多项式应为 $X^{16}+X^{12}+X^{5}+1$。FCS 的传输首先使用低位有效字节，然后使用高位有效字节。

应用数据包应在数据链路帧中传输，五个 XBOF 字符应在数据链路帧传输之前，单个 BOF 字符应在数据链路帧开始时传输，应用数据包应在 BOF 字符之后立即传输，然后在应用数据包之后立即发送帧检查序列字段，数据链路帧应以 EOF 字符终止。

进行 CRC 校验时，有可能原始数据传输时需要进行转义，发射端的转换方法应为：首先在数据字节之前插入一个控制转义（CE）字节，然后将数据字节与 0x20（十六进制）进行异或运算。当在数据流中接收到 CE 字节时，接收端应反转转换。接收侧应使用以下方法反向转换：丢弃控制转义（CE）字节，然后将数据字节与 0x20 十六进制进行异或运算。

加氢枪应尝试支持 SAE J2601 中定义的标准通信加氢过程。为此，加氢站应该进行数据完整性和数据格式、间隔检查。所有数据应以 ASCII 格式传输，应使用单个数据分割符（"|"）对所有数据段进行分隔，所有有效数据应包含在两个分隔符之间。数据分隔符后的前两个字符应包含定义的数据标签。所有标签比较应区分大小写。分隔符后的第三个字符应为 "="字符（十六进制 $3D），与此格式的任何偏差都将导致此数据被丢弃。所需数据字段的所有字符数据应与定义值完全匹配，所有定义的数据比较应区分大小写，额外的空格或字符应使数据无效。检查所有定义的数值数据位置都应按照规定格式使用前导和跟随零进行填充，额外的空格或字符应使数据无效，所有定义的数值数据应大于或等于最小定义值，小于或等于最大定义值。加氢过程所需的所有数据字段应在被视为有效的标称传输间隔（5×100ms）的五倍内用正确格式化的消息数据进行更新，其中数据间隔要求为 10×100ms。如果在 5×100ms 内没有一条消息满足此要求，则通信应被视为丢失。该要求的唯一其他例外是，无论数据是否在其标称传输间隔内收到，加氢站都应响应来自车辆的任何正确格式的中止命令（FC = 中止）。要求通信信号间隔公差应在间隔时间的 ±20% 范围内。

## 2. 气体燃料通信硬件

对于车辆发射器有如下要求：车辆上应至少安装有一个红外发射器，车辆上的红外发射器总共应具有 55° 的有效半角，红外发射器元件的中心应位于安装表面上，距离加氢口轴线的半径为 22mm±4mm；参考平面距加氢口前缘限定的平面 50mm；面向接收器的车辆发射器的底面应与参考平面相距不超过 20mm，参考平面与加氢口前缘的平面相距50mm。在半角范围内，车辆红外发射器的最小强度应为40mW/sr、最大强度应为100mW/sr。

对于加氢枪上的接收器要求如下：加氢枪应至少有三个红外接收器。加氢枪上的红外接收器应具有55°的最小半角；加氢枪上相邻红外接收器之间的角度不得大于120°；加氢枪接收器元件应位于距离加氢枪轴线22mm±4mm的位置；当加氢枪与加氢口完全接合时，加氢枪上接收器的外部底面应距离基准面至少15mm，不得超过35mm；加氢枪上的接收器需要检测的最小辐照度为100μW/cm²、最大辐照度为50mW/cm²。

加氢协议应使用SAE J2799中定义的IrDA信号从车辆向加氢站提供信息，数据通过红外通信从车端的红外（IR）发射器传输到加氢枪上的红外（IR）接收器。IrDA信号的数据格式要求见表8-8。

表8-8 IrDA信号的数据格式要求

| 变量 | 单位 | 格式 |
| --- | --- | --- |
| 协议标识符 | — | \|ID = SAE ␣ J2799\| |
| 数据通信软件版本号 | — | \|VN = ##.##\| |
| 储氢罐容积 | L | \|TV = ####.#\| |
| 加氢口类型 | — | \|RT = H##\| |
| 加氢命令 | — | \|FC = Dyna\| |
| 测量压力 | MPa | \|MP = ###.#\| |
| 测量温度 | K | \|MT = ###.#\| |
| 可选数据 | 0~74个字符，不包括"\|" | \|OD = ASDEFINEDINJ2601\| |

使用氢气加注通信协议时，需要进行数据定义，根据以下内容进行定义：

（1）协议标识符

名称定义为：ID =；范围定义为：SAE J2799；间隔为：100ms；方向为：从车辆至加氢站。示例：|ID = SAE ␣ J2799|，"␣"符号表示一个空格，并在标识符中的SAE之后使用。车辆应将协议标识符传输至加氢站，以帮助解码传输的数据。

（2）数据通信软件版本号

名称定义为：VN =；格式定义为：##.##；范围定义为：00.00~99.99；间隔为：100ms；方向为：从车辆至加氢站。主要修订版应定义为版本号的整数部分，次要修订应定义为版本号的小数部分。示例：对于版本号10.02，主要修订版为10，次要修订版为02。本书则使用版本01.00的数据通信软件。

（3）储氢罐容积

名称定义为：TV =；单位定义为：升（L）；格式定义为：####.#；范围定义为：0000.0~5000.0；间隔为：100ms；方向为：从车辆至加氢站。示例：|TV = 0200.0|，在公称工作压力下储氢罐容积为200L，车辆应将公称工作压力下储氢罐容积传输至加氢站。

（4）加氢口类型

名称定义为：RT =；范围定义为：H25、H35、H50、H70（按照SAE J2600标准的定义）；间隔为：100ms；方向为：从车辆至加氢站。示例：|RT = H70|，含义为按照SAE

J2600 标准的定义，此加氢口的类型为 H70。车辆应传输储氢罐的 SAE J2600 压力等级，该压力等级应与 CHSS 的 NWP 相对应。

（5）加氢指令

名称定义为：FC = ；范围定义为：Dyna、Stat、Halt、Abort（使用版本 01.00 的数据通信软件）；间隔为：100ms；方向为：从车辆至加氢站。示例：|FC = Dyna|，含义为车辆应发送加氢指令，告知加氢机如何处理加氢流量。所有符合 SAE J2799 的加氢站应使用以下命令：

1）FC = Dyna：加氢枪应根据 SAE J2601 加氢协议中规定的流程进行加氢。

2）FC = Stat：如果加氢站收到该命令，则应认为通信未满足物理和功能要求。

3）FC = Halt：加氢站应根据 SAE J2601 加氢协议中规定的流程暂停加氢。

4）FC = Abort：加氢枪应在 5s 内终止加氢过程，并且在操作员重新起动加氢枪进行加氢之前不得加氢。

（6）测量压力

名称定义为：MP = ；单位定义为：MPa；格式定义为：###.#；范围定义为：000.0 ~ 100.0；间隔为：100ms；方向为：从车辆至加氢站。车辆应将储氢罐中氢气的测量压力传输到加氢枪，单位为 MPa。示例：|MP = 043.7|，含义为目前储氢罐中氢气的测量压力为 43.7MPa。

（7）测量温度

名称定义为：MT = ；单位定义为：K；格式定义为：###.#；范围定义为：16.0 ~ 425.0；间隔为：100ms；方向为：从车辆至加氢站。车辆应将储氢罐中氢气的测量气体温度传输到加氢枪，单位为 K。示例：|MT = 353.0|，含义为目前储氢罐中氢气的测量气体温度为 353.0K。

（8）可选数据

名称定义为：OD = ；格式定义为：###.#；范围定义为：不包括"|"的任何 0 ~ 16 个字符；间隔为：最小 100ms；方向为：从车辆至加氢站。示例：|OD = Parameter（s）|。车辆可以将该可选数据集传输到加氢枪。数据应包含除分隔符（"|"ASCII，$7C 十六进制）之外的任何字符。在没有车辆二次识别的情况下，不应将可选数据视为开放的可配置信号（以避免对多个信号定义的错误解释）。

根据 SAE J2799，XBOF- 帧的额外开始字符应为 0xFF 十六进制。BOF- 帧开始字符应为 0xC0 十六进制。EOF- 帧结束字符应为 0xC1 十六进制。CE- 控制转义符应为 0x7D 十六进制以下值保留用于控制字符：XBOF = 0xFF，而 IrDA 标头由 5 个 0xFF 字符组成："FF FF FF FF"；BOF = 0xC0；EOF = 0xC1；CE = 0x7D。

以下帧示例显示了完整的 IrDA 帧，CRC 中不需要透明字符：

B1 = 0xFF0xFF0xFF0xFF0xFF0xC0|ID = SAE ␣ J2799|VN = 01.00|TV = 0119.0|RT = H70|FC = Halt|MP = 050.0|MT = 273.0|FCS1FCS2 0xC1

其中，0xFF0xFF0xFF0xFF0xFF 为 IrDA- 标题块（XBOFs）；0xC0 为 IrDA- 起始符号（BOF）；|ID = SAE ␣ J2799|VN = 01.00|TV = 0119.0|RT = H70|FC = Halt|MP = 050.0|MT = 273.0| 为 IrDA- 数据块；FCS1FCS2 0xC1 为 IrDA-CRC16 块（FCS）；0xC1 为 IrDA- 结束符号（EOF）。

下面的帧示例给出了一个完整的 IrDA 帧，该帧在 CRC 中具有必要的透明字符。车辆在发送帧之前插入一个换码控制字符，加氢站在接收帧之后将其移除。

B2 = 0xFF0xFF0xFF0xFF0xFF0xC0|ID = SAE ␣ J2799|VN = 01.00|TV = 0119.0|RT = H70|FC = Dyna|MP = 025.1|MT = 234.0|0x7D FCS1' 0x7D FCS2' 0xC1

此外，还需要设置验证试验，进行加氢通信系统的验证，主要通过以下几个方面进行验证试验。

（1）验证测试设置

为了验证 SAE J2799 通信设备，无论是车辆侧还是加氢站侧，都应使用验证测试装置对其进行独立测试。验证测试装置应能够测试接收器/发射器位置、功率和灵敏度。验证测试装置应将发射器和接收器放置在模拟的加氢口周围，模拟的加氢口由直径为 30mm 的不锈钢轴组成。模拟光源强度和距离由 IrDA 物理层测量指南规定，模拟光源应指向接收器并位于接收器的视线范围内，测试仪器应位于没有环境光的环境中。验证测试装置应能够在 850 ~ 900nm IR 范围内包括一个 38% 的透射率滤光片，该滤光片位于变送器前面 2mm ± 0.5mm 处。设置不应允许任何透射或反射的 IR 光通过过滤器周围。

（2）测试场景定义

通过将 0° 基准设置为发射器与任何接收器直接对准的位置来确定方向。场景 1 ~ 6 测试低信噪比条件，场景 7 ~ 12 测试最高接收功率场景，场景 13 ~ 16 测试黑暗环境光，测试场景见表 8-9。

表 8-9 测试场景

| 方案 | 1 | 2 | 3 | 4 | 5 | 6 | 7 | 8 | 9 | 10 | 11 | 12 | 13 | 14 | 15 | 16 |
|---|---|---|---|---|---|---|---|---|---|---|---|---|---|---|---|---|
| 红外滤光片 | 是 | 是 | 是 | 是 | 是 | 是 | 否 | 否 | 否 | 否 | 否 | 否 | 是 | 是 | 是 | 是 |
| 模拟阳光 | 是 | 否 | 否 | 是 | 否 | 否 | 是 | 否 | 否 | 是 | 否 | 否 | 否 | 否 | 否 | 否 |
| 模拟荧光灯 | 否 | 是 | 否 | 否 | 是 | 否 | 否 | 是 | 否 | 否 | 是 | 否 | 否 | 否 | 否 | 否 |
| 模拟白炽灯 | 否 | 否 | 是 | 否 | 否 | 是 | 否 | 否 | 是 | 否 | 否 | 是 | 否 | 否 | 否 | 否 |
| 发射器-接收器间距/mm | 55 | 55 | 55 | 55 | 55 | 55 | 15 | 15 | 15 | 15 | 15 | 15 | 55 | 55 | 15 | 15 |
| 方向/(°) | 30 | 30 | 30 | 30 | 30 | 30 | 0 | 0 | 0 | 0 | 0 | 0 | 30 | 30 | 30 | 30 |
| 发射器或接收器径向尺寸/mm | 26 | 26 | 26 | 18 | 18 | 18 | 18 | 26 | 26 | 26 | 18 | 18 | 18 | 26 | 18 | 26 |

（3）瞬态照明试验

除上述场景外，还应通过重复使用模拟光源的最差性能场景来测试照明的瞬态效果。在传输过程中，模拟光源打开 10s ± 5s，然后关闭 10s ± 5s。在整个测试过程中重复进行此操作。

（4）传输定义

对于上面指定的每种情况，发送方应发送 65536 条消息，每条消息包含 9 个无符号字长数字（总计 1179648 字节）。生成要发送的数据的算法包括如下：

```
For Message_Number = 0 to 65535 step 1
    For Word = 0 to 8 step 1
```

```
Data(2*Word) = Low_Byte(Message_Number)
Data(2*Word+1) = High_Byte(Message_Number)
Next
Call Transmit_Data
Next
```

每条消息应包含通信同步所需的前置信号和后置信号数据。消息不应包含数据长度字段，因为此测试的消息具有固定长度。消息中不应包含错误检查字段。传输控制器应保持10Hz的信息传输频率。

（5）测试标准

当传输完成时，将逐位检查数据。记录错误比特的数量，以确定测试的误码率（BER）。测试的 SAE J2799 系统应通过每个规定的测试，要求 BER < $10^{-4}$。

（6）加氢站中加氢通信系统的验证

同时应规定额外的测试，以确认加氢机硬件可以根据 SAE J2799 的要求接收信号。使用 V.1.1 通信版本的通信数据进行加氢验证时，需要验证以下方面：首先是由于 CRC 不正确或 CRC 序列不正确而引起的响应；其次是对延迟数据的响应；最后是对出现故障数据的响应。

## 8.4 加氢口测试评价

加氢口是车辆上与加氢枪相连接的部件总成，主要功能是完成与加氢站的加氢枪对接，将高压氢气过滤后安全地加注到高压氢气瓶中，具有实现氢气加注、防止氢气加注过程中回流和过滤氢气的作用，是车载氢系统中的一个核心零部件。加氢口的组成部件一般包括防尘帽、加氢嘴、过滤器、O形圈、单向阀与后端管路相连接的接口等。防尘帽的作用为阻碍灰尘、液体、杂质等进入加氢口，避免加氢口被外界环境污染；加氢口中与加氢枪适配的连接口称为加氢嘴，加氢嘴的结构设计应保证其与加氢枪能够可靠的连接；在加氢过程中，过滤器具有拦截氢气中杂质的作用，避免污染物损伤加氢口内置的单向阀和燃料电池堆等；O形圈属于非金属件密封件，可以保证加氢枪和加氢口有较高的密封性，在加氢过程中不会发生氢气泄漏。单向阀在加氢口中只允许氢气单向流动至储氢罐，防止加氢过程中发生氢气回流，同时当加氢嘴损坏时可以防止气体向外界泄漏。

为了使加氢口能够满足车辆使用要求，加氢口在进行设计和出厂时需要满足相应的技术要求。技术要求主要包含两个方面：一方面为加氢口的一般要求，对加氢口的结构尺寸、组成部件、防静电功能、超压保护和阀体材质做了要求；另一方面为加氢口的性能要求，要求加氢口和其组成部件至少满足气密性要求、耐振性要求、耐温性要求、耐久性要求、耐氧化性要求、耐臭氧老化性要求、相容性要求、液静压强度要求、耐盐雾腐蚀性要求、耐温度循环性要求和兼容性要求11条性能要求；其中兼容性要求只针对公称工作压力为70MPa的加氢口。这些技术要求为开发高可靠性、高安全性的加氢口提供了重要指导。

一般要求主要是针对加氢口的结构设计、尺寸、组成部件和材质进行要求，具体为：

1）为了便于加氢口的安装，在加氢口结构设计时可以设计倒角。

2）加氢口应具有加氢枪防冻结设计，防止在进行加注时预冷的氢气导致加氢枪冻结。

3）加氢口可设有阻碍灰尘、液体、杂质等进入加氢口接口以及防止加氢口接头刮伤损坏的保护帽，保护帽旁边一般标注上加氢口的最大加注压力，同时可设有防止保护帽丢失的固定装置。

4）加氢口应设有接地连接装置，以消除汽车静电带来的危险。

5）加氢口中应该包含单向阀，加氢口一旦发生损坏时，可以阻止氢气通过加氢口向外泄漏。

6）加氢口各个组件的材质应有较强的氢气兼容性，保证在使用寿命内不发生氢脆。

### 8.4.1 加氢口类型

常用的加氢口分类方法有两种：一是根据加氢口的公称工作压力进行分类，将加氢口分为35MPa加氢口和70MPa加氢口。选择加氢口的公称工作压力一般要与储氢罐的工作压力相匹配。当前，35MPa加氢口主要应用在公交车、物流车以及重型货车等燃料电池商用车领域，70MPa加氢口主要应用在小型汽车、私家车等燃料电池乘用车领域。二是根据加氢口的加氢流量进行分类，将加氢口分为低流量加氢口和大流量加氢口。低流量加氢口的公称通径尺寸较小，最高加氢流量较小，因此更适用于储氢罐容积较小的燃料电池轿车等。大流量加氢口更加适用于载有较大容积储氢罐的公交车、物流车等燃料电池商用车，公称通径尺寸增加，最高加氢流量增大，可大大减少加注时间，加氢效率显著提升。

加氢口的产品参数主要包括：型号、公称工作压力、最大工作压力、工作温度、公称通径、最大流量、阀体材质和过滤精度等。国标 GB/T 26779—2021《燃料电池电动汽车加氢口》中规定加氢口型号命名方式由四部分组成，如 JQK-A-B/C-D，其中，JQK 为加氢口汉语拼音的首字母组合；A 代表加氢口的公称工作压力，例如 35MPa、70MPa；B/C 代表加氢口与加氢枪之间的配合尺寸，例如 40/18；D 代表改进型号的序号，例如 01、02 等。加氢口的其他主要参数见表 8-10。

表 8-10 加氢口的其他主要参数

| 产品主要参数 | 说明 |
| --- | --- |
| 公称工作压力 | 在标准状态下加氢口设计加注的正常工作压力，分为 35MPa 和 70MPa |
| 最大工作压力 | 最大工作压力是加氢口在工作时可能产生的最高压力，35MPa 加氢口最大压力常为 43.8MPa，70MPa 加氢口最大压力常为 87.5MPa |
| 工作温度 | 工作温度指加氢口正常工作的一个温度范围，温度范围常为 $-40 \sim 85$℃ |
| 公称通径 | 公称通径是指加氢口内部孔径的大小，加氢口公称通径常为 7.8mm、8mm、13.8mm |
| 最大流量 | 最大流量指加氢口在工作时能够通过的最大氢气流量 |
| 阀体材质 | 由于氢气对材料有极强的渗透能力，加氢口的材质通常为 316 不锈钢，是为了防止发生氢脆现象 |
| 过滤精度 | 过滤精度指加氢时允许通过过滤网的最大颗粒的尺寸，加氢口的过滤精度常为 $40 \sim 50 \mu m$ |

## 8.4.2 加氢口测试方法

### 1. 检验环境

加氢口的测试一般在下述条件下进行：

1）测试的环境温度应在 15～35℃之间。

2）试验所用的气体介质为干燥空气、干燥氢气、干燥氦气、体积浓度 10% 以上的氢气或氦气与氮气的混合气。

### 2. 加氢口的外观及尺寸检验

使用目测法对加氢口的外观进行检查，检查加氢口是否满足一般要求中的外观要求。必要时，可使用游标卡尺或者更高精度的测量工具对其进行尺寸测量。

### 3. 气密性试验

气密性是用于检查加氢口在不同压力下工作时，各个组件的密封和漏气情况，这是衡量加氢口能否满足使用要求的一个最基本指标。

图 8-18 所示为加氢口气密性试验。首先将加氢口固定在专用夹具上，加氢口出口端连接到加氢口气密试验系统高压气体管路上，保证试验前加氢口的单向阀处于关闭状态，将检测气体通入加氢口的出口端，检测气体的压力分别为 0.5MPa 和 1.25 倍公称工作压力，在这两种压力下进行气密性试验，试验过程中使用专用检漏液检查加氢口各个位置的漏气情况。

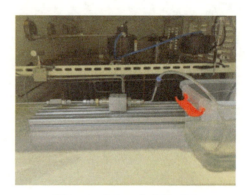

图 8-18 加氢口气密性试验

加氢口按照上述的试验方法进行气密性检验，使用专用检漏液检查加氢口的漏气情况，出现以下两种情况则认定该加氢口气密性为合格：① 1min 之内不产生气泡；②若产生气泡，需要采用检漏仪等设备进行漏气速率检测，要求等效的氢气泄漏速率不超过 0.02L/h（标准状态下）。

### 4. 耐振性试验

耐振性是当加氢口承受一定的振动后，不会出现损坏或可以正常工作的特性。车辆在道路上运行时会遇到各种路面类型，这会导致车辆出现不同程度的颠簸，此时加氢口会承受来自 $X$、$Y$、$Z$ 三个方向的振动，所以耐振性是衡量装载在车辆上的加氢口道路适应性的一个重要指标。耐振性试验的目的是模拟加氢口在车辆上的振动情况，检验振动之后加氢口各部分组件之间连接是否良好、无松动，能否满足气密性的要求。

加氢口耐振性试验（图 8-19）的方法为：使用专用夹具将加氢口紧固在振动测试台上，起动振动台，设置振动台的频率和振幅。频率和幅值分成三个阶段，第一阶段：振动频率为 5～20Hz，振幅≥1.5mm；第二阶段：振动频率为 21～40Hz，振幅≥1.2mm；第三阶段：振动频率为 41～60Hz，振幅≥1.0mm；三个阶段的每个整数频率点都需要进行振动试验，一共 56 个频率点；单个频率点振动模式为定频振动，振动时间为 8min，振动时间共计 448min。完成振动试验之后检查加氢口的组件有无松动现象，同时对振动测试之后的加氢口进行气密性试验。需要注意的是，若加氢口的结构是对称结构，可以只进行单方向上的振动试验；若不是对称结构，应进行两个垂直方向上的振动试验。加氢口振动试验工况见表 8-11。

图 8-19　加氢口耐振性试验

表 8-11　加氢口振动试验工况

| 阶段 | 振动频率 | 振动幅值 | 振动时间 |
| --- | --- | --- | --- |
| 第一阶段 | 5Hz | ≥ 1.5mm | 8min |
|  | 6Hz | ≥ 1.5mm | 8min |
|  | ⋮ | ≥ 1.5mm | 8min |
|  | 20Hz | ≥ 1.5mm | 8min |
| 第二阶段 | 21Hz | ≥ 1.2mm | 8min |
|  | 22Hz | ≥ 1.2mm | 8min |
|  | ⋮ | ≥ 1.2mm | 8min |
|  | 40Hz | ≥ 1.2mm | 8min |
| 第三阶段 | 41Hz | ≥ 1.0mm | 8min |
|  | 42Hz | ≥ 1.0mm | 8min |
|  | ⋮ | ≥ 1.0mm | 8min |
|  | 60Hz | ≥ 1.0mm | 8min |

加氢口按照上述试验方法进行振动试验，试验结束后，检查加氢口各部分组件之间的连接情况。要求组件之间连接良好，无松动；此外进行气密性试验，也应满足加氢口气密性的要求。

**5. 耐温性试验**

耐温性是当加氢口在高低温环境条件下，仍然可以保持正常工作的能力。加氢口工作在低温环境下主要是有两个方面，一方面是环境温度在低温，另一方面是一些加氢口需要经受 -40℃ 预冷的氢气。加氢口是由多个组件集成的一个部件，当加氢口工作在低温环境下，金属材质的组件脆性增大、强度降低；非金属材料弹性降低，通入高压氢气会导致产品破裂或产生裂纹。此外，由于各组件材质不完全一致，材料的收缩程度不同，会引起部件连接处出现泄漏。当加氢口工作在高温环境下，不同材料由于膨胀特性不同可能导致零件失效；此外，高温会导致气体膨胀，加氢口内部或下游产生高压，导致气密性退化。耐温性是衡量加氢口环境温度适应性的一个重要指标。耐温性试验的目的主要是检验加氢口长时间工作在高温或者低温条件下的气密性,能否满足要求。

加氢口耐温性试验(图 8-20)的方法为:试验前确保加氢口的单向阀处于关闭状态,将加氢口两端分别连接到加氢口试验系统高压气体管路上;加氢口的出口端通入公称工作压力的检测气体;把充入检测气体的加氢口放置于温箱中,温箱的工作温度从环境温度上升至 85℃,温差保持在 ±2℃ 以内,持续时间为 8h;再将加氢口浸入 85℃ 的水中进行气密性检测,观察加氢口附近是否有气泡产生。高温试验结束之后将加氢口的温度恢复至室温,在室温中放置 0.5h;然后将温箱的工作温度从环境温度降低至 -40℃,温差保持在 ±2℃ 以内,持续时间为 8h;再将加氢口浸入 -40℃ 的冷却液中进行气密性检测,观察加氢口附近是否有气泡产生。

图 8-20  加氢口耐温性试验

按上述试验方法进行耐温性试验,加氢口在 85℃ 的水中和 -40℃ 的冷却液中进行的两次气密性检测,均要求不能有气泡产生。

### 6. 耐久性试验

耐久性是当加氢口的单向阀快速开闭一定的次数,加氢口可以正常工作,不会发生失效的特性。加氢口上常用的单向阀结构是使用弹簧机构,工作原理为:当高压氢气通入加氢口时,介质力会顶开单向阀的阀瓣,单向阀的弹簧被压缩,此时气体可以流通。当储氢罐内的压力接近加氢站的供给压力时,单向阀的进出口两端气体压力差较小,介质力与单向阀的弹簧力接近时,阀瓣开启后又迅速关闭,如此反复开闭,形成"阀瓣颤振"。加氢口阀瓣颤振在燃料电池汽车的加注时经常发生,这种现象对于加氢口的使用寿命、整车安全都有负面影响。此外,由于燃料电池汽车需要经常加氢,加氢口的单向阀开闭次数也会增加。耐久性试验的目的是检验加氢口的单向阀快速开闭一定的次数是否会导致加氢口失效。

加氢口耐久性试验(图 8-21)过程为:将加氢口进口端和出口连接到加氢口试验系统的高压气体管路上,封闭加氢口的出口端,气体的工作压力从 0MPa 开始,一直加压到至 1.25NWP,使加氢口的单向阀处于开启状态;然后操作加氢口耐久性试验设备将加

 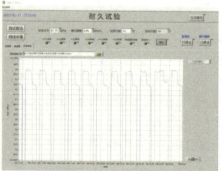

图 8-21  加氢口耐久性试验和测试曲线

氢口的进口端高压气体释放掉，压力降为 0MPa，使加氢口的单向阀承受 1.25NWP，处于关闭状态，保持时间 ≥ 2s；保持时间结束之后将加氢口的出口端泄压到一定压力，压力的范围为：0 ~ 0.5MPa。上述过程中单向阀的开关一次为一个循环，单向阀的开关频率 ≤ 15 次 /min，总共进行 15000 次循环。耐久性试验结束后，进行气密性试验和液静压强度试验。

加氢口按照规定的试验工况和方法进行耐久性试验，耐久试验结束后，要求单向阀不出现异常磨损；此外进行加氢口气密性试验和液静压强度试验，均能满足气密性和液静压强度要求。

**7. 耐氧老化试验**

非金属密封件既要承受高压氢气的渗透作用，又要满足加氢口对于 -40 ~ +85℃的温度变化要求，对材料要求非常高。加氢口中的非金属密封件为 O 形圈，材质是橡胶，橡胶材料容易发生氧老化后失效。因此，通过耐氧老化试验来检验加氢口中非金属密封件的相关性能。

如图 8-22 所示，将加氢口与氢气接触的密封件放置在相容性工装中，向工装中通入工作压力为 2MPa 的氧气，将带压的工装放置在温箱中，保持温度为 70℃ ±2℃，试验时间为 96h，试验结束后观察密封件的变化状态，要求密封件不能出现变形、变质，表面无裂纹和斑点产生。

**8. 耐臭氧老化试验**

臭氧是一种氧化作用很强的气体，对橡胶材料的破坏力极强，是加速橡胶老化的一个相当重要的因素。臭氧能与橡胶结构中的双键以及还原性基团发生不可逆转的化学反应，使橡胶分子断裂，具体表现为橡胶制品表面龟裂，从而失去使用价值。耐臭氧老化试验是指将试样放置于含有恒定臭氧浓度和恒温环境中的一种老化试验方法，该方法多用于评估橡胶的耐臭氧性能。

图 8-23 所示的试验方法为：将加氢口与氢气接触的密封件放置在相应工装中，向工装中通入臭氧体积分数为 $5 \times 10^{-7}$ 的空气，放入温箱中并保持在 40℃ ±2℃，试验时间为 120h，试验结束后观察密封件的变化状态，要求密封件不能出现变形、变质，表面无裂纹和斑点产生。

图 8-22 加氢口 O 形圈耐氧老化试验

图 8-23 加氢口 O 形圈耐臭氧老化试验

**9. 相容性试验**

在高压氢气环境中，氢气对材料有极强的渗透能力，尤其是对非金属密封件这种现象比较明显。非金属密封件在高压氢气中往往会出现质量和体积大幅度增加的情况，俗称"溶胀"现象。加氢口中的非金属密封件O形圈发生溶胀后，体积增大为原来体积的数倍，导致本身的机械强度和密封效果降低，并且溶胀严重时使橡胶发生老化，导致失效。相容性试验是为了检验加氢口的非金属密封件长期处于高压氢气的环境中是否会发生溶胀等现象，它的质量和体积变化率是否能够满足相关要求。

图8-24所示的相容性试验具体的试验方法为：试验前，使用天平在标准实验室温度下测量加氢口与氢气接触的非金属零件的质量$m_0$，天平精度为1mg，同时使用排水法在标准实验室温度下测量非金属零件放在蒸馏水中的质量$m_{0,w}$；测量完成后，将非金属零件放置在相容性试验设备的工装中，向工装中通入常温氢气，将工装内氢气压力加压至公称工作压力，浸泡时间达168h后泄压；从泄压开始，应在5min之内，使用天平在标准实验室温度下测量加氢口与氢气接触的非金属零件浸泡后的质量$m_i$，再使用排水法在标准实验室温度下测量非金属零件浸泡后放在蒸馏水中的质量$m_{i,w}$。质量变化率$\Delta m$按照式（8-7）计算：

$$\Delta m = \frac{m_i - m_0}{m_0} \times 100\% \tag{8-7}$$

式中，$\Delta m$为质量变化率；$m_i$为非金属零件浸泡后的质量；$m_0$为非金属零件浸泡前的质量。

体积变化率$\Delta V$按照式（8-8）计算：

$$\Delta V = \left( \frac{m_i - m_{i,w}}{m_0 - m_{0,w}} - 1 \right) \times 100\% \tag{8-8}$$

式中，$\Delta V$为体积变化率；$m_{0,w}$为非金属零件试验前放在蒸馏水中的质量；$m_{i,w}$为非金属零件浸泡后放在蒸馏水中的质量。

加氢口与氢气接触的非金属密封件，如密封O形圈，按照上述试验方法进行相容性试验（图8-25），对比非金属密封件试验前后的体积和质量，应满足以下要求：体积膨胀率≤25%，体积收缩率≤1%，质量损失率≤10%。

图8-24 相容性试验

图8-25 加氢口O形圈称重

**10. 液静压强度试验**

如图 8-26 所示,将加氢口固定在液静压强度试验台上,把加氢口的出口进行密封,从加氢口的进口通入 3 倍公称工作压力的液体,保持静压时间 ≥ 1min,试验结束后,观察加氢口的承压件有无裂纹和变形情况。试验结束后,加氢口的承压件不能有裂纹和变形产生。

**11. 耐盐雾腐蚀试验**

盐雾腐蚀试验是指将样品放在盐雾舱内,模拟大气环境中含有的氧气、湿度、温度变化、污染物等腐蚀成分和腐蚀因素,检测由环境作用引起的材料或其特性的损坏或劣化程度。盐雾腐蚀是大气腐蚀中最常见和具破坏性的一种形式,是金属制品老化的一种表现,盐雾腐蚀试验的目的是为了考核产品或金属材料的耐盐雾腐蚀能力。

图 8-27 所示的盐雾腐蚀试验的流程为:首先,将加氢口放在盐雾试验舱里,加氢口水平支撑,设置盐雾箱内的温度保持在 33～36℃之间,盐雾试验舱喷洒盐水,盐水由质量分数为 5% 的氯化钠和 95% 的蒸馏水组成。在进行 500h 试验后,进行气密性试验,同时检查受保护盖保护的区域,然后冲洗并清除加氢口的盐分沉积物。

加氢口按照规定的试验工况和方法进行盐雾试验,试验结束后,加氢口不能出现腐蚀现象,也不能出现由于腐蚀导致保护层脱落的现象;此外,加氢口进行气密性试验,应满足气密性的要求。

图 8-26 加氢口液静压强度试验

图 8-27 加氢口盐雾腐蚀试验

**12. 耐温度循环试验**

当加氢口处于温度变化的环境中时,由于温度的剧烈变化伴随着热量的剧烈变化,热量的剧烈变化引起各组件膨胀或者收缩的剧烈变化,从而引起剧烈的应力变化,一旦应力超过产品的极限,产品便会发生裂纹、甚至断裂。耐温度循环试验的目的是考察加氢口在遭受到多次高低温环境循环变化后是否具有正常工作的能力。

图 8-28 所示的试验方法为:加氢口的进气端加压到公称工作压力后,将加氢口放置在恒温箱内,温度应在 0.5h 内从 15℃ 上升到 85℃,并

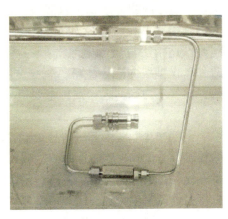

图 8-28 加氢口耐温度循环试验

在该温度下保持2h，然后在1h内从85℃下降至-40℃，并在该温度下保持2h，然后在0.5h内恢复到15℃，这样就完成一个循环，此循环重复100次。如果试验中气体压力低于公称工作压力的70%时，应立刻终止试验。温度循环试验结束后进行气密性试验和液静压强度试验，加氢口应该能够满足气密性和液静压强度的技术要求。

### 13. 兼容性试验

加氢口兼容性试验的目的是检验公称工作压力为70MPa的加氢口是否可以通过35MPa的加氢枪进行正常加氢，所以仅针对公称工作压力为70MPa的加氢口才有兼容性要求。兼容性试验（图8-29）应该按照以下步骤进行：首先将气源压力增至加氢枪公称工作压力的1.25倍；将35MPa的加氢枪接入气源后，将70MPa压力等级的加氢口和加氢枪连接，打开气源使氢气以不低于35g/s的流量通过，并且维持该加氢流量10s；关闭气源，氢气停止通过加氢口；此为一个循环，重复该循环10次。试验结束后，加氢口各组件不应出现磨损现象；此外，对加氢口进行气密性试验，应满足气密性的要求。

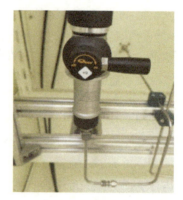

图8-29 加氢口兼容性试验

## 8.5 储氢罐测试评价

用于存储高压氢气的储氢罐是燃料电池汽车的关键零部件之一，储氢技术的水平直接决定燃料电池汽车的续驶能力。相较于其他储氢方式，高压气态储氢具有加氢速度和动态响应速度快，储氢密度较高，同时运行成本低的优点。由于其相对优秀的技术指标，目前车用储氢系统多采用高压气态储氢方式储存氢气。

在高压气态储氢中，目前已商业化的高压氢气瓶根据储氢罐材料不同可以划分为：Ⅰ型瓶、Ⅱ型瓶、Ⅲ型瓶、Ⅳ型瓶共4种基本类型。Ⅰ型瓶由金属钢组成，重量大、成本低、工艺简单，适用于压力要求不高的固定应用场景。Ⅱ型瓶采用金属钢材质，外层缠绕玻璃纤维复合材料，材料包裹形式为采用箍圈式对瓶身进行包裹。Ⅱ型瓶由于瓶身上有复合材料包裹，耐受压力高于Ⅰ型瓶，但也多应用于固定式能源提供等场景。Ⅲ型瓶内胆为金属（通常为铝合金），但厚度较Ⅱ型瓶有减薄，外部进行了全瓶身的碳纤维复合材料缠绕，包裹形式为两极铺设或螺旋形铺设。Ⅲ型瓶重量轻、抗压性能好、适用于氢燃料电池汽车等移动设备，目前主要的压力规格为35MPa和70MPa两种。Ⅳ型瓶内胆为塑料，瓶身全缠绕碳纤维复合材料，Ⅳ型瓶瓶壁厚度略薄于Ⅲ型瓶，储气压力则与之一致，主要包括35MPa和70MPa两种。4种储氢罐的参数对比见表8-12。

Ⅰ型和Ⅱ型瓶由于压力等级低、储氢密度小、重量大等原因难以满足车载储氢系统的要求。Ⅲ型和Ⅳ型瓶由内胆、碳纤维强化树脂层以及玻璃纤维强化树脂层组成，采用了轻质、高强度的纤维，不仅有效降低了气瓶的质量，还能够承受更高的压力，并且单位质量储氢密度较高，比较适合氢燃料电池汽车使用。从储运效率、轻量化、成本等角度出发，Ⅳ型瓶相较于Ⅲ型瓶具备显著优势，将成为车载供氢系统的主流。

表 8-12　4 种储氢罐主要参数对比

| 分类 | 材料 | 工作压力/MPa | 储氢密度质量分数（%） | 成本 | 寿命/年 | 应用场景 |
|---|---|---|---|---|---|---|
| Ⅰ型 | 全金属钢材 | 17.5～20 | 1.0 | 低 | 15 | CNG 车用气瓶固定储氢 |
| Ⅱ型 | 钢质内胆+纤维缠绕 | 26.3～30 | 1.5 | 中等 | 15 | CNG 车用气瓶固定储氢 |
| Ⅲ型 | 钢/铝内胆+纤维缠绕 | 30～70 | 3.8～4.5 | 最高 | 15～20 | CNG 车用气瓶 FCV 气瓶 |
| Ⅳ型 | 塑料内胆+纤维缠绕 | 70 以上 | 5.7 | 高 | 15～20 | FCV 气瓶 |

GB/T 35544—2017《车用压缩氢气铝内胆碳纤维全缠绕气瓶》将气瓶分为 A 类气瓶和 B 类气瓶。A 类气瓶为公称工作压力小于或等于 35MPa 的气瓶，即 $P \leq 35\text{MPa}$；B 类气瓶为公称工作压力大于 35MPa 的气瓶，即 $P > 35\text{MPa}$。储氢罐的测试评价主要是从车载氢气瓶的基本性能测试、火烧试验、耐久性能测试三方面进行表征，主要考察气瓶的力学性能、气密性、耐压性、耐火烧性能和耐久性能。

### 8.5.1　基本性能测试

**1. 耐压试验**

气瓶水压试验以水为加压介质，按照规定的加压速率逐步增大受试瓶内的压力至其水压试验压力，并按照规定的时间进行保压。通过采用不同的试验方法，对受试瓶的安全承载能力进行试验验证，测定受试气瓶在水压试验压力下容积全变形、容积弹性变形（有要求时）和泄压后的容积残余变形。气瓶水压试验的主要目的是检验气瓶的整体强度是否符合要求，检查气瓶制造过程中是否存在缺陷并确定缺陷的严重程度，同时对气瓶的安全承载能力进行验证。

耐压试验的试验条件要求如下：

1）试验用水应是洁净的淡水。受试瓶为含铬合金钢气瓶时，试验用水中氯离子含量应不大于 25mg/L。充装氧或其他强氧化性介质的受试瓶，注入或压入瓶中的试验用水不应受到油脂的污染。

2）试验用水的温度应不低于 5℃，其与环境温度之差宜不大于 2℃。

3）在设有试验装置的室内应设置盛装试验用水的水槽，水槽的盛水量应与日检气瓶量相适应。

实验室通常使用外测法进行气瓶的水压试验，具体试验方法如下：首先将气瓶中注满水，注满水的受试瓶装入水套后，将试验用的水套密封，并使用专用的装置将专用水套及关联管路内的空气排尽。设置水量测量仪表参考零点（起始值或基准线），并保持至少 5s 内水量测量仪表的示值稳定。当受试瓶内的压力升至公称工作压力时，可暂停加压，进行检查。压力测量仪表指示值和容积变形应稳定。受试瓶内的压力升至规定试验压力，气瓶水压试验压力为 1.5NWP，至少保压 30s 或规定时间保压期间，实际试验压力不应低于规定试验压力，且保压时间结束时，实际试验压力和容积全变形应保持稳定。如果不稳定，应适当延长保压时间，或中止试验查明原因后，重新进行试验。如果在保压时间内向受试瓶加压,应重新开始计算保压时间。待实际试验压力和容积全变形在保压时间结束时稳定,应记录实际试验压力和容积全变形值或电子天平指示值。保压期间,应将受试瓶与其他压力源和蓄能器等稳压或调压装置隔离。泄压至零,待受试瓶收缩完全后,记录受试瓶容积残余变形值或电子天平指示值。试验前后宜保持系统内水温恒定。

受试瓶的容积弹性变形值按式(8-9)计算,容积残余变形率按照式(8-10)计算:

$$\Delta V' = \Delta V - \Delta V'' = (M - M')/\rho \tag{8-9}$$

$$\eta = \frac{\Delta V''}{\Delta V} \times 100\% = \left(\frac{M' - M_0}{M - M_0}\right) \times 100\% \tag{8-10}$$

式中,$\Delta V'$ 为受试瓶容积弹性变形值(mL);$\Delta V$ 为受试瓶容积全变形值(mL);$\Delta V''$ 为受试瓶容积残余变形值(mL);$M$ 为试验压力下电子天平测量值(g);$M'$ 为受试瓶泄压后电子天平测量值(g);$\rho$ 为水的密度(g/mL);$\eta$ 为受试瓶容积残余变形率;$M_0$ 为试验前电子天平测量值(g)。

储氢罐进行耐压试验时,在试验压力下保压至少 30s,压力不应下降,瓶体不应泄漏或明显变形。气瓶弹性膨胀量应小于极限弹性膨胀量,且泄压后容积残余变形率不大于 5%。

**2. 气密性试验**

气瓶气密性试验就是检查瓶体、瓶阀及两者连接处的气密性。进行气密性的试验介质应采用干燥、洁净的空气、氮气或其他与受试气瓶盛装气体性质相容的、对人体无毒、无腐蚀性和不燃气体。储氢罐测试条件应满足以下方面具体要求:

1)气瓶进行气密性试验之前应当先进行耐压试验,耐压试验合格后方能进行气密性试验。

2)气瓶内氢气的体积含量应小于 0.4%(以充装气体作为试验介质的除外),符合要求后方能进行气密性试验。

3)受试气瓶的表面不得有油污或其他杂物。

4)试验气瓶气密性试验环境温度大于 0℃。

5)进行气密性试验时需要匀速缓慢地将试验气瓶充到气密性的试验压力。

气密性试验的具体试验方法:使用气体压缩机、储气罐等气体增压设备向气瓶内充气,将气瓶内的压力升至气瓶的公称工作压力 $P$;可以使用两种检验方法检查其气密性,一种检验方法为浸水法,即将充有规定压力气体的受试气瓶浸入水槽中,水槽深度应能使受试气瓶全部没入水中,且气瓶的最高处距水面不小于 5cm,水槽内壁应呈白色,槽内的水应保持清洁透明,气瓶在公称工作压力下保压至少 1min,观察瓶体、瓶阀和瓶体瓶阀连接处是否有水泡产生。另一种方法为涂液法,在充有规定压力气体的受试气瓶的待查部位上涂以检验液,为了能够准确检测出微小泄漏的气泡,检验液应选择表面张力较小的液体,并且检验液不得对受试气瓶产生有害作用。气瓶在公称工作压力下保压至少 1min,观察受试气瓶与瓶阀螺纹连接处、瓶阀阀杆处、瓶阀出气口、易熔塞或气瓶焊接接头等部位是否有气泡产生。

气密性要求储氢罐在试验压力下保压至少 1min,瓶体、瓶阀和瓶体瓶阀连接处均不应泄漏。

### 3. 水压爆破试验

气瓶水压爆破试验是以水为加压介质，按照规定的加压速率逐步增大受试瓶内的压力至受试瓶爆破。测定受试瓶的屈服压力（有要求时）、水压爆破压力和压入水量，计算受试瓶容积变形值和容积变形率（有要求时）并核查受试瓶破口特征、破口位置等破裂形态。水压爆破试验目的是检查气瓶的各项力学性能、结构设计的合理性与可靠性，以及实际安全裕度的大小和其他方面的性能。在常温条件下进行水压爆破试验，应满足以下要求：

1）试验介质应为非腐蚀性液体。

2）当试验压力大于 1.5$P$ 时，升压速率应小于 1.4MPa/s，若升压速率小于或等于 0.35MPa/s，加压直至爆破；若升压速率大于 0.35MPa/s 且小于 1.4MPa/s，如果气瓶处于压力源和测压装置之间，则加压直至爆破，否则应在达到最小爆破压力后保压至少 5s 后，继续加压直至爆破。

水压爆破试验的具体方法为：试验前应测定受试瓶实际容积 $V$ 和试验用水温度 $T$，将受试瓶注满水之后静置一段时间，并使用木槌或胶槌轻击瓶体，目的是将气瓶内附着在管壁上的气泡排出来，使气瓶完全充满水。将气瓶和测试系统进行连接，为了确保测试系统无泄漏以及把受试瓶内及测试管道内的气体全部排尽，测试系统需要进行循环低压加载。按照水压爆破试验的要求对受试瓶逐渐加压，直至气瓶发生爆破。记录测试系统中受试瓶及测试管道在水压爆破压力下的总压入水量 $V_1$、测试管道在水压爆破压力下的总压入水量 $V_2$，以及受试瓶发生水压爆破时的压力 $P_b$。

水压爆破试验合格的指标为爆破起始位置应在气瓶筒体部位；对于 A 类气瓶，实测爆破压力应大于或等于气瓶最小爆破压力；对于 B 类气瓶，实测爆破压力应在 0.9 倍气瓶爆破压力期望值至 1.1 倍气瓶爆破压力期望值之间，且大于或等于气瓶最小爆破压力。气瓶爆破压力期望值一般根据实测值进行统计分析得来。

受试瓶的容积变形值按照式（8-11）计算，水在水压爆破压力和试验温度下平均压缩系数按照式（8-12）计算，容积残余变形率按式（8-13）计算：

$$\Delta V = V_1 - V_2 - (V + V_1 - V_2)P_b \beta_t \tag{8-11}$$

$$\beta_t = (K \times 10^5 - 6.8 P_b) \times 10^{-7} \tag{8-12}$$

$$E = \frac{\Delta V}{V} \times 100\% \tag{8-13}$$

式中，$\Delta V$ 为受试瓶破裂时弹性变形值（mL）；$V_1$ 为受试瓶及测试管道在水压爆破压力下的总压入水量（mL）；$V_2$ 为测试管道在水压爆破压力下的总压入水量（mL），粗略计算时可估算或者忽略；$V$ 为受试瓶实际容积（mL）；$P_b$ 为受试瓶发生水压爆破时的压力（MPa）；$\beta_t$ 为水在水压爆破压力和试验温度下平均压缩系数（MPa$^{-1}$）；$K$ 为在不同试验水温下压力为零时直线方程的截距，取值见表 8-13；$E$ 为受试瓶破裂时的容积变形率。

表 8-13 试验水温为 5~37℃对应的 K 值

| 试验水温 /℃ | K | 试验水温 /℃ | K | 试验水温 /℃ | K |
| --- | --- | --- | --- | --- | --- |
| 5 | 0.04942 | 16 | 0.04710 | 27 | 0.04586 |
| 6 | 0.04915 | 17 | 0.04695 | 28 | 0.04578 |
| 7 | 0.04886 | 18 | 0.04680 | 29 | 0.04570 |
| 8 | 0.04860 | 19 | 0.04668 | 30 | 0.04563 |
| 9 | 0.04834 | 20 | 0.04654 | 31 | 0.04557 |
| 10 | 0.04812 | 21 | 0.04643 | 32 | 0.04552 |
| 11 | 0.04792 | 22 | 0.04633 | 33 | 0.04548 |
| 12 | 0.04775 | 23 | 0.04623 | 34 | 0.04543 |
| 13 | 0.04759 | 24 | 0.04613 | 35 | 0.04538 |
| 14 | 0.04742 | 25 | 0.04604 | 36 | 0.04533 |
| 15 | 0.04725 | 26 | 0.04594 | 37 | 0.04529 |

**4. 常温压力循环试验**

常温压力循环试验是将受试气瓶内的压力升压至规定循环压力上限，然后保压一定时间，之后降压至规定循环压力下限，再进行一定时间的保压，按照规定的循环频率完成整个压力循环过程。进行常温压力循环试验的目的主要是检测气瓶的抗疲劳性能。

试验介质应为非腐蚀性液体，在常温条件下按规定的试验方法进行常温压力循环试验，并同时满足以下要求：

1）试验前，在规定的环境温度和相对湿度条件下，气瓶温度应达到稳定；试验过程中，监测环境、液体和气瓶表面的温度并维持在规定值，试验介质的温度和试验环境温度均应不低于 5℃，且受试气瓶外表面温度应不超过 50℃。

2）循环压力下限应为 2MPa±1MPa，上限应不低于 1.25$P$。

3）压力循环频率应不超过 6 次 /min。

常温压力循环试验的方法为：将气瓶安装在试验台架上，试验装置由加压装置、电机、溢流阀、换向阀、计算机等测控系统、安全装置、承压管道、压力和温度测量仪表、辅助设备等基本部分组成而成。受试气瓶试验前应在低于公称工作压力下，通过升、降压数次，尽可能把试验系统内的空气排净并确认试验系统无泄漏。使用液压泵等加压设备将受试气瓶内的压力升压至规定循环压力上限，按照规定的时间进行保压，保压时间应能保证受试气瓶的变形与压力变化相适应，之后降压至规定循环压力下限，再进行一定时间的保压，使用试验装置在规定范围内调节和控制好循环压力上下限、循环频率、保压时间。试验过程中若发现压力循环异常时，应暂停试验，进行检查，发现并排除异常情况后继续试验。试验装置应能自动、准确、实时地显示、记录和保存压力循环波形、压力循环次数、最大循环频率。

常温压力循环试验合格指标为在设计循环次数内，气瓶不得发生泄漏或破裂，之后继续循环至 22000 次或至泄漏发生，气瓶不得发生破裂。

## 8.5.2 火烧试验

气瓶火烧试验是气瓶型式试验中的一项重要试验项目，是 A 类和 B 类气瓶均必须进行的试验项目。火烧试验是为了验证按设计规定带有防火保护系统（瓶阀、压力泄放装置和整体绝热层）的成品气瓶，处于规定的火烧条件下（如遇到火灾时）防止爆炸的能力。气瓶及其附件应进行火烧试验，应满足以下要求：

1）局部火烧位置应为气瓶上距安全泄压装置最远的区域。如果气瓶两端均装有安全泄压装置，火源应处于安全泄压装置间的中心位置。

2）试验所用的火源为液化石油气、天然气或者煤油燃烧器等，火源产生的宽度应大于或等于气瓶直径，使火焰环绕气瓶的下部及两侧。局部火烧时的火源长度为250mm±50mm，整体火烧时的火源长度应覆盖整个气瓶。

3）在气瓶轴向不超过1.65m的区域内至少设置5个热电偶（至少2个设置在局部火烧范围内；至少3个设置在其他区域）。设置在其他区域的热电偶应等间距布置且间距小于或等于0.5m。热电偶距气瓶下表面的距离为25mm±10mm。必要时，还可在安全泄压装置及气瓶其他部位设置更多的热电偶。

气瓶火烧试验的流程为：试验前，使用氢气或空气缓慢将气瓶加压至公称工作压力$P$。气瓶应水平放置在试验装置上，并使其下表面距火源约100mm，火源产生的宽度应大于或等于气瓶直径，使火焰环绕气瓶的下部及两侧。试验时应采用防风板等遮风措施，使气瓶受热均匀。进行火烧试验时，热电偶指示温度如图8-30所示。局部火烧阶段，气瓶火烧区域上热电偶指示温度在点火后1min内至少应达到300℃，在3min内至少达到600℃，在之后的7min内不得低于600℃，但也不得高于900℃。点火10min后进入整体火烧阶段，火焰应迅速布满整个气瓶长度，热电偶指示温度至少应达到800℃，但不得高于1100℃。同时热电偶指示温度应满足表8-14的要求。试验过程中需要记录火烧试验的气瓶布置方式、热电偶指示温度、气瓶内压力、从点火到安全泄压装置打开的时间及从安全泄压装置打开到压力降至1MPa以下的时间。在试验期间，记录热电偶温度和气瓶内压力的时间间隔不得超过10s。

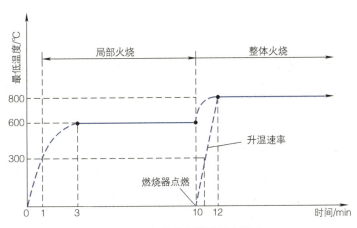

图8-30 火烧试验最低温度要求

气瓶火烧试验合格的指标为：在气瓶火烧过程中至少1个热电偶指示温度达到规定范围，气瓶内气体超过安全压力时应能够通过安全泄压装置及时泄放，同时泄放过程应连续，气瓶不得发生爆破。

表 8-14　火烧试验操作和温度要求

| 时间 /min | 操作 | 局部火烧区域 | | 整体火烧区域（除局部火烧区域） | |
|---|---|---|---|---|---|
| | | 最低温度 /℃ | 最高温度 /℃ | 最低温度 /℃ | 最高温度 /℃ |
| 0～1 | 点燃燃烧器 | — | 900 | — | — |
| 1～3 | 稳定局部火源升温 | 300 | 900 | — | — |
| 3～10 | 稳定局部火源 | 600 | 900 | — | — |
| 10～11 | 第 10min 点燃主燃烧器 | 600 | 1100 | — | 1100 |
| 11～12 | 稳定整体火源升温 | 600 | 1100 | 300 | 1100 |
| 12～试验结束 | 稳定整体火源 | 800 | 1100 | 800 | 1100 |

### 8.5.3　耐久性能测试

耐久性能测试模拟了气瓶全生命周期内受到不同暴露条件的极限情况的道路试验，按照一定的试验顺序进行气瓶的耐压试验、跌落试验、表面损伤试验、化学暴露试验和环境温度压力循环试验、加速应力破裂试验、极限温度压力循环试验、常温静压试验、剩余强度液压爆破试验，在进行耐压试验、跌落试验、裂纹容限试验、环境试验、加速应力破裂试验和极限温度压力循环试验过程中，观察气瓶瓶体的泄漏或破裂情况；在剩余强度液压爆破试验中检测气瓶的爆破压力。耐久性测试侧重于在苛刻的外部条件下验证结构抗破裂能力，在整个耐久性试验过程中，模拟了延长和过度使用的恶劣工况。耐久性能测试目的是确保气瓶完全能够在极端使用条件下不破裂，试验考虑因素包括加注频率、物理损坏和恶劣环境条件。

耐久性能合格的指标为：气瓶按顺序进行耐压试验、跌落试验、裂纹容限试验、环境试验、加速应力破裂试验和极限温度压力循环试验过程中，气瓶瓶体不得发生泄漏或破裂；在剩余强度液压爆破试验中，其爆破压力≥ 0.8 倍的气瓶爆破压力期望值。

耐久性能试验的流程可以按照以下试验顺序依次进行。

**1. 耐压试验**

按 8.5.1 节中的规定使用外测法进行耐压试验，试验介质为非腐蚀性液体，试验时应将气瓶缓慢加压至 1.5$P$ 并保压 30s，观察气瓶瓶体的泄漏或破裂情况，若已做过耐压试验的气瓶可不进行此项试验。

**2. 跌落试验**

跌落试验是模拟气瓶从一定的高度分别以几个角度跌落，以确定产品在搬运、运输、存储以及使用过程期间抵抗投掷、受压、跌落的适应性能，旨在验证气瓶承受安装过程中的抗跌落能力。跌落试验应使用无内压、不安装瓶阀的气瓶，气瓶在一定的高度和与水平面成不同倾斜角度下进行自由落体跌落。跌落试验结束后，对气瓶进行常温压力循环试验，检查气瓶的破裂或泄漏情况。

气瓶跌落面应为水平、光滑的水泥地面或者与之相类似的坚硬表面。试验步骤如下：首先将气瓶水平放置，其下表面距跌落面 1.8m，将气瓶水平跌落 1 次。然后将气瓶垂直放置，应保证气瓶低端距跌落面的高度≤ 1.8m，跌落高度应使气瓶具有≥ 488J 的势能，垂直跌落时气瓶两端应分别接触跌落面 1 次。同时，为保证气瓶能够自由跌落，可采取措施防止气瓶翻倒。气瓶瓶口向下与竖直方向成 45° 跌落 1 次，气瓶低端距跌落面的距离 ≥ 0.6m，气瓶重心距跌落面的高度为 1.8m，如气瓶低端距跌落面小于 0.6m，则应改变跌落角度以保证最小高度为 0.6m。若气瓶两端都有开口，则应将两瓶口分别向下进行跌落试验。气瓶跌落试验结束后，按照规定进行常温压力循环试验，循环次数为气瓶设计循环次数，检查气瓶的破裂或泄漏情况。

气瓶跌落试验合格的指标为：气瓶在前 3000 次循环内不得发生破裂或泄漏，且随后继续循环至设计循环次数之前，瓶体不得发生破裂。

### 3. 表面损伤试验

气瓶的表面若发生损伤会削减气瓶外表面的耐磨特性，可能导致保护涂层的严重磨损，降低外部结构强度。试验步骤如下：首先在靠近气瓶端部的筒体外表面沿轴向加工两条裂纹，一条裂纹位于气瓶阀门端，裂纹长度为 25mm，裂纹深度 ≥ 1.25mm；另一条裂纹位于气瓶的另一端，裂纹长度 200mm，裂纹深度 ≥ 0.75mm。完成两条裂纹的加工之后，将气瓶在 -40℃ 环境中静置 12h，在气瓶筒体上部划分 5 个明显区域，每个区域的直径应为 100mm，5 个区域可不在一条直线上，但不能够相互重叠，划分区域是以便进行摆锤冲击和化学暴露试验。在 5 个区域各自的中心附近用摆锤进行冲击预处理。要求摆锤的材质应为钢制，且形状为侧面为等边三角形、底部为方形的锥体，顶点和棱的圆角半径为 3mm。摆锤撞击中心与锥体重心的连线应在气瓶撞击点法线上，摆锤的冲击能量 ≥ 30J。在摆锤冲击过程中，应保持气瓶固定且始终无内压。观察气瓶裂纹和泄漏情况。

### 4. 环境试验

气瓶的环境试验，就是将气瓶暴露在人工模拟环境中，从而对它们实际上会遇到的储存、运输和使用条件下的性能做出评价。环境试验的目的是通过施加预先设定的环境条件，暴露产品缺陷，为产品质量改进提供依据；同时考核、验证产品的环境适应能力（环境适应性）。

在储氢罐经过摆锤冲击后，5 个区域中的每一个需要经过下述 5 种溶液其中一种的暴露试验：体积浓度为 19% 的硫酸水溶液（电池酸）、质量浓度为 25% 的氢氧化钠水溶液、体积浓度为 5% 的甲醇汽油溶液（加氢站用）、质量浓度为 28% 的硝酸铵水溶液、体积浓度为 50% 的甲醇水溶液（风窗玻璃清洗液）。在 5 个经预处理的区域上面，分别放置厚 0.5mm 直径为 100mm 的玻璃棉垫，同时分别向衬垫内加入足够的化学溶液，确保试验过程中化学溶液均匀地由衬垫渗透到气瓶表面，化学暴露区域应朝上。气瓶的总浸渍时间应大于 48h，并保持气瓶内压为 $1.25P$，环境温度为 20℃ ±5℃。环境温度为 25℃ 条件下对气瓶进行压力循环，循环压力下限应为 2MPa ± 1MPa，循环压力上限应 ≥ $1.25P$，循环次数为 0.6 倍的气瓶设计循环次数。并且在进行最后 10 次循环前，应将压力上限升高为 $1.5P$，移走玻璃棉衬垫并用清水冲洗气瓶表面。

### 5. 加速应力破裂试验

加速应力破裂试验是指在保证不改变气瓶失效机理的前提下，通过强化试验条件，使受试产品加速失效，以便在较短时间内获得必要信息来评估产品在正常条件下的可靠性或寿命指标。通过加速应力破裂试验可迅速查明产品的失效原因，快速评定产品的可靠性指标。

试验步骤为：先在温度≥85℃的环境中，将气瓶加水压至1.25P，并在此温度和压力下静置保压1000h，试验过程中应保持设备和试验介质的温度维持稳定，允许温度偏差为±5℃。

### 6. 极限温度压力循环试验

极限温度压力循环试验是指受试气瓶先在低温环境将瓶内的压力升压至规定循环压力上限，然后保压一定时间，之后降压至规定循环压力下限，再进行一定时间的保压，按照规定的循环频率完成整个压力循环过程，完成低温压力循环之后再在高温环境中进行压力循环测试。在进行极限温度压力循环试验的过程中，气瓶除了需要承受压力循环以外同时还需要承受温度循环。该试验是一项综合考虑瓶体本体材料、树脂材料、纤维材料附件的耐温性能、使用性能的综合测试项目。极端温度压力循环试验用于检验汽车在不同地域行驶时，极端温度条件对气瓶疲劳寿命和爆破压力的影响。

试验方法为：先将气瓶置于温度≤-40℃的低温环境中，在压力下限为2MPa±1MPa，上限不低于0.8P的条件下进行压力循环试验，循环次数为0.2倍的气瓶设计循环次数；再将气瓶置于温度≥85℃，相对湿度为95%的环境中，在压力下限为2MPa±1MPa，上限不低于1.25P条件下进行压力循环试验，循环次数为0.2倍的气瓶设计循环次数，检查气瓶的泄漏或破裂情况。

### 7. 常温静压试验

常温静压试验以水为加压介质，按照规定的加压速率逐步增大至试验压力，并保压一段时间。常温静压试验的主要目的是检验气瓶的整体强度是否符合要求，对气瓶的安全承载能力进行验证。

常温静压试验的具体方法可以参照水压试验的试验方法，使用液体介质将气瓶内压力加压至1.8P，并且保压4min，要求气瓶不得发生破裂的情况。

### 8. 剩余强度液压爆破试验

剩余强度液压爆破试验是检验气瓶经过在跌落、磨损、腐蚀、疲劳循环以及高温静压1000h后等一系列测试之后，测试气瓶的液压爆破压力，此爆破压力是检验气瓶稳定性和具备抗破裂能力的一个重要指标。一般要求气瓶的爆破压力降低要在20%以内，具体的试验方法与液压爆破试验的方法一致。

## 8.6 温度驱动安全泄压装置测试评价

温度驱动安全泄压装置（TPRD）通常是由爆破片和易熔塞进行组合而成，外观和结构如图8-31所示，广泛应用在高压气瓶和压力容器的气瓶阀上面。一方面，如果高压气瓶内压力超过设定压力时，爆破片超压会发生破裂，从而将瓶内的高压气体泄放出来，防止瓶内压力过高发生危险；另一方面，一旦发生火灾，当气瓶内温度超过110℃时，TPRD中的易熔塞发生融化，从而将气瓶中的高压气体泄放出来。

图8-31 温度驱动安全泄压装置（TPRD）

采取上述两种方式都是为了保证高压气体安全泄放，避免气瓶或压力容器超压发生爆炸。

## 8.6.1 基础测试

### 1. 泄漏试验

泄漏试验是指当 TPRD 分别在常温、高温和低温环境条件下，充入 $0.05P$ 和 $1.5P$ 压力的检测气体保压一段时间，三个温度的保压试验结束后将 TPRD 浸泡在对应温度下的液体中一定时间，检测其气密性情况。TPRD 是由各组件集成的一个部件，由于各组件的材质不一致，较高或者较低的温度都会导致金属材料和非金属材料膨胀或者收缩程度不同，会引起部件连接处出现泄漏。泄漏试验也是衡量 TPRD 对环境温度适应性的一个基本指标，目的是检验 TPRD 的气密性情况。

试验方法为：首先将 1 个未经试验的 TPRD 连接到试验系统高压管路上，检测气体通入 TPRD，检测气体的工作压力分别为 $0.05P$ 和 $1.5P$，在这两种压力下进行三个温度下的气密性试验，TPRD 需要在规定的温度和压力下放置 1h，在每个温度条件的试验完成后，将 TPRD 在对应温度的液体中浸泡 1min，观察气泡情况，若出现漏气情况，使用检漏仪测量泄漏速率，具体的试验条件见表 8-15。

表 8-15 TPRD 泄漏试验的试验条件

| 序号 | 试验温度 | 试验压力 /MPa | | 保压时间 /h | 浸泡检漏时间 /min |
|---|---|---|---|---|---|
| 1 | 常温 | $0.05P$（0/−2） | $1.5P$（+2/0） | 1 | 1 |
| 2 | 高温 85℃ | $0.05P$（0/−2） | $1.5P$（+2/0） | 1 | 1 |
| 3 | 低温 −40℃ | $0.05P$（0/−2） | $1.5P$（+2/0） | 1 | 1 |

合格指标：进行 TPRD 泄漏试验时，若在规定的试验时间内没有气泡产生，则 TPRD 泄漏试验合格；若检测到气泡，氢气的泄漏速率不能超过 10mL/h（标准状态下）。

### 2. 动作试验

动作试验是指将若干个 TPRD 装在专用装置上，冲入不同压力的检测气体，待环境箱温度稳定在规定温度范围内之后，再将充压的 TPRD 放入环境箱内，直至 TPRD 动作，记录从放入环境箱到 TPRD 动作的时间。动作试验是衡量 TPRD 在超温时响应快慢的一个指标。

按照试验状态可将 TPRD 分为未经试验的 TPRD 和已经完成其他试验项目的 TPRD，其他试验项目包括氢循环试验、温度循环试验、耐盐雾腐蚀性试验、耐冷凝腐蚀性试验、跌落试验和耐振性试验。

具体的试验方法为：首先将 2 个未经试验的 TPRD 和 16 个完成其他试验项目的 TPRD 装在专用装置上，记录好安装的布置方式，2 个 TPRD 冲入不同压力的检测气体，一个加压至 $0.25P$，另一个加压至公称工作压力 $P$，对于 16 个已完成其他试验的 TPRD，加压至 $0.25P$。使用热电偶监测环境箱的温度，在试验开始前 2min，应使环境箱温度稳定在 600℃ ±10℃范围内，再分别将 2 个加压不同的 TPRD 和 16 个已进行其他试验的 TPRD 放入设置好温度的环境箱内，直至 TPRD 动作，记录 2 个未经试验 TPRD 和 16 个已完成其他试验的 TPRD 从放入环境箱到 TPRD 动作的时间。

合格指标要求 2 个未经试验的 TPRD 的动作时间之差 ≤ 2min，已进行过其他试验的 TPRD 的动作时间与未经试验且加压至 0.25P 的 TPRD 的动作时间之差 ≤ 2min。

### 3. 流量试验

流量试验是指先使 TPRD 进行动作之后，在 TPRD 的进口端通入一定压力的检测气体，出口端为大气压力，测量气体流过 TPRD 的流量。流量试验的目的是检验 TPRD 动作之后，能否在短时间内快速泄放出气瓶中的气体，以防气瓶内气体超温或者超压而发生安全事故。

试验方法为：试验前首先准备 8 个 TPRD，其中包括 3 个未经试验的 TPRD 和 5 个分别进行了氢循环试验、温度循环试验、耐盐雾腐蚀性试验、耐冷凝腐蚀性试验和耐振性试验的 TPRD（其中每个试验抽取 1 个）。按照动作试验的方法对每个 TPRD 进行动作试验，TPRD 动作后，在不进行清洗、拆除部件或修整的情况下，采用氢气、空气或惰性气体对每个 TPRD 进行流量试验，将进气口压力设定为 2MPa±0.5MPa，出口压力为大气压力，记录进气口压力、温度和流量。

合格指标为 8 个 TPRD 实测流量的最小值应不小于最大流量值的 90%。

## 8.6.2 性能和应力测试

### 1. 氢循环试验

氢循环试验是采用氢气对 TPRD 进行压力循环测试，在恒定温度下向 TPRD 入口通入压力不断变化的氢气，试验压力从较低的压力升至较高的工作压力，设置压力循环的频率，进行若干次压力循环，循环试验后，TPRD 进行泄漏试验、动作试验和流量试验，检查是否满足这三个试验的合格指标。

具体的试验过程为：首先将 5 个同种类型的 TPRD 安装在压力循环试验台上，同时压力循环试验台配合温箱一起使用，采用氢气对 5 个 TPRD 进行 11000 次压力循环，循环频率应不超过 10 次/min。首先在 85℃的试验温度下，循环压力为 2MPa~1.5 倍公称工作压力循环 5 次；然后在 85℃的试验温度下，循环压力为 2MPa~1.25 倍公称工作压力循环 1495 次；最后在 55℃的试验温度下，循环压力为 2MPa~1.25 倍公称工作压力循环 9500 次。具体的压力循环条件见表 8-16。

表 8-16 压力循环试验的试验条件

| 序号 | 循环压力 /MPa | 循环次数 | 试验温度 /℃ |
| --- | --- | --- | --- |
| 1 | （2±1）~（1.5P±1） | 5 | 85 |
| 2 | （2±1）~（1.25P±1） | 1495 | 85 |
| 3 | （2±1）~（1.25P±1） | 9500 | 55±5 |

合格指标为 TPRD 在氢循环试验后满足泄漏试验、动作试验和流量试验的要求。

### 2. 温度循环试验

温度循环试验是检验 TPRD 在高低温环境条件下，是否可以保持正常性能的试验。当工作在低温环境下，金属材质的组件脆性增大、强度降低；当在高温环境下，不同材料的膨胀特性不同有可能会导致零件失效，温度循环试验可以衡量 TPRD 温度适应性的能力。

试验方法如下：将 1 个无内压的 TPRD 先在温度小于或等于 -40℃ 的液体中静置至少 2h，然后在 5min 内将其转移到温度大于或等于 85℃ 的液体中，并在此温度下静置至少 2h，之后在 5min 内将 TPRD 转移到温度小于或等于 -40℃ 的液体中；重复上述步骤，完成 15 次循环；将 TPRD 在温度小于或等于 -40℃ 的液体中静置至少 2h，之后在此温度下用氢气对 TPRD 进行 100 次压力循环，试验压力为 2MPa（+1/0MPa）⊖ ~ 0.8P（+2/0MPa）；在温度循环试验后，按照规定的方法进行泄漏试验 [泄漏试验的温度为 -40℃（+5/0℃）]、动作试验和流量试验，检验 TPRD 是否满足合格指标的要求。

合格指标为 TPRD 在温度循环试验后满足泄漏试验 [泄漏试验的温度为 -40℃（+5/0℃）]、动作试验和流量试验的要求。

### 3. 耐盐雾腐蚀性试验

盐雾腐蚀性试验是利用盐雾试验设备模拟大气环境中含有的氧气、湿度、温度变化、污染物等腐蚀成分和腐蚀因素对样品的损坏或劣化程度，主要是为了考核样品的耐盐雾腐蚀性能。

试验方法如下：首先将 2 个 TPRD 所有非永久固定的排气口阀帽进行移除，将移除后的 TPRD 安装到专用装置上；试验前，设置盐雾舱的温度，使其温度稳定在 30 ~ 35℃ 之间，将安装在专用装置上的 2 个 TPRD 分两种条件进行盐雾腐蚀试验：一个试验条件是以 2：1 的比例向盐溶液中添加硫酸和硝酸溶液，使盐溶液的 pH 值为 4.0 ± 0.2，使 TPRD 处于酸性环境下进行 500h 的暴露试验；另一个试验条件是向盐溶液中添加氢氧化钠，使盐溶液的 pH 值为 10.0 ± 0.2，在碱性环境下进行 500h 的暴露试验；将 2 个经过耐盐雾腐蚀性试验后的 TPRD 按照规定的试验方法分别进行泄漏试验、动作试验和流量试验，记录试验结果，检验 TPRD 是否满足合格指标的要求。

合格指标为 TPRD 在盐雾腐蚀性试验后满足泄漏试验、动作试验和流量试验的要求。

### 4. 耐冷凝腐蚀性试验

耐冷凝腐蚀性试验步骤如下：首先封闭 TPRD 的进出口，在常温下，将 TPRD 在以下溶液中分别浸泡 24h，溶液依次为：体积浓度为 19% 的硫酸水溶液（电池酸）；质量浓度为 25% 的氢氧化钠水溶液；质量浓度为 28% 的硝酸铵水溶液；体积浓度为 50% 的甲醇水溶液（风窗玻璃清洗液）。采用 1 个 TPRD 完成此项试验，在每种溶液中浸泡后，将 TPRD 上残留溶液擦除并用水冲洗干净。检查试验后的 TPRD 是否有物理损伤，按照规定的试验方法分别进行泄漏试验、动作试验和流量试验，记录试验结果。

合格指标为试验后的 TPRD 不得有影响其功能的裂纹、软化、膨胀等物理损伤（不包括凹痕、表面变色），并满足泄漏试验、动作试验和流量试验的要求。

### 5. 耐应力腐蚀试验

材料或零件在内应力和腐蚀环境的共同作用下引起的开裂称为应力腐蚀开裂，是被测件在内拉力以及腐蚀作用的共同影响下所产生的失效现象。通常由应力腐蚀而引起的裂纹是在没有任何明显宏观变形，甚至无任何征兆的情况下发生的，破坏具有突发性。这种裂纹往往深入金属内部，也很难修复。试验目的是对含铜合金的 TPRD 进行应力腐

---

⊖ 括号里的数值为具体试验参数的上下限偏差值。

蚀性评价。

对 1 个含铜合金（如黄铜）零件的 TPRD 进行耐应力腐蚀试验，具体的试验方法如下：首先清除 TPRD 铜合金零件上的油脂；将玻璃环境箱内装上氨水溶液，氨水溶液比重为 0.94，氨水的体积为玻璃环境箱总容积的 2%，设置环境舱的温度，使氨水和环境箱温度都保持在 35℃ ±5℃；将 TPRD 放置在不与氨水发生反应的托盘上，并且高度距氨水液面上方 35mm ± 5mm 处，试验过程中温度保持稳定，连续放置 10 天；试验结束后，检查 TPRD 表面腐蚀情况。

合格指标为试验结束后，TPRD 表面和内部不得产生裂纹或发生分层现象。

### 6. 跌落试验

跌落测试一般是指样品组装完成之后，将其在一定的高度做自由落体跌落，考察样品受到跌落时的受损情况。跌落试验测试通常主要用于检查样品在搬运过程中发生自由坠落时抵抗意外冲击的能力。

试验方法为：首先在常温下将 6 个 TPRD 放于工作台面，然后用固定杆加以固定，设置 TPRD 距离水平地面的高度为 2m，按设备的跌落键使工作台面瞬间脱离，使 TPRD 做自由落体运动跌落到光滑的水泥地面上，跌落方向为 6 个方向，即为三维空间内的 3 个正交轴 X、Y、Z 的正反方向，试验结束后，检查 TPRD 的表面情况。

合格指标为试验后的 TPRD 不应出现影响正常使用的可见外部损伤。

### 7. 耐振性试验

耐振动试验是模拟 TPRD 在寿命周期中遭受到大量振动工况，考核其在严酷的振动负荷下的工作能力。试验的目的是检验 TPRD 在运输或使用过程的振动环境，能否保持其正常工作特性的能力。

试验方法：首先使用专用工装将 TPRD（含 1 个未经试验的 TPRD 和经跌落试验的 6 个 TPRD）装在振动试验台上，以 1.5g 的加速度进行 10min 正弦扫频，频率范围为 10 ~ 500Hz，通过振动曲线确定 TPRD 与振动台发生共振时的振动频率，若在此频率范围内未发现共振频率，则以 40Hz 的频率进行振动试验。确定好共振频率之后，沿 3 个正交轴方向 X、Y、Z 以共振的频率进行定频振动，每个方向振动时间为 2h，振动的加速度为 1.5g，将振动试验后的 TPRD 按照规定的试验方法分别进行泄漏试验、动作试验和流量试验，记录试验结果，检验 TPRD 是否满足合格指标的要求。

合格指标为 TPRD 在耐振性试验后满足泄漏试验、动作试验和流量试验的要求。

### 8.6.3 加速寿命试验

TPRD 的加速寿命试验是在保持失效机理不变的条件下，通过加大试验应力来缩短试验周期的一种寿命试验方法。其目的是促使产品在短期内达到相同的失效效果，以预测或估计其在正常工作条件或储存条件下的可靠性和寿命。

试验步骤如下：首先选取 8 个 TPRD 进行试验，以单一管路或者采用分支管路系统向 TPRD 进气口通入 $1.25P ± 1MPa$ 压力的氢气，要求使用的每个分支管路都应包含一个单向阀，压力源位于恒温箱或水浴箱的外部，同时将 TPRD 置于恒温箱或水浴中，其中 3 个 TPRD 的试验温度为 TPRD 动作温度 $T_{act}$，另外 5 个 TPRD 的试验温度为加速寿命温度 $T_{life}$（$T_{life} = 9.1T_{act}^{0.503}$），试验中温度允许出现的偏差为 ±1℃，记录 6 个 TPRD 在两个不同测试温度下的动作时间。

合格指标：在 $T_{act}$ 下测试的 TPRD 动作时间应不超过 10h，在 $T_{life}$ 下测试的 TPRD 动作时间应不超过 500h。

## 8.7 单向阀和截止阀测试评价

单向阀又称止回阀（图 8-32），只允许流体单向流动，车载氢系统上的单向阀主要是防止加氢过程中高压气体发生回流现象，同时当车载氢系统在向燃料电池供气时，防止气体通过加氢口发生倒流。截止阀依靠阀杆螺纹的旋压，使阀瓣密封面与阀座密封面进行贴合，主要作用是节流或切断管道内的气流通道。一般分为自动截止阀和手动截止阀，由于结构简单、体积小、重量轻等优点而得到广泛应用。

图 8-32 单向阀

### 8.7.1 基础测试

**1. 泄漏试验**

泄漏试验是指将未经试验的单向阀或者截止阀装在试验专用装置上，将阀的出气口进行封堵，在三种不同的试验温度下向阀的进气口充入不同试验压力的氢气进行保压，保压试验结束后，将单向阀或者截止阀在对应温度液体中浸泡一段时间，检查阀件周围有无气泡产生，检测其气密性情况。

单向阀或截止阀的泄漏试验方法和 TPRD 的泄漏试验方法相同。合格指标为进行单向阀或者截止阀泄漏试验时，若在规定的试验时间内没有气泡产生，则单向阀或者截止阀泄漏试验合格；若检测到气泡，氢气的泄漏速率不能超过 10mL/h（标准状态下）。

**2. 耐压性试验**

耐压性试验是指将单向阀或者截止阀的出气口进行封堵，向阀进口通入规定压力的液体，并进行规定时间的保压，考察阀是否有破裂的情况发生，继续加压至阀发生失效现象，确定阀失效压力的试验。耐压性试验的主要目的在于考察阀在超设计压力下的整体强度以及检验产品加工成型时的致密性和内部密封元件的密封性能，是对产品材质、设计尺寸、组成结构以及制造质量的综合性检查。

先对 1 个未经试验的阀进行耐压性试验，试验方法如下：使用高压密封堵头将阀的出气口进行封堵，但需要保证阀内部处于连通状态；将阀安装在液压试验装置上，向阀的进气口通入 $2.5P$（+2/0MPa）的液压，在这个液压下保压 3min，保压试验之后对阀进行检查；以小于或等于 1.4MPa/s 的升压速率对阀继续加压，直至阀发生失效，记录阀失效时的爆破压力。

对已做过其他试验的阀按照上面的试验方法进行耐压性试验，记录阀失效时的爆破压力，将未经试验的阀的爆破压力作为基准，与其进行对比分析。耐压性试验合格的指标为：阀在进行保压 3min 后，不得发生破裂。对于已做过其他试验的阀，其实测爆破压力应不小于基准爆破压力的 0.8 倍，或大于 4 倍的公称工作压力。

## 8.7.2 性能测试

**1. 耐盐雾腐蚀性试验**

耐盐雾腐蚀性试验的方法为：首先将 1 个单向阀或者截止阀放置于在盐雾舱内，将其正常安装并且固定在试验装置上，盐溶液应由质量分数 5% 的氯化钠和质量分数 95% 的蒸馏水组成，盐雾舱的温度稳定在 30~35℃之间，盐雾试验舱喷洒盐水，在规定的盐雾中暴露 500h。盐雾试验结束后，应立即冲洗试样，清除盐垢并检查试样的变形情况。同时，按照规定的试验方法依次进行常温泄漏试验和耐压试验。

耐盐雾腐蚀试验合格指标为试验后的阀不得有影响其功能的裂纹、软化、膨胀等物理损伤（不包括凹痕、表面变色）；同时阀应符合常温泄漏试验和耐压性试验的合格指标。

**2. 耐冷凝腐蚀性试验**

试验步骤如下：封闭单向阀或者截止阀的进出口，在常温下，将阀在以下溶液中分别浸泡 24h；溶液分别为体积浓度为 19% 的硫酸水溶液（电池酸）、质量浓度为 25% 的氢氧化钠水溶液、质量浓度为 28% 的硝酸铵水溶液、体积浓度为 50% 的甲醇水溶液（风窗玻璃清洗液）。采用 1 个单向阀或者截止阀完成此项试验，在每种溶液中浸泡后，将阀上残留溶液擦除并用水冲洗干净。试验结束后，检查阀的物理损伤情况，进行常温泄漏试验和耐压性试验。

合格指标为试验后的阀不得有影响其功能的裂纹、软化、膨胀等物理损伤（不包括凹痕、表面变色），同时符合常温泄漏试验和耐压性试验的要求。

**3. 耐振性试验**

单向阀和截止阀耐振性试验方法为：首先使用专用工装将含 1 个未经试验的阀装在振动试验台上，封堵出气口，从阀的进气口充入氢气至公称工作压力 $P$，以 1.5g 的加速度进行 10min 正弦扫频，频率范围为 10~40Hz，通过振动曲线确定阀与振动台发生共振时的振动频率，若在此频率范围内未发现共振频率，则以 40Hz 的频率进行振动试验。确定好共振频率之后，沿 3 个正交轴方向 $X$、$Y$、$Z$ 以共振的频率进行定频振动，每个方向振动时间为 2h，振动的加速度为 1.5g，振动试验结束后检查阀的损伤情况，将振动试验后的阀按照规定的试验方法分别进行常温泄漏试验。

耐振性试验合格的指标为试验后阀无可见的外部损伤，同时应满足常温泄漏试验的要求。

**4. 应力腐蚀开裂试验**

应力腐蚀开裂是承受应力的合金在腐蚀性环境中由于裂纹的扩展而互生失效的一种现象，应力腐蚀主要发生在合金中，纯金属一般不会发生。如果要产生腐蚀开裂，必须具备以下几个条件：拉应力、特定的介质和对腐蚀敏感的金属。其中拉应力和腐蚀共存是应力腐蚀开裂的必要条件。应力腐蚀开裂试验是模拟含铜合金（如黄铜）零件的单向阀或截止阀在使用环境下所遭遇到的腐蚀性环境，是为了考察产品在实际使用环境中的抗应力腐蚀能力而进行的试验。试验的目的是使用连接器对黄铜以及其他加工部品的应力腐蚀性进行耐腐蚀型评价。

对 1 个含铜合金（如黄铜）零件的单向阀或截止阀进行耐应力腐蚀试验，具体的试验方法如下：首先拆开阀，清除铜合金零件上的油脂，再将其重新组装；将玻璃环境箱内装上氨水溶液，氨水溶液比重为0.94，氨水的体积为玻璃环境箱总容积的2%；将阀放置在不与氨水发生反应的托盘上，并且高度距氨水液面上方35mm±5mm处；设置环境舱的温度，使氨水和环境箱温度都保持在35℃±5℃，试验过程中温度保持稳定，连续放置10天；试验结束后，检查阀表面腐蚀情况。

合格指标为试验后的阀不得产生裂纹或发生分层现象。

### 5. 预冷氢气暴露试验

在氢气加注过程中，若气源为常温，由于气体压缩时使其体积缩小，气体分子或者原子之间的距离将缩小，导致分子或者原子之间将产生更加剧烈的运动和摩擦，释放出热量，因此气瓶温度会快速增加，而且有可能超过达到氢瓶的安全温度，如果仅依靠部件本身的自然冷却，则加注时间就会加长，无法实现快速加注的目标。因此在实际的加注过程中，需要对氢气进行预冷处理，一般使氢气温度保持在-40℃，然后再用低温氢气进行加注。

使用低温氢气进行加注时，要求单向阀或者截止阀也要能够经受住低温。因此需要向单向阀或者截止阀等部件通入温度小于或等于-40℃的预冷氢气进行流通试验，并保压一定时间，泄压之后再进行多次循环，主要考察预冷氢气对单向阀或者截止阀的正常工作特性的影响，是保证预冷氢气快速加注的必要试验。

试验方法为：将1个单向阀或者截止阀固定在试验装置上，在常温下向阀充入温度小于或等于-40℃的预冷氢气，氢气流量控制在30g/s，持续时间至少保持3min，然后进行2min的保压，保压试验结束后降低阀内压力。重复10次上述操作，直至保压时间达到15min，否则应另外再进行10次上述操作。预冷氢气暴露试验结束后按照规定的试验方法进行常温泄漏试验。

合格指标为预冷氢气暴露试验后，阀应满足常温泄漏试验的要求。

### 6. 电气试验

电气试验的试验对象为自动截止阀，主要包括异常电压试验和绝缘电阻试验。异常电压试验是模拟自动截止阀在正常稳定工作时，由于供电电源的电压突然异常增大，是否会导致自动截止阀发生失效以及发生失效时阀门的动作状态。异常电压试验是考察自动截止阀承受过电压的能力，阀门一旦发生失效之后不会造成泄漏、起火等危险，是保证车辆安全的基础。

异常电压试验的试验步骤如下：将电磁阀与可变压直流电源相连，将电磁阀两端的电压调整为1.5倍的额定电压，保持此电压的持续时间为1h，试验过程中保持温度稳定；将供电电压增大到2倍的额定电压或60V中的较小值，持续1min；检查自动阀门的失效情况。

合格指标为自动截止阀失效不得导致外部泄漏、阀门的动作以及冒烟、熔化或着火等危险情况。在公称工作压力和室温下，若自动截止阀的额定电压为12V，阀的最小动作电压要求≤9V；若自动截止阀的额定电压为24V，阀的最小动作电压≤18V。

绝缘电阻是电气设备安全性的一个衡量指标，检验阀对地或者相邻导体之间的绝缘，主要用来考察电气设备的绝缘性能。自动截止阀的绝缘电阻试验方法为：在电源和阀外壳之间施加1000V直流电压，持续至少2s，测量阀的绝缘电阻。合格指标为自动截止阀的绝缘电阻值≥240kΩ。

### 8.7.3 极端温度压力循环试验

极限温度压力循环试验是模拟单向阀或者截止阀在实际使用环境中遭遇的温度和压力条件，改变环境的温差和压差范围以及急促升降温度和压力，进行若干次循环试验，试验结束后进行阀的泄漏试验，检查阀的密封性。极限温度压力循环试验是考察单向阀或者截止阀在极限环境下阀的耐温性能、耐压性能和耐久性能的综合测试项目。

极限温度压力循环试验要求单向阀的循环次数为11000次，自动截止阀的循环次数为50000次，手动截止阀的循环次数为100次。试验步骤如下，将阀装在专用装置上，在规定的压力下，采用氢气对阀连续进行循环。对于一个循环的定义为：对于单向阀，将其装在试验专用装置上，关闭阀出气口，在6个增压步内向阀进气口充入氢气至公称工作压力$P$（+2/0MPa）。之后从阀进气口泄压，在进行下次循环前，应使单向阀出气口压力小于$0.6P$；对于截止阀，将其装在试验专用装置上，应向其进气口和出气口持续加压；一个循环应包括一次上述操作和一次复位。对1个阀进行常温、高温和低温试验，常温循环的试验压力为$1.25P$（+2/0MPa），循环次数为总循环次数的90%，试验温度应为常温。试验完成后，阀按照规定的试验方法进行常温泄漏试验；高温循环的试验压力为$1.25P$（+2/0MPa），循环次数为总循环次数的5%，试验温度≥85℃。试验完成后，阀按照规定的试验方法进行高温泄漏试验；低温循环的试验压力为公称工作压力$P$（+2/0MPa），循环次数为总循环次数的5%，试验温度≤-40℃。试验完成后，阀按照规定的试验方法进行低温泄漏试验。

对于单向阀，需要进行单向阀阀瓣颤动试验。在完成11000次循环试验和规定的泄漏试验后，以能引起阀瓣最大颤动的氢气流速进行24h的颤动试验。颤动试验结束后按照规定的试验方法进行常温泄漏试验和耐压性试验。

合格指标为：常温循环试验完成后，阀应符合常温泄漏试验的合格指标；高温循环试验完成后，阀应符合高温泄漏试验的合格指标；低温循环试验完成后，阀应符合低温泄漏试验的合格指标；单向阀颤动试验完成后，单向阀应符合常温泄漏试验和耐压性试验的合格指标。

### 8.7.4 非金属密封件测试评价

非金属密封件是防止气体或液体从组成部件结合处发生泄漏以及防止外界杂质侵入部件内部的非金属零件。它是一个在阀门中起到密封作用的重要部件，密封件中最重要的部位就是密封圈。由于非金属密封件直接与管路内各种各样的介质接触，因此阀门的密封件也要使用不同的材料，以适应于不同的介质。阀门非金属密封件的材质主要包括：合成橡胶、聚四氟乙烯和尼龙。本节通过进行非金属密封件的耐氧老化性试验、臭氧相容性试验和氢气相容性试验来表征非金属密封件的性能，阐述具体的试验方法和合格指标，为评价非金属密封件提供依据。

**1. 耐氧老化性试验**

车载氢系统的大部分非金属密封件材质主要为合成橡胶，耐氧老化性试验是在规定的试验温度和压力下将非金属密封件浸泡在高纯度的氧气之中，观察非金属密封件是否发生裂纹等缺陷。

试验方法为：将 3 个非金属密封件放置在工装中，向工装中通入工作压力为 2MPa 的氧气，氧气的纯度 > 99.5%，保持温度为 70℃ ±2℃，浸泡时间为 96h，试验结束后观察密封件的变化状态。试验结束后，若 3 个非金属密封件无裂纹或其他可见缺陷，则认为合格。

#### 2. 臭氧相容性试验

臭氧相容性试验是指使试样保持在静态拉伸应变或动态拉伸应变条件下，同时将试样放置于含有恒定臭氧浓度和恒温环境中的一种老化试验方法，该方法多用于评估橡胶的耐臭氧性能。试验步骤如下：首先进行制样，试样可以从模压出的试片上裁取，要求试样条的宽度不小于 10mm，厚度为 20mm ± 0.2mm；拉伸前夹具两端间试样的长度不小于 40mm，橡胶试样处于静态拉伸应变条件下，试样拉伸应变为 20%；将做好的试样放置在暴露于含有恒定臭氧浓度的空气和恒温的密闭试验箱中，在试验箱中安装机械旋转架，旋转架上放置固定好试样，要求试验箱应该具有调节臭氧化空气平均流速的装置，流速稳定在 12 ~ 16mm/s 之间，并且要求试样固定时其长度方向应与气流方向基本平行；密闭试验箱的温度保持为 40℃ ±2℃，臭氧化空气的相对湿度一般不超过 65%，将试样暴露在 $(50 ± 5) × 10^{-8}$ 的臭氧浓度下试验 72h；试验结束后检查试样表面的龟裂情况。试验结束后，若 3 个非金属密封件表面不发生龟裂，则认为合格。

#### 3. 氢气相容性试验

氢气相容性试验是指非金属密封件放置在高压氢气的环境中，在 2 个温度下进行一段时间的浸泡，测量其质量和体积变化率能否满足相关要求的一项试验。相容性是表征非金属密封件抵抗高压氢气渗透性的一个指标，决定非金属密封件的寿命。

具体的试验步骤如下：首先使用天平在标准实验室温度下测量 3 个非金属零件的质量，要求天平精度为 1mg，同时在标准实验室温度下使用排水法测量 3 个非金属零件放在蒸馏水中的质量，并做好记录；其次将密封件放置在相容性试验设备的工装中，向工装中通入 15℃的氢气，将工装内氢气压力加压至气瓶的公称工作压力，保持工装内温度稳定，浸泡 168h，试验时间到达之后，将工装内压力在 1s 内泄放至降至大气压力；将工装放置在 -40℃的温箱中，保持温度稳定，再向工装中通入 -40℃的预冷氢气，将工装内氢气压力加压至气瓶的公称工作压力，浸泡 168h，试验时间到达之后，将工装内压力在 1s 内泄放至大气压力；试验结束后，取出密封件，检查密封件的破损情况，对试验后的 3 个非金属密封件进行体积测量，并进行称重并，根据式（8-7）和式（8-8）计算其质量损失率和体积变化率。

试验结束后，密封件应无破损等异常现象，3 个试样的体积膨胀率应不超过 25% 或者体积收缩率应不超过 1%，质量损失率应不超过 10%。

## 8.8 本章小结

本章较为系统地介绍车载氢系统及其各关键部件的测试评价方法，包括加氢口、气瓶、温度驱动安全泄压装置、单向阀和截止阀，测试项目涉及气密性、环境适应性、耐久性以及一些极端条件下的测试方法。此外，还介绍了加氢过程中的通信协议要求。

## 参考文献

[1] 国家市场监督管理总局，国家标准化管理委员会. 燃料电池电动汽车 车载氢系统技术条件：GB/T 26990—2023[S]. 北京：中国标准出版社，2023.

[2] Society of Automotive Engineers.Fueling Protocols for Light Duty Gaseous Hydrogen Surface Vehicles：SAE J2601-202005[S/OL].（2020-05-29）[2023-1-10]. https：//www.sae.org/standards/content/j2601_202005/.

[3] Society of Automotive Engineers.Hydrogen Surface Vehicle to Station Communication Hard ware and Software：SAE J2799：2019[S/OL]. [2023-1-10]. https：//www.sae.org/standards/content/j2799_201912/.

[4] 全国汽车标准化技术委员会. 燃料电池电动汽车加氢口：GB/T 26779—2021[S]. 北京：中国标准出版社，2021.

[5] 全国气瓶标准化技术委员会. 车用压缩氢气铝内胆碳纤维全缠绕气瓶：GB/T 35544—2017[S]. 北京：中国标准出版社，2018.

# Chapter 09

# 第 9 章
# 燃料电池汽车整车性能测试评价

燃料电池汽车整车性能测试内容主要包括安全性、经济性、环境适应性、电磁兼容、动力性能、NVH、实路验证等，比较完整的测评体系如图 9-1 所示。本章重点围绕燃料电池汽车的安全性（如整车氢泄漏、整车氢排放）、经济性（如续驶里程和能量消耗量）、动力性、NVH、低温冷起动等进行简要介绍。

图 9-1 燃料电池汽车整车性能测试评价体系框架

## 9.1 安全性测试评价

燃料电池汽车作为一种汽车，首先必须满足汽车的通用安全要求，其次满足电动汽车的相关电安全要求，最后是满足燃料电池汽车所特有的比如氢安全等方面相关要求。

本节主要围绕燃料电池汽车所特有的氢安全要求及测评技术展开介绍，内容包括整车氢泄漏、整车氢排放、整车碰撞后的安全要求等方面。

## 9.1.1 燃料电池汽车安全要求

在我国已发布的燃料电池汽车相关标准中，GB/T 24549—2020《燃料电池电动汽车安全要求》是最重要的整车安全标准。GB/T 24549—2020 规定了燃料电池电动汽车安全要求和手册要求，这里对其主要内容加以简单分析。

**1. 整车安全要求**

针对燃料电池汽车的整车安全要求，标准规定了整车氢气排放、整车氢气泄漏、氢气低剩余量提醒、电安全四个方面的要求。

（1）整车氢气排放要求

本部分规定了在进行正常操作状态下燃料电池汽车尾排管口附近的氢气浓度，具体测试按照 GB/T 37154—2018 规定的方法。测试过程的重点在两个方面：一是从燃料电池发动机起动开始直至发动机完全停机，都需要进行氢气排放浓度测量；二是测量点规定为在排气管的排气口几何中心线延长线上距排气口外 100mm 处（图 9-2）。标准要求测试过程中任意连续 3s 内的平均氢气体积浓度不超过 4%，且瞬时氢气体积浓度不超过 8%。

图 9-2 整车氢气排放测试的尾气采样

（2）整车氢气泄漏要求

整车氢气泄漏要求包括车内要求和车外要求两个方面。

1）针对车辆自身空间范围内的氢气泄漏，要求如下：一是氢系统泄漏或渗透的氢气，不应直接排到乘客舱、行李舱/货舱，或者车辆中任何有潜在火源风险的封闭或半封闭空间。二是在整车上安装氢系统的封闭或半封闭空间的上方，应至少安装一个氢气泄漏探测传感器。三是在驾驶员易识别的区域应安装氢气泄漏报警装置。四是当封闭或半封闭空间中氢气体积浓度达到或超过 2.0%±1.0% 时，氢气泄漏报警装置应发出警告。五是当封闭或半封闭空间中氢气体积浓度达到或超过 3.0%±1.0% 时，应立即自动关断氢气供应。六是当氢气泄漏探测传感器发生等故障时，应能向驾驶员发出故障警告信号。

标准把氢气体积浓度报警限值分别规定为 2%±1% 和 3%±1%，是为制造商提供一定的设计自由度。例如制造商可以规定达到 1% 的氢气浓度发出警告，达到 2% 氢气浓度关断氢供应；也可以规定达到 3% 的氢气浓度发出警告，达到 4% 氢气浓度关断氢供应。尽管规定的数值范围存在重叠，但是对于具体车辆而言并不矛盾，可以根据具体控制策略设定相关浓度范围，具有可操作性。

2）针对车辆向周围环境的氢气泄漏方面的规定。燃料电池汽车发生氢气泄漏，如果停在通风不良的场所时，就可能引起氢气积聚风险。考虑到一般只有 M1 类车辆才会停放在诸如地下停车场、私家车库等通风不良的场所，因此标准只对 M1 类车辆进行了这方面规定。该试验是为了检验车辆停放在无机械通风的密闭空间（空气交换率不大于 0.03/h）内的氢气泄漏情况。标准要求 M1 型车辆在密闭空间内进行氢气泄漏试验，应满足任意时刻测得的氢气体积浓度不超过 1%。

（3）氢气低剩余量提醒要求

燃料电池汽车与燃油汽车一样，当氢燃料不足时需要提醒驾驶员及时补充燃料。指示储氢罐氢气压力或氢气剩余量的仪表应安装在驾驶员易观察的区域，如果氢气的剩余量过低，应通过一个明显的信号向驾驶员发出提示警告。

现在储氢罐剩余压力提示一般设定在剩余压力不低于 2MPa，这主要是基于氢瓶本身的结构安全以及需要对外部大气保持一定正压考虑的。现在已经有制造商将氢气剩余压力提示值设定到更低值，比如 1.0MPa，主要是为了充分利用所加注氢气来延长车辆的续驶里程。

（4）电安全要求

燃料电池汽车虽然是一种特殊型式的电动汽车，但其电安全要求没有特殊性，具体要求与纯电动汽车或混合动力电动汽车基本相似，其电安全应符合 GB 18384—2020《电动汽车安全要求》的具体规定。

**2. 车载氢气系统的安全要求**

GB/T 24549—2020《燃料电池电动汽车 安全要求》规定了储氢罐和管路的安装与保护、泄压系统、加氢及加氢口、燃料管路氢气泄漏及检测、氢气泄漏报警装置功能、氢气燃料排出共六个方面的具体要求。

（1）储氢罐和管路要求

具体要求主要包括三个方面：一是储氢罐和管路的安装位置，就是氢气管路接头不应位于完全密闭的空间内；储氢罐和管路一般不应装在乘客舱、行李舱或其他通风不良的地方；但如果不可避免地要安装在通风不良的地方时，则应采取必要措施，将可能泄漏的氢气及时排出；储氢罐应避免直接暴露在阳光下。二是对于可能受排气管、消声器等热源影响的储氢罐、管路等应有隔热保护。三是高压管路及部件（含加氢口）应可靠接地。

（2）系统泄压要求

车载氢系统泄压的要求主要有泄放管路出口防护和泄放氢气流向两个方面。一是氢气释放管路的出口处要有保护措施。标准规定在温度驱动安全泄压装置（TPRD）和安全泄压装置（PRD）释放管路的出口处应采取保护措施，以防止出口在使用过程中被异物堵塞。二是释放氢气的流向要求。规定要求通过 TPRD 释放的氢气，不应流入封闭空间或半封闭空间；不应流入或流向任一汽车轮罩；不应流向储氢罐；不应朝车辆前进方向释放；不应流向车辆应急出口。通过 PRD 释放的氢气，不应流向裸露的电气端子、电气开关或其他引火源；不应流入封闭空间或半封闭空间；不应流入或流向任一汽车轮罩；不应流向储氢罐；不应流向应急出口。

（3）加氢及加氢口要求

加注氢气燃料时，车辆应不能通过其自身的驱动系统移动。加氢口应具有防尘盖，防尘盖旁边应注明加氢口的燃料类型、公称工作压力（Nominal Working Pressure，NWP）

和储氢罐使用终止期限，如图9-3所示。

（4）燃料管路氢气泄漏及检测要求

标准规定要对氢气管路的可接近部分进行氢气泄漏检测，并对接头部位进行重点检测。需要进行泄漏检测的燃料管路划分为两种：一是储氢罐与燃料电池堆之间的管路，泄漏检测压力为这段管路中的实际工作压力；二是加氢口至储氢罐之间的管路，泄漏检测压力为1.25倍公称工作压力，即1.25NWP。

（5）氢气泄漏报警装置功能要求

氢气泄漏报警装置应通过声响报警、警告灯或文字显示对驾驶员发出警告。

图9-3　燃料电池汽车加氢口防尘盖背面的标签

坐在驾驶座位的驾驶员应能够看到警告，并不受天气和时间的影响。报警装置故障时报警应为黄色；满足整车氢气泄漏车内要求部分规定的任意一级报警条件时，警告应为红色。在车辆运行过程或起动过程中，当车载氢气探头探测到泄漏氢气体积浓度达到或超过2.0%±1.0%时，应发出警告。当氢气体积浓度达到或超过3.0%±1.0%时，应自动关闭氢气瓶总阀，并且只有在下次燃料电池系统起动时才能复位报警状态到正常状态。

（6）燃料排出要求

燃料电池汽车在投入使用后，存在氢系统以及车辆维修保养等需求。为了保证氢气安全，车辆应具有安全排出储氢罐内剩余燃料的功能，以保证在必要的维修前将储氢罐内的氢气排空。这个功能要求储氢罐瓶口阀设有专门的手动排氢口，并接上专用的室外排氢装置，经过减压后把储氢罐内的高压氢气排放到室外高处，以达到排空车载储氢罐的目的，以便于后续的车辆维修或者拆解更换氢气瓶的安全操作。

## 9.1.2　密闭空间内氢安全

密闭空间内的氢安全测评技术主要是针对燃料电池汽车在车库内停放、存储或运行时的氢气泄漏和氢气排放情况进行测试和评价，以确保车辆周边环境中的氢气浓度不会达到危险水平，一般要求为25% LFL（10000ppm）。相关测试评价主要考虑两种实际应用场景：一是无机械通风的密闭场景，针对车辆在车库中的存放情况，考察车辆在密闭的空间中氢气泄漏和渗透的情况，一般要求从车辆泄漏出来的氢气不能导致周围环境空气中的氢气体积浓度超过1%；二是适用于有机械通风的场景，考虑车辆在地下停车场等有通风条件的公共停车场所，并在停车状态下对车辆进行操作（如汽车在车库内怠速等）的情况，主要考察车辆尾气中的氢气是否会给周围环境带来安全隐患。

目前我国国家标准方面，GB/T 24549—2020《燃料电池电动汽车　安全要求》对燃料电池汽车整车密闭空间中氢安全要求和试验方法给出了具体规定。国外方面，SAE J2578和GTR 13均对密闭空间中整车氢安全要求和测试方法做出了具体规定。SAE J2578对这方面规定的较为全面，对密闭空间内无通风情况下静置试验和密闭空间有机械通风情况下的试验分别进行了介绍；GTR 13也对车辆在密闭空间内的氢安全要求做了较为详细的规定。这里以 SAE 标准为例对密闭空间的氢泄漏测量方法进行分析介绍，并对这三项标准法规进行对比分析。

**1. SAE J2578 测试方法**

SAE J2578 规定的测试分为两部分：一是在无机械通风的密闭空间中停放时的氢气排放情况（要求车辆下电静置）；二是在有通风的密闭空间中对车辆进行操作时的氢气排放情况。下面对这两种方法分别进行介绍。

（1）在无机械通风的密闭空间中停放时的车辆氢气排放

为了能够评估最恶劣的情况，标准规定需要将车辆停放在一个空气交换率（Air Changes per Hour，ACH）不高于 0.03 的极度密闭空间中，该空间没有通风口，且不受外界风的影响。标准乘用车对应的密闭空间尺寸为 4.5m×2.6m×2.6m（30.4m³），如果车辆比标准中假设的标准乘用车更大或者更小，则可以根据情况调整密闭空间的大小，但是密闭空间的长和宽不得超过试验车辆的长和宽各 1m，密闭空间的高不得超过试验车辆的高 0.5m。SAE J2578 规定可以用测试、分析或者两者结合的方法进行密闭空间下氢安全进行评价，下面首先讨论一下计算分析方法。

1）计算分析法。对于氢气泄漏速率非常低的情况，假设氢气与周边的空气均匀混合，则空间中的氢气浓度可用式（9-1）表示。

$$C_{H_2}(t) = \frac{H}{H+A_{Room}} - \frac{H}{H+A_{Room}} e^{-\left(\frac{H+A_{Room}}{V_{Room}}\right)t} \tag{9-1}$$

式中，$C_{H_2}(t)$ 为在密闭空间内氢气浓度随时间的变化，1.0 代表 100%$H_2$；$H$ 为车辆的总氢气泄漏速率（L/min）；$A_{Room}$ 为空气流入、流出密闭空间的速率（L/min），见式（9-2）；$V_{Room}$ 为空间体积减去车辆体积（L）。

$$A_{Room} = \frac{ACH \times V_{Room}}{60} \tag{9-2}$$

对于车辆长期处于静置的情况，由于车辆氢气系统的主关断阀处于关闭状态，因此泄漏到空间中的氢气基本上是从储氢系统中渗透泄漏出来的氢气。车辆在密闭空间长时间静置，其所在密闭空间的氢气浓度会达到稳态，具体由（9-3）可得：

$$C_{H_2} = \frac{H}{H + ACH \times V_{Room}/60} \times 100\% \tag{9-3}$$

式中，$C_{H_2}$ 为稳态氢气浓度（%），其他参数意义同上。

对于 SAE J2578 标准中提到的长×宽×高为 4.5m×2.6m×2.6m 的标准乘用车停放空间，由式（9-3）可以得出不同空气交换率下的氢气泄漏率和稳态氢气浓度的关系（图 9-4）。

由图 9-4 可见，空气交换率的提高对标准空间中的稳态氢气浓度降低有着显著的影响。随着空气交换率的提高，密闭空间中的稳态氢气浓度降低明显，当每小时换气率达到 1.0 时，密闭空间中的氢气浓度已接近 0。

图 9-5 所示为不同大小的封闭空间对允许氢泄漏率的影响规律，可见随着密闭空间的增大，允许的氢气泄漏速率基本上呈线性上升状态。因此在测试中应结合实际情况，对不同类型的车辆在密闭空间中的氢泄漏要求进行单独考虑。

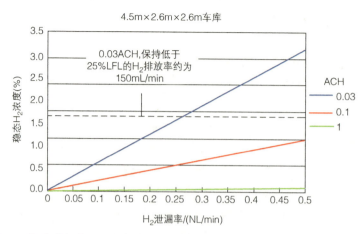

图 9-4 标准空间中不同空气交换率下氢气泄漏率同稳态氢气浓度之间的关系

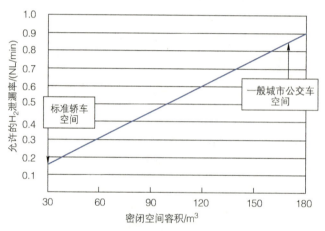

图 9-5 不同大小空间（0.03ACH）允许的氢泄漏速率

由于实车测试需要花费时间较长，在车辆开发阶段，可以先采用计算分析法对车辆的氢气泄漏情况进行评估。

2）实车测试法。将车辆停放在密闭空间中，经过一段时间后，要求从车辆中泄漏出来的氢气不会使车辆周围密闭空间环境中聚集的氢气浓度超出安全标准（25% LFL）。关于车辆在密闭空间中的氢泄漏情况经过分析法计算，若不符合要求可对其进行改进提高；若符合要求，则可通过实车测试法进行验证，以提高车辆的开发效率节省成本。

（2）在有机械通风的密闭空间中的车辆氢气排放

车辆在有机械通风的空间中停放时的氢安全要求，实际是模拟车辆在有一定通风量的空间中（如地下停车库等）进行起动短时运行操作时，车辆排出的氢气不会导致周围环境的氢气浓度超出安全标准（25% LFL）。

此项试验对于空间大小的要求与在无机械通风的密闭空间中停放测试要求相同，对于通风量则要求不超过 0.23m³/min/m²，此通风量要求是根据封闭空间投影面积的大小确定的，用来模拟车库相关建筑规范中规定的通风量。对于 4.5m×2.6m×2.6m 标准乘用车停放空间来说，对应这个标准要求得到每小时的空气交换率（ACH）为 5.4。对于测试时间来说，要求相应的测试时间建议在 10min 左右，以确保泄漏的氢气在周围空气中进行充分扩散。

测试工况方面，结合车辆的实际操作情况，标准中提到应至少考虑三种操作工况，下面分别进行介绍。

1）在封闭空间内持续怠速。根据计算可得当标准乘用车空间中换气量 ACH 为 5.4 时，允许的氢泄漏（或排放）速率为 26.7NL/min。鉴于 26.7NL/min 的氢气泄漏/排放速率至少对应着 21kW 的功率输出，目前燃料电池汽车实际的氢气利用率保守估计也会超过 90%，且目前燃料电池汽车中乘用车的实际怠速功率远远低于 21kW，因此这种情况通常不会导致空间中的氢气浓度超标；但对于在泄漏点或者泄漏点附近局部氢气浓度超过可燃下限的车辆，如果通风不足以稀释泄漏的氢气，则可能存在危险。

2）在封闭空间内起动车辆。第二种情况是考虑车辆在起动过程中产生的氢气排放。在这种情况下，车辆周围的空间需要对排出的氢气进行稀释，以满足不超过 25% LFL 的安全要求。

3）在封闭空间中关停车辆。第三种情况是考虑车辆在停机过程中产生的氢气排放。一般车辆的停机过程要保持 10min 是非常困难的，故将测试限定在停机过程的最后 1min。另外，如果停机过程超出了 1min（且由于吹扫等操作产生了氢气排放），则在后续的时间内，氢气排放速率不应该超过 26.7NL/min。

总之，如果车辆的氢气排放局部超过了氢气的可燃下限（氢气体积浓度 4%，LFL），则应该对起动车辆、随后的怠速运行以及停机过程排放氢气的稀释情况进行评估，以确保不会导致周围环境中的氢气浓度不超过 25%LFL。

根据通风区域的空气交换率，建议测试时长为 10min。上述情况应单独考虑或组合在一起，以确保测试评价能够涵盖各种操作场景。例如，车辆在实际汇总可能会出现停车、关机，然后重新起动并怠速的情况。此外，应考虑停机和后续重新起动期间的氢气浓度变化，以确定"最恶劣情况"下的氢气排放情况。

**2. 密闭空间内的氢安全标准对比分析**

GTR13 虽提及密闭空间内的氢安全要求，但没有给出具体的测试方法。GB/T 24549—2020 只对密闭空间内的氢气泄漏要求进行了规定，并给出了测试方法。SAE J2578—2023 对整车密闭空间的氢安全测试的规定最为详细。这里对 GTR13、GB/T 24549—2020、SAE J2578—2023 中的整车密闭空间内的氢安全测试部分进行对比分析。

表 9-1 列出了 GTR13、SAE J2578—2023、GB/T 24549—2020 中的测试环境、车辆要求、测试工况、安全要求的对比情况。

表 9-1 整车氢气泄漏标准对比

| 具体项目 | 标准名称 | | |
|---|---|---|---|
| | GTR13 | SAE J2578—2023 | GB/T 24549—2020 |
| 环境条件 | 密闭，55℃ | 密闭无通风、密闭有通风 | 密闭无通风，常温 |
| 车辆要求 | 115%NWP | 最大设计压力 | NWP |
| 车辆工况 | 静置 | 静置、组合工况 | 静置 |
| 车辆周围的氢气浓度要求 | ≤ 1% | ≤ 1% | ≤ 1% |
| 试验方法和试验装置要求 | 无 | 无 | 有 |

GTR13 要求的环境温度为高温 55℃，将车载储氢容器加注至 115%NWP，将车辆停放在密闭无机械通风的空间内，车辆泄漏的氢气不得使周围空间内的氢气体积浓度超过 1%。SAE J2578—2023 则考虑了密闭空间内无机械通风和有机械通风的情况。在无机械通风的条件下，与 GTR 不同的是，SAE J2578 要求的试验温度为常温，以及车载储氢容器加注至最大设计压力。在有机械通风的条件下，规定了车辆的运行工况，包括怠速、起动、停机等。同样，SAE J2578 也要求了车辆泄漏或排出的氢气不得使周围空间内的氢气体积浓度超过 1%。GB/T 24549—2020 中则主要考虑常温条件下，车辆加注至 100%NWP，车辆在密闭空间内静置 8h，车辆泄漏或排出的氢气不得使周围空间内的氢气体积浓度超过 1%。

（1）氢气浓度传感器布置

对于氢气浓度的测量，需要在试验舱内布置传感器。在 SAE J2578 只对密闭空间的大小给出了具体要求，没有规定传感器安装位置。实际上传感器布置位置不同，测量得到的结果也不同，为此 GB/T 24549—2020 对密闭空间内氢气传感器布置位置进行了具体规定，使得该标准的可操作性提高。

（2）测试时间

在无机械通风的密闭空间中，完全杜绝燃料电池汽车的氢气泄漏基本上无法做到。理论上，车辆在极度密闭的空间中放置时间越长，空间中的氢气浓度就越高。但是测试时间过长，时间成本过高，也没有实际意义。GB/T 24549—2020 规定车辆在密闭空间内静置 12h 后开始氢气浓度测量，且连续测量至少 8h。

（3）环境要求

车辆加满氢气后放置在低温状态和高温状态下，氢气泄漏的情况会有较大差别，此外外界气压的大小也会造成一定的影响。在实际测试中，应该明确规定环境温度、外部大气压的具体要求；环境温度、大气压的变化对测试结果的影响，也是未来进一步的研究方向。

在试验环境温度方面，GTR 的要求最为严格，达到 55℃的高温。该温度可以模拟车辆在炎热的夏天停放于一间不具备通风条件的车库中。

（4）车辆状态

三项标准中没有对测试车辆的状态提出要求。一般情况下，新车的车载氢系统状态（管路、阀等）较好，密封性好。但对于行驶总里程较高，以及进行过耐久试验的车辆，其车载氢系统的管路、阀件等的密封性可能会变差，这类车的试验结果也可能会变差。

在车辆加注压力方面，SAE J2578 要求最为严格，达到储氢容器的最大设计压力。在该压力条件下，可以测量出最严重的氢气泄漏情况。

（5）测试工况

在有机械通风空间内的测试中，SAE J2578 提出了测试时需要考虑怠速、开机、停机，以及这三个工况的组合，但是仍未给出具体的试验步骤。

3. 试验案例

考虑到燃料电池汽车在车库中经常出现的场景主要有长期在车库中停放及短时间在车库中运行两种。针对这两种场景，这里进行密闭空间（无机械通风）内的氢气泄漏试验和密闭空间（具有机械通风，空气交换率为 6ACH）内的氢气排放试验两项验证。试验车辆为两款车载氢系统公称工作压力为70MPa的燃料电池乘用车，车辆A搭载的为Ⅳ型储氢罐，车辆B搭载的为Ⅲ型储氢罐。

（1）停车状态下的氢气泄漏试验

根据试验需求，燃料电池汽车密闭空间氢安全试验舱（图9-6）主要具备两种等级的空气交换速率模拟功能：

1）为模拟车辆长期停放于密闭车库内的场景，该试验舱的最小空气交换率（ACH）不大于0.03。在此场景下，进行车辆在停放状态下的氢气泄漏试验。

2）为模拟车辆在具有机械通风的车库内短时间运行的场景，该试验舱具备模拟6ACH的功能。在此场景下，进行车辆在运行状态下的氢气排放试验。

图9-6 燃料电池汽车氢安全密闭试验舱

氢气在密闭空间内的危险性远远高于在开放空间内，因此密闭舱的安全性设计尤为重要。在安全防护方面，试验舱内部应用了完备的防爆设计，采用了包括防爆灯、防爆风机、防爆线缆等多个防爆部件，以避免出现电火花等危险。同时，整个试验舱接地连接以消除静电。氢气浓度传感器可全程监控试验舱内的氢气浓度水平。一旦氢气浓度达到设定值，试验舱就发出声光报警并自动开启紧急通风功能，以快速排出舱内的氢气，避免出现安全风险。

为了全面测量密闭舱内的氢气浓度值，在密闭舱内部可布置多个氢气浓度传感器（图9-7）。这里只选取内部最高处四个拐角处的传感器进行介绍，示意如图9-8所示。氢气浓度传感器的量程为0~10000ppm，分辨率为1ppm。为了满足空气交换速率模拟及紧急通风的需求，在车头方向的舱壁上，安装了机械通风装置。

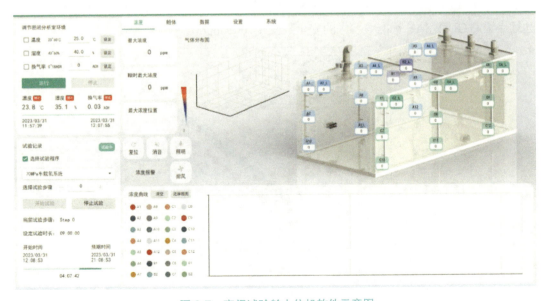

图9-7 密闭试验舱上位机软件示意图

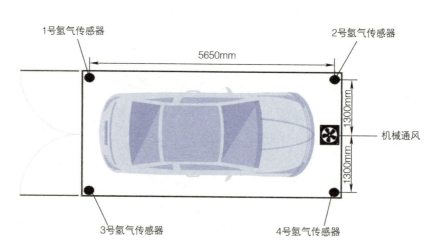

图 9-8　密闭试验舱顶面氢气浓度传感器位置示意图

（2）停车状态下的氢气泄漏试验

该试验的目的是检验车辆停放在无机械通风的密闭空间内的氢气泄漏情况。在车辆准备阶段，将储氢容器加注至公称工作压力。在试验阶段，车辆首先在密闭舱外完成一次完整的起动、吹扫、停机过程，以确保车辆处于正常状态；将车辆置于密闭空间后停机，并在25℃±5℃的环境温度下浸车12h，以确保车辆及储氢容器内的氢气与环境温度保持一致；浸车完成后，检查环境和试验舱内的氢气浓度。确认氢气浓度降到0时，关闭试验舱门，并开始记录氢气浓度传感器数据。试验持续8h，采样频率为1Hz。

停车状态下，两款车的氢气泄漏测试记录情况分别如图9-9和图9-10所示。试验结果表明，两款车出现了不同程度的氢气泄漏。车辆A和车辆B分别在停放2.5h和0.5h后，密闭舱内开始检测出氢气。随着时间的增加，氢气浓度呈现出近线性的上升趋势。停车8h后，车辆A和车辆B的氢气泄漏量导致舱内检测到的氢气体积分数最高值分别为20ppm和42ppm。可见，车辆A的氢气泄漏速率小于车辆B，但是两车的试验结果均远远小于GTR和SAE标准中要求的安全限值（10000ppm）。

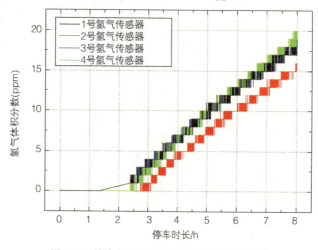

图 9-9　停车状态下车辆A的氢气浓度曲线

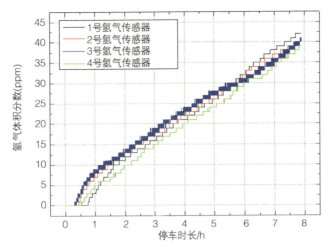

图 9-10 停车状态下车辆 B 的氢气浓度曲线

此外，自密闭舱内检测出氢气后，氢气浓度接近以恒定速率上升。所以，试验时长 8h 足以检验车辆的氢气泄漏情况，而不需要再增加试验时长。以车辆 B 试验中 1 号位置为例，若氢气体积分数以测得的速率（约 5.544ppm/h）上升，则需要约 1800h 后，才可能达到安全限值 10000ppm。

氢气泄漏的主要来源包括储氢容器的氢气渗透、高压阀体的氢气泄漏、管路及接头的氢气泄漏等。虽然试验中测得的泄漏量较低，但车辆的氢气泄漏应该引起研究人员高度重视，以保障用户在"密闭车库+燃料电池汽车"场景中的安全性。

（3）组合运行工况下的氢气排放试验

该试验的目的是检验车辆在有机械通风的密闭空间内，进行起动、怠速及停机整个过程中排出氢气对周围环境氢气浓度的影响。关闭试验舱门后，起动车辆，使燃料电池发动机保持怠速状态至少 10min，然后停机。从起动车辆开始记录氢气浓度传感器数据，直到停机操作后试验舱内各位置氢气浓度呈现明细下降趋势时，停止记录数据。试验总持续时间与车辆的停机过程时长有关，采样频率为 1Hz。

如图 9-11 所示，车辆 A 在起动操作后，进入了起动吹扫过程，使得靠近车辆尾气出口的 1 号位置氢气体积分数快速上升至 232ppm。随后，1 号处氢气向舱内其他位置扩散，2～4 号位置相继检测出氢气。车辆的控制策略使燃料电池发动机在起动吹扫后自动停机，6min 时再次起动并进入怠速状态，直至 16min，燃料电池发动机的总怠速时间达到 10min。在燃料电池发动机怠速期间，舱内各位置的氢气浓度未出现明显上升，基本稳定在 75ppm 附近。当到 16min 时，车辆进行停机操作，燃料电池发动机自动进入停机吹扫程序。停机吹扫使舱内的氢气体积分数缓慢上升至 130ppm，未超过起动吹扫时的氢气浓度。随后，在机械通风的作用下，舱内氢气浓度逐渐下降。车辆 A 的试验过程中，起动吹扫程序使氢气浓度最高值出现在靠近尾气出口的 1 号位置。

如图 9-12 所示，起动操作使车辆 B 也进入了起动吹扫程序，使靠近车辆尾排管的 4 号位置氢气体积质量分数快速上升至 695ppm。随后，3 号位置氢气向舱内其他位置扩散，1 号、2 号和 4 号位置相继检测出氢气。燃料电池发动机保持怠速状态直到 10min，在怠速期间，舱内各位置的氢气浓度未出现明显上升。然后，对车辆进行停机操作，燃料电池发动机自动进入停机吹扫程序。停机吹扫使靠近尾排管的 4 号位置氢气体积质量分数从 242ppm 快速上升至 2356ppm，同时也引起舱内其他位置的氢气浓度上升。停机吹扫结束后，在机械通风的作用下，舱内的氢气浓度逐渐下降。车辆 B 的试验过程中，停机吹扫程序使氢气浓度最高值出现在靠近尾气出口的 3 号位置。

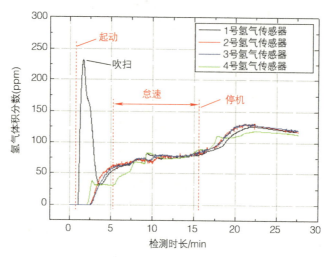

图 9-11 组合运行工况下车辆 A 的舱内氢气浓度曲线

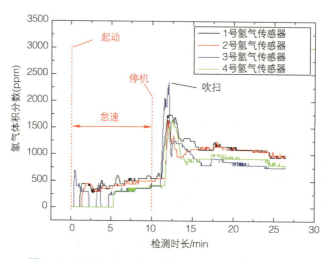

图 9-12 组合运行工况下车辆 B 的舱内氢气浓度曲线

从实际测试结果来看：车辆 B 的氢排放量远远高于车辆 A，在车库中车辆 B 的氢安全性能与车辆 A 相比较差。车辆起动后的吹扫程序会导致靠近车辆尾排管附近的氢气浓度迅速上升。燃料电池发动机在怠速过程中，车辆周围环境中的氢气浓度基本稳定，不会随着怠速时间的增加而上升。舱内的氢气浓度最高值均由吹扫程序引起，因此控制吹扫过程的氢气排放量对提高车辆在车库中的氢安全性至关重要。从排放浓度上看，相比于车辆在停放时产生的氢气泄漏，车辆在车库运行时的氢气排放更容易引发氢安全风险。

### 9.1.3 整车氢气排放

关于整车氢气排放测试，GB/T 37154—2018《燃料电池电动汽车 整车氢气排放测试方法》规定了怠速热机状态氢气排放和车循环工况下热机状态氢气排放两种试验方法，这两种测试都是在常温下进行的，这里介绍相关内容和具体试验验证。在实际应用过程中，可参考 GB/T 37154 给出的两种试验方法，进行更多条件下的氢气排放测试，如低温下整车怠速冷机状态氢气排放试验、高温下整车循环工况冷机状态氢气排放试验等，以便于更全面地考核燃料电池汽车整车的氢气排放性能。

**1. 常温下整车怠速热机状态氢气排放试验**

常温下整车怠速热机状态氢气排放试验关注的是车辆处于常温条件下，燃料电池发动机处于热机状态并进行怠速运行时，其车辆尾排处的氢气浓度情况。

如图 9-13 所示，该试验使用怠速氢气排放测试系统对车辆尾排处的氢气体积浓度进行测量，测试系统主要由尾气采集模块、水气分离模块、气体分析模块和数据采集模块组成。尾气采集模块的主要功能是对燃料电池汽车的尾气进行连续采样，并将尾气输送到水气分离模块中。燃料电池汽车的尾气中主要包含氮气、氢气、氧气、水蒸气和液态水等，水气分离模块将尾气中的液态水和部分水蒸气分离并排出后，将气体输送至气体分析模块。气体分析模块能够实时监测尾气中所包含氢气的相对体积浓度（即氢气体积与尾气总体积之比，以百分数或 ppm 表示），并通过数据采集模块进行连续记录。

图 9-13 怠速氢气排放测试系统

1）试验前，调整试验车辆，使燃料电池发动机处于热机状态后停机。

2）起动燃料电池发动机，使其保持在怠速状态，完成一次吹扫（即在工作状态下的吹扫）过程后保持 1min。

3）按照规定程序停机。

氢气浓度的测量应从燃料电池发动机起动开始直至燃料电池发动机完全停机结束，测试取样点的位置距离排气口外 100mm 处，且位于排气管口几何中心延长线上。

图 9-14 为某款燃料电池汽车怠速热机状态下的尾排氢气浓度曲线（3s 连续平均值）。该车在起动时，由于开机吹扫等原因，尾排的氢气浓度值显著增大，在 20s 左右达到最高值。随着燃料电池汽车怠速时长的增加，尾排氢气浓度逐渐降低并趋于稳定。在怠速热机工况下，该款燃料电池汽车的尾排氢气体积分数最高值为 3.14%。

**2. 常温下整车循环工况下热机状态氢气排放试验**

整车循环工况热机状态氢气排放试验关注的是车辆处于常温条件下，燃料电池发动机处于热机状态，车辆在行驶过程中排放的氢气量。通过此项试验可以得到氢气排放率，该指标与氢安全直接相关，同时又是一个与整车经济性相关的性能参数，氢气排放率高意味着车辆行驶中排放的氢气量高，导致整车经济性降低。

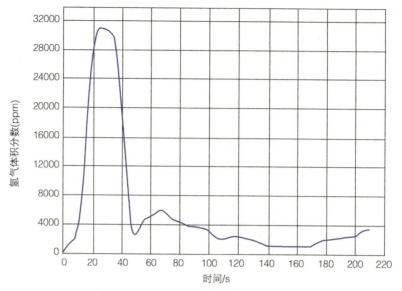

图 9-14　怠速热机状态下某车的氢气排放试验结果

整车氢气排放量是燃料电池堆在某段时间内的实测氢气消耗量减去该段时间内的实际参与反应的氢气消耗量，具体计算见式（9-4）：

$$M_{H_2\_emission} = M_{H_2} - M_{H_2\_theo} \tag{9-4}$$

式中，$M_{H_2\_emission}$ 为燃料电池堆氢气排放量（g）；$M_{H_2}$ 为燃料电池堆实测氢气消耗量（g）；$M_{H_2\_theo}$ 为燃料电池堆参与反应的氢气消耗量（g）；其中 $M_{H_2}$ 和 $M_{H_2\_theo}$ 的计算可分别参见式（9-5）和式（9-6）。

燃料电池堆在试验时间内的实测氢气消耗量，按照式（9-5）计算：

$$M_{H_2} = \int_{T_1}^{T_2} q_{H_2} dt \tag{9-5}$$

式中，$M_{H_2}$ 为燃料电池堆实测氢气消耗量（g）；$q_{H_2}$ 为燃料电池堆实测氢气流量（g/s）；$T_1$ 为起始时间（s）；$T_2$ 为结束时间（s）。

燃料电池堆在试验时间内参与反应的氢气消耗量，按照式（9-6）计算：

$$M_{H_2\_theo} = \int_{T_1}^{T_2} q_{H_2\_theo} dt \tag{9-6}$$

式中，$M_{H_2\_theo}$ 为燃料电池堆参与反应的氢气消耗量（g）；$q_{H_2\_theo}$ 为燃料电池堆在试验时间内的参与反应的氢气流量（g），该流量按照式（9-7）计算：

$$q_{H_2\_theo} = \frac{mIN}{nF} \tag{9-7}$$

式中，$m$ 为氢气摩尔质量，2.016g/mol；$I$ 为燃料电池堆电流（A）；$N$ 为燃料电池堆单电池片数；$n$ 为每个氢分子释放的电子数，取 2；$F$ 为法拉第常数，96485C/mol。

燃料电池堆在试验时间内的氢气排放率按式（9-8）计算：

$$b_{\mathrm{H_2\_emission}} = 3600 M_{\mathrm{H_2\_emission}} / Q_s \tag{9-8}$$

式中，$b_{\mathrm{H_2\_emission}}$ 为试验时间内氢气排放率（g/kW·h）；$Q_s$ 为试验时间内燃料电池堆的输出能量（kJ），按照式（9-9）计算。

$$Q_s = \int_{T_1}^{T_2} P_s \mathrm{d}t \tag{9-9}$$

式中，$Q_s$ 为试验时间内燃料电池堆的输出能量（kJ）；$P_s$ 为燃料电池堆功率（kW）。

该试验使用燃料电池汽车循环工况氢气排放测试系统进行测量，测试系统主要包括一套氢气消耗量测试系统和一套功率分析仪。氢气消耗量测试系统是用来测量燃料电池汽车在循环工况下的氢气实际消耗量，如图 9-15 所示。功率分析仪用来测量在循环工况下燃料电池堆的电压、电流和功率等信号，用来计算实际参与燃料电池堆反应的氢气消耗量。

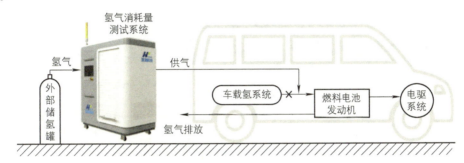

图 9-15　燃料电池氢气消耗量测试示意图

氢气消耗量测试系统能够测量记录氢气的瞬时流量、供气压力、进气压力等参数。氢气流量测试主要是基于科里奥利原理，通过高精度氢气质量流量计来测量燃料电池汽车运行过程中供应到燃料电池堆内的氢气流量。氢气消耗量测试系统主要由流量测试模块、数据采集模块、安全泄放及预警模块组成。流量测试模块主要由高精度流量计和管阀件组成，能够实时采集燃料电池发动机或燃料电池汽车在运行条件下的瞬时氢气流量。数据采集模块主要采集测试系统的氢气流量、氢气进出口压力和温度等参数。安全泄放及预警模块主要是为了保证测试系统在使用过程中的安全性，在氢气压力超过安全阈值时自动泄放减压；该模块还兼具泄漏预警功能，能够实时监测试验过程中环境的氢气浓度，当氢气浓度超标时，能够实现自动断电、断氢，并实现氢气泄放和报警。

循环工况下热机状态氢气排放试验应在底盘测功机上进行，试验车辆的载荷、循环工况及速度偏差应满足 GB/T 37154 中的具体规定。试验开始前，调整试验车辆，使燃料电池发动机达到热机状态后停机。然后，按照循环工况开始试验。试验过程中应记录燃料电池堆电流、电压、氢气流量等参数（图 9-16）。

基于上述试验方法，对某款总质量为 8000kg 的燃料电池货车进行了循环工况下氢排放试验，测试结果见表 9-2。取 3 次循环工况试验的平均值作为试验结果，该车的平均氢气排放率为 3.8g/(kW·h)。

图 9-16 燃料电池汽车循环工况氢气排放试验

表 9-2 某货车在整车循环工况下氢排放试验结果

| 循环工况次数 | 实际耗氢 /g | 理论耗氢 /g | 氢气排放量 /g | 氢气排放率 / g/（kW·h） |
| --- | --- | --- | --- | --- |
| 1 | 638.56 | 596.67 | 41.89 | 3.72 |
| 2 | 619.10 | 575.51 | 43.59 | 3.98 |
| 3 | 625.62 | 584.77 | 40.85 | 3.70 |
| 平均值 | 627.76 | 585.65 | 42.11 | 3.80 |

### 9.1.4 碰撞后安全

由于使用氢气做燃料，燃料电池汽车的碰撞安全测试比内燃机汽车和纯电动汽车更加复杂，测评难点主要是碰撞后的氢安全测试评价。下面根据 GTR13 内容简述燃料电池汽车碰撞后的氢安全和电安全相关要求。

**1. 碰撞后的氢安全**

燃料电池汽车碰撞后的氢安全测试评价内容，主要包括氢安全要求、氢系统完整性两个方面。

（1）氢安全要求

碰撞后的氢安全要求主要包括以下三个方面：

1）燃料泄漏限值：碰撞后的 60min 内，氢气泄漏的平均体积流量不得超过 118NL/min；

2）车辆封闭空间内的浓度限值：氢气的泄漏不应导致车辆封闭空间或半封闭空间内的氢气体积浓度大于 3%±1%；如果在碰撞发生后 5 秒内，每一个氢瓶的主关断阀已经关闭并且储氢系统没有发生泄漏，则认为满足该条要求；

3）气瓶位移：高压储氢罐应至少保持一个安装连接点与车身保持连接。

（2）氢系统完整性测试

碰撞后氢系统完整测试主要包括：储氢系统的泄漏测试、碰撞后密闭空间内氢气的浓度测试两个方面，其中储氢系统的泄漏测试分为使用氢气和氦气两种试验气体的情况。

具体如下：

1）碰撞后储氢系统的泄漏测试。在进行碰撞测试前，如果测试车辆本身的压力和温度仪器不满足精度要求，那么其储氢系统上需要安装符合要求的压力和温度测量装置。在使用压缩氢气或者氦气充满储氢罐前，需要对储氢系统按照制造商要求进行置换吹扫以清除杂质。因为储氢系统的压力随温度变化，储氢系统加满的目标压力应该按照式（9-10）确定。

$$P_{\text{target}} = \text{NWP} \times (273 + T_0) / 288 \quad (9\text{-}10)$$

式中，NWP 为标称工作压力（MPa）；$T_0$ 为 CHSS 放置处的温度（℃）；$P_{\text{target}}$ 为目标加注压力（MPa）。

碰撞前储氢罐至少加注到 95%$P_{\text{target}}$，然后静置。在碰撞前主关断阀及下游氢气管路上关断阀应处于开启状态，使燃料供应处于正常状态。

下面按照充装氢气和氦气两种情况介绍碰撞后的气体泄漏量计算方法。

① 碰撞后泄漏（充满高压氢气）。测量的参数包括碰撞开始前时刻的氢气压力 $P_0$、温度 $T_0$ 和碰撞后的一个时间段 $\Delta t$ 的压力 $P_f$、温度 $T_f$。时间 $\Delta t$ 从碰撞后车辆停止运动后开始计时，持续至少 60min。为了满足大容积 70MPa 的储氢系统的测量精度，$\Delta t$ 可以根据需要延长，具体的 $\Delta t$ 按照式（9-11）进行计算确定。

$$\Delta t = V_{\text{CHSS}} \times \text{NWP} / 1000 \times [(-0.027 \times \text{NWP} + 4) \times R_s - 0.21] - 1.7 \times R_s \quad (9\text{-}11)$$

式中，$R_s = P_s/\text{NWP}$，其中 $P_s$ 为压力传感器量程（MPa）；NWP 为标称工作压力（MPa）；$V_{\text{CHSS}}$ 为储氢系统的容积（L）；$\Delta t$ 为最小时间步长（min）。如果 $\Delta t$ 计算值小于 60min，则设置 $\Delta t$ 为 60min。

储氢系统的初始压力、密度和质量可以按式（9-12）计算：

$$\begin{cases} P_0' = P_0 \times 288 / (273 + T_0) \\ \rho_0' = -0.0027 \times (P_0')^2 + 0.75 \times P_0' + 0.5789 \\ M_0 = \rho_0' \times V_{\text{CHSS}} \end{cases} \quad (9\text{-}12)$$

在经过 $\Delta t$ 时间后，CHSS 对应的最后氢气质量 $M_f$ 使用式（9-13）计算：

$$\begin{cases} P_f' = P_f \times 288 / (273 + T_f) \\ \rho_f' = -0.0027 \times P_f'^2 + 0.75 \times P_f' + 0.5789 \\ M_f = \rho_f' \times V_{\text{CHSS}} \end{cases} \quad (9\text{-}13)$$

式中，$P_f$ 为时间间隔 $\Delta t$ 结束时的最终气压测量值（MPa）；$T_f$ 为最终温度测量值（℃）。

在时间间隔 $\Delta t$ 内平均氢气泄漏流量按照式（9-14）计算：

$$V_{\text{H}_2} = (M_f - M_0) / \Delta t \times \frac{22.41}{2.016} \times (P_{\text{target}} / P_0) \quad (9\text{-}14)$$

式中，$V_{\text{H}_2}$ 为整个时间间隔 $\Delta t$ 内的平均体积流量（NL/min）；$P_{\text{target}}/P_0$ 为用来补偿初始气压 $P_0$ 和目标加注气压 $P_{\text{target}}$ 之间的差异。

② 碰撞后泄漏测试（充满高压氦气）。测量的参数包括碰撞开始前时刻的氦气压力

$P_0$、温度 $T_0$ 和碰撞后的一个时间段 $\Delta t$ 的压力 $P_f$ 和温度 $T_f$。时间间隔 $\Delta t$ 从碰撞车辆停下来开始持续至少 60min。为了满足大容积 70MPa 储氢系统的测量精度，$\Delta t$ 可以使用式（9-15）计算确定：

$$\Delta t = V_{\text{CHSS}} \times \text{NWP}/1000 \times [(-0.028 \times \text{NWP} + 5.5) \times R_s - 0.3] - 2.6 \times R_s \quad (9\text{-}15)$$

式中，$R_s = P_s/\text{NWP}$，其中 $P_s$ 为压力传感器量程（MPa）；NWP 为标称工作压力（MPa）；$V_{\text{CHSS}}$ 为储氢系统容积（L）；$\Delta t$ 为时间间隔（min）；如果 $\Delta t$ 小于 60min，则取值 60min。

储氢系统内氦气的初始质量按照式（9-16）计算：

$$\begin{cases} P'_0 = P_0 \times 288/(273 + T_0) \\ \rho'_0 = -0.0043 \times (P'_0)^2 + 1.53 \times P'_0 + 1.49 \\ M_0 = \rho'_0 \times V_{\text{CHSS}} \end{cases} \quad (9\text{-}16)$$

经过 $\Delta t$ 后，CHSS 内氦气最终质量 $M_f$ 按照式（9-17）计算：

$$\begin{cases} P'_f = P_f \times 288/(273 + T_f) \\ \rho'_f = -0.0043 \times (P'_f)^2 + 1.53 \times P'_f + 1.49 \\ M_f = \rho'_f \times V_{\text{CHSS}} \end{cases} \quad (9\text{-}17)$$

式中，$P_f$ 为在时间间隔结束时的最终测量压力（MPa）；$T_f$ 为最终温度（℃）。

整个时间间隔 $\Delta t$ 内的平均氦气泄漏流量按式（9-18）计算：

$$V_{\text{He}} = (M_f - M_0)/\Delta t \times \frac{22.41}{4.003} \times (P_0/P_{\text{target}}) \quad (9\text{-}18)$$

式中，$V_{\text{He}}$ 为时间间隔内的平均体积流量（NL/min）；$P_0/P_{\text{target}}$ 为用来补偿测量的初始压力（$P_0$）和目标加注压力（$P_{\text{target}}$）之间的差值。

最后，按照式（9-19）将平均氦气泄漏流量转化为氢气平均泄漏流量：

$$V_{\text{H}_2} = V_{\text{He}}/0.75 \quad (9\text{-}19)$$

2）碰撞后密闭空间内氢气的浓度测试。在碰撞试验中记录碰撞后车辆密闭空间内的泄漏气体测量值，用来评价潜在的氢气（或氦气）泄漏情况。选择传感器来测量氢气或氦气的聚集或者氧气含量的下降（由于泄漏的氢气/氦气导致空气中组分比例的变化）情况。所用传感器的要经过校准，在空气中目标浓度为含 4% 的氢气或 3% 氦气（体积浓度）的精度要达到 ±5%，并且满量程至少高出目标浓度的 25%。传感器响应能力应该能够满足在 10s 内达到满量程的 90%。碰撞开始前，车辆乘客舱、行李厢、货舱的传感器布置位置如下：

① 距驾驶员座位上方的车顶或乘员舱顶部的中心附近下方 250mm 以内。
② 在乘客舱后排（或最后排）座椅前方距离地面 250mm 范围内。
③ 距不受碰撞冲击直接影响的车辆行李厢和货舱的顶部下方 100mm 以内。

传感器应牢固安装在车身结构或者座椅上，并对碰撞产生的碎片、安全气囊和抛射物采取防护措施。碰撞后的测量数据能够通过车辆内部仪器或者远程传输进行记录。

车辆试验可以在室外，但要采取措施避免风和阳光的影响；或者在室内足够大的空间内，应采取通风措施以防止氢气聚集至超过乘客舱、后备厢、货舱处目标值的10%。

当车辆碰撞停下后，应马上开始密闭空间氢气浓度的数据采集。传感器的数据至少每5s采集一次，并持续到试验后60min。应该采用时间常数最大5s的一阶滤波对测量结果进行滤波处理，以平滑数据和滤除奇异数据点。

在碰撞后60min的时间段内，每个传感器的测量数据应该满足低于标准要求的目标值：即氢气为3%±1.0%、氦气为2.25%±0.75%。

**2. 碰撞后的电安全**

燃料电池汽车的碰撞后电安全与纯电动汽车的碰撞后电安全要求基本一致，规定主要包括碰撞后电安全基本要求和用于电动车辆高压和电解液溢出乘员保护的试验程序两个方面。相关内容可参考电动汽车碰撞后的电安全要求。

## 9.2 经济性测试评价

燃料电池汽车经济性的测试评价主要是通过测试燃料电池汽车在特定行驶工况下的能量消耗量和续驶里程。评价整车经济性的指标主要包括续驶里程、纯氢续驶里程、纯电续驶里程、百公里氢气消耗量、百公里电能消耗量等指标，根据燃料电池汽车动力系统构型的不同而选用不同的指标进行评价。这里首先介绍氢气消耗量的测量方法，再介绍能量消耗量和续驶里程等指标的测量评价方法。

### 9.2.1 氢气消耗量测量方法

GB/T 35178—2017《燃料电池电动汽车氢气消耗量测量方法》、ISO 23828—2022 *Fuel Cell Road Vehicle-Energy Consumption Measurement-Vehicles fuelled with compressed hydrogen*、SAE J 2572—2014 *Recommended Practice for Measuring the Energy Consumption and Range of Fuel Cell Powered Electric Vehicles Using Compressed Hydrogen* 三个标准都给出了氢气消耗量测试方法，但这些标准给出的方法基本适用于所谓的纯燃料电池汽车或搭载较小容量动力电池的全功率型燃料电池汽车，而不适用于当下主流的电电混合燃料电池汽车，尤其是不适用可外接充电式燃料电池汽车的能量消耗量和续驶里程测试。下面首先介绍GB/T 35178、ISO 23828、SAE J 2572标准中均使用的温度压力法、质量法、流量法三种氢气消耗量测试方法。

**1. 温度压力法**

（1）基本要求

1）试验储氢罐放置在车辆外部，作为燃料电池汽车的燃料供应源（图9-17）。

2）试验储氢罐通过燃料电池发动机供氢管路上安装的旁路管路与燃料电池相连。旁路管路应安可靠，防止因振动引起泄漏、释放或进入空气。

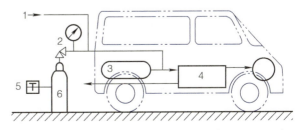

图 9-17 温度压力法测试示意图
1—外部供氢 2—压力调节器 3—车载储氢罐
4—氢燃料电池发动机 5—温度计 6—试验氢气瓶

3) 试验储氢罐充注的氢燃料压力应调整到制造商推荐值范围内。

4) 试验储氢罐应满足下列要求：附件的内容积（减压阀，管路等）已知，可检测内部气体压力和气体温度，在高压充注过程中容积的变化小，已经标定过。

（2）氢气消耗量测量和计算

在检测开始前，先测试试验储氢罐的气体压力和气体温度；在试验完成时，再次检测试验储氢罐气体压力和气体温度；把试验前后测得的气体压力和温度代入式（9-20），计算出氢气消耗量：

$$w = m\frac{V}{R}\left(\frac{P_1}{Z_1 T_1} - \frac{P_2}{Z_2 T_2}\right) \tag{9-20}$$

式中，$w$ 为测量时间内的燃料消耗量（g）；$m$ 为氢分子摩尔质量（g/mol），取值为 2.016g/mol；$V$ 为燃料罐中高压部分和附件（含减压阀、管路等）的总容积（L）；$R$ 为供用气体常量 [MPa·L/(mol·K)]，取值为 0.0083145 [MPa·L/(mol·K)]；$P_1$ 为检测开始时罐体内气体压力（MPa）；$P_2$ 为检测结束时罐体内气体压力（MPa）；$T_1$ 为检测开始时罐体内气体温度（K）；$T_2$ 为检测结束时罐体内气体温度（K）；$Z_1$ 为在 $P_1$、$T_1$ 下的氢气压缩因子，按照式（9-21）进行计算；$Z_2$ 为在 $P_2$、$T_2$ 下的氢气压缩因子，按照式（9-21）进行计算。

由于试验前后气体温差过大会带来试验误差，因此应通过充分浸机使得罐内气体温度和环境温度一致，然后测量气体温度和压力以准确确定燃料消耗量。

（3）氢气压缩因子计算方法

氢气压缩因子计算方法的适应范围：0.1～100MPa、温度 220～500K 的氢气；氢气压缩因子 $Z$ 按式（9-21）计算：

$$Z = \sum_{i=1}^{6}\sum_{j=1}^{4} v_{ij} P^{i-1}(100/T)^{j-1} \tag{9-21}$$

式中，$P$ 为压力（MPa）；$T$ 为温度（K）；$v_{ij}$ 为系数，具体见表 9-3。

表 9-3 氢气压缩因子 $Z$ 计算用的 $v_{ij}$ 系数表

| $v_{ij}$ 系数 | | $j$ | | | |
|---|---|---|---|---|---|
| | | 1 | 2 | 3 | 4 |
| $i$ | 1 | 1.00018 | −0.0022546 | 0.01053 | −0.013205 |
| | 2 | −0.00067291 | 0.028051 | −0.024126 | −0.0058663 |
| | 3 | 0.000010817 | −0.00012653 | 0.00019788 | 0.00085677 |
| | 4 | −1.4368 × 10⁻⁷ | 1.2171 × 10⁻⁶ | 7.7563 × 10⁻⁷ | −1.7418 × 10⁻⁵ |
| | 5 | 1.2441 × 10⁻⁹ | −8.965 × 10⁻⁹ | −1.6711 × 10⁻⁸ | 1.4697 × 10⁻⁷ |
| | 6 | −4.4709 × 10⁻¹² | 3.0271 × 10⁻¹¹ | 6.3329 × 10⁻¹¹ | −4.6974 × 10⁻¹⁰ |

对于储氢容器确定的一组温度 $T$ 和压力 $P$ 值，利用式（9-21）可以求出一个对应的氢气压缩因子 $Z$。

**2. 质量法（称重法）**

（1）基本要求

1）试验储氢罐安装在车辆外部，作为燃料电池汽车的燃料供应源（图9-18）。

2）试验储氢罐通过燃料电池发动机供氢管路上安装的旁路管路与燃料电池相连。旁路管路应安装可靠，防止因振动引起泄漏、释放或进入空气。

3）试验储氢罐充注燃料压力应调整到制造商推荐值范围内。

4）当在试验前和试验后分别用称重设备测量试验储氢罐的质量时，应提供适当的措施减轻受振动、对流、环境温度等因素的影响，例如衰减板、前风窗玻璃等。

5）储氢罐的质量应尽可能小。

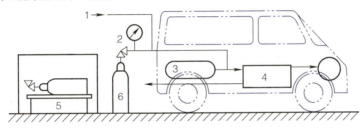

图9-18 质量法测试示意图

1—外部供氢 2—压力调节器 3—车载储氢罐
4—燃料电池发动机 5—精密天平 6—试验储氢罐

（2）氢气消耗量测量和计算

1）在试验前，用称重装置测试出试验储氢罐的质量。

2）把试验储氢罐和管路连接起来，连接时，管路内的压力应设置为气瓶中的气体压力。

3）在开始测量时，切换阀体，让燃料从试验储氢罐提供。

4）检测完成后关闭试验储氢罐的阀。

5）试验结束后，把试验储氢罐从管路上拆开，用称重设备测量试验后试验储氢罐的质量。

6）把试验前后测得的试验储氢罐质量相减，即可得出氢气消耗量。

**3. 流量法**

（1）基本要求

1）从车辆外部以厂家推荐的压力供应氢燃料（图9-19）。

2）燃料从车辆外部通过燃料电池发动机的供氢管路上安装的旁路管路供应。

3）从车外供应源到燃料电池之间的供应管路上安装流量计，流量计可以是体积流量计或者质量流量计。

4）流量计和旁路管路应安装可靠，防止因振动引起泄漏、释放或空气进入。

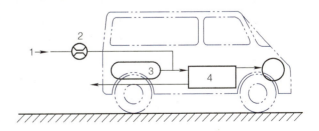

图9-19 流量法测试示意图

1—外部供氢 2—流量计 3—车载储氢罐
4—燃料电池发动机

（2）氢气消耗量的测量和计算

1）用流量计测量车外氢气供应源被消耗的氢气的体积或者质量。

2）如果使用体积流量计，把测得的流量值代入式（9-22），计算氢气消耗量：

$$w = \frac{m}{22.414}\int_0^t Q_b \mathrm{d}t \tag{9-22}$$

式中，$w$ 为在测量时间内的氢气消耗量（g）；$m$ 为氢分子摩尔量（g/mol），取值为 2.016g/mol；$Q_b$ 为试验中的气体体积流量（L/s）。

3）如果使用质量流量计，把测得的质量流量值代入式（9-23），计算氢气消耗量：

$$w = \int_0^t Q_m \mathrm{d}t \tag{9-23}$$

式中，$w$ 为在测量时间内的氢气消耗量（g）；$Q_m$ 为试验中的气体质量流量（g/s）。

### 9.2.2 能量消耗量和续驶里程测量方法

按照燃料电池汽车动力系统构型进行分类，燃料电池汽车可分为纯燃料电池汽车和混合动力燃料电池汽车。对纯燃料电池汽车来说，其能量消耗量就等同于氢气消耗量，测量可按照 9.2.1 节讨论的方法进行。但对于混合动力燃料电池汽车来说，其动力系统一般包括动力电池和燃料电池两个动力源，尤其是对于插电式混合动力燃料电池汽车，其动力电池容量较大且使用外网电力充电，9.2.1 节的方法远不能满足能耗测试要求。这里介绍一种新试验方法，针对混合动力燃料电池汽车的能量消耗量和续驶里程的测试，将车辆分为 A 类车和 B 类车，综合考虑了动力电池和燃料电池对车辆能量消耗量和续驶里程的影响，且无需进行氢电折算。下面对该方法进行简要介绍和试验结果分析。

**1. A 类和 B 类车辆划分**

在进行能量消耗量及续驶里程正式试验前，需要先进行预试验以对车辆进行 A 类和 B 类的划分。预试验车辆需完成不少于连续 6 次循环工况，然后根据试验结果计算可充电储能系统（REESS）的净能量变化量与燃料电池汽车消耗氢气的能量百分比，并同 1.0% 进行比较：

$$\left|\frac{\Delta E}{m_{\mathrm{TH}} \times q_1}\right| \times 100\% \leq 1.0\% \tag{9-24}$$

式中，$\Delta E$ 为各次试验循环下 REESS 能量变化量（kJ）；$m_{\mathrm{TH}}$ 为试验总循环下氢气消耗量（g）；$q_1$ 为氢气低热值（kJ/g），取值为 120.0kJ/g。

根据计算结果，满足式（9-24）的燃料电池汽车为 A 类车辆，不满足的为 B 类车辆，以下分别对 A、B 两类燃料电池汽车的试验方法进行介绍。对于 A 类车，采用氢气消耗量和续驶里程两项指标对其经济性进行评价。对于 B 类车，需进一步分为可外接充电式 B 类车和不可外接充电式 B 类车。针对可外接充电式的 B 类车，以续驶里程、燃料电池堆贡献的续驶里程（又称"纯氢续驶里程"）、REESS 贡献的续驶里程、氢气消耗量和电能消耗量五项指标对其经济性进行评价；针对不可外接充电式的 B 类车，则以纯氢续驶里程和氢气消耗量两项指标对其进行经济性评价。

## 2. A 类车试验方法

（1）试验程序

A 类车的能量消耗量和续驶里程试验，采用车外供氢，在底盘测功机试验室进行。试验前，按照制造商要求调整车辆 REESS 的 SOC 状态，然后进行不少于 2h 的浸车，浸车环境温度应设置为 23℃±3℃。试验时将车辆固定在底盘测功机上，并按照相关标准规定设定阻力。首先根据车辆类型确定测试用循环工况（表 9-4），在底盘测功机上行驶一个完整的循环，循环结束关闭车辆，静置 15min。然后，按照表 9-4 的规定进行 6 次完整的循环工况试验，试验连续进行期间不能停车。从整车起动开始采样，采样频率不低于 5Hz，直至试验结束。采集记录的参数包括：REESS 的电压 $U_{REESS}$（V）、REESS 的电流 $I_{REESS}$（A）、车辆驶过的距离 $D_T$（km）、氢气的消耗量 $m_{TH}$（g）。氢气消耗量的测量可以从前一节介绍的温度压力法、质量法、流量法这三种方法中选择，由于误差小，操作简单，流量法的应用最为广泛。

表 9-4 车辆测试循环工况

| 类型 | 工况 |
|---|---|
| M1 类 | 乘用车行驶工况（CLTC-P） |
| N1 类和最大设计总质量不超过 3500kg 的 M2 类 | 轻型商用车行驶工况（CLTC-C） |
| 最大设计总质量大于 3500kg 的城市客车类 | 城市客车行驶工况（CHTC-B） |
| 最大设计总质量大于 3500kg 的客车（不含城市客车）类 | 客车（不含城市客车）行驶工况（CHTC-C） |
| 最大设计总质量大于 5500kg 的货车类 | 货车（GVW > 5500kg）行驶工况（CHTC-HT） |
| 最大设计总质量大于 3500kg，不超过 5500kg 的货车类 | 货车（GVW ≤ 5500kg）行驶工况（CHTC-LT） |
| 最大设计总质量大于 3500kg 的自卸汽车类 | 自卸汽车行驶工况（CHTC-D） |
| 最大设计总质量大于 3500kg 的半挂牵引车类 | 半挂牵引车行驶工况（CHCT-S） |

（2）储氢罐的压力测量

为实现车辆可用氢量的计算，需要对储氢罐的截止压力进行专门的测量。在车载氢瓶中加注一定量的氢气，将车辆固定在底盘测功机上，按照规定设定阻力。按照表 9-4 对应类型规定的循环工况进行试验，试验运行期间不能停车（工况循环内停车除外）。当车载仪表给出停车指示或者车速不能满足规定的速度公差要求时，则停止试验。然后，通过图 9-20 所示试验装置对储氢罐的内部压力进行测量。记录测量得到的压力即为气瓶的截止压力。为降低误差，气瓶截止压力的测量需在停止试验后的半小时内完成。

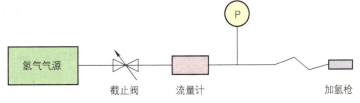

图 9-20 储氢罐的压力测量装置示意图

（3）数据处理方法

1）REESS 的能量变化量，按照式（9-25）计算：

$$\Delta E = \int_0^T I_{\text{REESS}} U_{\text{REESS}} \mathrm{d}t / 1000 \quad (9\text{-}25)$$

式中，$\Delta E$ 为 REESS 能量变化量（kJ）；$U_{\text{REESS}}$ 为 REESS 输出电压（V）；$I_{\text{REESS}}$ 为 REESS 输出电流（A），正值表示放电，负值表示充电；$T$ 为总采样时间（s）。

2）百公里氢气消耗量，按照式（9-26）计算：

$$C_{\text{H}_2} = \frac{m_{\text{TH}}}{10 D_{\text{T}}} \quad (9\text{-}26)$$

式中，$C_{\text{H}_2}$ 为百公里氢耗（kg/100km）；$m_{\text{TH}}$ 为试验中实际测量得到的氢气消耗量（g）；$D_{\text{T}}$ 为试验中车辆实际行驶的距离（km）。

3）车辆的续驶里程，按照式（9-27）计算：

$$D = \frac{m_{\text{H}_2}}{10 \times C_{\text{H}_2}} \quad (9\text{-}27)$$

式中，$D$ 为车辆续驶里程（km）；$m_{\text{H}_2}$ 为车辆可用氢气量（g），可以根据 GB/T 35178—2017 附录 A 的方法计算得到，计算时气瓶的初始压力为公称工作压力，截止压力为测量得到的压力值。

**3. B 类车试验方法及试验案例**

（1）试验程序

B 类车的能量消耗量和续驶里程试验采用车载供氢的方式在底盘测功机试验室进行。试验开始前，对车辆预加氢。对于可外接充电燃料电池汽车，按照标准规定（GB/T 18386.1—2021）将 REESS 充满；对于不可外接充电式燃料电池汽车，将 REESS 预置或调整到制造商的 SOC 规定值。将车辆按照试验前补氢方法进行加氢及计算，得到氢气质量 $m_1$。将车辆固定在底盘测功机上，设定好行驶阻力，按照表 9-4 的规定进行循环工况续驶里程试验。当车载仪表给出停车指示或者车速不能满足规定的速度公差要求时，则停止试验。

停止试验后，对于可外接充电式燃料电池汽车，试验结束后 30min 内，REESS 应按照 GB/T 18386.1—2021 规定的程序进行充电，测量并记录来自电网的能量 $E$（kW·h）；对于不可外接充电式燃料电池电动汽车，直接进行下一步骤；将车辆移动至加氢装置处，按"试验后加氢及计算方法"加氢并计算得到氢气消耗量 $m_{\text{H}_2}$。

除非有其他的规定，工况试验循环期间的停车不允许超过 3 次（工况循环外停车），总的停车时间累计不超过 15min；停车期间，关闭试验台风扇，不能使用外接电源对车辆充电。从整车起动开始采样，直至试验结束，采样频率不低于 5Hz。采集参数包括：燃料电池堆电压 $U_{\text{FC}}$（V）、燃料电池堆电流 $I_{\text{FC}}$（A）、REESS 电压 $U_{\text{REESS}}$（V）、REESS 电流 $I_{\text{REESS}}$（A）、车辆驶过的距离 $D$（km）；同时记录用小时（h）和分钟（min）表示所用的时间。

（2）车辆加氢和补氢方法

1）试验前补氢

①将车辆连接到补氢装置，如图 9-21 所示。

② 测量车辆所在的环境温度 $T_1$，参照 GB/T 35178—2017 中附录 A 的温度压力法，计算氢气压缩因子和温度 $T_1$ 下的目标压力 $P_1$（目标为加满至 SOC = 100%），打开 V1，起动增压设备，向车辆补充氢气至车载储氢罐的压力达到 $P_1$ 后，关闭增压设备和保持 V1 打开状态。

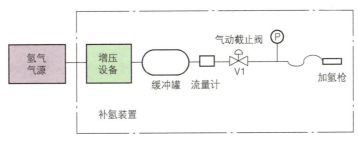

图 9-21 补氢装置示意图

SOC 计算按式（9-28）进行，其中分子和分母为氢气在对应压力 $P$ 和温度 $T$ 下的密度。

$$\text{SOC} = \frac{\rho(P,T)}{\rho(\text{NWP},1.5℃)} \times 100\% \quad (9\text{-}28)$$

③ 实时监测环境温度，车辆静置不少于 2h，记录此时的环境温度 $T_2$ 和车载储氢罐的压力 $P_2$。

④ 根据 $T_2$ 计算出此时的目标压力 $2'$。计算 $2'$ 和 $P_2$ 的差值 $\Delta P$，如果 $\Delta P \leq 0.3\text{MPa}$，则认为车载储氢罐达到加满状态，加氢结束；如果 $\Delta P > 0.3\text{MPa}$，则重复步骤②到步骤④，继续向车载储氢罐补氢，直到 $\Delta P$ 小于等于 0.3MPa；关闭 V1 结束补氢。

⑤ 根据 $T_2$ 和 $P_2$，参照 GB/T 35178—2017 中附录 A 的温度压力法，计算试验前车辆所载的氢气质量 $m_1$。

2）试验后加氢及计算

试验结束后，应按照以下要求进行加氢及计算所消耗的氢气质量：

① 将车辆连接至试验前所用的同一台补氢装置，记录车辆所处的环境温度 $T_3$，打开阀门 V1，通过缓冲罐向车辆加注少量氢气（不大于 0.1kg），并通过质量流量计记录所加注的氢气质量 $m_2$，关闭 V1，待压力平衡后记录压力 $P_3$。

② 根据 $T_3$、$P_3$，参照 GB/T 35178—2017 中附录 A 的温度压力法，计算出此时车辆所载的氢气质量 $m_3$。

③ 根据式（9-29）计算得到试验消耗的氢气质量 $m_{\text{H}_2}$。

$$m_{\text{H}_2} = m_1 + m_2 - m_3 \quad (9\text{-}29)$$

式中，$m_1$ 为试验前车辆所载的氢气质量（kg）；$m_2$ 为通过质量流量计记录所加注的氢气质量（kg）。

对于可外接充电式燃料电池汽车，对储能装置充电结束后 30min 内完成试验后加氢；对于不可外接充电式燃料电池汽车，上述试验后加氢过程需要在试验结束后 30min 内完成。

（3）数据处理方法

B类燃料电池汽车又分为可外接充电式和不可外接充电式两种情况，下面分别介绍对应的数据处理方法。

① 可外接充电式燃料电池汽车的试验数据处理。

燃料电池堆输出总能量 $E_{FC}$ 为

$$E_{FC} = \int_0^T I_{FC} U_{FC} dt / 1000 \tag{9-30}$$

式中，$T$ 为总采样时间（s）；$I_{FC}$ 为燃料电池堆输出电流（A）；$U_{FC}$ 为燃料电池堆输出电压（V）。

REESS输出总能量（净能量变化量）$E_{REESS}$ 为

$$E_{REESS} = \int_0^T I_{REESS} U_{REESS} dt / 1000 \tag{9-31}$$

式中，$U_{REESS}$ 为REESS输出电压（V）；$I_{REESS}$ 为REESS输出电流（A），正表示放电，负表示充电。

燃料电池堆和REESS的总输出能量 $E_D$ 为

$$E_D = E_{FC} + E_{REESS} \tag{9-32}$$

燃料电池堆输出总能量占总输出能量的百分比 $\eta_{FC}$ 为

$$\eta_{FC} = \frac{E_{FC}}{E_D} \times 100\% \tag{9-33}$$

REESS输出总能量占总输出能量的百分比 $\eta_{REESS}$ 为

$$\eta_{REESS} = \frac{E_{REESS}}{E_D} \times 100\% \tag{9-34}$$

REESS贡献的续驶里程 $D_{REESS}$ 为

$$D_{REESS} = D\eta_{REESS} \tag{9-35}$$

燃料电池堆贡献的续驶里程 $D_{FC}$ 为

$$D_{FC} = D\eta_{FC} \tag{9-36}$$

100km氢气消耗量 $C_{H_2}$（kg/100km）为

$$C_{H_2} = 100 \times \frac{m_{H_2}}{D_{FC}} \tag{9-37}$$

100km电能消耗量 $C_E$（kW·h/100km）为

$$C_E = 100 \times \frac{E}{D_{REESS}} \tag{9-38}$$

② 不可外接充电式燃料电池汽车的试验数据处理。

首先根据式（9-31）计算REESS的净能量变化量 $E_{REESS}$，如果 $E_{REESS} > 0$，按照式（9-31）~式（9-33）、式（9-36）和式（9-37）计算得到氢耗；如果 $E_{REESS} \leq 0$，则认为 $D_{FC} = D$，然后直接按照式（9-37）计算得到氢耗。

（4）试验案例分析

基于上述试验方法，对某款燃料电池汽车的经济性试验结果见表9-5。该款燃料电池汽车为可外接充电式的B类车，其总续驶里程为385km，在整个试验过程中，燃料电池堆的总输出能量为65.6kW·h，可充电储能系统的总输出能量为16.7kW·h，燃料电池堆的能量贡献占比为79.7%。经计算后，得到该款燃料电池汽车的纯氢续驶里程为306.9km。进一步，该款燃料电池汽车的总氢气消耗量为3.55kg，计算得到百公里氢气消耗量为1.16kg。

表 9-5　燃料电池汽车纯氢续驶里程试验结果

| 项　目 | 数值 |
| --- | --- |
| 总续驶里程 /km | 385 |
| 可充电储能系统净能量变化量 /(kW·h) | 16.7 |
| 燃料电池堆输出能量 /(kW·h) | 65.6 |
| 燃料电池堆输出能量占比（%） | 79.7 |
| 纯氢续驶里程 /km | 306.9 |
| 整车总氢气消耗量 /kg | 3.55 |
| 百公里氢气消耗量 /(kg/100km) | 1.16 |

## 9.3　环境适应性测试评价

燃料电池汽车的环境适应性主要指对气候等自然环境的适应性，其中包括高温、低温、湿热、高原低气压、沙尘、气体污染等因素。其中，低温适应性、高温适应性、高原适应性等受到较高的关注。

### 9.3.1　低温适应性

燃料电池汽车的低温环境适应性主要是考核在低温（0℃以下）条件下进行充分浸车后，使得燃料电池发动机的内部温度达到与低温环境温度相同的冷机状态，并在低温环境下进行燃料电池发动机起动和整车起步。为实现燃料电池汽车及燃料电池发动机在低温环境下的成功起动，可能会对燃料电池发动机采用保温、吹扫、燃料电池堆自发热、辅助加热等辅助措施，因此测试燃料电池汽车的低温冷起动和低温起步应关注氢安全、能量消耗量、起动时间、输出功率等综合指标。此外，燃料电池汽车的低温环境适应性还可包括低温下的能量消耗量和续驶里程、低温下的动力性等多个方面。本书作者提出了针对燃料电池汽车的低温冷起动和低温起步性能的试验方法，下面对试验方法和具体试验案例进行介绍。

**1. 低温冷起动性能**

低温冷起动性能试验一般应在低温环境舱中进行。首先，对试验车辆进行不少于12h的低温浸车。浸车结束后，起动燃料电池发动机，可开启暖风装置、空调等以消耗输出功率。同时记录从对车辆进行起动操作至车辆驱动系统已就绪的时间，记录从对车辆进行起动操作至燃料电池堆输出功率达到 1kW 的时间。要求在燃料电池堆的输出功率达到 1kW 后的 20min 内,应能够以不低于 1kW 的功率累计运行 10min。

自对车辆进行起动操作开始至停机,记录燃料电池堆电压 $U_{FC}$(V)、燃料电池堆电流 $I_{FC}$、REESS 电压 $U_{REESS}$、REESS 电流 $I_{REESS}$、车辆尾排处氢气体积分数 $C_{H_2}$。其中 $C_{H_2}$ 按照 GB/T 37154 规定进行测量,具体排放值应该满足任意连续 3s 内的平均氢气体积浓度不超过 4%,且瞬时氢气体积浓度不超过 8%。

图 9-22 为某款燃料电池汽车低温冷起动试验案例。从图中可见:在冷起动前期,燃料电池堆并未实现起动,随着电加热器的工作,燃料电池堆内的温度逐渐升高,当温度达到制造商规定的温度后,燃料电池堆才开始工作。在燃料电池堆未真正起动的工作过程中,电加热器等辅助部件主要通过 REESS 供电;随着燃料电池堆正常工作,REESS 的输出功率逐步降低,直至处于被充电状态;在系统接收起动命令后,电加热器就开始工作,并随着燃料电池堆开始工作,电加热器功率开始降低;当燃料电池堆内温度达到制造商设定温度后,电加热器停止工作。

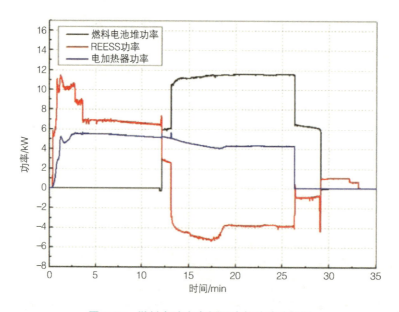

图 9-22  燃料电池汽车低温冷起动试验数据

在该测试案例中,燃料电池汽车在 -30℃条件下浸机 12h 后,对车辆进行起动操作,然后燃料电池堆能以不低于 1kW(该试验车辆为 11kW)的功率连续工作超过 10min,即说明该车在 -30℃的低温环境中已经实现成功起动。

**2. 低温起步性能**

一般来说,在低温环境下燃料电池汽车发动机完成低温起动后,并不意味着车辆就能顺利起步,为此还需要进行车辆的低温起步性能测试。低温起步性能试验一般应在带有底盘测功机的低温环境舱内进行。基于低温环境下确定的道路行驶阻力的变化对底盘测功机的阻力设定进行调整,以模拟低温环境下车辆在道路上的运行阻力变化状况。

首先,对试验车辆进行不少于 12 h 的低温浸车。浸车结束后,对车辆进行上电操作，待车辆动力系统就绪，将车辆状态切换到可行驶模式，以全加速运行，直至燃料电池堆的输出功率不低于燃料电池发动机额定功率的 50%；档位保持不变，松开加速踏板，缓慢踩下制动踏板，并在 1min 内完成停车；停车后 3min 内，按照表 9-4 对应的循环工况进行试验，完成一个试验循环；如果能够顺利完成以上所有步骤，则认为车辆在设定低温下起步成功。试验通知需要记录燃料电池堆电压、燃料电池堆电流、可充电储能系统电压、可充电储能系统电流，并记录从对车辆进行起动操作至车辆驱动系统已就绪（即车辆仪表显示 "READY" 或 "OK"）的时间。利用记录的数据，计算车辆低温起步试验过程中燃料电池堆和 REESS 的总输出能量，两者之和即为车辆低温起步的能量消耗量。

基于上述试验方法，某款燃料电池汽车低温起步的试验结果见表 9-6。该款燃料电池汽车从起动操作至燃料电池发动机输出 50% 额定功率的时间为 295.4s，在按要求停车后 50s 内，按照对应的循环工况进行试验，具体试验数据如图 9-23 所示，可见该款燃料电池汽车成功完成低温起动和起步行驶要求。

表 9-6 低温起步试验结果示例

| 序号 | 参数 | 数值 |
| --- | --- | --- |
| 1 | 对车辆进行起动操作至车辆驱动系统已就绪时间 /s | 239.6 |
| 2 | 对车辆进行起动操作至输出 50% 额定功率时间 /s | 295.4 |
| 3 | 车辆是否完成一个试验循环 | 是 |
| 4 | 试验全程燃料电池堆输出总能量 /(kW·h) | 9.46 |
| 5 | 试验全程可充电储能系统净能量变化量 /(kW·h) | −0.23 |
| 6 | 试验全程燃料电池堆和充电储能装置的总输出能量 /(kW·h) | 9.23 |

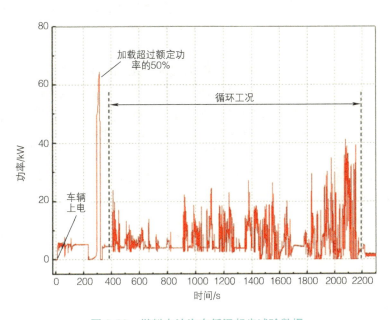

图 9-23 燃料电池汽车低温起步试验数据

### 9.3.2 高温适应性

关于燃料电池汽车在高温环境中的适应性，主要是考查整车及燃料电池发动机的热管理系统及燃料电池发动机的绝缘性能。具体测试可从两个方面入手：一是在高温下车辆能够正常起动且车辆的尾排氢气浓度不超标；二是起动后车辆能够持续高负荷运行且不出现热管理系统和绝缘故障。试验方法可参考以下步骤：

1）高温环境适应性试验建议在带有底盘测功机的高温环境舱内进行。根据试验要求，设定试验环境温度（如45℃）和湿度（如50%RH）。

2）将试验车辆在设定环境中浸车4h以上，使车辆及部件的温度与环境温度相同。

3）浸车完成后，起动车辆，完成车辆的发动机起动过程并检测发动机排气口的氢气浓度。

4）车辆正常起动后，进入高温起步阶段，可按照循环工况行驶，也可按照高负荷工况行驶（如120km/h匀速行驶、4%坡度全加速行驶等）指定时间，记录燃料电池堆及关键部件的温度、功率、绝缘阻值等数据，根据测试结果评价热管理系统和绝缘性能是否满足高温适应性的要求。

### 9.3.3 高原适应性

燃料电池电动汽车在高原地区使用中存在的主要问题有燃料电池发动机性能下降、经济性变差、起动困难、热管理系统散热效率降低等。高原适应性试验可在海拔1000m以上的高原地区或者整车高原模拟试验舱内进行。高原适应性试验主要考查燃料电池电动汽车的各种使用性能是否满足高原地区的使用要求。目前，由于涉氢安全问题，我国还没有满足燃料电池电动汽车进行高原模拟试验的整车涉氢环境舱，因此整车级的高原适应性试验主要在真实的高原地区进行。当然，车用燃料电池发动机可以在模拟高寒、高原、高温环境仓中进行测试和标定等工作，以检验和调整车用燃料电池发动机在低温、低氧的高原极限环境下的基础性能、防喘振、经济性和高原策略验证等，为燃料电池整车的高原适应性提供基础保障。

高原环境下，燃料电池发动机的输出能力更加关系到整车动力性能与安全性能，其中最关键的是燃料电池堆性能的稳定性。燃料电池堆性能对其阴极的操作条件（包括空气压力和过量系数）十分敏感，特别是在高功率的输出条件下，燃料电池性能受高原的影响更大。适当的空气系统控制策略不仅可以保证燃料电池堆的性能稳定，而且也有利于提高其耐久性。在高海拔地区，空气稀薄，氧分压较低，如果不及时调整空气子系统控制策略，会导致燃料电池堆阴极欠气，单片电压过低甚至反极，从而影响整车性能甚至影响燃料电池的寿命。从测试评价的角度，建议从以下几个方面对燃料电池汽车的高原适应性进行分析：

1）整车层级：车辆的动力性能、能量消耗量和续驶里程、氢气排放性能等的变化情况。

2）燃料电池发动机层级：起动响应、功率加载降载响应时间、输出功率、实际效率等的变化情况。

3）部件层级：燃料电池堆的最高功率、实际效率、最佳工作温度、单电池一致性、空气压缩机的转速流量以及喘振等的变化情况。

## 9.4 动力性测试评价

从测试内容上，燃料电池汽车的动力性测试与其他类型的电动汽车没有明显区别，主要包括最高车速、加速能力、爬坡车速、坡道起步能力、最大爬坡度等关键指标，并且测试要求的试验道路、试验环境、数据处理方法等也差别不大；主要区别在于燃料电池电动汽车的车辆状态，尤其是加氢情况、动力电池 SOC 状态的规定和车辆操作模式的选择。目前关于燃料电池汽车动力性测试的标准较少，GB/T 26991—2011《燃料电池电动汽车 最高车速试验方法》，2023 年修订为《燃料电池电动汽车动力性能试验方法》。一般来说，电电混合动力燃料电池汽车的动力性能试验主要包括混合模式下的最高车速、30min 最高车速、加速能力（原地起步加速性能、超越加速性能）、爬坡车速、最大爬坡度、坡道起步能力等几个主要方面；以及根据 GB/T 18385 的规定，应测试 REESS 模式下的最高车速、加速能力、最大爬坡度和坡道起步能力。目前，行业内燃料电池汽车基本上都属于电电混合类型，下面主要对燃料电池汽车在混合动力模式下的动力性能试验方法进行简要介绍。

### 9.4.1 车辆准备

在进行正式的动力性试验前，燃料电池汽车应该完成加氢、REESS 电量调节、预热等准备工作。

1）按照车辆制造商规定的加氢规程加注氢气。加氢规程须符合相关加氢标准。

2）进行 REESS 的电量调节，目的是使车辆上的燃料电池发动机正常工作，避免试验过程中出现只有 REESS 输出电力的情况。调节过程如下：

① 试验开始之前，确认并记录车辆的 REESS 的额定容量 $C_0$，按照厂家规定的要求对车辆的 REESS 进行电量调节，使 REESS 的 SOC 处于 30%～70% 范围内。

② 30min 最高车速试验，从整车起动开始采样，采样频率不低于 5Hz，直至试验结束。采集参数应包括：REESS 电流 $I_{REESS}$（A）。记录试验过程中 REESS 放电容量的最大值 $C_{max}$。

③ 以 $C_{max} \pm 10\% \ C_0$ 区间作为 REESS 的设定容量消耗区间，即后续各项动力性能试验开始前的 REESS 目标设定状态区间，在每项试验过程中不得中断数据采集。

④ 若试验需要中断或者数据采集中断，则后续进行动力性能试验前，需要重新按照上述第②、③步骤进行试验和数据采集，确定后续各项动力性能试验开始前的 REESS 目标设定状态区间，再进行后续动力性能试验。

3）在即将进行试验前，对会影响试验结果的车辆系统、部件进行预热以达到制造商规定的稳定温度条件。

### 9.4.2 试验方法

针对燃料电池汽车在混合动力模式下的最高车速、30min 最高车速、加速能力（原地起步加速性能、超越加速性能）、爬坡车速、最大爬坡度、坡道起步能力等几个方面，这里简要介绍其试验程序。

1. 最高车速试验

最高车速试验可以通过三种形式进行：第一种是基于同一试验道路的双方向试验；第二种是基于同一试验道路的单方向试验；第三种是基于环形跑道的试验。其中，最为理想的是双方向试验，这里进行重点介绍。

首先，将试验车辆加载到目标试验质量，增加的载荷应合理分布，并按照上述规定进行车辆准备。为了减少道路坡度和风向（风速）等因素造成的影响，依次从试验道路的两个方向进行试验，尽量使用道路的相同路径，两次测试应连续进行，间隔时间尽可能短。然后，在符合要求的试验道路上将试验车辆加速，使汽车在驶入测量区之前能够达到最高稳定车速并稳定行驶 1000m，保持这个车速持续行驶通过设定的测量区间长度。试验中车辆行驶速度变化不应超过 2%，记录车辆的通过时间。随即进行反方向的试验，并记录通过的时间。往返方向上的试验次数应相同且不少于 1 次，每次试验通过时间的变化不超过 3%。最后，按式（9-39）计算试验结果：

$$V = L \times 3.6/t \qquad (9-39)$$

式中，$V$ 为实际最高车速（km/h）；$t$ 为往返方向试验所测通过时间的算术平均值（s）；$L$ 为测量道路长度（m）。

2. 30min 最高车速试验

30min 最高车速的试验一般在环形试验跑道上进行。完成车辆准备和试验质量加载工作后，使试验车辆以该车 30min 最高车速估计值 ±5% 的车速行驶 30min。试验中车速如有变化，可以通过踩加速踏板来补偿，从而使车速符合 30min 最高车速估计值 ±5% 的要求。如果试验中车速达不到 30min 最高车速估计值的 95%，则试验一般应该重做，车速可以是上述 30min 最高车速估计值或者是制造商重新估计的 30min 最高车速。测量车辆驶过的里程 $S$。最后，按式（9-40）计算试验结果。

$$V_{30} = S/500 \qquad (9-40)$$

式中，$V_{30}$ 为 30min 最高车速（km/h）；$S$ 为车辆驶过的里程（m）。

3. 原地起步加速性能试验

完成车辆准备和试验质量加载工作后，进入试验跑道。试验时踩下制动器，将变速器置于前进档，然后在车辆静止状态全力踩下加速踏板，应在车轮滑转最小的情况下使车辆达到最大加速性能，当车辆运动时触发记录装置。

1）从静止状态开始全力踩下加速踏板，加速到 100km/h（如果最高车速的 90% 达不到 100km/h，应取最高车速的 90% 向下圆整到 5 的整数倍的车速作为试验终了车速）；记录每次试验过程中的车速、加速时间和加速距离。

2）从静止状态开始全力踩下加速踏板加速通过 400m 的距离，记录每次试验过程中的车速、加速时间。

4. 超越加速性能试验

完成车辆准备和试验质量加载工作。在进行超越加速前，车辆加速到规定的起始车速向下 2km/h 范围内保持匀速行驶至少 2s，当车速达到规定的起始车速时触发记录装置。从车辆规定的起始车速开始全力踩下加速踏板加速到 100km/h（如果最高车速的 90% 达不到 100km/h，应取最高车速的 90% 向下圆整到 5 的整数倍的车速作为试验终了车速）。记录每次试验过程中的车速、加速时间和加速距离。

对于超越加速性能试验，一般要求 M1、N1 类车辆的起始车速分别为：50km/h、60km/h；M1、N1 类以外的最高车速不大于 70km/h 的燃料电池汽车的起始车速：30km/h；M1、N1 类以外的最高车速大于 70km/h 的燃料电池汽车的起始车速：60km/h。

### 5. 爬坡车速试验

爬坡车速试验一般在底盘测功机上进行。将试验车辆加载到最大设计总质量，增加的载荷应合理分布。或将试验车辆空载状态置于底盘测功机，通过底盘测功机模拟车辆最大设计总质量进行测试。将试验车辆置于测功机上，调整测功机使其增加一个相当于 4% 坡度的附加载荷。将加速踏板踩到底使试验车辆加速或使用适当变速档位使车辆加速。确定试验车辆能够达到并能持续行驶 1km 的最高稳定车速，试验中车辆行驶速度变化不应超过 2%，同时记录持续行驶 1km 的时间。此外，还可调整测功机使其增加一个相当于 12% 坡度或其他坡度的附加载荷，以考查车辆在其他坡度下的爬坡车速。最后，按式（9-41）计算试验结果。

$$V = 3600/t \tag{9-41}$$

式中，$V$ 为实际爬坡最高车速（km/h）；$t$ 为持续行驶 1km 所测的时间（s）。

### 6. 最大爬坡度试验

最大爬坡度试验一般在专业汽车试验场的坡道上进行。将试验车辆加载到最大设计总质量，增加的载荷应合理分布。将汽车停于紧靠坡道区域的平直路线段上。如制造商有规定的爬坡档位，则置于制造商规定的档位；如无特殊规定，则置于 D 档，全驱车辆使用全轮驱动。起步后全力踩下加速踏板，在测试路段采集汽车的车速数据，爬坡中车速不断升高或趋于稳定通过测试路段，则说明爬坡成功并记录平均车速；爬至坡顶后，停车检查各部位有无异常现象发生。

若试验场内没有制造商规定坡度的坡道，则可通过增加质量 $\Delta M$ 进行试验，按式（9-42）计算需增加的质量 $\Delta M$，$\Delta M$ 应该均布于乘员舱、行李厢或货箱中。

$$\Delta M = M \times \frac{(\sin \alpha_0 - \sin \alpha_1)}{(\sin \alpha_1 - R)} \tag{9-42}$$

式中，$M$ 为试验时的车辆最大设计总质量（按 GB/T 3730.2 定义）（kg）；$\alpha_0$ 为制造厂技术条件规定的最大爬坡度对应的坡度角（°）；$\alpha_1$ 为实际试验坡道所对应的坡度角（°）；$R$ 为滚动阻尼系数，一般为 0.01。

根据式（9-43）计算最大爬坡度试验的爬坡平均车速：

$$V = 3.6L/t \tag{9-43}$$

式中，$V$ 为爬坡的平均车速（km/h）；$L$ 为测试路段的长度（m）；$t$ 为通过测试路段的时间（s）。

### 7. 坡道起步能力试验

坡道起步能力试验一般在专业汽车试验场的坡道进行。将试验车辆加载到最大设计总质量，增加的载荷应合理分布。坡道起步能力应在一定坡度角 $\alpha_2$ 的道路上进行，$\alpha_2$ 为制造厂规定的坡度角。若没有制造商规定坡度的坡道，可通过增加质量 $\Delta M$ 进行试验，按式（9-44）计算需增加的质量 $\Delta M$，$\Delta M$ 应该均布于乘员舱、行李厢或货箱中。

$$\Delta M = M \times \frac{(\sin\alpha_2 - \sin\alpha_1)}{(\sin\alpha_1 - R)} \tag{9-44}$$

式中，$M$ 为试验时的车辆最大设计总质量（按 GB/T 3730.2 定义）（kg）；$\alpha_2$ 为制造厂技术条件规定的坡道起步能力对应的坡度角（°）；$\alpha_1$ 为实际试验坡道所对应的坡度角（°）；$R$ 为滚动阻尼系数，一般为 0.01。

试验坡道中段设置至少 10m 的测量区域，测量区前应具有足够长度的起步区域，起步区域与测量区域的坡度一致。试验车辆完全爬坡至起步区域，靠车辆自身制动系统稳定停在坡道上，将变速杆置于 P 或 N 档，关闭驱动电机。然后将汽车变速杆置于 D 档，汽车档位置于最低档或制造商规定的爬坡档位，全驱车辆使用全轮驱动，全力踩下加速踏板，车速应不断增加或趋于稳定的向上通过测量区，车辆起步时不能出现驾驶员不可控制的明显的溜坡现象。

## 9.5 NVH 测试评价

燃料电池汽车的主要噪声源由传统汽车的内燃机变成了燃料电池发动机，但其 NVH 测试与传统内燃机汽车的 NVH 测试在本质上差别不大。从燃料电池汽车的车内车外噪声测试来讲，按照 GB/T 14365—2017《声学机动车辆定置噪声声压级测量方法》和 GB/T 18697—2002《汽车车内噪声测量方法》规定的方法和要求进行，即可得到国家标准中要求的噪声值。燃料电池发动机的主要噪声来源于空气子系统和氢气子系统。空气子系统中的空压机、氢气子系统中的氢气喷射器和氢气循环泵等是燃料电池汽车噪声的主要来源。空压机的噪声主要源自压缩空气过程中产生的气动噪声、高流速空气进气口以及排气口的涡流噪声、空压机振动产生的噪声等。氢气子系统的噪声主要源自氢气循环泵、氢气喷射器等处的气动噪声和机械噪声。燃料电池发动机的空气子系统和氢气子系统产生的噪声随车辆工况变化也呈现出不同的特点。

为研究燃料电池汽车的噪声尤其是车内噪声的特点，需要进行燃料电池汽车的 NVH 测试，下面对 NVH 试验方法和基于某款燃料电池乘用车的 NVH 试验进行简要介绍。

### 9.5.1 NVH 试验方法

**1. 试验条件及试验设备**

NVH 试验设备包括多通道振动与噪声测试仪、传声器、计算机及试验软件。燃料电池汽车的噪声组成中包含了大量的激励源的声振信息，不同的声振信号在时频域上会相互混叠，因此试验建议在半消声试验室内的转鼓试验台进行。半消声试验室属于半自由声场环境，可以为试验采集过程提供一个本底噪声较低的环境，通过高精度的声振信号数据采集系统以及高精度电容型传声器，采集燃料电池汽车不同运行工况下的车辆近场及车内的声振信号。

**2. 试验依据**

燃料电池汽车的振动噪声测试以 GB/T 14365—2017《声学机动车辆定置噪声声压级测量方法》与 GB/T 18697—2002《汽车车内噪声测量方法》为依据，选取车内以及车外相关部件附近的位置点布置数据采集传感器。

## 3. 测试工况

燃料电池汽车 NVH 测试工况一般可分为稳态工况和瞬态工况。稳态工况选择匀速和怠速，其中匀速选择 60km/h 和 120km/h 两种工况；怠速工况的选取依据空压机在车辆怠速下的不同运行状态，分为空压机怠速工作和空压机非怠速工作两个工况。瞬态工况一般选取燃料电池汽车的一些代表性状态，包括车辆起动、停机、排水吹扫等。表 9-7 列出了振动噪声测试的具体工况。

表 9-7 燃料电池汽车 NVH 测试工况

| 一级指标 | 工况 |
| --- | --- |
| 稳态工况 | 车辆怠速—空压机怠速工作 |
|  | 车辆怠速—空压机非怠速工作 |
|  | 60km/h |
|  | 120km/h |
| 瞬态工况 | 车辆起动过程 |
|  | 车辆停机过程 |
|  | 车辆排水吹扫 |

## 4. 测点布置

试验对象为一台燃料电池汽车乘用车，故从整车角度布置传感器，振动噪声测试包括车内和车外两部分。车内主要对座位处人右耳位置处的噪声进行采集。车内测试时传声器最大灵敏度的方向指向测量位置乘客的视线前方，并且传声器与座椅垫和车厢壁的距离均大于 0.15m。车外主要对空压机进出口等位置、氢气喷射器等位置的噪声进行采集。整车 NVH 测试测点布置位置见表 9-8。

表 9-8 燃料电池汽车 NVH 测试测点布置位置

| 测试项目 | 单位 | 测点布置 |
| --- | --- | --- |
| 车内噪声 | dB(A) | 驾驶员及乘员座椅右耳处 |
| 转向盘振动 | m/s² | 转向盘 12 点处 |
| 座椅导轨振动 | m/s² | 座椅导轨左侧固定点处 |
| 整车近场噪声 | dB（A） | 整车前、后距车 1m 处 |
| 氢气喷射器入口处噪声 | dB（A） | 氢气喷射器入口处 10cm 处 |
| 空气子系统进气口噪声 | dB（A） | 进气口 10cm 处 |
| 排气系统尾部噪声 | dB（A） | 排气口 50cm 处 |
| 空压机本体振动 | m/s² | 空压机进气口处壳体 |
| 空压机处噪声 | dB（A） | 空压机壳体 10cm 处共 2 个，空压机进、出气口各一个 |

在试验准备阶段，需要综合考虑各待测部件在车辆上的位置以及各位置处传声器固定的可操作性，对传声器进行有针对性的合理布置（图 9-24）。其中，在布置空压机附近噪声测点时（图 9-25），可以有针对性地布置空压机进气口附近和空压机出气口附近两个传声器，这可为量化空压机噪声并进一步分析其对车内噪声的影响提供更有针对性的试验数据。

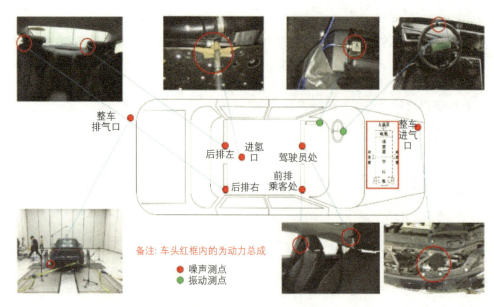

图 9-24　传声器布置示意图

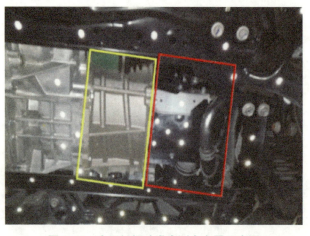

图 9-25　空压机振动噪声测点布置示意图

## 9.5.2　NVH 试验案例

试验车辆为一款燃料电池乘用车，该车采用驱动电机前置前驱的形式，动力来源包括燃料电池发动机和动力电池，搭载 70MPa 车载氢系统。空气子系统的主要噪声源为空压机，氢气子系统的主要噪声源为氢气喷射器和氢气循环泵。

**1. 稳态工况下振动噪声**

（1）匀速工况

试验车辆匀速工况的测试车速为 60km/h 和 120km/h，两种车速下各测试点的噪声对比如图 9-26 所示。将各车速下各测点振动噪声的均方根值（RMS）汇总成表以观察匀速工况下车辆的振动噪声水平，表 9-9 和表 9-10 所列分别为车辆匀速下各测点的噪声 RMS 值和振动的 RMS 值。

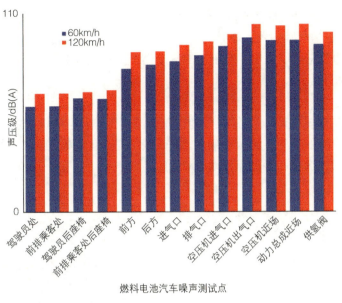

图 9-26　匀速时测点的声压级

表 9-9　匀速工况下各测点噪声 RMS 值　　　　　　　　[单位：dB（A）]

| 测点 | 噪声数值 | |
|---|---|---|
| | 60km/h | 120km/h |
| 驾驶员处 | 58.4 | 65.6 |
| 前排乘客处 | 58.6 | 65.8 |
| 后排左侧座椅 | 63.0 | 66.5 |
| 后排右侧座椅 | 62.6 | 67.5 |
| 整车前方 | 79.4 | 88.6 |
| 整车后方 | 81.5 | 89.0 |
| 整车进气口 | 83.4 | 92.4 |
| 整车排气口 | 86.8 | 94.3 |
| 空压机进气口 | 91.8 | 98.3 |
| 空压机出气口 | 96.3 | 103.9 |
| 空压机近场 | 94.9 | 103.1 |
| 氢气喷射器入口 | 92.7 | 99.5 |

表 9-10　匀速工况下各测点振动 RMS 值　　　　　　　　（单位：m/s²）

| 测点和方向 | 振动数值 | |
|---|---|---|
| | 60km/h | 120km/h |
| 空压机 $X$ | 1.86 | 5.54 |
| 空压机 $Y$ | 1.47 | 4.94 |
| 空压机 $Z$ | 2.25 | 5.79 |
| 转向盘 $X$ | 0.75 | 1.81 |
| 转向盘 $Y$ | 0.53 | 0.77 |
| 转向盘 $Z$ | 0.44 | 0.83 |
| 座椅导轨 $X$ | 0.14 | 0.18 |
| 座椅导轨 $Y$ | 0.15 | 0.35 |
| 座椅导轨 $Z$ | 0.20 | 0.35 |

试验车辆在匀速行驶时空压机处的噪声水平是最高的，在空压机处，空压机进气口的噪声水平较低；氢气喷射器入口处的噪声水平仅次于空压机处的噪声。

从表 9-10 的数据可以看出，空压机的振动情况远远大于其他测点，这也反映了空压机振动情况最为明显。

（2）怠速

试验车辆在怠速状态下，具体又分为空压机怠速工作和空压机非怠速工作两种情况，图 9-27 为两种情况下各测点的振动噪声水平对比。表 9-11 和表 9-12 分别为车辆怠速工况下各测点噪声 RMS 值和各测点振动 RMS 值。

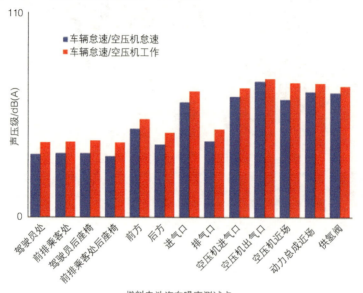

图 9-27　怠速工况下各测点的声压级

表 9-11　怠速工况下各测点噪声 RMS 值　　　　　[单位：dB（A）]

| 测点 | 噪声数值 | | |
|---|---|---|---|
| | 空压机怠速工作 | 空压机非怠速工作 | 差值 |
| 主驾 | 33.7 | 40.1 | 6.4 |
| 前排乘客处 | 34.2 | 40.6 | 6.4 |
| 后排左侧座椅 | 34.1 | 41.2 | 7.1 |
| 后排右侧座椅 | 32.7 | 40.0 | 7.3 |
| 整车前方 | 47.4 | 52.8 | 5.4 |
| 整车后方 | 39.1 | 45.4 | 6.3 |
| 整车进气口 | 61.8 | 67.7 | 5.9 |
| 整车排气口 | 40.7 | 47.3 | 6.6 |
| 空压机进气口 | 64.7 | 69.4 | 4.7 |
| 空压机出气口 | 73.0 | 74.5 | 1.5 |
| 空压机近场 | 63.2 | 72.3 | 9.1 |
| 氢气喷射器入口 | 66.9 | 70.5 | 3.6 |

表 9-12　车辆怠速工况下各测点振动 RMS 值　　　（单位：m/s²）

| 测点和方向 | 振动数值 | | |
|---|---|---|---|
| | 车辆怠速空压机怠速 | 车辆怠速空压机工作 | 差值 |
| 空压机 $X$ | 0.88 | 1.14 | 0.26 |
| 空压机 $Y$ | 0.59 | 0.76 | 0.17 |
| 空压机 $Z$ | 1.10 | 1.39 | 0.30 |
| 转向盘 $X$ | 0.05 | 0.08 | 0.04 |
| 转向盘 $Y$ | 0.10 | 0.13 | 0.03 |
| 转向盘 $Z$ | 0.04 | 0.07 | 0.04 |
| 座椅导轨 $X$ | 0.009 | 0.014 | 0.01 |
| 座椅导轨 $Y$ | 0.01 | 0.03 | 0.02 |
| 座椅导轨 $Z$ | 0.01 | 0.03 | 0.01 |

在车辆怠速时，空压机怠速工作和空压机非怠速工作对车内噪声的影响有较大区别，后者与前者相比，车内噪声平均提升 6.7dB（A）。

无论在匀速工况下还是在怠速工况下，空压机相关的四个测点的声压级相较其他测点都要高，尤其是空压机出气口的噪声水平在匀速和怠速工况时都是最高的。从整车近场来看，无论是匀速工况还是怠速工况，整车前方的噪声水平都普遍高于整车后方。值得注意的是，燃料电池发动机中氢气喷射器入口处的噪声水平接近空压机附近的噪声值，也是一个明显的噪声源。

2. 瞬态工况下振动噪声

由于起动、停机、吹扫排水等工况为非稳态工况，因此通过采集各测点的振动噪声随时间变化的数据，来观察分析在上述几种工况下各测点的振动噪声情况。

（1）起动工况

起动过程中，车内噪声（图 9-28）在剧烈波动上升，后逐渐平缓下来，且车内后排噪声大于前排。这主要是由于该车的氢气喷射器和氢气循环泵的布置距离后排更近，起动过程中的氢气喷射直接导致后排的噪声明显上升。

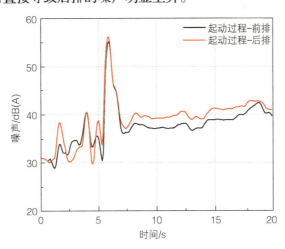

图 9-28　车辆起动过程中车内噪声变化

车辆起动过程中，空压机噪声（图9-29）水平逐步升高且有较为剧烈的波动，到一定时间后趋于稳定并在稳定区间小幅度波动，其中空压机近场和空压机出气口的噪声水平较高。

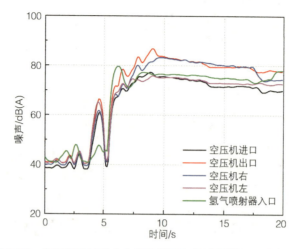

图9-29　车辆起动过程中空压机处及氢气喷射器入口噪声变化

空压机本体的振动随着车辆的起动迅速增加至较高水平并保持在高水平振动情况（图9-30），其中Z向振动情况较为明显。

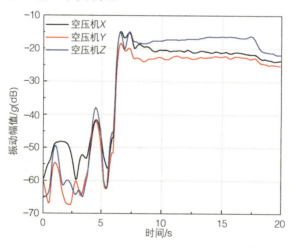

图9-30　车辆起动过程中空压机振动变化

车辆起动过程中，由图9-31可知刚起动时出现剧烈噪声波动之后趋于稳定，整车进气口噪声大于整车排气口，整车前方噪声大于整车后方。

（2）停机工况

车辆在停机过程中，具体测试结果如图9-32所示，可见车内噪声有较大波动且后排噪声普遍大于前排，反映了车内前后排存在明显的噪声差异。

在停机过程中，测试结果具体如图9-33所示。可见空压机几个测点处的噪声水平大小关系为：空压机出气口＞空压机近场＞空压机进气口，其噪声的波动不频繁；而氢气喷射器入口处噪声在停机过程中出现较频繁的波动。

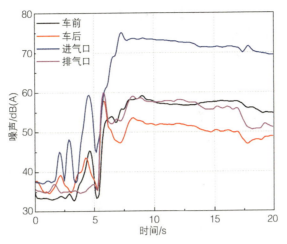

图 9-31　起动过程车辆前后及进排气口噪声变化

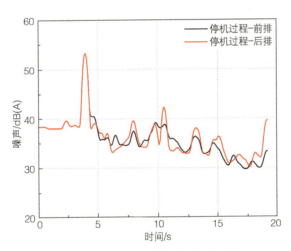

图 9-32　停机过程中车内噪声的变化

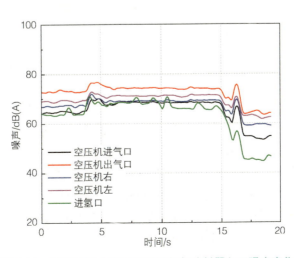

图 9-33　停机过程中空压机以及氢气喷射器入口噪声变化

在停机过程中，空压机振动情况从整体看较为平稳（图 9-34），后期有个突降点降至较低水平，这表明空压机已经完成停机过程。其中，空压机 Z 向振动在整个停机过程中起伏波动最大，且整体水平较高。

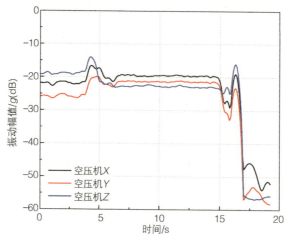

图 9-34　停机时空压机振动变化

在停机过程中，车辆前后及整车进排气口噪声变化如图 9-35 所示，其中车辆前方的噪声水平高于车辆后方，进气口噪声远远大于排气口噪声。

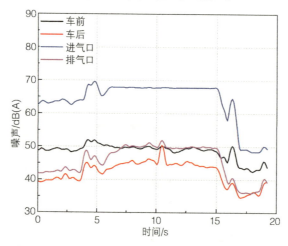

图 9-35　停机车辆前后以及整车进排气口噪声变化

（3）吹扫排水工况

吹扫排水工况下，整车内部噪声（图 9-36）比较平缓，波动不剧烈；在排水前期和后期均出现较大波动，车内后排噪声高于前排噪声。

吹扫排水工况下，空压机噪声（图 9-37）波动较为剧烈，出气口和空压机近场的噪声水平较其他测点略高。整体上空压机的噪声水平在整车范围内最为突出。空压机振动（图 9-38）在排水前期和后期出现较为明显的波动，排水过程振动较为平缓，$X$、$Z$ 方向的振动情况整体相差不大但都明显大于 $Y$ 向。

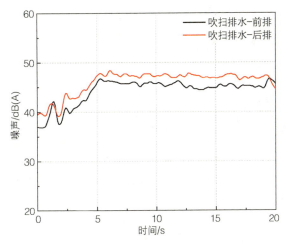

图 9-36 吹扫排水车内噪声变化

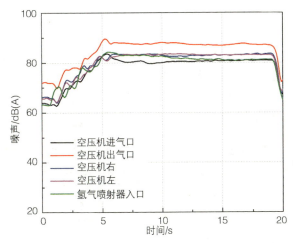

图 9-37 吹扫排水时空压机及氢气喷射器入口噪声变化

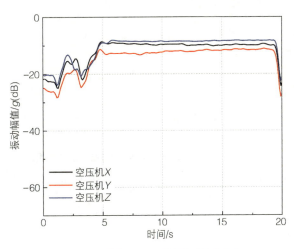

图 9-38 排水工况下空压机振动变化

吹扫排水工况下，车辆前后及整车进排气口噪声（图9-39）的大小比较稳定，噪声值大小排序是：整车进气口＞整车排气口＞整车前方＞整车后方。

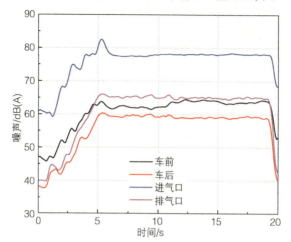

图 9-39 吹扫排水工况车辆前后及整车进排气口噪声变化

（4）瞬态工况对比

试验车辆在停机、起动、吹扫排水三个瞬态工况下的噪声和振动均值分别见表9-13和表9-14。在三个瞬态工况下空压机出气口噪声水平都是最高的，氢气喷射器入口的噪声水平仅次于空压机。三种工况下噪声大小关系为：吹扫排水＞车辆起动＞车辆停机。吹扫排水工况下的空压机振动明显大于车辆停机和车辆起动。

表 9-13 瞬态工况下车辆各测点的噪声均值　　[单位：dB（A）]

| 测点 | 停机均值 | 排水均值 | 车辆起动均值 |
| --- | --- | --- | --- |
| 驾驶员处 | 37.0 | 43.9 | 39.3 |
| 后排左侧座椅 | 37.4 | 45.1 | 40.7 |
| 车前 | 48.8 | 59.8 | 54.3 |
| 车后 | 42.9 | 55.7 | 48.9 |
| 整车进气口 | 65.3 | 75.8 | 69.0 |
| 整车排气口 | 46.9 | 60.9 | 53.7 |
| 空压机进气口 | 66.5 | 77.2 | 70.2 |
| 空压机出气口 | 72.8 | 83.4 | 77.5 |
| 空压机近场 | 69.6 | 81.0 | 76.3 |
| 氢气喷射器入口 | 65.3 | 79.9 | 73.1 |

表 9-14 各瞬态工况下车辆各测点的振动均值

| 测点 | 停机均值 | 排水均值 | 车辆起动均值 |
| --- | --- | --- | --- |
| 空压机 $X$ | 0.83 | 2.16 | 0.65 |
| 空压机 $Y$ | 0.63 | 1.58 | 0.50 |
| 空压机 $Z$ | 0.77 | 2.41 | 0.90 |

通过该款车型的 NVH 试验案例，可知其空压机和氢气喷射器（燃料电池堆入口处）的噪声水平较高，对车内噪声有显著影响。在此基础上，还可以对各噪声源的噪声能量分布、各噪声信号之间的相关性进行深入分析，为进一步优化燃料电池汽车的 NVH 性能提供参考。

## 9.6 实际道路测试评价

与传统内燃机汽车一样，燃料电池汽车在实际道路运行过程中，受使用环境和产品本身质量等因素影响，其耐久性、可靠性、经济性等与试验室内的试验结果存在区别，因此通过实际道路运行能够更加客观地评价燃料电池汽车的各项性能。

耐久性是指整车及其子系统在达到目标性能衰减数值或者不能继续使用前保持正常工作的能力，一般使用寿命作为指标对其进行评价。目前，燃料电池汽车的耐久性主要受到燃料电池发动机耐久性的影响，而燃料电池发动机的耐久性主要与燃料电池堆、空压机等关键部件的耐久性有关。可靠性是指在规定的使用条件和规定的行驶里程内完成规定功能的能力，其与汽车本身固有的可靠性、使用维修水平和使用条件直接相关。在实际道路运行过程中，燃料电池发动机的燃料电池堆、辅助系统（如空压机、氢气循环泵）、DC/DC 模块等发生故障是导致整车出现故障的主要原因。可靠性的评价指标一般包括平均首次故障里程、平均故障间隔里程、当量故障率等。此外，实际道路运行也可作为整车氢电安全、整车经济性、整车对空气/氢气品质适应性等指标的测试评价手段。这里重点介绍通过实际道路运行评价耐久性的方法和案例。

### 9.6.1 实路运行数据采集

燃料电池汽车实际道路运行的数据采集是进行测试评价的基础工作，数据采集方案一般由四部分组成：车载数据端、数据服务器、客户端以及公共网络资源，其结构组成如图 9-40 所示。

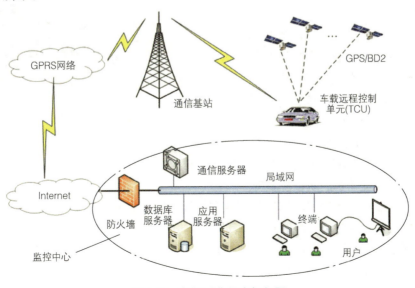

图 9-40 数据采集平台框架图

方案系统工作过程的原理是：车载数据采集系统负责实时采集车辆的运行参数和定位信息，再由公用无线通信网络以及 Internet 网络，与数据中心的服务器进行双向数据交换。而数据服务器完成数据处理、分析、储存及其他服务。用户可以通过授权访问数据服务器，完成数据管理。

车载数据采集系统包括 GPS 系统或北斗系统的定位模块、公用无线数据通信模块等。该系统主要负责采集车辆运行数据，经过编码由公共网络发送到数据服务器等。

数据服务中心的服务器包括数据通信服务器、Web 服务器和数据库服务器三部分，物理上可以使用独立的 3 台服务器，也可以合并使用 1 台。另外，客户端提供数据服务器的访问功能，连接在 Internet 上的任何一台计算机都可以作为一个客户端，用户可以通过客户端对车辆进行远程监控。客户端采用授权使用方式，设有安全密码，可以保证系统的安全性。

目前，我国燃料电池汽车的远程监控与数据采集按照 GB/T 32960.1—2016《电动汽车远程服务与管理系统技术规范　第 1 部分：总则》、GB/T 32960.2—2016《电动汽车远程服务与管理系统技术规范　第 2 部分：车载终端》和 GB/T 32960.3—2016《电动汽车远程服务与管理系统技术规范　第 3 部分：通信协议及数据格式》的要求进行。采集的数据包括燃料电池汽车的车速、燃料电池堆的电压和电流、车载氢系统的压力和温度等关键参数，可以用于对燃料电池汽车进行部分指标的分析和评价。

### 9.6.2　实路运行特征提取

**1. 整车及燃料电池发动机运行时间**

以某批次燃料电池客车为例，车辆为燃料电池和动力电池的电电混合动力构型。在车辆运行时燃料电池发动机并非持续处于运行状态，分析其实际运行时间，如图 9-41 所示，其中蓝色代表包含车辆怠速的总运行时间，即包含车辆速度为 0 时运行工况；橙色为不包含怠速运行的总运行时间；黄色为燃料电池发动机总运行时间。

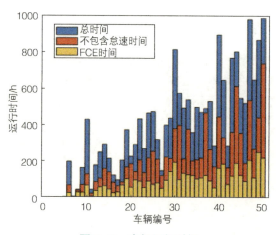

图 9-41　车辆运行时间

从三种运行时间分布来看，车辆的怠速工作时间均占有较大的比例。从总体上看，在非怠速运行时间内，燃料电池发动机的工作时间占总工作时间的 30%~50%。

**2. 燃料电池发动机的功率及温度**

燃料电池发动机的输出功率反映其在车辆运行过程中的运行工况，提取燃料电池堆及辅助系统工作时的电流、电压并计算其功率，以燃料电池发动机额定功率 130kW 为基准值对计算结果进行标准化处理。图 9-42 所示为所有车辆提取的燃料电池发动机功率分布情况，该图也反映了不同功率区间下的运行时间。运行时燃料电池发动机的主要功率区间为 25%~45% 额定功率，占比 70% 左右。

图9-43为燃料电池发动机运行时燃料电池堆运行温度的分布情况，其温度分布较为集中，分布在65～80℃的占比约为75%。其他温度区间分布相对较少，显示出车辆运行当中对温度的控制符合燃料电池发动机热管理系统的控制目标需求。

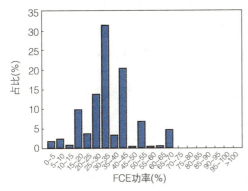

图9-42　燃料电池发动机运行功率分布

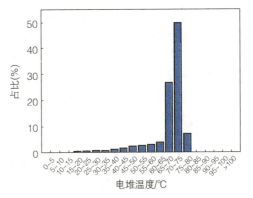

图9-43　燃料电池堆工作温度

**3. 燃料电池堆的运行工况**

在燃料电池汽车的实际道路运行中，燃料电池堆需经历更为苛刻和复杂的工况条件。典型的燃料电池堆运行工况可以分为以下几种：起动/停机（车辆起停）、负载动态变化（车辆加减速）、高负荷运行（车辆高负荷行驶）、低负荷运行（车辆怠速或低速行驶）、稳态运行（车辆匀速行驶）、开路状态（由燃料电池发动机控制策略不当引起）等。这里简单介绍以下几种典型工况对燃料电池堆耐久性的影响，具体可根据车辆的实际运行情况对燃料电池堆的运行工况进行针对性分析。

（1）起动/停机

起动/停机是车辆在使用阶段频繁出现的工况之一。在起动阶段，通常采用氢气对混入空气的阳极电极和流道进行吹扫。在停机阶段，由于空气从阴极反渗到阳极，或环境空气从阳极出口进入阳极腔体，阳极产生氢气/空气界面。当燃料电池堆起动时，氢气被通入有空气存在的阳极中，形成氢气/空气界面，阳极会出现局部氢气不足现象，阴极产生高电位造成碳腐蚀，阴极的电势会在短时间内处在1.5V以上，导致催化层结构遭到破坏，从而对电荷传递和传质产生不利影响。碳腐蚀破坏了阴极中的导体并迫使电子通路重建，进一步增加了阴极的欧姆电阻和接触电阻。另外碳腐蚀促进Pt颗粒聚集，导致活性面积减小。而且碳腐蚀还会使催化剂层结构坍塌，导致孔隙率和离聚物分布变化，从而导致水管理问题。

（2）开路和怠速

开路和怠速工况下的衰减通常可分为质子交换膜的衰减和催化层的衰减。燃料电池堆在车辆起动或停机过程中，若控制策略不当，则可能会使其短暂处于开路状态，具体表现为输出电流为0而电压处于较高的范围（>0.95V）中。阴极处于高电位会导致生成自由基，自由基攻击质子交换膜，引起质子交换膜变薄、表面粗糙、裂痕和针孔等，进而影响质子传导率、质子交换膜的稳定性等。阴极长期处于高电位易发生铂的氧化迁移、碳腐蚀等，造成燃料电池电化学活性面积降低，导致燃料电池性能衰减。怠速工况通常指燃料电池运行在无对外功率输出条件下，即燃料电池堆以小电流运行以维持燃料电池系统自身正常工作。车辆在怠速过程中，燃料电池堆会处于输出电流较低而电压较高（0.9~1.0V）的状态。这种高电势工况将加速催化剂的衰退、碳载体的腐蚀及 $H_2O_2$ 的生成，导致燃料电池的性能衰减。

变载工况使得燃料电池内部的水分布不均匀、湿度循环导致膜收缩膨胀、产生机械应力，一方面导致膜变薄产生针孔、裂纹，另一方面导致膜、催化剂层、气体扩散层之间产生分层，阻碍质子、电子传递，最终导致接触电阻变大、电池性能降低。加载速度快，容易导致反应气体供给滞后、燃料电池内部气体分布不均匀等，从而会造成反应气体饥饿。变载过程伴随的电压循环会加速催化剂老化，小颗粒 Pt 溶解形成离子，并在大颗粒上重新沉积长大。

（3）动态变载

在实际运行过程中，车辆需经历频繁的上下坡、加减速等工况变化，从而导致燃料电池堆的负荷产生相应变化。负荷变化会造成燃料电池的电极电位、气体计量比、温度、压力和湿度等发生反复波动，一般单电池的电压会在 0.6~0.9V 范围内频繁的变化。研究表明，频繁的电压变化会使催化剂 Pt 颗粒氧化、溶解或团聚，进而使燃料电池阴极催化层的电化学活化面积明显减少，从而加速燃料电池的老化。

（4）过载工况

燃料电池汽车在实际使用过程中，还需要燃料电池堆具有一定的过载能力，以满足短时大电流的高功率工作需求，这要求燃料电池堆具有快速的电化学反应速率。但是过载情况下快速的电化学反应会带来不利影响，主要表现有：氢氧化、氧还原反应速率增加，导致反应气体不足或发生水淹的风险增大；自由基生成速率增加，导致质子交换膜衰减加速；催化剂碳腐蚀速率增加，导致催化剂颗粒加速团聚长大；碳表面氧化会产生一些亲水基团，导致气体扩散层的疏水性变化。

### 9.6.3 燃料电池堆性能提取及性能衰减

**1. 燃料电池堆极化曲线提取**

在车辆实路运行过程采集得到的燃料电池堆性能数据是大量且离散的，因此无法通过这些数据直接获得表征燃料电池性能的极化曲线。美国国家可再生能源实验室处理实际道路运行中燃料电池堆电流/电压数据的方法，如图 9-44 所示：

1）从离散数据中选取连续的 2500 个数据点作为样本。

2）对样本数据直接进行极化曲线拟合。

3）记录样本数据对应的车辆运行时间。

4）记录指定电流下的拟合电压值。

该方法有几个明显的不足：

1）采用选取连续 2500 个数据点的方法，无法保证该样本的数据是在燃料电池堆连续运行的一段时间内获得的。例如，燃料电池堆可能经历了较长时间的停机，其内部的膜湿度变化及杂质气体入侵将会影响其停放后的性能，因此长时间停机后的燃料电池堆在起动后会经历一个活化至最佳性能的过程。因此，连续取点的方法可能将一些非正常性能点代入到极化曲线的拟合中。

2）无法拟合出确定的开路电压，这将使小电流区间的极化曲线精度下降。

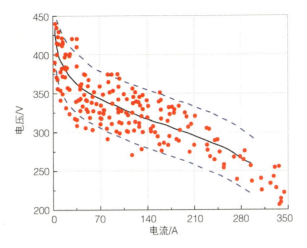

图 9-44　美国国家可再生能源实验室处理实际道路运行中燃料电池堆电流/电压数据的方法

3）未对异常数据及包络线以外的野值进行剔除，同样会影响曲线的拟合精度。

4）无法通过原始的离散数据直接获得对应电流下的电压值。

本书作者提出一种基于大量离散数据提取燃料电池堆极化曲线的方法，主要包括提取数据片段、数据片段预处理、提取及拟合极化曲线三个步骤：

1）提取数据片段。以某款燃料电池汽车为例，参考试验室条件下的极化曲线测试，将燃料电池堆每次停放再起动后运行 1h 的过程看作燃料电池堆的活化过程，将运行第 2~3h 的数据作为性能分析样本，即每条极化曲线需要采用 2h 的离散数据。比如，车辆累计运行 15h 后经历了一次停放过程，那么取第 16~18h 之间的数据用作车辆运行 17h 时的性能表征。

2）数据片段预处理。数据片段预处理的目的是得到原始数据中的近稳态数据，为下一步的极化曲线拟合做准备。受燃料电池发动机控制水平及复杂运行工况的影响，时常会出现明显偏离大部分数据的野值，以燃料电池堆正常工作时的温度范围、电压范围等为依据，对燃料电池堆的运行数据进行非稳态点剔除，如图 9-45 所示。

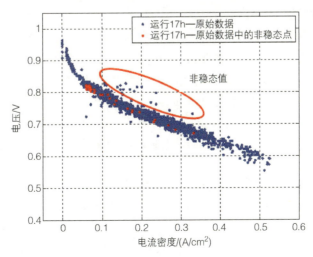

图 9-45　剔除离散性能数据中的非稳态值

3）提取及拟合极化曲线。完成数据片段预处理后，在某一指定的电流点下，相应地存在不同的燃料电池电压值。参考稳态极化曲线测试的处理方法，即该计算电流密度下对应的所有电压的平均值，进而得到某一指定电流下唯一的电压值，如图9-46所示。

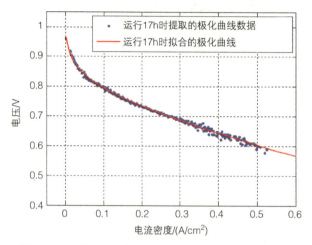

图9-46　运行17h时燃料电池堆的极化曲线提取结果

以极化曲线半经验模型式（9-45）对图9-46中的数据点进行拟合，得到图中红色实线所示的极化曲线。

$$E_{cell} = E_{OCV} - b\log\left(\frac{i + i_{loss}}{i_{loss}}\right) - Ri \qquad (9\text{-}45)$$

式中，$E_{cell}$为燃料电池输出电压（V）；$E_{OCV}$为燃料电池开路电压（V）；$b$为Tafel斜率；$i$为电流密度（A/cm²）；$i_{loss}$为损失电流密度（A/cm²）；$R$为欧姆电阻（Ω）。

图9-46中红色实线即为经过数据提取拟合得到的极化曲线，具体表达式为

$$E_{cell} = 0.9695 - 0.1087 \times \log\left(\frac{i + 0.0048}{0.0048}\right) - 0.2906 \times i \qquad (9\text{-}46)$$

**2. 燃料电池堆性能衰减规律**

基于上一部分提出的方法，可以提取实路运行条件下燃料电池堆在不同运行时间后的极化曲线，以支撑对燃料电池堆耐久性的分析。以某款燃料电池汽车为例，在运行时间519h中，选取每经历一次停机再起动后的第2个小时作为一个时间节点（共计92个），可得到每个节点的燃料电池堆极化曲线，进而对燃料电池堆的性能随运行时间的变化规律进行分析。处理得到92条极化曲线（图9-47所示为部分曲线）后，选取电流密度点0.30A/cm²作为分析对象，讨论燃料电池堆电压随运行时间的变化情况，如图9-48a所示。

在整个运行周期中，燃料电池堆在电流密度为0.30A/cm²下的电压衰减速率约为67.68μV/h，衰减幅度达到8.47%。另外，电压衰减分为明显的三个阶段：新堆首先进入初期快速衰减阶段（0~190.7h，占比36.6%），接着进入缓慢衰减阶段（190.7~371.8h，占比34.8%），最后在末段呈现出第二次快速衰减（371.8~519h，占比28.6%）。三个阶段的衰减速率如图9-48b所示，分别为84.78、17.22、211.32μV/h。

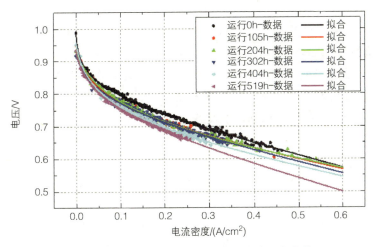

图 9-47 不同运行时间后燃料电池堆的极化曲线

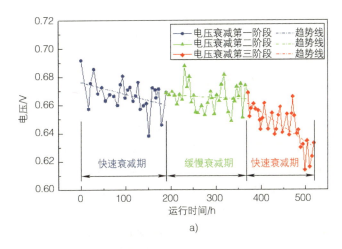

a)

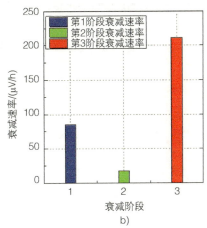

b)

图 9-48 0.30A/cm² 电流密度下电压变化曲线及不同阶段的电压衰减速率

## 9.7 本章小结

本章主要对燃料电池汽车的安全性、动力性、经济性、环境适应性、NVH、实际道路测试等方面的的测评技术进行分析介绍。燃料电池汽车技术仍处于快速发展中，还有很多测试评价方面的研究工作需要拓展和深化，下一步在做细和做透上述基本性能测评的基础上，还需要针对燃料电池汽车的研发测试开展工作，以形成更为深入的燃料电池汽车测试评价体系，服务于行业的快速发展。

## 参考文献

[1] 全国汽车标准化委员会. 燃料电池电动汽车　整车氢气排放测试方法：GB/T 37154—2018[S]. 北京：中国标准出版社，2018.

[2] UNECE. Global technical regulation on hydrogen and fuel cell vehicles：Global technical regulationNo.13：2013[S/OL].[2023-01-10].https：//unece.org/fileadmin/DAM/trans/main/wp29/wp29wgs/wp29gen/wp29registry/ECE-TRANS-180a13app1e.pdf.

[3] SAE. Recommended Practice for General Fuel Cell Vehicle Safety：SAE J2578：2023[S/OL].[2023-01-10].https：//www.sae.org/standards/content/ j2578_202301.

[4] 全国汽车标准化委员会. 燃料电池电动汽车动力性能试验方法：GB/T 26991—2023[S]：北京：中国标准出版社，2024.

[5] 全国汽车标准化委员会. 燃料电池电动汽车　氢气消耗量　测量方法：GB/T 35178—2017[S]：北京：中国标准出版社，2017.

[6] ISO. Fuel Cell Road Vehicle-Energy Consumption Measurement-Vehicles fuelled with compressed hydrogen：ISO 23828：2022[S/OL]. [2023-02-11]. https：//www.iso.org/ standard/78416.html.

[7] SAE. Recommended Practice for Measuring the Energy Consumption and Range of Fuel Cell Powered Electric Vehicles Using Compressed Hydrogen：SAE J2572：2014[S/OL]. [2023-03-01].https：//www.sae.org/standards/content/j2572_201410.

[8] 中国汽车工程学会. 燃料电池电动汽车低温冷起动性能试验方法：T/CSAE 122—2019[S/OL].（2019-12-04）[2023-05-01].http//csae.sae-china.org/portal/standardDetail?id = 4ef3fdb424b86749435d30a37bc27882.

[9] 全国声学标准化技术委员会. 声学　机动车辆定置噪声声压级测量方法：GB/T 14365—2017[S]：北京：中国标准出版社，2017.

[10] 全国声学标准化技术委员会. 声学　汽车车内噪声测量方法：GB/T 18697—2002[S]：北京：中国标准出版社，2002.

[11] 全国汽车标准化技术委员会. 燃料电池电动汽车安全要求：GB/T 24549—2020[S]：北京：中国标准出版社，2020.

# Chapter 10

# 第 10 章
# 氢能与燃料电池汽车相关标准

完善的氢能和燃料电池汽车标准体系，对于燃料电池汽车技术的开发及应用都具有十分重要的意义。现有标准主要集中在氢能及燃料电池的测试、安全性以及燃料电池汽车整车动力性、能耗和续驶里程等方面。为适应燃料电池汽车产业发展，氢气生产、储存、运输、加氢及加氢站等方面的标准也在加紧研究和制订中。国际上多个国家和组织已经开展燃料电池方面的标准制修订工作，具体如下：

1）由联合国世界车辆法规协调论坛（UN/WP.29）负责制订发布的全球汽车技术法规 GTR 13《氢燃料电池电动汽车全球技术法规》，在这方面起到了纲领性作用。联合国世界车辆法规协调论坛（WP.29）是联合国欧洲经济委员会下属的工作组，主要开展国际范围内汽车技术法规的制修订、协调、统一与实施工作。

2）国际电工委员会（IEC）和国际标准化组织（ISO）在燃料电池汽车标准的制订方面起到了基础和协调的重要作用。ISO 主要负责整车、动力系统和电池标准，IEC 负责电器附件和基础设施方面的标准。

3）美国汽车工程学会（SAE）在汽车标准制订方面进行了大量工作，已经发布多项燃料电池汽车相关标准，为燃料电池汽车的产业化起到了积极的推动作用。

4）我国制订氢能与燃料电动汽车相关标准的机构主要有全国燃料电池及液流电池标准化技术委员会、全国汽车标准化技术委员会、全国氢能标准化技术委员会、全国气瓶标准化技术委员会四个标准机构。为落实国家关于发展氢能产业的决策部署，充分发挥氢能在现代能源体系建设、用能终端绿色低碳转型中的载体作用，加快建立氢能制、储、输、用标准体系，发挥标准对氢能产业发展的支撑和引领作用，国家制定了《氢能产业标准体系建设指南（2023 版）》。

下面对一些主要机构制订的氢能与燃料电池汽车相关标准情况进行介绍。

## 10.1　GTR 13 简介

目前，GTR、ISO、GB、SAE 等针对燃料电池汽车相关方面发布了一些标准，其中 GTR 13 为世界各国制订此类标准提供了基础。GTR 法规全称为全球汽车技术法规，由联合国世界车辆法规协调论坛（UN/WP.29）负责制订发布。目前，WP.29 在被动安全专家工作组（GRSP）框架内下设电动汽车安全（EVS）和氢燃料电池汽车（HFCV）两个非正式工作组，在污染和能源专家工作组（GRPE）框架内下设电动汽车与环境（EVE）非正式工作组，通过非正式工作组开展电动汽车领域的全球技术法规协调活动。WP.29 电动汽车法规工作组织框架如图 10-1 所示。

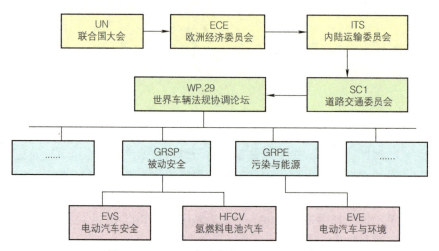

图 10-1　WP.29 电动汽车法规工作组织框架

2013 年 7 月发布的 UN GTR No.13《氢能和燃料电池汽车全球技术法规》（Global Technical Regulation Concerning the Hydrogen and Fuel Cell Vehicles）是燃料电池汽车领域内第一个国际性法规。该法规的制订是为了引导促进氢燃料电池汽车安全性提升，以避免氢气爆炸、燃烧等造成人员伤害，此外该法规还包括当汽车发生事故时乘员和急救人员免受电击危险等要求。下面从高压储氢系统、车载氢系统、电安全、使用液氢储存系统的车辆等四个方面对 GTR 13 的主要内容进行简述。

### 10.1.1　高压储氢系统

这部分规定了车用高压储氢系统完整性的要求。规定用于道路车辆的高压储氢系统的标称工作压力不高于 70MPa，使用寿命不超过 15 年。主要内容包括高压储氢系统性能试验、温度驱动压力泄放装置性能试验、单向阀和自动截止阀性能试验等方面。

**1. 高压储氢系统性能试验**

车载高压储氢系统作为燃料电池汽车上一个完整的子系统，其性能必须经过严格测试。规定的性能测试包括基本性能验证试验、耐久性验证试验、预期使用性能验证试验和使用终止验证试验。另外氢气储存系统的标签虽然不是储氢系统的性能之一，但作为使用要求必须具备，因此把标签要求附加在性能要求部分。高压储氢系统性能验证试验的主要内容见表 10-1。

表 10-1　高压储氢系统性能验证试验摘要

| 性能分类 | 试件个数 | 基本内容 | 试验简述 | 性能要求 |
|---|---|---|---|---|
| 1. 基本性能验证测试 | 3 | 1.1 基准初始爆破压力 | 从1个合格批次气瓶中（≥10个）中随机选择3个，进行液压加压直至爆破，并确定气瓶平均爆破压力（$BP_0$） | 各试件的爆破压力偏差应在±10%$BP_0$以内，且不小于最小爆破压力$BP_{min}$（225%NWP） |
| | 3 | 1.2 基准初始压力循环寿命 | 从一个合格批次中随机选择3个新气瓶，在20℃和125%NWP下进行22000次液压循环或进行循环直到泄漏发生，停止试验 | 在规定的循环次数内不应发生泄漏，循环次数可以设定为5500次、7500次 或 11000次；泄漏发生在爆破之前 |
| 2. 耐久性验证测试 | 根据1.2结果，如果3个循环次数都大于11000，或者差值±25%以内，则只测1个新瓶；否则测量3个新瓶 | 2.1 耐压试验 | 加压至150% NWP并保持30s | 不发生泄漏 |
| | | 2.2 跌落（冲击）试验 | 高压储气瓶以几个规定的冲击角度落下 | — |
| | | 2.3 表面损伤 | 高压储气瓶受到规定的表面损伤 | |
| | | 2.4 化学暴露和常温压力循环测试 | 气瓶暴露于道路环境下常遇到的几种化学物质中，并在20℃下进行压力循环 | 不发生泄漏 |
| | | 2.5 高温静压测试 | 85℃下，气瓶加压到125% NWP，并保持1000h | |
| | | 2.6 极端温度压力循环 | 在≤-40℃下、在≥85℃和95%RH 环境下进行 | |
| | | 2.7 残余压力测试 | 气瓶加压到180%NWP，并保持4min | 不发生爆破 |
| | | 2.8 残余爆破试验 | 对气瓶进行液压爆破试验 | 爆破压力与基准爆破压力的偏差在20%以内 |
| 3. 预期使用性能验证测试 | 1 | 3.1 耐压测试 | 加压到150% NWP并保持30s | 不发生泄漏 |
| | | 3.2 环境和极端温度压力循环测试（气压） | 使用≤-40℃的氢气进行500次压力循环 | |
| | | 3.3 极端温度下静压气体泄漏/渗透测试（气压） | 每250次循环后测试一次泄漏情况 | 最大允许泄漏量为46mL/h/L |
| | | 3.4 残余压力测试 | 高压储气瓶加压到180% NWP并保持4min | 不爆破 |
| | | 3.5 残余强度爆破试验（液压） | 对气瓶进行液压爆破测试 | 爆破压力与基准爆破压力的偏差在20%以内 |
| 4. 火灾情况下系统使用终止性能验证测试 | — | 具体见表10-2 | 氢气储存系统加压到100%NWP并暴露在火烧中 | TPRD 应以受控方式释放所含气体且气瓶不破裂 |
| 5. 密封装置耐久性验证测试 | — | — | TPRD、单向阀和自动截止阀的性能测试 | 见表10-3和表10-4 |
| 6. 标签 | — | — | 标签的内容应至少包括制造商名称、气瓶序列号、生产日期、NWP、燃料类型、使用期限 | 每一个气瓶都应贴有永久标签 |

表 10-2 火烧试验规程摘要

| 时间 | 操作 | 局部火焰区域 | 整体火烧区域（局部火焰区域以外） |
|---|---|---|---|
| 0~1min | 具体操作 | 点燃燃烧器 | 非点火操作 |
| | 最低温度 | 没有规定 | 没有规定 |
| | 最高温度 | 低于900℃ | 没有规定 |
| 1~3min | 具体操作 | 起动局部火焰试验，升高温度和稳定火焰 | 非点火操作 |
| | 最低温度 | 大于300℃ | 没有规定 |
| | 最高温度 | 低于900℃ | 没有规定 |
| 3~10min | 具体操作 | 局部火焰暴露持续进行 | 非点火操作 |
| | 最低温度 | 1min 连续平均温度大于600℃ | 没有规定 |
| | 最高温度 | 1min 连续平均温度小于900℃ | 没有规定 |
| 10~11min | 具体操作 | 升高温度 | 在第10min使用主燃烧器点燃 |
| | 最低温度 | 1min 连续平均温度大于600℃ | 没有规定 |
| | 最高温度 | 1min 连续平均温度小于1100℃ | 小于1100℃ |
| 11~12min | 具体操作 | 为了起动整体火烧，升高温度和稳定火焰 | 为了起动整体火烧，升高温度和稳定火焰 |
| | 最低温度 | 1min 连续平均温度大于600℃ | 大于300℃ |
| | 最高温度 | 1min 连续平均温度小于1100℃ | 小于1100℃ |
| 12min到试验结束 | 具体操作 | 整体火烧持续暴露 | 整体火烧持续暴露 |
| | 最低温度 | 1min 连续平均温度大于800℃ | 1min 连续平均温度大于800℃ |
| | 最高温度 | 1min 连续平均温度小于1100℃ | 1min 连续平均温度小于1100℃ |

### 2. 温度驱动安全泄压装置（TPRD）的氢循环试验

高压储氢系统中的氢气密封件验证试验是为验证其可靠性和耐久性。这些密封件具体包括温度驱动安全泄压装置（TPRD）、单向阀、截止阀。截止阀用来把储氢罐中的高压氢气同汽车氢燃料系统的其他部分和环境分隔开。其中TPRD的性能试验见表10-3。

表 10-3 TPRD 性能试验摘要

| 序号 | 试件数量 | 试验内容 | 试验简介 | 性能要求 |
|---|---|---|---|---|
| 1.1 | 1 | 泄漏试验 | 一个新TPRD在常温、高温、低温和对应压力下测试，试验前试件在每种温度和试验压力下保持1h。试验完后试件不再用于其他设计认证测试。1.4~1.7试验后的泄漏测试，继续使用对应试验规定的温度条件进行泄漏测试 | 在规定的试验温度下，试件在一种温度可控的液体（或其他等效方法）中浸泡至少1min。没有观察到气泡，则通过试验。如有泄漏，则氢气总泄漏速率应小于10mL/h |
| 1.2 | 2 | 动作试验 | 在试验台模拟条件下，测试两个新TPRD在600℃和规定压力下的动作时间；另外经过1.4~1.7试验的所有TPRD试件，要求在规定温度和压力下进行动作时间测试 | 两个新TPRD的动作时间差别不应大于2min；1.4~1.7试验的TPRD试件应该在不超过基准时间2min的时间内动作，基准时间为新TPRD加压到125% NWP 的动作时间 |
| 1.3 | 3、5 | 流量试验 | 每个试件使用氢气、空气或惰性气体进行流量测试。流量试验的进气压力为2MPa，出气口为环境气压，记录进气口的温度和压力 | 3个新试件和经过1.4~1.8试验后的试件中各选1个，所有8个试件流量测量值中的最小值应不低于最高值的90% |

(续)

| 序号 | 试件数量 | 试验内容 | 试验简介 | 性能要求 |
|---|---|---|---|---|
| 1.4 | 5 | 气压循环试验 | 在规定的压力、温度、频率下,对试件先进行气压循环测试,然后进行泄漏、动作和流量测试 | 气压循环完成后进行的三个测试符合各自的具体要求 |
| 1.5 | 1 | 温度循环试验 | 在规定压力、温度下进行规定次数的循环,然后进行泄漏、动作和流量测试 | 温度循环试验后的三个测试符合各自的具体要求 |
| 1.6 | 2 | 盐雾腐蚀试验 | 规定温度下,两个试件分别在不同pH值和添加物的盐溶液条件下完成500h盐雾试验,然后进行泄漏、动作和流量测试 | 盐雾腐蚀试验后的三个测试符合各自的具体要求 |
| 1.7 | 1 | 汽车环境模拟试验 | 规定温度下,试件分别在4种汽车使用环境中代表性液体中各暴露24h,然后进行泄漏、动作和流量测试 | 汽车环境模拟试验后试件不应出现可能导致部件功能损坏的物理破坏迹象,且试验后的三个测试符合各自的具体要求 |
| 1.8 | 7 | 跌落和振动试验 | 常温下,首先6个试件各自按照6个不同方向从2m高度进行跌落试验;然后6个经过跌落和另外1个没经过跌落的试件进行振动试验;最后进行泄漏、动作和流量测试 | 如果经过跌落的试件没有出现影响使用的外部损坏,则继续进行振动;经过振动后,试件不应出现可观察到的表明该件不适合使用的外部损坏;且试验后的三个测试符合各自的具体要求 |
| 1.9 | 8 | 加速寿命试验 | 5个试件在加速寿命试验温度($T_{life}$ = $9.17T_{act}^{0.503}$)下进行,TPRD保持规定温度,入口处氢气压力为125% NWP | 500h以内TPRD不应该动作 |
| | | | 3个试件在制造商规定的动作温度Tact下试验,TPRD保持规定温度,入口处氢气压力为125% NWP | 3个TPRD动作时间应小于10h |
| 1.10 | 1 | 应力腐蚀裂纹试验(只适用使用铜基合金材料的TPRD) | 在规定温度和压力下,试件在充满潮湿氨气和空气混合物的带盖玻璃舱内连续暴露10天 | 铜基合金部件不应出现裂纹或者脱落现象 |

### 3. 单向阀和自动截止阀性能试验

单向阀和自动截止阀性能测试应该使用氢气进行,且氢气质量应符合标准ISO 14687-2/SAE J2719中的具体要求。所有试验如果没有特殊规定,都在常温(20℃)下进行。单向阀和自动截止阀性能验证的具体试验见表10-4,试件数量均为1个。

表10-4 单向阀和自动截止阀性能试验摘要

| 序号 | 试验内容 | 试验简述 | 性能要求 |
|---|---|---|---|
| 1.1 | 泄漏试验 | 新试件在常温、高温、低温和对应压力下测试,试验前试件在每种温度和试验压力下保持规定时间。1.5~1.9试验后的泄漏测试在常温下进行 | 在规定的时间内如果没有观察到气泡,则认为试件通过测试。如果检测到气泡,则泄漏率应不大于10mL/h |
| 1.2 | 静液压强度试验 | 在试件入口施加250% NWP静液压力并保持3min,然后以不大于1.4MPa/s的速度增加压力直到试件失效,记录失效发生时的压力值 | 保压时间内试件不应发生开裂。新试件的失效压力作为基础失效压力值;除非静液压力超过400% NWP,非新试件的失效压力值应不小于基础失效压力值的80% |
| 1.3 | 气体暴露试验 | 所有用于密封且暴露在大气中的非金属材料,根据ASTM D572要求在70℃和2MPa压力下进行96h的氧气暴露试验 | 符合具有抗臭氧性能的弹性橡胶件特性或符合ISO 1431/1和ASTM D1149的部件试验要求 |

（续）

| 序号 | 试验内容 | 试验简述 | 性能要求 |
|---|---|---|---|
| 1.4 | 应力腐蚀开裂试验（适用铜基材料） | 在规定的温度和压力下，试件在具有氨水和空气混合物的带盖玻璃舱内连续暴露10天 | 不应出现铜基合金部件裂纹或者脱落现象 |
| 1.5 | 预冷氢气暴露试验 | 使用规定温度和流量的氢气对试件通气至少3min，然后泄压，保持2min后再加压，重复10次。然后再重复10个循环，保持时间增加至15min。最后进行泄漏试验 | 试件应该符合常温下的氢气泄漏试验要求 |
| 1.6 | 振动试验 | 首先使用氢气对阀件加压到NWP并把两端密封，然后在三个正交轴方向上使用共振频率各振动30min。如果没有找到共振频率，则振动频率采用40Hz。最后再进行泄漏试验 | 试件不应出现表明部件性能受到影响的可见外部损坏，且应该满足常温下的泄漏试验要求 |
| 1.7 | 汽车环境模拟试验 | 在规定温度下，试件外表面分别在4种汽车使用环境中有代表性的液体中各暴露24h，然后进行泄漏和静液压强度试验 | 试件不应出现可能导致部件功能损坏的物理破坏迹象，且试件应该符合常温泄漏试验和静液压强度试验要求 |
| 1.8 | 盐雾腐蚀试验 | 按照ASTM B117规定进行500h的盐雾试验，然后进行泄漏和静液强度试验 | 部件不应表现出可能导致部件功能损坏的物理损坏迹象（裂纹、软化或鼓胀等），且试件应该符合常温泄漏试验和静液压强度试验要求 |
| 1.9 | 极端温度下的压力循环试验 | 单向阀进行11000次循环、截止阀进行静压开闭50000次循环，具体按下列顺序进行：20℃室温开闭循环，然后进行20℃室温泄漏试验；85℃高温循环，85℃泄漏试验；-40℃低温循环，-40℃泄漏试验；单向阀颤振流量 | 试验结束后进行测试，单向阀和自动截止阀应该符合常温泄漏试验和静液压强度试验要求 |
| 1.10 | 电气试验（仅适用自动截止阀） | 非正常电压试验：在1.5倍额定电压下达到平衡状态并保持1h，在2倍额定电压或60V（小者为准）下保持1min<br>绝缘电阻试验：在电源和阀门组件之间施加1000直流电压并保持至少2s | 任何失效不应导致表面泄漏、电磁阀打开或出现冒烟、火焰、熔化等不安全情况。对于12V系统最小开启电压应不大于9V，24V系统应不大于18V；最小允许的绝缘电阻值为240kΩ |

## 10.1.2 车载氢系统

GTR 13规定了车载氢系统的完整性要求，具体包括氢气储存系统、管路、接头和其他与氢气接触的部件。标准内容主要针对车载氢系统的性能和安全需求，具体测试内容见表10-5。

表10-5 车载氢系统完整性试验摘要

| | 试验项目 | 试验简述 | 性能和安全要求 |
|---|---|---|---|
| 车载氢系统完整性试验 | 加氢口 | 目视检查加氢口的防逆流、标签、锁止、位置等情况 | 加氢口有防氢气逆流的功能；加氢口标签应标出燃料类型、NWP、终止使用日期；加氢口确保加氢枪口正确锁定；加氢口不应安装在车辆外部的吸能部件处 |
| | 低压系统的过压保护 | 采用目测检查系统符合性 | 压力调节器下游的氢气系统应能防止压力调节器可能出现故障造成的超压；过压保护装置设置的压力应不大于氢气系统相应部分的最大允许工作压力 |
| | 氢气排放系统 泄压系统 | 采用目测检查系统符合性 | TPRD排氢口应使用帽盖加以防护；TPRD和其他安全泄压装置排出的氢气不应朝向规定的位置 |
| | 氢气排放系统 车辆尾排系统 | 按照车辆排放系统的符合性测试 | 在车辆正常运行期间，尾排的氢气排放浓度连续3s平均值不超过4%，任何时刻不得超过8% |

（续）

| 试验项目 | | 试验简述 | 性能和安全要求 |
|---|---|---|---|
| 车载氢系统完整性试验 | 防止易燃的条件（单点失效条件） | 密闭空间和监测系统一致性测试程序测试 | 泄漏氢气不应直接排入车内任何存有无保护点火源的封闭或半封闭空间；主氢气截止阀下游的单点失效不得导致氢气进入乘员舱内；车辆运行过程中单点失效导致的泄漏氢体积分数超过 2%，则要发出报警信号；如果车内封闭或者半封闭空间内的泄漏氢体积分数超过 3%，应自动关闭氢气的主截止阀 |
| | 氢燃料系统泄漏 | 氢燃料管路泄漏符合性测试 | 氢燃料管路和主截止阀下游的氢气系统不应发生泄漏 |
| | 向驾驶员发出报警信号 | 检查报警信号的形式、位置、颜色、状态等信息 | 报警信息应以视觉信号或显示文字的方式给出 |
| 碰撞后氢系统完整性试验 | 燃料泄漏限值 | 碰撞后高压储氢系统的泄漏测试 | 碰撞后的 60min 内，氢气泄漏的平均体积流量不应超过 118L/min |
| | 密闭空间内的浓度限值 | 碰撞后车辆密闭空间内的泄漏气体浓度测试 | 氢气的泄漏不应导致乘员舱、行李舱和货舱的氢体积浓度大于 3%。如果确认碰撞后 5s 内氢气储存系统的截止阀关闭并且系统没有发生泄漏，则认为满足要求 |
| | 气瓶位移 | 碰撞造成气瓶的位置和固定情况的变化 | 碰撞后高压气瓶应至少还有一个连接点保持附着在车身上 |

### 10.1.3 电安全

电安全是所有类型电动汽车的一项基本安全性能要求，燃料电池汽车作为电动汽车的一个类型也不例外，但其高电压系统比纯电动汽车和混合动力电动汽车要更加复杂。燃料电池汽车的高电压系统失效可能造成电击，进而对人体造成伤害。GTR 13 对汽车正常使用和发生碰撞后的电安全方面都给出了具体要求，具体见表 10-6。

**表 10-6 燃料电池汽车电安全性能测试摘要**

| 测试内容 | | 试验简述 | 性能要求 |
|---|---|---|---|
| 使用中的电安全要求 | 防触电保护要求 | 直接接触防护 | 适用于没有连接外部高压电源的情况下的高压母线 | 防护（固体绝缘体、电气防护遮拦、外壳等）不得在没有使用工具的情况下打开、拆卸或移除。乘员舱或行李舱中的带电部件防护应满足 IPXXD 防护等级，乘员舱或行李舱之外区域的带电部件防护应满足 IPXXB 防护等级 |
| | | 非直接接触防护 | 可以使用汽车制造商指定的连接器或通过目视检查、分析等证明符合该要求 | 为防止因间接接触而引起电击，外露的导电部件应使用电线或接地电缆导电连接并通过焊接或使用螺栓连接等固定在电底盘上<br>当电流至少为 0.2A 时，所有外露导电部件与电底盘之间的电阻应小于 0.1Ω<br>对于通过导电连接和接地与外部电源连接的车辆（指使用外接电源充电的车辆），应提供使电底盘与地之间的接通装置。将外部电压施加到车辆上之前，装置应能够连接接地，并保持连接直到外部电压从车辆上移除 |
| | | 绝缘电阻监测系统 | 车载绝缘电阻监测系统的功能和具体对应部分的绝缘电阻测试 | 燃料电池汽车中，直流高电压总线应配备车载绝缘电阻监测系统，当绝缘电阻值下降到 100Ω/V 以下时，应对驾驶员发出警告<br>对于由相互独立的直流和交流总线组成的电驱动系统：如果直流高压总线和交流高压总线彼此之间导电绝缘，则在工作电压下高压总线和电底盘之间的绝缘电阻满足直流总线的绝缘电阻的最小值应为 100Ω/V，交流总线的绝缘电阻最小值应为 500Ω/V<br>对于由直流母线和交流母线组合组成的电驱动系统：如果交流高压总线和直流高压总线电连接，高压总线和电底盘间绝缘电阻至少为 500Ω/V<br>用于与 REESS 的充电连接系统的绝缘电阻要求：对于与接地的外部交流电源导电连接的车辆充电口，以及在对 REESS 充电期间连接到车辆充电口的电路，充电器连接器断开时高压母线与电底盘之间的绝缘电阻至少为 1MΩ |

（续）

| 测试内容 | | 试验简述 | 性能要求 |
|---|---|---|---|
| 使用中的电安全要求 | 功能安全 | — | 当车辆处于可行车模式时，至少应该给驾驶员一个指示<br>在驾驶员离开车辆时，如果车辆仍处于可行驶模式，则应通过视觉或听觉信号通知驾驶员<br>如果车上的 REESS 可外部充电，只要外部电源与车辆充电口处于物理连接状态，则不允许通过驱动系统驱动车辆发生移动。这个要求应该使用车辆制造商指定的连接器进行验证，驱动方向的状态应为驾驶员可识别 |
| 碰撞后的电安全要求 | 无高压 | 按照规定对具体部位的电压进行测量 | 在碰撞后 60s 内，高压总线的电压 $V_b$、$V_1$ 和 $V_2$ 应不高于 AC 30V 或 DC 60V（详见 GTR 13 的 6.3.5 条内容） |
| | 绝缘电阻 | 按照规定对具体部位的电阻进行测量 | 由独立直流母线和交流母线组成的电驱动系统：如果直流高压母线和直流低压母线之间电气绝缘，工作电压下高压总线和电底盘间绝缘电阻应满足直流母线绝缘电阻应至少为 100Ω/V、交流母线绝缘电阻应至少为 500Ω/V<br>由直流母线和交流母线组合组成的电驱动系统：如果交流高压母线和直流高压母线导通，应符合工作电压下，高压总线和电底盘之间的绝缘电阻应至少为 500Ω/V；或在工作电压下，高压总线和电底盘之间的绝缘电阻应至少为 100Ω/V，并且交流总线应满足物理保护的要求。另外工作电压下，高压总线和电底盘之间的绝缘电阻应至少为 100Ω/V，并且交流总线应满足无高压的要求 |
| | 物理保护 | 涉及的物理防护等级规定具体要求 | 为防止直接接触高压带电部件，应提供防护等级 IPXXB。为了防止间接接触引起的电击，当电流至少为 0.2A 时，所有外露导电部件与电底盘间的电阻应小于 0.1Ω |
| | 电解液溢出 | 制造商应按照规定证明符合要求 | 碰撞发生后的 30min 内，电解液不应泄漏到乘员舱内，并且泄漏到乘员舱外的电解液不超过其总量的 7% |

### 10.1.4　车辆用液氢储存系统

燃料电池汽车使用液氢储存系统（Liquefied Hydrogen Storage System，LHSS）也是一个技术趋势，具有技术上的可行性。GTR 13 在这方面的规定主要包括 LHSS 设计验证要求、LHSS 燃料系统完整性、LHSS 设计验证的测试方法、LHSS 燃料系统完整性的测试方法四个方面。GTR 13（2013 版）的第 7 章专门对 LHSS 各项要求进行了具体描述，下面从 LHSS 设计验证要求及测试方法和 LHSS 燃料系统完整性及测试方法两个方面进行简述。

**1. LHSS 设计验证要求及测试方法**

液氢储存系统应符合规定的性能测试要求，所有供道路车辆使用的液态氢储存系统应能满足 LHSS 的设计验证要求。制造商应规定液氢储存系统内胆的最大允许工作压力（Maximum AllowableWorking Pressure，MAWP）。表 10-7 所列为这些性能要求测试要素在 GTR 13 中的具体章节内容。需要强调一下，这些标准适用于在新车生产中液氢储存系统的设计验证，不适用于超过预期服务期限的任何单个生产系统的再验证，也不适用于可能发生重大损伤后的再验证。

（1）基础指标验证试验

1）耐压试验。按照 GTR 13 的 7.4.1.1 规定的试验步骤将系统加压至 $P_{\text{test}} \geq 1.3 \times$（MAWP $\pm$ 0.1MPa），系统未发生可见形变、压力下降或可检测到的泄漏情况。内胆及位于内胆和外壳之间的管路，应根据下列要求在室温下承受内部压力测试：

① 试验压力 $P_{test}$ 由制造商规定，应该满足 $P_{test} \geq 1.3 \times (MAWP \pm 0.1MPa)$。

② 对于金属内胆，失效管理期间 $P_{test}$ 应大于等于内胆的最大压力，或者制造商通过计算证明，在失效管理期间在最大压力下内胆不会发生屈服。

③ 对于非金属内胆，失效管理期间 $P_{test}$ 应大于等于内胆的最大压力。

表 10-7　GTR 13 中 LHSS 性能验证试验要求对应章节

| 7.2.1 | 基础指标验证 | 7.2.1.1 耐压试验<br>7.2.1.2 内胆的基准初始爆破压力<br>7.2.1.3 基准压力循环寿命 |
|---|---|---|
| 7.2.2 | 预期道路环境下的性能验证 | 7.2.2.1 汽化<br>7.2.2.2 泄漏<br>7.2.2.3 真空度下降 |
| 7.2.3 | 火烧引起使用终止的性能验证 | — |
| 7.2.4 | 部件验证 | — |

并按照下列试验步骤进行测试：

① 在外护套安装之前，对内胆及内胆与真空外壳的连接管路进行测试。

② 试验用水、乙二醇 / 水混合物或者用气体进行。将储氢罐以平缓的速率加压至试验压力 $P_{test}$，然后保压至少 10min。

③ 试验在常温下进行。如果使用气体加压，则加压需在气瓶温度基本等于常温下进行。

在施加耐压压力后的 10min 内，如果没有出现可见的永久性变形，且气瓶压力没有明显下降和没有明显泄漏，则认为该项试验通过。

2）内胆的基准初始爆破压力。爆破试验在同一个内胆样品，按照 GTR 13 第 7.4.1.2 条规定的每项试验程序进行，要求被测内胆没有集成到外壳中且是非绝缘的。爆破压力应不小于通过力学计算得到的爆破压力值。对于钢制内胆爆破压力确定有两种计算方式：一是根据 (MAWP+0.1)×3.25 计算；二是根据 (MAWP+0.1)×1.5×$R_m/R_p$ 计算。其中，$R_m$ 是内胆材料的最小极限抗拉强度；$R_p$ 是最小屈服强度。对于奥氏体钢，$R_m/R_p$ 为 1.0、其他钢材为 2.0。

试验步骤：

① 在常温下，内胆上进行试验。

② 试验用水或乙二醇 / 水混合物进行。

③ 以恒定且不超过 0.5MPa/min 的加压速率增加压力，直到内胆发生爆破或泄漏。

④ 当到达 MAWP 时，在压力恒定条件下保持至少 10min，期间可检查内胆变形情况。

⑤ 记录整个试验期间的压力值。

对于钢制内胆，如果爆破压力满足规定的两条标准之一，则认为试验通过；对于使用铝合金或其他材料制成的内胆，应确定一个具体的通过标准，以保证其至少达到与钢制内胆相同的安全水平。

3）基准压力循环寿命。如果采用金属瓶和 / 或金属真空外壳，制造商应提供计算以证明储氢罐是根据现行国家（地区）法规或标准设计的，或者确定和通过相应的试验（包括 GTR 13 的 7.4.1.3）以证明产品达到根据公认的标准计算和设计的同等安全水平。

对于非金属瓶和/或真空外壳，除了进行 GTR 13 的 7.4.1.3 规定的测试，制造商应设计适当的试验以证明其安全水平与金属瓶相当。

为达到预期的道路使用性能，内胆和/或真空外壳应该进行压力循环试验，循环次数应至少等于全压循环（从最低到最高工作压力）数的 3 倍。压力循环数应该由制造商确定，具体应该考虑工作压力范围、储存容积、最大加注次数、极端使用和存储条件下的最大压力循环次数。压力循环应该在液氮温度下，在大气压力和 MAWP 之间进行；用液氮将内胆充至规定的液位，然后用预冷氮气或氦气进行交替加压和减压试验。

（2）预期道路环境下的性能验证

1）汽化试验。汽化试验应在部件装配完整的液氢储存系统上进行。在一个装有液氢的完整储存系统上，按照试验程序进行测试，以验证汽化系统可以限制内胆内压力低于最大允许工作压力（MAWP）。试验按照以下步骤进行：

① 预处理，先用液氢将内胆加注到规定的加满水平；然后抽出液氢到半满水平，系统允许进行 24~48h 的完全冷却。

② 将内胆加到规定的加满水平。

③ 对内胆压力调节达到汽化压力。

④ 汽化开始后，试验要持续至少 48h，直到压力稳定；当在 2h 内平均压力不再增加时，则认为达到压力稳定。

记录整个测试过程中的内胆压力。如果在整个试验期间压力稳定且低于 MAWP，且在整个试验期间安全阀（PRD）没有打开，则认为通过该项测试。

2）泄漏试验。完成汽化测试后，保持系统的汽化压力，按照泄漏试验步骤确定由泄漏引起的总氢气释放速率。储氢系统的最大允许释放速率为 $R×150cc/min$，其中 $R = (V_{length}+1) × (V_{width}+1) × (V_{height}+0.5)/30.4$，$V_{length}$、$V_{width}$、$V_{height}$ 分别为汽车长、宽、高，单位为 m。

将系统牢靠地连接到干燥空气或氮气的压力源上，并经受 20000 次工作循环。一个循环应该包括部件的一个开启和一个闭合，且时间不小于 $10±2s$。进行测试时，在任何介于 0 和 MAWP 的压力范围内，部件不应出现通过本体密封件或其他接头发生的泄漏情况，同时不应出现明显的铸造孔隙现象。

试验应在满足下列三个条件且在同一设备上进行：①常温；②在最低工作温度或液氮温度下，确保在此温度下经历足够时间达到热稳定；③在最高工作温度下，确保在此温度下经历足够时间达到热稳定。

试验过程中，试验设备应连接到气体压力源。在压力供应管道中应安装一个截止阀和一个压力表（压力表量程在试验压力的 150%~200% 之间）；压力表精度应为全量程的 1%；压力表应该安装在截止阀和试件之间。

在整个测试过程中，应该监测测试样品的泄漏情况，要求满足表面不产生气泡或者测得的泄漏速率小于 216mL/h。

3）真空损失试验。真空度下降试验是在安装了 GTR 13 的 G.1（b）中给出的所有部件的液氢储存系统上进行（见 GTR 13 前言 G 部分的图 7）。该试验是在一个装有液氢的系统上，按照 GTR 13 的 7.4.2.3 规定的每项试验程序进行，以验证当真空消失时第一级和第二级压力释放装置可以将压力限制在 GTR 13 第 7.4.2.3 条的规定值。

第一部试验按照以下步骤进行：
① 真空损失试验应在一个完全冷却的内胆上进行（按照 GTR 13 的 7.4.2.1 步骤）。
② 将内胆用液氢加注到规定的最大加注水平。
③ 用空气以均匀的速率将真空外壳加压到大气压力。
④ 当一级安全泄压装置不再打开时，测试终止。

在整个测试过程中，记录内胆和真空外壳的压力，以及一级安全泄压装置 PRD 打开的压力。如果满足：a）一级 PRD 在不大于 MAWP 时打开，且压力限值至不超过 110%MAWP，b）一级 PRD 在大于 MAWP 时未打开，c）二级 PRD 在整个试验过程中未打开，则认为则第一部分试验通过。

在通过第一部测试后，重复进行第二部测试，以重新得到如上所述内胆真空度和冷却温度。

① 真空度重新调整至制造商规定值，并保持至少 24h；真空泵可以一直保持连接直到真空损失开始为止。
② 第二部的真空损失试验应在一个完全冷却的内胆上进行（按照 7.4.2.1 中步骤）。
③ 将内胆加注到规定的最大加注水平。
④ 堵住第一个 PRD 的下游管路，并用空气以均匀的速率将真空外壳加到大气压力。
⑤ 当二级减压装置不再打开时，测试终止。

在整个测试过程中，记录内胆和真空外壳的压力。对于钢制内胆，在一级 PRD 的 1.1 倍设定压力下，二级 PRD 没有打开，且限制内胆的压力最大为 MAWP 的 136%（若使用安全阀），或者为 MAWP 的 150%（若使用爆破片作为二级 PRD），则认为试验通过。对于其他内胆材料，应该达到同等的安全水平。

（3）火烧引起使用终止的性能验证

用于测试的液氢储存系统应该能够代表进行验证液氢储存系统的设计和制造类型，其制造应全部完成，并应安装所有相关设备。应该至少使用一个系统用于使用终止条件下的验证试验，证明压力释放装置能够正常作用且系统没有发生破裂。按照规定的试验步骤，将一个充满一半液氢的储氢系统置于火焰中，压力释放装置应以受控方式释放储氢系统中所含气体而且不发生气瓶破裂。对于钢制气瓶，当满足 PRD 相关的压力限值要求时，试验则通过。对于其他材料的气瓶，应表现出同等程度的安全性。

试验根据以下步骤进行：
① 火烧试验使用的内胆应该完全冷却（按照 GTR 13 的 7.4.2.1 中步骤）。
② 在试验前 24h，内胆中所充的液氢体积应至少等于内胆水容积的一半。
③ 内胆充装的液氢，通过称重方法确定液氢量达到内胆可充装的最大允许量的一半。
④ 在内胆下方 0.1m 处点火；火源的长度和宽度应超过气瓶外廓平面尺寸 0.1m，火的温度至少是 590℃；在测试期间，应持续燃烧。
⑤ 试验开始时，气瓶内的液氢在沸点温度下，内胆压力应介于 0~0.01MPa 之间。

⑥ 试验应持续进行直到储存压力下降至或低于试验开始时的压力；或者如果一级 PRD 是可重新闭合型的，试验应持续进行直到安全装置再次打开。

⑦ 试验过程的测试条件和达到的最大压力应该进行记录，并由制造商和技术服务机构双方签字确认。

如果满足以下要求，则认为试验通过：

① 低于 110% 的一级 PRD 规定压力，二级 PRD 不工作。

② 内胆不应爆裂，且内胆内的压力不应超过内胆的允许故障范围。

钢制内胆的允许故障范围如下：如果二级 PRD 使用的是安全阀，那么内胆内的压力不应超过内胆 MAWP 的 136%；如果在真空区域以外使用爆破片作为二级 PRD，那么内胆内压力应该限制在内胆 MAWP 的 150%；如果在真空区域以内使用爆破片作为二级 PRD，那么内胆内压力应该限制在内胆 MAWP ± 0.1MPa 的 150%。

对于使用其他材料，应该证明可以达到同等安全水平。

（4）部件验证

如果截止阀和 PRD 更换为具有同样功能、配件和尺寸的，并且是使用和原件相同的验证方法进行性能认证，通过认证确认为等效部件，则整个储氢系统不需要重新验证。

PRD 应进行以下验证试验并满足相关要求：压力试验，外部泄漏试验，操作试验，耐蚀性试验，温度循环试验。

设计验证试验应该在正常生产的成品截止阀上进行，截止阀应满足以下验证试验要求：压力试验，外部泄漏试验，耐久性试验，耐蚀性试验，耐干热试验，臭氧老化试验，温度循环试验，柔性管路循环试验。

（5）标签

标签应永久粘贴在每个气瓶上，且至少应包含以下信息：制造商名称、序列号、生产日期、MAWP、燃料类型。气瓶上的所有标签应保持在原位，也可以规定附加的标签要求。

**2. LHSS 燃料系统完整性要求及测试方法**

该部分规定了氢燃料供给系统的完整性要求及试验方法，其中包括液氢储存系统、管道、接头和其他直接接触氢的部件。使用高压氢气的车辆燃料系统的相应要求（加氢口要求除外）都适用于 LHSS 燃料系统完整性。LHSS 燃料系统加注口的标签差别在于其燃料类型应标明是液氢。应用到车辆上的可燃材料应与可能在燃料电池系统元件上冷凝的液化空气相隔离。除非具有一个收集和汽化液态空气的系统，部件的隔离应防止与外表面接触的空气产生液化。另外其附近部件的材料应与富氧的大气环境兼容。

（1）LHSS 碰撞后试验

在车辆碰撞试验之前，应该按照以下步骤准备 LHSS：

① 测试前应安装以下部件：a) LHSS 压力传感器，其量程应至少为 150%MAWP，精度至少为满量程的 1%，读数能够至少精确到 10kPa。b) LHSS 温度传感器，应能测量碰撞前预期的低温温度，传感器位于出口处，并尽可能靠近内胆。c) 加注和排出端口，应具有在碰撞试验前和碰撞后，添加和除去液体和气体填加物的能力。

② LHSS 应使用至少 5 倍体积的氮气进行吹扫。
③ 将 LHSS 充满氮气，要求达到充满氢气最大加注量时的重量。
④ 加注完成之后，关闭（氮气）排气口，使内胆达到压力和温度平衡。
⑤ 确认 LHSS 的密封性。

当 LHSS 的压力和温度传感器表明系统已经达到冷却和压力平衡后，按照规定进行车辆碰撞。碰撞试验后，至少 1h 内不应有可见的低温氮气或液氮泄漏。另外，应该验证压力控制阀或者 PRD 能够正常工作，以防止 LHSS 碰撞后发生爆裂。如果 LHSS 真空没有受到碰撞损坏，则可以通过加注 / 排出端口将氮气添加到 LHSS，直到激活压力控制阀和 / 或 PRD。如果是采用可闭合压力控制阀或 PRD，则应证明其动作和再关闭能够至少完成两个循环。在碰撞后的试验中，从压力控制阀或 PRD 排出的气体不应排入乘客厢、行李厢或货厢。

在确认压力控制阀和 / 或安全阀 PRD 仍然有效之后，应按照碰撞后泄漏（充满高压氢气的储氢系统或充满压缩氮气的储氢系统）检验规定的步骤对 LHSS 进行泄漏测试。

（2）碰撞后 LHSS 泄漏试验

在确认压力控制阀和 / 或安全阀仍然有效后；通过使用校准过的氦气泄漏测试装置，来检测所有可能泄漏部件，以测试 LHSS 的密封性。如果满足以下前提条件，则该试验可以作为替代试验方案：

① 没有可能泄漏的部件位于储氢罐上的液氮水平面以下。
② 当 LHSS 加压时，所有可能泄漏的部分都用氦气加压。
③ 通过移除必要的盖板和 / 或车身面板和部件，可以接近所有可能的泄漏位置。

在测试之前，制造商应提供 LHSS 所有可能泄漏部件的清单。一般可能泄漏的部件和部分包括：管路之间和管路与储氢罐之间的所有连接件、储氢罐下游管路和部件的所有焊接部分、阀门、柔性管路、传感器。

在泄漏测试之前，LHSS 应该泄压至大气压力，之后用氦气将 LHSS 加压至少到工作压力，但应低于正常的压力控制设定（保证压力调节装置在测试期间不会被激活）。如果总泄漏率（所有检测到的泄漏点的泄漏总和）低于 216 mL/h，则认为试验通过。

## 10.2 ISO 相关标准体系

### 10.2.1 ISO 氢能与燃料电池汽车标准

在国际标准化组织（ISO）的相关技术委员会中，氢能技术领域的标准主要是由 ISO/TC 197 氢技术（Hydrogen technologies）分委会负责制订。截至 2023 年 5 月，ISO/TC 197 发布的氢燃料品质、加氢站、氢气制备、氢安全方面的标准有 18 项（表 10-8）；ISO/TC 22 道路（Road Vehicles）分委会负责制订的道路车辆方面的标准主要有 23 项（表 10-9）；ISO/TC 58 气瓶（Gas Cylinders）分委会负责气瓶方面的标准制订，具体包括气瓶的接头、设计和操作要求三个方面，已发布标准有 87 项（表 10-10）。详细内容可参见 ISO 官方网站的相关内容，这里不再列出。

表 10-8　ISO/TC 197 制订的氢技术领域标准

| 序号 | 标准编号 | 标准名称 |
| --- | --- | --- |
| 1 | ISO 13984：1999 | 液氢　道路车辆燃料系统接口 |
| 2 | ISO 13985：2006 | 液氢　道路车辆燃料罐 |
| 3 | ISO 14687：2019 | 氢燃料品质　产品规范 |
| 4 | ISO/TR 15916：2015 | 供氢系统安全基本要求 |
| 5 | ISO 16110-1：2007 | 采用燃料处理技术的制氢装置　第 1 部分：安全 |
| 6 | ISO 16110-2：2010 | 采用燃料处理技术的制氢装置　第 2 部分：性能测试方法 |
| 7 | ISO 16111：2018 | 气体储运装置　可逆金属氢化物吸收储氢 |
| 8 | ISO 17268：2020 | 氢气　道路车辆加氢连接装置 |
| 9 | ISO 19880-1：2020 | 氢气　加氢站　第 1 部分：通用要求 |
| 10 | ISO 19880-3：2018 | 氢气　加氢站　第 3 部分：阀 |
| 11 | ISO 19880-5：2019 | 氢气　加氢站　第 5 部分：加氢管及管路组件 |
| 12 | ISO 19880-8：2019 | 氢气　加氢站　第 8 部分：燃料品质管理 |
| 13 | ISO 19880-8：2019/ AMD 1：2021 | 氢气　加氢站　第 8 部分：燃料品质管理　第 1 次修订：同 ISO 14687 的 D 级对标 |
| 14 | ISO 19881：2018 | 氢气　道路车辆燃料罐 |
| 15 | ISO 19882：2018 | 氢气　车用高压氢气燃料罐的温度驱动泄压阀 |
| 16 | ISO/TS 19883：2017 | 氢气分离纯化变压吸附系统的安全性 |
| 17 | ISO 22734：2019 | 电解水制氢装置　工业、商业和住户使用 |
| 18 | ISO 26142：2010 | 氢气检测装置　固定应用 |

表 10-9　ISO/TC 22 制订的燃料电池汽车技术领域标准

| 序号 | 标准编号 | 标准名称 |
| --- | --- | --- |
| 1 | ISO 23273：2013 | 燃料电池道路车辆　安全规范　以高压氢气为燃料的车辆氢安全防护 |
| 2 | ISO 23828：2022 | 燃料电池道路车辆　能耗测量　以高压氢气为燃料的车辆 |
| 3 | ISO/TR11954：2008 | 燃料电池道路车辆　最高车速测量 |
| 4 | ISO 12619-1：2014 | 道路车辆　高压氢气（CGH2）和氢气/天然气混合燃料系统部件　第 1 部分：一般要求和定义 |
| 5 | ISO 12619-2：2014 | 道路车辆　高压氢气（CGH2）和氢气/天然气混合燃料系统部件　第 2 部分：性能和基本试验方法 |
| 6 | ISO 12619-2：2014/Amd 1：2016 | 道路车辆　高压氢气（CGH2）和氢气/天然气混合燃料系统部件　第 2 部分：性能和基本试验方法　第 1 次修订 |
| 7 | ISO 12619-3：2014 | 道路车辆　高压氢气（CGH2）和氢气/天然气混合燃料系统部件　第 3 部分：压力调节器 |
| 8 | ISO 12619-3：2014/Amd 1：2016 | 道路车辆　高压氢气（CGH2）和氢气/天然气混合燃料系统部件　第 3 部分：压力调节器　第 1 次修订 |
| 9 | ISO 12619-4：2016 | 道路车辆　高压氢气（CGH2）和氢气/天然气混合燃料系统部件　第 4 部分：单向阀 |
| 10 | ISO 12619-5：2016 | 道路车辆　高压氢气（CGH2）和氢气/天然气混合燃料系统部件　第 5 部分：手动气瓶阀 |

（续）

| 序号 | 标准编号 | 标准名称 |
|---|---|---|
| 11 | ISO 12619-6：2017 | 道路车辆　高压氢气（CGH2）和氢气/天然气混合燃料系统部件　第6部分：自动阀 |
| 12 | ISO 12619-7：2017 | 道路车辆　高压氢气（CGH2）和氢气/天然气混合燃料系统部件　第7部分：气体喷射器 |
| 13 | ISO 12619-8：2017 | 道路车辆　高压氢气（CGH2）和氢气/天然气混合燃料系统部件　第8部分：压力表 |
| 14 | ISO 12619-9：2017 | 道路车辆　高压氢气（CGH2）和氢气/天然气混合燃料系统部件　第9部分：泄压阀（PRV） |
| 15 | ISO 12619-10：2017 | 道路车辆　高压氢气（CGH2）和氢气/天然气混合燃料系统部件　第10部分：泄压装置（PRD） |
| 16 | ISO 12619-11：2017 | 道路车辆　高压氢气（CGH2）和氢气/天然气混合燃料系统部件　第11部分：限流阀 |
| 17 | ISO 12619-12：2017 | 道路车辆　高压氢气（CGH2）和氢气/天然气混合燃料系统部件　第12部分：气密箱和通风软管 |
| 18 | ISO 12619-13：2017 | 道路车辆　高压氢气（CGH2）和氢气/天然气混合燃料系统部件　第13部分：不锈钢燃料管路 |
| 19 | ISO 12619-14：2017 | 道路车辆　高压氢气（CGH2）和氢气/天然气混合燃料系统部件　第14部分：燃料软管 |
| 20 | ISO 12619-15：2017 | 道路车辆　高压氢气（CGH2）和氢气/天然气混合燃料系统部件　第15部分：过滤器 |
| 21 | ISO 12619-16：2017 | 道路车辆　高压氢气（CGH2）和氢气/天然气混合燃料系统部件　第16部分：配件 |
| 22 | ISO 21266-1：2018 | 道路车辆　高压氢气（CGH2）和氢气/天然气混合燃料系统部件　第1部分：安全要求 |
| 23 | ISO 21266-2：2018 | 道路车辆　高压氢气（CGH2）和氢气/天然气混合燃料系统部件　第2部分：试验方法 |

表10-10　ISO/TC 58制订的气瓶技术领域标准

| 序号 | 标准编号 | 标准名称 |
|---|---|---|
| 1 | ISO 11114-1：2020 | 气瓶　气瓶和阀门材料与气体含量的兼容性　第1部分：金属材料 |
| 2 | ISO 11114-2：2021 | 气瓶　气瓶和阀门材料与气体含量的兼容性　第2部分：非金属材料 |
| 3 | ISO 11114-4：2017 | 可运输气瓶　气瓶和阀门材料与气体含量的兼容性　第4部分：选择耐氢脆钢材的试验方法 |
| 4 | ISO 11114-5：2021 | 气瓶　气瓶和阀门材料与气体含量的兼容性　第5部分：塑料内衬评价的试验方法 |
| 5 | ISO 13341：2010 | 气瓶　气瓶阀门的安装 |
| 6 | ISO 13341：2010/Amd 1：2015 | 气瓶．气瓶阀门的安装　第1次修订 |
| 7 | ISO 5145：2017 | 气瓶　气体和气体混合物的气瓶阀门出口　选行和尺寸 |
| 8 | ISO/TR 7470：1988 | 气瓶阀门出口　标准化或使用中的规定清单 |
| 9 | ISO 10156：2017 | 气瓶　气体和气体混合物　气瓶阀门出口选择中的潜在火灾和氧化能力测定 |
| 10 | ISO 10297：2014 | 气瓶　气瓶阀门　规范和型式试验 |

（续）

| 序号 | 标准编号 | 标准名称 |
|---|---|---|
| 11 | ISO 10297：2014 /Amd 1：2017 | 气瓶　气瓶阀门　规范和型式试验　第1次修订：压力筒和压力管 |
| 12 | ISO 10298：2018 | 气瓶　气体和气体混合物　气瓶阀门出口选择中的毒性测定 |
| 13 | ISO 10298：2018/Amd 1：2021 | 气瓶　气体和气体混合物　气瓶阀门出口选择中的毒性测定　第1次修订 |
| 14 | ISO 11117：2019 | 气瓶　阀门保护帽和防护装置　设计、构造和试验 |
| 15 | ISO 11363-1：2018 | 气瓶　阀门与气瓶连接用17E和25E锥形螺纹　第1部分：规范 |
| 16 | ISO 11363-2：2018 | 气瓶　阀门与气瓶连接用17E和25E锥形螺纹　第2部分：检测设备 |
| 17 | ISO 13338：2022 | 气瓶　气体和气体混合物　气瓶阀门出口选择中的腐蚀性测定 |
| 18 | ISO 14246：2022 | 气瓶　气瓶阀门　制造试验和检验 |
| 19 | ISO 14456：2015 | 气瓶　气体特性和相关分类（FTSC）代码 |
| 20 | ISO 14456：2015/Amd 1：2019 | 气瓶　气体特性和相关分类（FTSC）代码　第1次修订 |
| 21 | ISO 15245-1：2021 | 气瓶　阀门与气瓶连接用平行螺纹　第1部分：规范 |
| 22 | ISO 15245-2：2021 | 气瓶　阀门与气瓶连接用平行螺纹　第2部分：检测设备 |
| 23 | ISO 15996：2017 | 气瓶　残压阀门　装有残压装置的气瓶阀门的规范和型式试验 |
| 24 | ISO 16964：2019 | 气瓶　柔性软管组件　规范和试验 |
| 25 | ISO 17871：2020 | 气瓶　快速泄压气瓶阀门　规范和型式试验 |
| 26 | ISO 17879：2017 | 气瓶　自动关闭气瓶阀门　规范和型式试验 |
| 27 | ISO 22434：2022 | 气瓶　阀门的检查和维护 |
| 28 | ISO 22435：2007 | 气瓶　带集成压力调节器的气瓶阀门　规范和型式试验 |
| 29 | ISO 22435：2007 /Amd 1：2012 | 气瓶　带集成压力调节器的气瓶阀门　规范和型式试验　第1次修订 |
| 30 | ISO 23826：2021 | 气瓶　球阀　规范和试验 |
| 31 | ISO/TR 4673：2022 | 气瓶　复合气瓶和复合管的使用寿命性能 |
| 32 | ISO 4706：2008 | 气瓶　可再充装焊接钢瓶　试验压力60bar及以下 |
| 33 | ISO 7866：2012 | 气瓶　可再充装无缝铝合金气瓶　设计、构造和试验 |
| 34 | ISO 7866：2012/Amd：2020 | 气瓶　可再充装无缝铝合金气瓶　设计、构造和试验　第1次修订 |
| 35 | ISO 7866：2012/Cor：2014 | 气瓶　可再充装无缝铝合金气瓶　设计、构造和试验　第1次技术勘误 |
| 36 | ISO 9809-1：2019 | 气瓶　可再充装无缝钢气瓶和管的设计、结构和试验　第1部分：抗拉强度小于1100MPa的淬火和回火钢瓶和钢管 |
| 37 | ISO 9809-2：2019 | 气瓶　可再充装无缝钢气瓶和管的设计、结构和试验　第2部分：抗拉强度大于或等于1100MPa的淬火和回火钢瓶和管 |
| 38 | ISO 9809-3：2019 | 气瓶　可再充装无缝钢气瓶和管的设计、结构和试验　第3部分：正火钢瓶和钢管 |
| 39 | ISO 9809-4：2019 | 气瓶　可再充装无缝钢气瓶和管的设计、结构和试验　第4部分：$R_m$值小于1100MPa的不锈钢瓶 |
| 40 | ISO 11118：2015 | 气瓶　不可再充装的金属气瓶　规范和试验方法 |
| 41 | ISO 11118：2015/Amd1：2019 | 气瓶　不可再充装的金属气瓶　规范和试验方法　第1次修订 |
| 42 | ISO 11119-1：2020 | 气瓶　可再充装复合材料气瓶和管的设计、结构和试验　第1部分：450升以下带箍纤维增强复合材料气瓶或管 |
| 43 | ISO 11119-2：2020 | 气瓶　可再充装复合材料气瓶和管的设计、结构和试验　第2部分：带负载金属内衬的450升以下全包裹纤维增强复合材料气瓶或管 |

（续）

| 序号 | 标准编号 | 标准名称 |
|---|---|---|
| 44 | ISO 11119-2：2020/Amd：2023 | 气瓶 可再充装复合材料气瓶和管的设计、结构和试验 第2部分：均载金属内衬的450升以下全包裹纤维增强复合材料气瓶或管 第1次修订 |
| 45 | ISO 11119-3：2020 | 气瓶 可再充装复合材料气瓶和管的设计、结构和试验 第3部分：450升以下带非均载金属或非金属衬里或无衬里的全包裹纤维增强复合材料气瓶或管 |
| 46 | ISO 11119-4：2020 | 气瓶 可再充装复合气瓶的设计、结构和试验 第4部分：均载焊接金属内衬的150升以下全包裹纤维增强复合气瓶 |
| 47 | ISO/TR 12391-1：2001 | 气瓶 可再充装无缝钢的性能试验 第1部分：原理、背景和结论 |
| 48 | ISO/TR 12391-2：2002 | 气瓶 可再充装无缝钢的性能试验 第2部分：断裂性能试验 单调爆裂试验 |
| 49 | ISO/TR 12391-3：2002 | 气瓶 可再充装无缝钢的性能试验 第3部分：断裂性能试验 循环爆裂试验 |
| 50 | ISO/TR 12391-4：2002 | 气瓶 可再充装无缝钢的性能试验 第4部分：缺陷气缸循环试验 |
| 51 | ISO/TR 13086-1：2011 | 气瓶 复合材料气瓶的设计指南 第1部分：与试验压力有关的纤维应力断裂和爆裂比 |
| 52 | ISO/TR 13086-2：2011 | 气瓶 复合材料气瓶的设计指南 第2部分：燃烧测试问题 |
| 53 | ISO/TR 13086-3：2011 | 气瓶 复合材料气瓶的设计指南 第3部分：应力比计算 |
| 54 | ISO/TR 13086-4：2011 | 气瓶 复合材料气瓶的设计指南 第4部分：纤维和衬垫的循环疲劳 |
| 55 | ISO/TR 13086-5：2011 | 气瓶 复合材料气瓶的设计指南 第5部分：复合材料瓶的冲击试验 |
| 56 | ISO/TR 16115：2013 | 气瓶 无缝钢和铝合金气瓶制造过程中产生的缺陷分类 |
| 57 | ISO/TS 17519：2019 | 气瓶 运输用可再充装永久安装复合管 |
| 58 | ISO 18172-2：2007 | 气瓶 可再充装的焊接不锈钢气瓶 第2部分：试验压力大于6MPa |
| 59 | ISO/TR 19811：2017 | 气瓶 复合结构气瓶和管的使用寿命试验 |
| 60 | ISO 20703：2006 | 气瓶 可再充装焊接铝合金气瓶的设计、构造和试验 |
| 61 | ISO 21172-1：2015 | 气瓶 气体运输用容积不超过3000升的焊接钢制压力罐 设计和结构 第1部分：容积不超过1000升 |
| 62 | ISO 21172-1：2015/Amd 1：2018 | 气瓶 气体运输用容积不超过3000升的焊接钢制压力罐 设计和结构 第1部分：容积不超过1000升 第1次修订 |
| 63 | ISO 7225：2005 | 气瓶 警示标签 |
| 64 | ISO 7225：2005/Amd 1：2012 | 气瓶 警示标签 第1次修订 |
| 65 | ISO 10460：2018 | 气瓶 焊接铝合金、碳钢和不锈钢气瓶 定期检验和试验 |
| 66 | ISO 10961：2019 | 气瓶 气瓶集装格 设计、制造、试验和检验 |
| 67 | ISO 11621：1997 | 气瓶 气体使用变更程序 |
| 68 | ISO 11623：2015 | 气瓶 复合结构 定期检验和试验 |
| 69 | ISO 11625：2007 | 气瓶 安全操作 |
| 70 | ISO 11755：2005 | 气瓶 压缩气体和液化气体（不包括乙炔）用管束 充装时的检验 |
| 71 | ISO 13769：2018 | 气瓶 标记 |
| 72 | ISO 13770：1997 | 铝合金气瓶 避免颈部和肩部裂纹的操作要求 |
| 73 | ISO/TS 15453：2017 | 气瓶 无缝钢和铝合金气瓶 在用气瓶的评估和在其他管辖区安全使用的考虑 |
| 74 | ISO 16148：2016 | 气瓶 可再充装无缝钢气瓶和管 定期检查和试验用声发射检验（AT）和超声波检验（UT） |
| 75 | ISO 16148：2016/Amd 1：2020 | 气瓶 可再充装无缝钢气瓶和管 定期检查和试验用声发射检验（AT）和超声波检验（UT） 第1次修订 |

（续）

| 序号 | 标准编号 | 标准名称 |
|---|---|---|
| 76 | ISO/TR 17329：2015 | 气瓶　气瓶制造商标志及其指定识别（RFID）代码 |
| 77 | ISO 18119：2018 | 气瓶　无缝钢和无缝铝合金气瓶和管　定期检验和试验 |
| 78 | ISO 18119：2018/Amd 1：2021 | 气瓶　无缝钢和无缝铝合金气瓶和管　定期检验和试验　第1次修订 |
| 79 | ISO/TS 19016：2019 | 气瓶　复合结构的气瓶和管定期检查和试验用模态声发射（MAE）试验 |
| 80 | ISO 20475：2018 | 气瓶　气瓶集装格　定期检验和试验 |
| 81 | ISO 21007-1：2005 | 气瓶　使用无线识别技术的标识和标记　第1部分：参考结构和术语 |
| 82 | ISO 21007-2：2005 | 气瓶　使用无线识别技术的标识和标记　第2部分：无线标识的编号方案 |
| 83 | ISO/TR 22694：2008 | 气瓶　定期检查和试验时建立无缝钢和铝合金气瓶缺陷验收/拒收标准的方法 |
| 84 | ISO 23088：2020 | 气瓶　焊接钢制压力罐的定期检验和试验　容积不超过1000升 |
| 85 | ISO 23876：2022 | 气瓶　复合结构的气瓶和管　定期检验和试验用声发射检验（AT） |
| 86 | ISO 24431：2016 | 气瓶　压缩气体和液化气体（不包括乙炔）用无缝、焊接和复合气瓶　充装时的检验 |
| 87 | ISO 25760：2009 | 气瓶　安全拆卸气瓶阀门的操作程序 |

### 10.2.2　ISO 23273标准简介

ISO 23273：2013《燃料电池道路车辆　安全性规范　压缩氢燃料车辆的氢安全防护》，就人体防护和车内车外氢安全防护方面规定了燃料电池汽车应该满足的具体要求。该标准是一个比较基础的标准，其规定内容只适用于使用高压氢气为燃料电池系统供应燃料的燃料电池汽车，而不适用于燃料电池汽车的制造、维护和修理使用。该标准的要求注重于车辆的正常运行和单点失效情况，其主要内容简介如下：

**1. 燃料系统的设计和性能要求**

燃料系统组成包括：高压部分（内部压力同储氢罐内部压力相同）、调压和低压部分（其内部压力比高压部分低）。

燃料系统应该安装有：一个集成了一个或多个TPRD的防火系统；一个主截止阀（常闭电磁阀），当断电情况下阀体能够关闭，并且在车辆燃料电池系统不工作时保持关闭；一个满足单点失效情况下，能够关闭主截止阀防止氢气泄漏及其他危险的氢气关断系统；一个限流阀或能够提供与限流阀相同功能的系统。

（1）部件要求

1）燃料系统的部件应该满足：

① 部件的设计、安装和使用应该满足在制造商规定的环境和操作条件下能够安全操作。

② 基于标称工作压力，所有用在高压部分的部件应该具有足够的压力等级。

③ 最大允许工作压力，所有用在调压和低压部分的部件应该具有足够的压力等级。

④ 位于可能燃烧区域的部件，其导电外壳应该固联到电底盘上以防点燃排放出的氢气。

2）储氢。应该尽可能使用符合法规要求的车用储氢系统，或由制造商规定具体要求。储氢系统应该在储氢罐附近安装至少一个 TPRD，以保证储氢罐在发生爆裂前能够泄放掉氢气。

3）过压保护。对于调压和低压部分的部件，应该能够抵抗或防护由于上游第一个压力调节器的单点失效造成的压力异常增加情况。

4）氢气关断系统。按照 ISO 6469-2 要求，燃料系统及其控制部分应该提供一个方法能够关闭氢气主截止阀，并防止不必要的氢气泄放或者由于单点失效引起的危险。

（2）部件的位置和安装

所有部件、连接管路应该牢靠安装或者固定支撑在汽车上，以最大可能地减少损坏和防止泄漏和 / 或功能失常。

部件应该位于汽车内部以降低事故造成损坏的可能性，除非部件具有足够防护并且位于防护结构里面。

燃料管路的布置和防护应该满足：在制造商规定的正常操作条件下，在车辆上使用不至于造成损坏。

（3）排放要求

对于所有燃料系统在车辆正常操作情况下的排放、吹扫、排气和其他排放，汽车设计应该防止涉氢危险状况出现，所有正常操作模式包括起动、行驶、停车、熄火。这些正常操作都应该满足以下要求：

① 在正常操作情况下，氢气不排放到汽车舱内，且单点失效情况不应该导致任何危险状况。

② 在预计的使用区域（比如室外、有机械通风的建筑物和结构内、无机械通风的家用车库内）都应满足排放法规要求。

③ 从车内到车外的正常排放都应不可点燃。

④ 通过 PRD 排放出的氢气应该排到车外，并对相关管路和出口加以防护，使排放功能不受限流影响。

⑤ 动力电池排出的氢气不应导致任何危险情况。

**2. 燃料排放时确定车辆周围可燃性的试验方法**

试验应根据相应的国家或国际标准或者法规要求进行。除此以外，试验方法也可以由车辆制造商规定。

**3. 涉氢安全要求验证方法的补充或替代**

这部分是燃料系统设计和性能要求的补充内容，可以用来代替车内和车外人体以及环境对涉氢危险的防护要求，使给定的燃料电池车辆设计条件要求更加具体。

（1）涉氢部件和系统

如果没有相应的法规要求，储存和 / 或携带和 / 或使用氢气的部件和系统应该由车辆制造商确定具体要求。

（2）燃料电池汽车涉氢部件和系统的集成

1）车辆正常（无故障）涉氢条件：正常（无故障）情况下，车辆制造商应该制订一个具体程序，用来确定正常环境和操作条件下涉氢部件和系统对燃料电池汽车内部和 / 或附近的人不会产生危险。

2）车辆涉氢故障条件：应该主要对安装到车辆上的部件和系统形成的接口进行涉氢

危险分析。可以使用 FMEA（失效模型和影响分析）、FTA（故障树分析）或其他合适方法进行分析，并应该确定潜在的单个硬件和软件故障或可能对车上及车辆附近的人体造成危险情况。根据分析结果，应该提供一个硬件和软件策略以防止或限制故障情况的出现，或防止出现故障情况达到对人体造成危险的程度，即满足本标准中规定的基本安全要求和安全性准则。

（3）安全性验证

车辆制造商应该确定和进行必要的分析和试验，以证明替代策略提供的潜在危险防护方法同国际标准中规定的方法等效。

### 4. 氢燃料加注要求

给车辆加注氢燃料时，应该防止汽车通过自身驱动系统移动车辆，燃料系统设计指南见 SAE J2578。车辆在加氢站内加氢期间，人员安全主要通过安全相关的加氢站设计和适当的操作措施来提供，具体措施包括泵/加氢枪、车/加氢口间的接口。

加氢枪和加氢口要求见 ISO 17268，加氢枪和加氢口应该具有罩盖以防止灰尘、液体和污染物等进入内部。

汽车上加氢口位置的设计应该防止出现可燃气体聚集和外来杂物进入的情况，加氢口应位于能够保证安全操作的合适位置，一般情况下认为加氢口位于汽车两侧比较合适。

在车辆加氢口应该采取措施，以保证静电释放。

加氢口在任何方向上应该能够承受最小 670N 的作用力，同时满足气密性不受影响（如加氢管发生破裂情况）。

## 10.3 SAE 相关标准体系

### 10.3.1 SAE 燃料电池汽车相关标准

国际自动机工程师学会（SAE）制订了的电动汽车类相关标准相对较多，具体包括整车、零部件和充电标准等。其中，SAE 燃料电池标准委员会主要负责制订燃料电池汽车相关的标准和试验规程。该委员会制订的标准包括安全性及性能要求、效能及环保相关的燃料系统可靠性和回收利用等内容，并建立试验规程，以确保汽车、系统、部件性能试验的一致性。截至 2023 年 5 月，SAE 发布的现行燃料电池汽车直接相关标准 20 项（表 10-11）。标准内容涵盖氢气、燃料电池、燃料电池堆、燃料电池系统、整车几个不同层级，具体涉及术语、氢安全、加氢通讯、碰撞安全、能耗测试等关键方面，目前 SAE 已经建立起相对系统的燃料电池汽车标准体系。这里介绍两个安全相关标准的主要内容：SAE J2578-202301《燃料电池电动汽车通用安全推荐规程》和 SAE J2579-202301《燃料电池和其他氢能车辆的燃料系统标准》。

### 10.3.2 SAE J2578 标准简介

SAE J2578-202301《燃料电池电动汽车通用安全推荐规程》为氢燃料系统和燃料电池系统集成到整车上确定了专门的要求和准则，为燃料电池汽车及其子系统开发人员提供了安全准则和方法。

表 10-11　SAE 发布的燃料电池汽车相关标准

| 序号 | 标准号 | 标准名称 |
| --- | --- | --- |
| 1 | SAE J1766-201401 | 电动汽车、燃料电池电动汽车和混合动力电动汽车的碰撞完整性试验推荐规程 |
| 2 | SAE J2572-201410 | 使用高压氢气的燃料电池及燃料电池混合动力汽车的氢耗和续驶里程测试推荐规程 |
| 3 | SAE J2574-201109 | 燃料电池电动汽车术语 |
| 4 | SAE J2578-201408 | 燃料电池电动汽车通用安全推荐规程 |
| 5 | SAE J2579-201806 | 燃料电池和其他氢能车辆的燃料系统标准 |
| 6 | SAE J2594-201611 | 循环式质子交换膜燃料电池系统设计推荐规程 |
| 7 | SAE J2600-201510 | 使用高压氢气的道路车辆加氢连接装置 |
| 8 | SAE J2601/2-201409 | 使用氢气的重型车辆加氢协议 |
| 9 | SAE J2601/3-201306 | 使用氢气的工业卡车加氢协议 |
| 10 | SAE J2601-202005 | 使用氢气的轻型道路车辆加氢协议 |
| 11 | SAE J2615-201110 | 车用燃料电池系统的性能试验 |
| 12 | SAE J2616-201108 | 车用燃料电池系统的燃料处理子系统的性能试验 |
| 13 | SAE J2617-201108 | 车用质子交换膜燃料电池堆子系统性能试验推荐规程 |
| 14 | SAE J2719-202003 | 燃料电池车辆用氢气品质 |
| 15 | SAE J2760-201106 | 燃料电池车辆和其他氢能车辆的压力术语 |
| 16 | SAE J2799-201912 | 氢能道路车辆与加氢站的通讯硬件和软件 |
| 17 | SAE J2990/1-201606 | 氢气和燃料电池车辆应急救援推荐规程 |
| 18 | SAE J3089-201810 | 车用氢气传感器特征 |
| 19 | SAE J3121-202202 | 氢能汽车碰撞试验安全指南 |
| 20 | SAE J3193-202104 | 燃料电池电动汽车热管理 |

　　SAE J2578-202301 的主要内容包括汽车系统安全指南、操作、紧急响应、维护等部分。其中汽车系统安全指南是该标准的核心部分，具体从汽车基本安全、燃料系统安全、燃料电池系统安全、电气系统安全、机械安全、失效安全程序、安全标签标志这七个方面给出了详细规定（表 10-12）。同时还包括了高压氢气系统的碰撞后安全准则、高电压测试指南、车辆周边氢气排放评价试验指南、车辆排放局部可燃性和毒性评价试验指南、氢系统集成指南等主要附录。

表 10-12　SAE J2578-202301 对汽车系统安全指南规定的基本框架

| 二级标题 | 三级标题 | 四级标题 | 五级标题 |
| --- | --- | --- | --- |
| 4.1　汽车通用安全 | 4.1.1　安全设计 | 4.1.1.1　危险评估 | — |
| | | 4.1.1.2　危险隔离 | — |
| | | 4.1.1.3　关键控制功能 | — |
| | | 4.1.1.4　失效安全设计 | — |
| | 4.1.2　EMC 和电瞬变干扰 | — | — |
| | 4.1.3　燃料电池车辆耐碰撞性能 | 4.1.3.1　燃料系统完整性 | — |
| | | 4.1.3.2　电气系统完整性 | — |
| | 4.1.4　车辆浸水 | — | — |
| | 4.1.5　牵引性设计准则 | — | — |

（续）

| 二级标题 | 三级标题 | 四级标题 | 五级标题 |
|---|---|---|---|
| 4.2 燃料系统安全 | 4.2.1 安装 | — | — |
| | 4.2.2 故障安全关断 | — | — |
| | 4.2.3 车厢内潜在危险条件的管理 | 4.2.3.1 流量屏障 | — |
| | | 4.2.3.2 潜在易燃环境 | — |
| | | 4.2.3.3 潜在点火源 | — |
| | 4.2.4 一般排气系统 | 4.2.4.1 车外一般排气 | — |
| | | 4.2.4.2 乘客、行李和货厢的一般排气 | — |
| | | 4.2.4.3 其他厢内的一般排气 | — |
| | | 4.2.4.4 电池潜在的氢气排放 | — |
| | 4.2.5 储氢系统和泄压装置PRDs的排放 | — | — |
| | 4.2.6 加氢 | — | — |
| | 4.2.7 放氢 | — | — |
| | 4.2.8 燃料系统监控 | — | — |
| 4.3 燃料电池系统安全 | 4.3.1 燃料电池系统设计 | — | — |
| | 4.3.2 燃料电池堆设计 | — | — |
| | 4.3.3 高压触电保护 | — | — |
| | 4.3.4 耐高压能力 | — | — |
| | 4.3.5 燃料电池系统和燃料电池堆监控 | — | — |
| 4.4 电气系统安全 | 4.4.1 高压线路 | — | — |
| | 4.4.2 高压连接器 | — | — |
| | 4.4.3 高压触电防护 | 4.4.3.1 高压绝缘 | 4.4.3.1.1 高压DC系统 |
| | | | 4.4.3.1.2 高压AC系统 |
| | | | 4.4.3.1.3 导电连接的高压AC/DC系统 |
| | | 4.4.3.2 用于故障防护的电器保护屏障 | — |
| | | 4.4.3.3 高压电路断电 | — |
| | 4.4.4 耐高压能力 | — | — |
| | 4.4.5 接触带电部件 | — | — |
| | 4.4.6 标签 | — | — |
| | 4.4.7 熔断/过电流保护 | — | — |
| | 4.4.8 连接和接地 | 4.4.8.1 用于电击保护的高压电气系统连接 | — |
| | | 4.4.8.2 防止可燃气体点燃的连接 | 4.4.8.2.1 车用燃料系统连接 |
| | | | 4.4.8.2.2 车辆内部连接 |
| | | | 4.4.8.2.3 加氢时的接地保护 |

（续）

| 二级标题 | 三级标题 | 四级标题 | 五级标题 |
|---|---|---|---|
| 4.4 电气系统安全 | 4.4.9 电系统故障监测 | — | — |
| | 4.4.10 混合动力燃料电池汽车 | 4.4.10.1 车载系统充电设备 | — |
| | | 4.4.10.2 燃料电池馈电保护 | — |
| | 4.4.11 自动断电 | — | — |
| | 4.4.12 手动断电 | — | — |
| | 4.4.13 高压总线放电 | — | — |
| 4.5 机械安全 | 4.5.1 主开关 | — | — |
| | 4.5.2 换档装置 | — | — |
| 4.6 失效安全程序 | 4.6.1 主开关断开 | — | — |
| | 4.6.2 碰撞响应 | — | — |
| | 4.6.3 车辆起动 | — | — |
| | 4.6.4 车辆静止 | — | — |
| | 4.6.5 车辆移动 | — | — |
| 4.7 安全标签标识 | 4.7.1 高压和氢系统的安全标签 | — | — |
| | 4.7.2 车辆额定总重小于等于8845kg 的标志和标签 | 4.7.2.1 外部标签标志位置 | — |
| | | 4.7.2.2 外部标签标志尺寸 | — |
| | | 4.7.2.3 内部标签标志位置 | — |
| | | 4.7.2.4 内外部标签标志设计 | 4.7.2.4.1 氢能车辆 |
| | | | 4.7.2.4.2 燃料电池车辆 |
| | 4.7.3 车辆额定总重大于8845kg 的标志和标签 | — | — |

## 10.3.3　SAE J2579 标准简介

SAE J2579-202301《燃料电池和其他氢能车辆的燃料系统标准》规定了对储存和供给氢燃料到汽车动力系统的车载氢系统和供氢系统方面的基本要求，其中车用动力系统涵盖燃料电池发动机和氢内燃机。该标准提供的初步信息用于汽车上氢气储存和供给系统的设计和制造，使这些系统在操作和维护过程中产生的危险降到最小。标准还给出了基于性能的测试准则，用于道路车辆的氢气储存和供给系统的设计验证。这个标准的主要内容分为基本要求和专用氢气储存和处理系统的性能要求两大部分。

**1. 基本要求**

SAE J2579-202301 第四章规定了基本要求，它适用于所有氢气储存和氢气处理系统。主要包括以下几个方面：设计和指南，包括基本安全功能、使用条件、材料选择；样车或成品车基于性能的要求和设计验证程序；产品质量控制措施，保证生产的车用氢系统，保持验证设计安全相关的关键特性；汽车集成考虑；法规认证。表 10-13 列出了各部分主题的具体章节，并标明对应内容对设计、设计验证、生产的适用情况。

表 10-13 SAE J2579-202301 中基本要求的应用范围

| 具体要求 | 具体章节 | 设计 | 设计验证 | 生产 |
| --- | --- | --- | --- | --- |
| 设计考虑 | 4.1 | √ | | |
| 通用安全特征 | 4.1.1 | √ | | |
| 有害材料 | 4.1.1.1 | √ | | |
| 自动故障—安全燃料关断 | 4.1.1.2 | √ | | |
| 手动燃料关断 | 4.1.1.3 | √ | | |
| 易燃条件管理 | 4.1.1.4 | √ | | |
| 过压保护 | 4.1.1.5 | √ | | |
| 温度（过温）保护 | 4.1.1.6 | √ | | |
| 故障监测 | 4.1.1.7 | √ | | |
| 使用情况 | 4.1.2 | √ | | |
| 压力 | 4.1.2.1 | √ | | |
| 温度 | 4.1.2.2 | √ | | |
| 燃料品质 | 4.1.2.3 | √ | | |
| 冲击振动 | 4.1.2.4 | √ | | |
| 使用和耐久 | 4.1.2.5 | √ | | |
| 材料选择 | 4.1.3 | √ | | |
| 氢气相容性 | 4.1.3.1 | √ | | |
| 液氢相容性 | 4.1.3.2 | √ | | |
| 热考虑 | 4.1.3.3 | √ | | |
| 腐蚀和其他外部影响 | 4.1.3.4 | √ | | |
| 设计验证 | 4.2 | | √ | |
| 符合公认规范、标准或指令 | 4.2.1 | | √ | |
| 基于性能的验证 | 4.2.2 | | √ | |
| 超过预期服务的性能验证 | 4.2.2.1 | | √ | |
| 极端条件下的耐久性验证和长期使用 | 4.2.2.2 | | √ | |
| 使用终止条件 | 4.2.2.3 | | √ | |
| 生产工艺验证和评价 | 4.3 | | √ | √ |
| 品质控制系统 | 4.3.1 | | | √ |
| 工艺验证 | 4.3.2 | | | √ |
| 产品测试 | 4.3.3 | | | √ |
| 汽车集成 | 4.4 | | | |
| 标签 | 4.4.1 | | | √ |
| 安装 | 4.4.2 | √ | | √ |
| 排放系统 | 4.4.3 | √ | | √ |
| 加氢和放氢 | 4.4.4 | √ | | √ |
| 用户手册 | 4.4.5 | | | √ |
| 紧急响应 | 4.4.6 | √ | | √ |
| 维修 | 4.4.7 | √ | | √ |
| 使用限值 | 4.4.8 | √ | | |
| 法规认证 | 4.5 | √ | √ | √ |

## 2. 专用储氢和处理系统的性能要求

这部分的具体指南内容，用于把基本性能要求应用到具体类型的燃料储存系统。包括采用几种技术及其组合的储存系统的要求，目前只包括用于液氢和氢气储存和燃料系统的规范，在将来的版本标准中可能会包括其他储存系统的内容。

（1）液氢储存系统（LHSS）

LHSS 系统具有以下操作功能：

① 在加燃料时，液氢从加氢站的加氢枪通过汽车加氢口进入储存系统，氢流过单向阀进入液氢储存容器。

② 为了使储存的氢保持液体状态，容器需要具有良好的隔热性能，包括在内胆周围包围一个真空夹层。

③ 压力泄放阀（PRV）用于在环境或者外部火烧传热产生液氢汽化时防止容器和系统发生爆裂，同时保护内胆外部带真空夹层的容器。

④ 热交换器用于把液氢汽化并加热氢气，使其适用下游部件工作需要。

⑤ 在驱动系统检测到故障时，汽车安全系统通常要求储氢容器的截止阀关闭。

LHSS 系统组成包括液氢储存容器、压力泄放阀（PRV）、截止阀，以及容器和截止阀之间的所有部件、接头和管。截止阀把燃料系统的其他部分同液氢储存容器分隔开。实际使用的 LHSS 及处理系统，在类型、数量、形式和功能部件的布置等方面会有差别。LHSS 的边界定义为能够把储存的氢（液态或气态）同燃料系统的其余部分和环境分隔开的接口部分。所有位于这个边界内的部件应符合满足本部分的要求，而位于边界外的部件符合应该符合上一部分的基本要求。表 10-14 列出这些部分中各部分主题所在章节，及具体要求是否适用于设计、设计验证或生产情况（表中"√"表示适用）。

表 10-14　SAE J2579 中 LHSS 要求的对应章节及适用情况

| 内容 | 章节 | 设计 | 设计验证 | 生产 |
| --- | --- | --- | --- | --- |
| 设计考虑 | 4.1 | √ | | |
| 通用安全特征 | 4.1.1 | √ | | |
| 有害材料 | 5.1.1 | √ | | |
| 自动氢气关断 | 5.1.2 | √ | | |
| 手动燃料关断 | 4.1.1.3 | √ | | |
| 易燃条件管理 | 5.1.3 | √ | | |
| 过压保护 | 5.1.4 | √ | | |
| 温度（过温）保护 | 4.1.1.6 | √ | | |
| 故障监测 | 5.1.5 | √ | | |
| 使用情况 | 4.1.2 | √ | | |
| 压力 | 4.1.2.1 | √ | | |
| 温度 | 5.1.6 | √ | | |
| 燃料品质 | 4.1.2.3 | √ | | |
| 振动冲击 | 4.1.2.4 | √ | | |
| 理想寿命和耐久性 | 5.1.7 | √ | | |
| 材料选择 | 4.1.3 | √ | | |

（续）

| 内容 | 章节 | 设计 | 设计验证 | 生产 |
|---|---|---|---|---|
| 氢气相容性 | 4.1.3.1 | √ | | |
| 液氢相容性 | 4.1.3.2 | √ | | |
| 热考虑 | 4.1.3.3 | √ | | |
| 腐蚀和其他外部影响 | 4.1.3.4 | √ | | |
| 设计验证 | 5.1.8 | | √ | |
| 符合公认规范、标准或指令 | | | √ | |
| 基于性能的验证 | | | √ | |
| 超过预期服务的性能验证 | | | √ | |
| 极端条件下的耐久性验证和长期使用 | | | √ | |
| 使用终止条件 | | | √ | |
| 生产工艺验证和评价 | 4.3 | | √ | √ |
| 品质控制系统 | 4.3.1 | | | √ |
| 工艺验证 | 4.3.2 | | | √ |
| 产品测试 | 4.3.3 | | | √ |
| 汽车集成 | 4.4 | √ | | |
| 标签 | 4.4.1 | | | √ |
| 安装 | 5.1.9 | √ | | √ |
| 一般排放系统 | 5.1.10 | √ | | √ |
| 加氢和放氢 | 5.1.11 | √ | | √ |
| 用户手册 | 4.4.5 | | | √ |
| 紧急响应 | 5.1.12 | √ | | √ |
| 维修 | 4.4.7 | √ | | √ |
| 使用寿命限制 | 4.4.8 | √ | | √ |
| 法规认证 | 4.5 | √ | √ | √ |

（2）高压储氢系统

燃料电池乘用车的高压氢气储存系统（CHSS）的标称工作压力通常为35MPa、70MPa，这些要求适用于设计标称工作压力最高为70MPa的储氢系统。制造商负责实施产品质量控制，以保证所有产品能够满足设计验证的性能要求。表10-15列出了高压储氢系统的设计、设计验证、生产要求在SAE J2579-202301中的对应章节及适用情况（表中"√"表示适用）。

表10-15　SAE J2579-202301中CHSS要求对应章节及其适用情况

| 内容 | 章节 | 设计 | 设计验证 | 生产 |
|---|---|---|---|---|
| 设计考虑 | 4.1 | √ | | |
| 通用安全特征 | 4.1.1 | √ | | |
| 有害材料 | 4.1.1.1 | √ | | |
| 自动故障—安全燃料关断 | 5.2.1.1 | √ | | |

（续）

| 内容 | 章节 | 设计 | 设计验证 | 生产 |
|---|---|---|---|---|
| 易燃条件管理 | 4.1.1.4 | √ | | |
| 过压保护 | 5.2.1.2 | √ | | |
| 温度（过温）保护 | 5.2.1.3 | √ | | |
| 故障监测 | 4.1.1.7 | √ | | |
| 使用情况 | 4.1.2 | √ | | |
| 压力 | 4.1.2.1 | √ | | |
| 温度 | 4.1.2.2 | √ | | |
| 燃料品质 | 4.1.2.3 | √ | | |
| 振动冲击 | 4.1.2.4 | √ | | |
| 理想寿命和耐久性 | 5.2.1.4 | √ | | |
| CHSS 的材料选择 | 5.2.1.5 | √ | | |
| **设计品质的性能验证试验** | 5.2.2 | √ | √ | √ |
| 符合公认规范、标准或指令 | 4.2.1 | √ | √ | √ |
| 基准系统性能试验 | 5.2.2.1 | √ | √ | |
| 耐久验证验证 | 5.2.2.1.1 | √ | √ | |
| 新容器爆破压力 | 5.2.2.1.2 | √ | √ | |
| 新容器循环寿命 | 5.2.2.1.3 | √ | √ | |
| 材料验证试验 | 5.2.2.1.4 | √ | √ | |
| 理论使用（气动）性能验证试验 | 5.2.2.2 | | √ | |
| 加氢/放氢性能验证试验—极端和环境温度气体循环 | 5.2.2.2.1 | | √ | |
| 停车性能—稳态气体压力渗透和局部泄漏试验 | 5.2.2.2.2 | | √ | |
| 耐压试验（液压） | 5.2.2.2.3 | | √ | |
| 残余爆裂强度试验（液压） | 5.2.2.2.4 | | √ | |
| **耐久性（液压）性能试验：极端条件和长期使用条件** | 5.2.2.3 | | √ | |
| 跌落（冲击）试验 | 5.2.2.3.1 | | √ | |
| 表面损伤试验 | 5.2.2.3.2 | | √ | |
| 化学暴露试验 | 5.2.2.3.3 | | √ | |
| 极端使用条件下加氢—环境温度压力循环试验 | 5.2.2.3.4 | | √ | |
| 极端压力下加氢—环境温度过压循环试验 | 5.2.2.3.5 | | √ | |
| 极端停车耐久性—高温稳态压力试验 | 5.2.2.3.6 | | √ | |
| 极端温度加氢—极端温度/压力循环试验 | 5.2.2.3.7 | | √ | |
| 耐压试验（液压） | 5.2.2.3.8 | | √ | |
| 残余爆裂强度试验（液压） | 5.2.2.3.9 | | √ | |
| **使用终止情况下的性能** | 5.2.2.4 | | √ | |
| 局部火烧试验 | 5.2.2.4.1 | | √ | |
| 整体火烧试验 | 5.2.2.4.2 | | √ | |
| 高应变冲击试验 | 5.2.2.4.3 | | √ | |
| 使用终止情况下的性能 | 5.2.2.4 | | √ | |

（续）

| 内容 | 章节 | 设计 | 设计验证 | 生产 |
|---|---|---|---|---|
| 简化设计验证的合规性 | 5.2.2.5 | | √ | |
| 系统试验减少 | 5.2.2.5.1 | | √ | |
| 子系统部件变化 | 5.2.2.5.2 | | √ | |
| 部分预验证系统 | 5.2.2.5.3 | | √ | |
| 产品品质控制试验 | 5.2.3 | | √ | √ |
| 例行产品试验 | 5.2.3.1 | | | √ |
| 周期产品试验 | 5.2.3.2 | | √ | √ |
| 生产记录 | 5.2.3.3 | | √ | √ |
| 汽车集成 | 4.4 | | | |
| 标签 | 5.2.4.1 | | | √ |
| 安装 | 5.2.4.2 | √ | | √ |
| 排放系统 | 5.2.4.3 | √ | | |
| 加氢和放氢 | 5.2.4.4 | √ | | |
| 用户手册 | 4.4.5 | | | |
| 紧急响应 | 4.4.6 | √ | | |
| 车辆维修 | 5.2.4.5 | √ | | √ |
| 使用限制 | 5.2.4.6 | √ | | |
| 潜在损坏或碰撞后服务的重新鉴定 | 5.2.4.7 | √ | | |
| 法规认证 | 4.5 | √ | √ | √ |

## 10.4 IEC 相关标准体系

国际电工委员会（International Electrotechnical Commission，IEC）下设的 TC 105 为燃料电池技术分委会，其下共有 14 个工作组（表 10-16），具体负责固定式燃料电池发电系统、交通工具用燃料电池系统、燃料电池动力系统、便携式燃料电池系统、微型燃料电池系统、燃料电池辅助动力系统六个方面相关标准的研究和制订。截至 2020 年 6 月，IEC 共发布氢能相关标准 22 项（表 10-17）。在我国现行的燃料电池相关标准中，由全国燃料电池及液流电池标准化委员会（SAC/TC 342）负责制订的相关标准在制定时部分参照了 IEC 对应标准。

表 10-16　IEC/TC 105 的下设工作组情况

| 工作组编号 | 工作组名称 |
|---|---|
| WG 1 | 术语 |
| WG 2 | 燃料电池模块 |
| WG 3 | 固定式燃料电池发电系统　安全 |
| WG 4 | 燃料电池发电系统性能 |

（续）

| 工作组编号 | 工作组名称 |
|---|---|
| WG 5 | 固定式燃料电池发电系统 安装 |
| WG 6 | 用于驱动（不是用于道路车辆、增程器和辅助能源）的燃料电池发电系统 |
| WG 7 | 便携式燃料电池发电系统 安全 |
| WG 8 | 微型燃料电池发电系统 安全 |
| WG 9 | 微型燃料电池发电系统 性能 |
| WG 10 | 微型燃料电池发电系统 互换性 |
| WG 11 | PEFC 和 SOFC 单电池测试方法 |
| WG 12 | 固定式燃料电池发电系统 热电联供微型固定式燃料电池发电系统 |
| WG 13 | 燃料电池技术 使用可逆燃料电池模块的能量储存系统 |
| WG 14 | 寿命循环评价 |

表 10-17 IEC 发布的氢能相关标准列表

| 序号 | 标准号 | 标准名称 |
|---|---|---|
| 1 | IEC 62282-2-100：2020 | 燃料电池技术 第 2-100 部分：燃料电池模块 安全 |
| 2 | IEC 62282-3-100：2019 | 燃料电池技术 第 3-100 部分：固定式燃料电池发电系统 安全 |
| 3 | IEC 62282-3-200：2015 | 燃料电池技术 第 3-200 部分：固定式燃料电池发电系统 性能试验方法 |
| 4 | IEC 62282-3-201：2017+AMD1：2022 | 燃料电池技术 第 3-201 部分：固定式燃料电池发电系统 小型燃料电池发电性能试验方法 |
| 5 | IEC 62282-3-300：2012 | 燃料电池技术 第 3-300 部分：固定式燃料电池发电系统 安装 |
| 6 | IEC 62282-3-400：2016 | 燃料电池技术 第 3-400 部分：固定式燃料电池发电系统 热电联供小型固定式燃料电池发电系统 |
| 7 | IEC 62282-4-101：2022 | 燃料电池技术 第 4-101 部分：电动工业车辆用燃料电池发电系统 安全 |
| 8 | IEC 62282-4-102：2022 | 燃料电池技术 第 4-102 部分：电动工业车辆用燃料电池发电系统 性能试验方法 |
| 9 | IEC 62282-4-600：2022 | 燃料电池技术 第 4-600 部分：驱动用（非道路车辆和 APU）燃料电池发电系统 用于电梯的燃料电池/动力蓄电池的混合动力系统性能试验方法 |
| 10 | IEC 62282-5-100：2018 | 燃料电池技术 第 5-100 部分：便携式燃料电池发电系统 安全 |
| 11 | IEC 62282-6-100：2010+AMD1：2012 | 燃料电池技术 第 6-100 部分：微型燃料电池发电系统 安全 |
| 12 | IEC 62282-6-200：2016 | 燃料电池技术 第 6-200 部分：微型燃料电池发电系统 性能试验方法 |
| 13 | IEC 62282-6-300：2012 | 燃料电池技术 第 6-300 部分：微型燃料电池发电系统 封装外壳互换性 |
| 14 | IEC 62282-6-400：2019 | 燃料电池技术 第 6-400 部分：微型燃料电池发电系统 功率和数据互换性 |
| 15 | IEC TS 62282-7-1：2017 | 燃料电池技术 第 7-1 部分：试验方法 PEM 单电池性能试验方法 |
| 16 | IEC 62282-7-2：2021 | 燃料电池技术 第 7-2 部分：试验方法 SOFC 单电池和堆性能试验方法 |

（续）

| 序号 | 标准号 | 标准名称 |
|---|---|---|
| 17 | IEC 62282-8-101：2020 | 燃料电池技术　第 8-101 部分：可逆燃料电池模块储能系统　SOFC 单电池和堆的性能（含可逆工作模式）试验程序 |
| 18 | IEC 62282-8-102：2019 | 燃料电池技术　第 8-102 部分：可逆燃料电池模块储能系统　PEM 单电池和堆的性能（含可逆工作模式）试验程序 |
| 19 | IEC 62282-8-201：2020 | 燃料电池技术　第 8-201 部分：可逆燃料电池模块储能系统　能量转换系统性能试验程序 |
| 20 | IEC 62282-8-301：2023 | 燃料电池技术　第 8-301 部分：可逆燃料电池模块储能系统　基于可逆 SOFC 的电能 / 甲醇转换系统性能试验程序 |
| 21 | IEC TS 62282-9-101：2020 | 燃料电池技术　第 9-101 部分：基于生命周期的燃料电池发电系统环境性能评价方法　家用热电联供的固定式发电系统的简化生命周期环境性能表征 |
| 22 | IEC TS 62282-9-102：2021 | 燃料电池技术　第 9-102 部分：基于生命周期的燃料电池发电系统环境性能评价方法　家用固定式燃料电池发电系统和替代系统环境产品申报的产品分类规则 |

## 10.5　中国氢能与燃料电池标准体系

我国燃料电池相关标准的制修订主要由国家标准化管理委员会（SAC）下设的四个相关分技术委员会具体负责：全国汽车标准化技术委员会电动车辆分技术委员会（SAC/TC 114/SC 27）、全国燃料电池及液流电池标准化技术委员会（SAC/TC 342）、全国氢能标准化技术委员会（SAC/TC 309）、全国气瓶标准化技术委员会车用高压燃料气瓶分技术委员会（SAC/TC 31/SC 8）。另外还有一些行业协会和组织机构也开始制订相关的团体标准，团体标准正逐渐成为国家和行业标准的一种有效补充。由于行业发展需要，近年来燃料电池相关的团体标准发展较快。从具体应用层面来看，标准可以分为燃料电池汽车相关标准、燃料电池相关标准、加氢站和氢能标准几大类。

### 10.5.1　全国汽车标准化技术委员会电动车辆分技术委员会（SAC/TC 114/SC 27）相关标准

中国电动汽车标准的制修订工作主要由汽标委电动车辆分技术委员会负责，其下设的电动车辆分标委 SAC/TC 114/SC 27 负责纯电动汽车、混合动力电动汽车、燃料电池电动汽车、电动汽车关键系统和零部件等相关领域的标准工作。

燃料电池汽车的标准体系主要围绕整车性能、安全、加氢口部件互换性、加氢通信议等方面，目前主要分为以下几个方面：

1）燃料电池汽车术语类基础标准。
2）燃料电池汽车整车标准，如安全性、动力性、能耗和续驶里程。
3）燃料电池供氢系统标准，如车载氢系统、加氢口、加氢枪、加氢协议。
4）燃料电池汽车示范运行类标准。

燃料电池电动车相关标准主要包括车用燃料电池系统（车用燃料电池发动机）、车载氢系统、燃料电池汽车整车三个方面。截至 2022 年 6 月，已发布的主要标准见表 10-18。

表 10-18　燃料电池汽车相关标准列表

| 序号 | 标准号 | 标准名称 |
| --- | --- | --- |
| 1 | GB/T 24554—2022 | 燃料电池发动机性能试验方法 |
| 2 | GB/T 26990—2011 | 燃料电池电动汽车　车载氢系统　技术条件 |
| 3 | GB/T 29126—2012 | 燃料电池电动汽车　车载氢系统　试验方法 |
| 4 | GB/T 24548—2009 | 燃料电池电动汽车　术语 |
| 5 | GB/T 26991—2011 | 燃料电池电动汽车　最高车速试验方法 |
| 6 | GB/T 24549—2020 | 燃料电池电动汽车　安全要求 |
| 7 | GB/T 29123—2012 | 示范运行氢燃料电池电动汽车技术规范 |
| 8 | GB/T 29124—2012 | 氢燃料电池电动汽车示范运行配套设施规范 |
| 9 | GB/T 35178—2017 | 燃料电池电动汽车　氢气消耗量　测量方法 |
| 10 | GB/T 39132—2020 | 燃料电池电动汽车定型试验规程 |
| 11 | GB/T 37154—2018 | 燃料电池电动汽车　整车氢气排放测试方法 |
| 12 | GB/T 34593—2017 | 燃料电池发动机氢气排放测试方法 |
| 13 | GB/T 34425—2017 | 燃料电池电动汽车　加氢枪 |

## 10.5.2　全国燃料电池及液流电池标准化技术委员会（SAC/TC 342）相关标准

燃料电池及液流电池的术语、性能、通用要求和试验方法制修订工作主要由全国燃料电池及液流电池标准化技术委员会 SAC/TC 342 负责，主要包括燃料电池系统、燃料电池堆、模块、部件等方面，基本都是通用标准，大部分并不是专门针对燃料电池汽车而制订的。截至 2023 年 6 月，主要标准见表 10-19。

表 10-19　燃料电池相关标准列表

| 序号 | 标准号 | 标准名称 |
| --- | --- | --- |
| 1 | GB/T 28816—2020 | 燃料电池　术语 |
| 2 | GB/T 29838—2013 | 燃料电池　模块 |
| 3 | GB/T 23751.1—2009 | 微型燃料电池发电系统　第1部分：安全 |
| 4 | GB/T 23751.2—2017 | 微型燃料电池发电系统　第2部分：性能试验方法 |
| 5 | GB/Z 23751.3—2013 | 微型燃料电池发电系统　第3部分：储氢互换性 |
| 6 | GB/Z 21742—2008 | 便携式质子交换膜燃料电池发电系统 |
| 7 | GB/T 30084—2013 | 便携式燃料电池发电系统安全 |
| 8 | GB/T 33979—2017 | 质子交换膜燃料电池发电系统低温特性测试方法 |
| 9 | GB/T 31036—2014 | 质子交换膜燃料电池备用电源系统　安全 |
| 10 | GB/T 27748.1—2017 | 固定式燃料电池发电系统　第1部分：安全 |
| 11 | GB/T 27748.2—2022 | 固定式燃料电池发电系统　第2部分：性能试验方法 |
| 12 | GB/T 27748.3—2017 | 固定式燃料电池发电系统　第3部分：安装 |
| 13 | GB/T 27748.4—2017 | 固定式燃料电池发电系统　第4部分：小型燃料电池发电系统性能试验方法 |

（续）

| 序号 | 标准号 | 标准名称 |
|---|---|---|
| 14 | GB/T 33983.1—2017 | 直接甲醇燃料电池系统　第1部分：安全 |
| 15 | GB/T 33983.2—2017 | 直接甲醛燃料电池系统　第2部分：性能试验方法 |
| 16 | GB/T 31037.1—2014 | 工业举升车辆用燃料电池发电系统　第1部分：安全 |
| 17 | GB/T 31037.2—2014 | 工业举升车辆用燃料电池发电系统　第2部分：技术条件 |
| 18 | GB/T 20042.1—2017 | 质子交换膜燃料电池　第1部分：术语 |
| 19 | GB/T 20042.2—2008 | 质子交换膜燃料电池　第2部分：电池堆通用技术条件 |
| 20 | GB/T 20042.2—2023 | 质子交换膜燃料电池　第2部分：电池堆通用技术条件 |
| 21 | GB/T 20042.3—2022 | 质子交换膜燃料电池　第3部分：质子交换膜测试方法 |
| 22 | GB/T 20042.4—2009 | 质子交换膜燃料电池　第4部分：电催化剂测试方法 |
| 23 | GB/T 20042.5—2009 | 质子交换膜燃料电池　第5部分：膜电极测试方法 |
| 24 | GB/T 20042.6—2011 | 质子交换膜燃料电池　第6部分：双极板特性测试方法 |
| 25 | GB/T 20042.7—2014 | 质子交换膜燃料电池　第7部分：炭纸特性测试方法 |
| 26 | GB/Z 27753—2011 | 质子交换膜燃料电池膜电极工况适应性测试方法 |
| 27 | GB/T 28817—2022 | 聚合物电解质燃料电池单电池测试方法 |
| 28 | GB/T 31886.1—2015 | 反应气中杂质对质子交换膜燃料电池性能影响的测试方法　第1部分：空气中杂质 |
| 29 | GB/T 31886.2—2015 | 反应气中杂质对质子交换膜燃料电池性能影响的测试方法　第2部分：氢气中杂质 |
| 30 | GB/T 31035—2014 | 质子交换膜燃料电池堆低温特性试验方法 |
| 31 | GB/T 41134.1—2021 | 电驱动工业车辆用燃料电池发电系统　第1部分：安全 |
| 32 | GB/T 41134.2—2021 | 电驱动工业车辆用燃料电池发电系统　第2部分：性能试验方法 |
| 33 | GB/T 38914—2020 | 车用质子交换膜燃料电池堆使用寿命测试评价方法 |
| 34 | GB/T 38954—2020 | 无人机用氢燃料电池发电系统 |
| 35 | GB/T 36544—2018 | 变电站用质子交换膜燃料电池供电系统 |
| 36 | GB/T 36288—2018 | 燃料电池电动汽车　燃料电池堆安全要求 |
| 37 | GB/T 34872—2017 | 质子交换膜燃料电池供氢系统技术要求 |
| 38 | GB/T 34582—2017 | 固体氧化物燃料电池单电池和电池堆性能试验方法 |
| 39 | GB/T 33978—2017 | 道路车辆用质子交换膜燃料电池模块 |
| 40 | GB/T 28183—2011 | 客车用燃料电池发电系统测试方法 |
| 41 | GB/T 25319—2010 | 汽车用燃料电池发电系统　技术条件 |
| 42 | GB/T 23645—2009 | 乘用车用燃料电池发电系统测试方法 |

### 10.5.3　全国氢能标准化技术委员会（SAC/TC 309）相关标准

国家标准化管理委员会下设的全国氢能标委会SAC/TC 309，正在着力构建氢能全产业链标准体系，包括：基础与通用、氢安全、氢制备、氢储存、氢输运、氢加注、氢能应用七个子体系。加氢站是为氢燃料电池汽车或氢内燃机汽车或氢气天然气混合燃料汽车等的储氢罐充装氢燃料的专用场所，其规划、建设和管理应符合国家相关标准法规的要求。其中加氢站建设涉及立项选址、设计、建设、调试、验收等方面；加氢站（站外供氢）的系统配置涉及卸气系统、增压系统、储氢系统、加氢系统、氮气系统、放散系统、安防监控系统等。目前加氢站及加氢方面的主要标准见表10-20。

表10-20 加氢站及加氢相关主要标准列表

| 序号 | 标准号 | 标准名称 |
|---|---|---|
| 1 | GB/T 34584—2017 | 加氢站安全技术规范 |
| 2 | GB/T 34583—2017 | 加氢站用储氢装置安全技术要求 |
| 3 | GB/T 31139—2014 | 移动式加氢设施安全技术要求 |
| 4 | GB/T 37244—2018 | 质子交换膜燃料电池汽车用燃料 氢气 |
| 5 | GB/T 31138—2022 | 加氢机 |
| 6 | GB/T 30718—2014 | 高压氢气车辆加注连接装置 |
| 7 | GB/T 30719—2014 | 液氢车辆燃料加注系统接口 |
| 8 | GB/T 42177—2022 | 加氢站氢气阀门技术要求及试验方法 |

表10-21所列为电解水及其他氢能相关标准（主要包括安全及基础类、氢气质量、制氢、输运氢等），与燃料电池汽车加氢和应用相关标准可参见前面相关部分的内容。

表10-21 电解水及其他氢能相关标准列表

| 序号 | 分类 | 标准号 | 标准名称 |
|---|---|---|---|
| 1 | 制氢 | GB/T 19774—2005 | 水电解制氢系统技术要求 |
| 2 | | GB/T 29411—2012 | 水电解氢氧发生器技术要求 |
| 3 | | GB/T 34539—2017 | 氢氧发生器安全技术要求 |
| 4 | | GB/T 37562—2019 | 压力型水电解制氢系统技术条件系统技术条件 |
| 5 | | GB/T 37563—2019 | 压力型水电解制氢系统安全要求 |
| 6 | | GB/T 19773—2005 | 变压吸附提纯氢系统技术要求 |
| 7 | | GB/T 29412—2012 | 变压吸附提纯氢用吸附器 |
| 8 | | GB/T 34540—2017 | 甲醇转化变压吸附制氢系统技术要求 |
| 9 | | GB/T 26915—2011 | 太阳能光催化分解水制氢体系的能量转化效率与量子产率计算 |
| 10 | | GB/T 39359—2020 | 积分球法测量悬浮式液固光催化制氢反应 |
| 11 | | GB/T 26916—2011 | 小型氢能综合能源系统性能评价方法 |
| 12 | 基础和安全 | GB/T 24499—2009 | 氢气、氢能与氢能系统术语 |
| 13 | | GB/T 29729—2022 | 氢系统安全的基本要求 |
| 14 | 氢气品质 | GB/T 34537—2017 | 车用高压氢气天然气混合燃气 |
| 15 | | GB/T 40045—2021 | 氢能汽车用燃料 液氢 |
| 16 | | GB/T 40061—2021 | 液氢生产系统技术规范 |
| 17 | 储运 | GB/T 33291—2016 | 氢化物可逆吸放氢压力-组成-等温线（P-C-T）测试方法 |
| 18 | | GB/T 33292—2016 | 燃料电池备用电源用金属氢化物储氢系统 |
| 19 | | GB/T 34542.1—2017 | 氢气储存输送系统 第1部分：通用要求 |
| 20 | | GB/T 34542.2—2018 | 氢气储存输送系统 第2部分：金属材料与氢环境相容性试验方法 |

（续）

| 序号 | 分类 | 标准号 | 标准名称 |
|---|---|---|---|
| 21 | 储运 | GB/T 34542.3—2018 | 氢气储存输送系统 第3部分：金属材料与氢脆敏感度试验方法 |
| 22 |  | GB/T 40060—2021 | 液氢贮存和运输技术要求 |
| 23 |  | GB/Z 34541—2017 | 氢能车辆加氢设施安全运行管理规程 |
| 24 |  | GB/T 34544—2017 | 小型燃料电池车用低压储氢装置安全试验方法 |

### 10.5.4　全国气瓶标准化技术委员会车用高压燃料气瓶分技术委员会（SAC/TC 31/SC 8）相关标准

全国气瓶标准化技术委员会车用高压燃料气瓶分技术委员会（SAC/TC 31/SC 8）成立于2012年，主要负责车用压缩天然气瓶及高压氢气瓶等复核材料气瓶相关标准。表10-22所列为车用氢气气瓶相关标准。

表 10-22　车用氢气气瓶相关标准列表

| 序号 | 标准号 | 标准名称 |
|---|---|---|
| 1 | GB/T 35544—2017 | 车用高压氢气铝内胆碳纤维全缠绕气瓶 |
| 2 | GB/T 42612—2023 | 车用高压氢气塑料内胆碳纤维全缠绕气瓶 |
| 3 | GB/T 42610—2023 | 高压氢气瓶塑料内胆和氢气相容性试验方法 |

### 10.5.5　国家氢能产业标准体系建设指南简介

2023年8月，国家标准委与国家发展改革委、工业和信息化部、生态环境部、应急管理部、国家能源局等部门联合印发《氢能产业标准体系建设指南（2023版）》。指南系统构建了氢能制、储、输、用全产业链标准体系，涵盖基础与安全、氢制备、氢储存和输运、氢加注、氢能应用五个子体系，并按照技术、设备、系统、安全、检测等进一步分解，形成了20个二级子体系、69个三级子体系。图10-2所示为氢能产业标准体系框架，指南提出了国家氢能展业体系相关标准制修订工作的重点。

**1. 基础与安全标准**

基础与安全标准主要对氢能基础共性和安全通用要求进行规定，包括术语、图形符号、氢能综合评价、氢品质、通用件、氢安全通用要求等部分，如图10-3所示。

**2. 氢制备标准**

氢制备标准主要对不同制氢技术进行规范，包括氢分离与提纯、水电解制氢、光解水制氢等部分，如图10-4所示。

**3. 氢储存和输运标准**

氢储存和输运标准主要对高压气氢储存和输运、液氢储存和输运、固态储运氢、有机液体储运氢等进行规范，包括氢储运基本要求、设备、系统等部分，如图10-5所示。

**4. 氢加注标准**

氢加注标准主要对加氢站设备、技术、系统、运营管理、安全管理等进行规范，包括加氢站设备、系统、管理等部分，如图10-6所示。

图 10-2　氢能产业标准体系框架

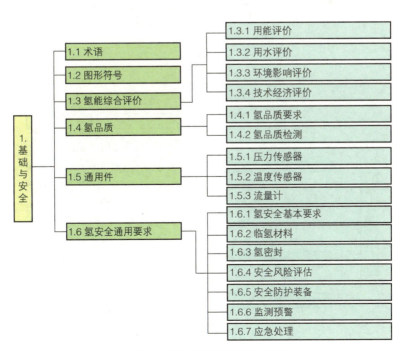

图 10-3　基础与安全标准子体系

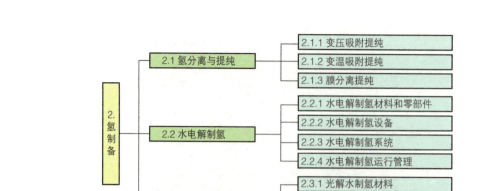

图 10-4　氢制备标准子体系

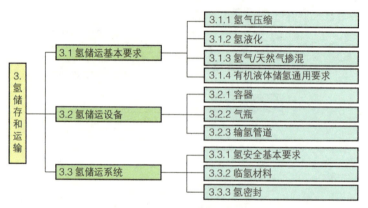

图 10-5　氢储存和运输标准子体系

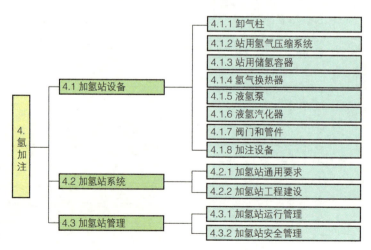

图 10-6　氢加注标准子系统

5. 氢能应用标准

氢能应用标准主要对不同行业氢能应用进行规定，包括能应用基础以及交通、储能、发电、工业等领域的氢能应用，如图10-7所示。

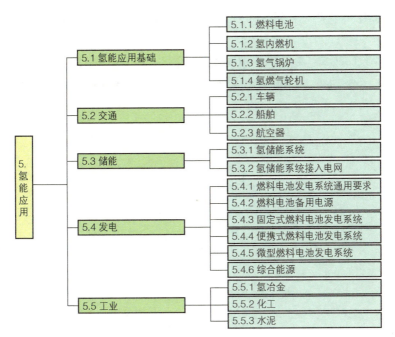

图 10-7 氢能应用标准子系统

## 10.6 本章小结

完善的氢能和燃料电池汽车相关标准体系对燃料电池汽车商业化应用有至关重要的意义。目前，国内外各标准体系对燃料电池的测试、安全性和燃料电池汽车动力性、能耗和续驶里程等方面均有涵盖，在氢能、制氢、加氢站、氢气的运输等领域也已有较多标准。本章主要介绍GTR、ISO、SAE、IEC和中国氢能与燃料电池标体系下的现行标准情况，并对部分标准的细则进行了介绍。

### 参考文献

[1] UNECE. Global technical regulation on hydrogen and fuel cell vehicles：Global technical regulationNo.13：2013[S/OL].[2023-01-10].https：//unece.org/fileadmin/DAM/trans/main/wp29/wp29wgs/wp29gen/wp29registry/ECE-TRANS-180a13app1e.pdf.

[2] Society of Automotive Engineers. Recommended Practice for General Fuel Cell Vehicle Safety：SAE J2578：2023[S/OL].[2023-01-10].https：//www.sae.org/standards/ content/ j2578_202301.

[3] Society of Automotive Engineers. Standard for Fuel Systems in Fuel Cell and Other Hydrogen Vehicles SAE J2579：2023[S/OL].[2023-01-10]. https：//saemobilus.sae.org/content/J2579_202301.

[4] Society of Automotive Engineers..Gaseous Hydrogen and Fuel Cell Vehicle First and Second Responder

Recommended Practice：SAE J2990-1：2016[S/OL].[2023-01-15]. https：//saemobilus.sae.org/content/J2990/1_201606.

[5] 全国汽车标准化技术委员会.燃料电池电动汽车　安全要求：GB/T 24549—2020[S]. 北京：中国标准出版社，2020.

[6] 全国汽车标准化技术委员会.燃料电池电动汽车加氢口：GB/T 26779—2021[S]. 北京：中国标准出版社，2021.

[7] 国家标准化管理委员会，等.氢能产业标准体系建设指南（2023版）[R/OL].（2023-08-08）[2023-10-30].https：//www.samr.gov.cn/bzjss/tzgg/art/2023/art_8f81df3e20ed42a0997aa8c108e9f9a5.html.

# 附录　常用缩写词

| 序号 | 缩写词 | 中文名称 | 英文名称 |
|---|---|---|---|
| 1 | ACH | 空气交换率 | Air changes per hour |
| 2 | AFC | 碱性燃料电池 | Alkaline fuel cell |
| 3 | AP | 酸洗钝化 | Annealed and pickled |
| 4 | AST | 加速应力测试 | Acclerated stress test |
| 5 | ASTM | 美国测试材料学会 | American society for testing materials |
| 6 | BA | 光辉退火 | Bright-annealed |
| 7 | CCBC | 中国典型城市公交工况 | Chinese type city bus cycle |
| 8 | CCM | 催化剂涂覆膜 | Catalyst-Coated Membrane |
| 9 | CFD | 计算流体动力学 | Computational fluid dynamics |
| 10 | CHCT-TT | 中国半挂牵引车行驶工况 | China heavy-duty vehicle test cycle for tractor-trailer |
| 11 | CHSS | 压缩氢气储存系统 | Compressed hydrogen storage system |
| 12 | CHTC | 中国重型商用车行驶工况 | China heavy-duty vehicle test cycle |
| 13 | CHTC-B | 中国城市客车行驶工况 | China heavy-duty vehicle test cycle for bus |
| 14 | CHTC-C | 中国普通客车行驶工况 | China heavy-duty vehicle test cycle for coach |
| 15 | CHTC-D | 中国自卸汽车行驶工况 | China heavy-duty vehicle test cycle for dumper |
| 16 | CHTC-HT | 中国货车（GVW > 5500kg）行驶工况 | China heavy-duty vehicle test cycle for heavy truck |
| 17 | CHTC-LT | 中国货车（GVW ≤ 5500kg）行驶工况 | China heavy-duty vehicle test cycle for light truck |
| 18 | CL | 催化层 | Catalyst layer |
| 19 | CLTC | 中国轻型汽车行驶工况 | China light-duty vehicle test cycle |
| 20 | CLTC-C | 中国轻型商用车行驶工况 | China light-duty vehicle test cycle for commercial vehicle |
| 21 | CLTC-P | 中国乘用车行驶工况 | China light-duty vehicle test cycle for passenger car |
| 22 | CRC | 循环冗余校验 | Cyclic redundancy check |
| 23 | CV | 循环伏安 | Cyclic voltammetry |
| 24 | DOE | 美国能源部 | Department of Energy |
| 25 | ECSA | 电化学活性面积 | Electrochemical active surface area |
| 26 | EDS | 能谱 | Energy dispersive spectroscopy |
| 27 | EIS | 电化学阻抗谱 | Electrochemical impedance spectroscopy |
| 28 | EP | 电解抛光 | Electrolytic polished |
| 29 | EPA | 美国环境保护署 | Environmental protection agency |
| 30 | EVE | 电动汽车与环境 | Electric vehicles and the environment |
| 31 | EVS | 电动汽车安全 | Electricle vehicle safety |
| 32 | FCCJ | 日本氢燃料电池工业协会 | Fuel cell commercialization conference of Japan |
| 33 | FCE | 燃料电池系统 | Fuel cell engine |
| 34 | GDE | 气体扩散电极 | Gas diffusion electrode |

（续）

| 序号 | 缩写词 | 中文名称 | 英文名称 |
|---|---|---|---|
| 35 | GDL | 气体扩散层 | Gas diffusion layer |
| 36 | GPS | 全球定位系统 | Global positioning system |
| 37 | GRPE | 污染和能源专家工作组 | Group of experts for pollution & energy |
| 38 | HFCV | 氢燃料电池汽车 | Hydrogen fuel-cell vehicle |
| 39 | HOR | 氢氧化反应 | Hydrogen oxidation reaction |
| 40 | HYZEM | 接近高效零排放的混合动力技术交通工况 | Hybrid Technology Approaching Efficient Zero Emission Mobility |
| 41 | ICP-OES | 电感耦合等离子体光谱 | Inductively coupled plasma optical emission spectrometer |
| 42 | IEC | 国际电工委员会 | International electrotechnical commission |
| 43 | IP | 防护等级 | Ingress protection |
| 44 | ISO | 国际标准化组织 | International organization for standardization |
| 45 | JARI | 日本汽车研究所 | Japan automobile research institute |
| 46 | JEVA | 日本电动汽车协会 | Japan electric vehicle association |
| 47 | LFL | 可燃下限 | Lower flammable level |
| 48 | LHSS | 液氢储存系统 | Liquefied hydrogen storage system |
| 49 | LSV | 线性伏安扫描 | Linear sweep voltammetry |
| 50 | MAWP | 最大允许工作压力 | Maximum allowable working pressure |
| 51 | MCFC | 熔融碳酸盐型燃料电池 | Molten carbonate fuel cell |
| 52 | MEA | 膜电极 | Membrane electrode assembly |
| 53 | MIG | 熔化极惰性气体保护电弧焊 | Metal inert gas |
| 54 | MOP | 最大工作压力 | Maximum operating pressure |
| 55 | MPL | 微孔层 | Microporous layer |
| 56 | NASA | 美国国家航空航天局 | National aeronautics and space administration |
| 57 | NCCM | 标准毫升每分钟 | Normal cubic centimeter per minute |
| 58 | NEDC | 新欧洲标准行驶循环 | New European driving cycle |
| 59 | NFPA | 美国消防协会 | National fire protection association |
| 60 | NI | 美国国家仪器 | National instrument |
| 61 | NLPM | 标准升每分钟 | Normal liter per minute |
| 62 | NREL | 美国可再生能源试验室 | National renewable energy laboratory |
| 63 | NVH | 噪声、振动与声振粗糙度 | Noise、vibration、harshness |
| 64 | NWP | 公称工作压力 | Nominal working pressure |
| 65 | OCV | 开路电压 | Open circuit voltage |
| 66 | ORR | 氧还原反应 | Oxygen reduction reaction |
| 67 | PAFC | 磷酸盐型燃料电池 | Phosphoric acid fuel cells |
| 68 | PCB | 印刷电路板 | Printed circuit board |
| 69 | PEM | 质子交换膜 | Proton exchange membrane |
| 70 | PEMFC | 质子交换膜燃料电池 | Proton exchange membrane fuel cell |

(续)

| 序号 | 缩写词 | 中文名称 | 英文名称 |
|---|---|---|---|
| 71 | PGR | 压力增长率 | Pressure Growth Rate |
| 72 | PRD | 安全泄放装置 | Pressure relief device |
| 73 | PSD | 功率谱密度 | Power spectral density |
| 74 | PTFE | 聚四氟乙烯 | Poly tetra fluoroethylene |
| 75 | RDE | 旋转圆盘电极 | Rotating disk electrode |
| 76 | REESS | 可充电储能系统 | rechargeable energy storage system |
| 77 | RH | 相对湿度 | Relative humidity |
| 78 | RHE | 可逆氢电极 | Reversible hydrogen electrode |
| 79 | RMS | 均方根值 | Root mean square |
| 80 | RRDE | 旋转环盘电极 | Rotating ring disk electrode |
| 81 | SAC | 中国国家标准化管理委员会 | Standardization Administration of China |
| 82 | SAE | 美国汽车工程学会 | Society of automotive engineers |
| 83 | SCF | 标准立方英尺 | Standard cubic feet |
| 84 | SLPM | 标准升每分钟 | standard liter per minute |
| 85 | SOC | 加注率 | State of charge |
| 86 | SOFC | 固体氧化物型燃料电池 | Solid oxide fuel cell |
| 87 | SPRD | 安全泄压装置 | Safety pressure relief device |
| 88 | TG | 热重 | Thermogravimetry |
| 89 | TIG | 非熔化极惰性气体保护电弧焊 | Tungsten inert gas |
| 90 | TPRD | 温度驱动安全泄压装置 | Thermally-activated pressure relief device |
| 91 | XPS | 光电子能谱 | X-ray photoelectron spectroscopy |